U0922498

湖南开发区年鉴

HU NAN KAI FA QU NIAN JIAN

名誉顾问：梅克保

顾　　问：于来山

主　　编：胡衡华

　　　　　张世平

长沙黄花国际机场新航站楼效果图

主办单位：湖南省发展和改革委员会

湖南省统计局

协办单位：湖南省商务厅

湖南省经济技术协作办公室

战略发行伙伴单位：湖南华天集团酒店管理有限公司

图书在版编目(CIP)数据

湖南开发区年鉴/湖南省发展和改革委员会，湖南省统计局编著. -- 长沙：湖南地图出版社，2011.5

ISBN 978-7-80552-936-3

Ⅰ.①湖… Ⅱ.①湖… ②湖… Ⅲ.①经济开发区-湖南省-年鉴 Ⅳ.①Z526.4

中国版本图书馆 CIP 数据核字(2011)第 097606 号

湖南开发区年鉴

2011

编　　著：湖南省发展和改革委员会
湖南省统计局

责任编辑：银波

出版发行：湖南地图出版社
（长沙市韶山中路 693 号　邮编 410007）

印 刷 厂：长沙沐阳印刷有限公司

开本：889×1168　1/16　印张：24.75　印数：20000　字数：400 千字

2011 年 5 月第 1 版　2011 年 5 月第 1 次印刷

书号：ISBN 978-7-80552-936-3　**定价：300.00 元**

本书如有质量问题，请咨询本《年鉴》编委会　电话：0731-85981004

领导关怀

▲2010年7月2日，湖南省委书记周强陪同国务院总理温家宝视察湖南长沙金洲新区三一产业园。

▲2010年7月，中央政治局常委、国务院总理温家宝视察国家级宁乡经济技术开发区企业楚天科技，并与员工合影留念。

领导关怀

2010年7月20日，湖南省委书记周强一行考察长沙高新技术产业开发区企业山河科技。

▲湖南省委书记周强、国家科技部副部长曹健林等领导为5兆瓦永磁直驱海上风力发电机在湘潭国家高新区下线剪彩

▲2010年6月湖南省委书记周强视察株洲轨道科技城(田心高科园)

▲湖南省委书记周强(中)、铁道部副部长陆东福(右二)、国家发展和改革委员会副主任徐宪平(左二)、长沙市委书记陈润儿(右一)、广州铁路(集团)公司董事长、党委书记何玉华(左一)等领导共同在长沙金霞经济开发区启动铁路南北站迁建开工仪式

▲周强书记视察湖南城陵矶临港产业新区

领导关怀

★★★★★

▲徐守盛省长视察株洲国家高新技术产业开发区

▲湖南省政协主席胡彪、株洲市委书记陈君文在株洲市炎陵县九龙经济技术开发区视察工作

▲徐守盛省长视察衡阳市白沙洲工业园区富士康(衡阳)工业新城

▲徐守盛省长（前右三）在娄底市委书记林武(前左三)，市委副书记、市长张硕辅(前右二)的陪同下视察娄底市水府示范片万宝新区，听取万宝新区党委书记罗孝贵(前左一)的汇报。

▲湖南省委常委、统战部长李薇薇(左三)在邵阳市委书记童名谦(左一)等陪同下考察湖南邵东经济开发区企业永吉纸品公司

领导关怀

湖南省委副书记梅克保视察湖南环保科技产业园园区项目

湖南省委副书记梅克保、省人大常委会副主任谢勇莅临衡阳松木工业园区视察指导

2010 年，湖南省委副书记梅克保一行在益阳高新技术产业开发区视察并指导工作

湖南省委常委、常务副省长于来山视察湖南桂阳工业园区园区企业

湖南省副省长徐明华视察衡南县云集工业园区

领导关怀

2010年6月9日全国人大常委会副委员长，民革中央主席周铁农（左二）在中共湘潭市委书记陈三新（右二）、时任中共湘潭市委副书记、市长吴奇修（右一）的陪同下视察九华示范区。

2011年2月9日中共湖南省委书记、省人大常委会主任周强（中）视察九华示范区。

2010年7月20日，中共湖南省委副书记、省人民政府省长徐守盛（中）在中共湘潭市委书记陈三新（右一）的陪同下视察九华示范区

领导关怀

2010年11月12日，湖南省委副书记梅克保，湖南省人大常委会副主任陈叔红、蒋作斌，中国开发区协会副会长兼秘书长黄太和参与湖南省开发区协会成立大会并做重要讲话。在湖南省开发区协会第一次会员代表大会上，大会审议通过了《湖南省开发区协会章程》，选举湖南省人大常委会副主任陈叔红和蒋作斌同志担任名誉会长；通过了聘请首席顾问、顾问、特邀顾问人选；选举原湖南省计委副主任、原湖南省政府经济研究信息中心党组书记、主任赵淑珍同志为协会会长，并选举通过了协会副会长、秘书长、监事人选。会议同时选举了湖南省开发区协会理事会成员69名。

2010年11月12日，湖南省委副书记梅克保及各位领导在湖南宾馆楼前与湖南省开发区协会成立大会全体参会人员合影留念。

2010 年，全省开发区以深入贯彻落实科学发展观，转变经济增长方式为主题，加快推进新型工业化，积极应对国际金融危机带来的影响，战胜困难，奋勇开拓，锐意创新，较好地完成了“十一五”目标任务。

全省开发区实现规模工业增加值 2221.94 亿元，同比增长 30%，比上年提高 3.7 个百分点；实际利用外资 15.7 亿美元，同比增长 30.8%，占全省实际利用外资的 30.3%；高新技术产业增加值 138 亿元，同比增长 45.9%，占全省高新技术产业增加值的 71.1%；上交税金总额 327.6 亿元，同比增长 17.8%，占全省规模工业企业上交税金总额的 30.9%。为推进全省“四化两型”作出了重要贡献。

“十一五”期间，我省有湘潭高新技术产业开发区、岳阳经济技术开发区、常德经济技术开发区和宁乡经济技术开发区相继升为国家级开发区，再加上原有的长沙高新技术开发区、长沙经济技术开发区、株洲高新技术产业开发区、郴州出口加工区，我省目前共有 9 家国家级开发区，成为开发区发展的龙头和主力军。

从 2005 年到 2011 年，《湖南开发区年鉴》已经走过近七年的务实发展，特别是每年直接参与“泛珠会”、“中博会”、“湘商会”等大型省级以上商务活动，免费派送给海内外嘉宾，在国内外取得了一定的影响，为推介湖南，展示各开发区风采，介绍湖南产业化龙头企业，在加强各开发区交流与发展、湖南对外招商引资、承接沿海产业转移等方面发挥了积极地促进作用。

值此 2011 版《湖南开发区年鉴》出版发行的机会，我代表全体编委人员衷心感谢多年来支持我们工作的各级领导、各开发区以及企业代表，让我们携起手来共创“十二五”的辉煌。

二〇一一年四月十八日

张家界－御笔峰

Contents 目录

《湖南开发区年鉴》

2011卷

主办单位：湖南省发展和改革委员会
湖南省统计局
协办单位：湖南省商务厅
湖南省经济技术协作办公室
战略发行伙伴单位：湖南华天集团酒店管理有限公司

特别支持园区及领导：

长沙高新技术产业开发区管委会　主任：罗社辉
长沙经济技术开发区管委会　主任：李科明
株洲高新技术产业开发区管委会　主任：何剑波
株洲高新技术产业开发区董家塅高科园管委会　主任：杨晓江
株洲市石峰区（株洲高新区轨道科技城）　区长：冯建湘
湘潭国家高新技术产业开发区管委会　主任：刘硕科
郴州出口加工区管理局
（湖南郴州有色金属产业园区管委会）　工委书记/主任：刘志伟
湖南岳阳经济技术开发区管委会　工委书记/主任：胡知荣
常德经济技术开发区管委会　主任：向绪彦
湖南宁乡经济开发区管委会　工委书记：戴中亚
长沙国家生物产业基地管委会　主任：张贺文
湖南环保科技产业园管委会　主任：杜旭辉
长沙金霞经济开发区管委会　主任：袁政国
湖南望城经济开发区管委会　主任：徐志刚
湖南长沙暮云工业园区管委会　主任：黄　勇
湖南望城经济开发区铜管镇循环经济工业基地管委会　主任：冯海强
湖南宁乡金洲新区管委会　工委书记：刘永红
浏阳制造产业基地管委会　主任：寻院豪
长沙青竹湖生态科技（产业）园管委会　书记：刘文杰
湖南株洲渌口经济开发区管委会　主任：晏永辉
湖南茶陵经济开发区管委会　主任：尹胜喜
湖南醴陵陶瓷产业园区管委会　主任：付访华
攸县攸州工业园管委会　主任：唐晓明

Contents 目录

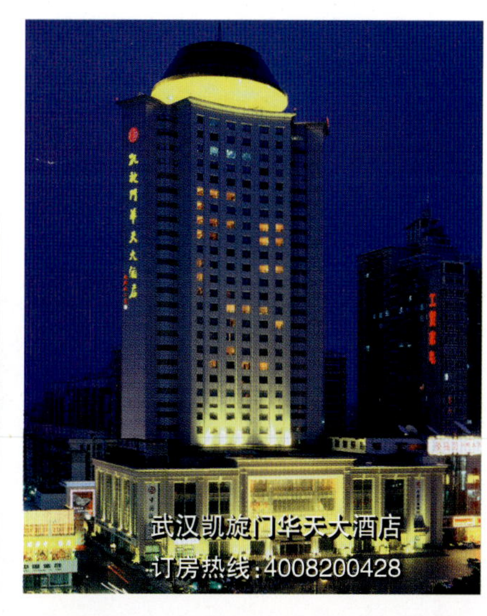

Contents 目录

2

Contents 目录

Contents 目录

湖南沅江经济开发区管委会 主任:汤建平
湖南桃江经济开发区管委会 工委书记:曾文彬
益阳市龙岭工业园管委会 工委书记:李恩念
湖南大通湖区洞庭食品工业园管委会 主任:陈文彬
娄底市水府示范片万宝新区管委会 主任:向乾勇
湖南双峰经济开发区管委会 主任:屈伟洋
湖南冷水江经济开发区管委会 工委书记:康 一
湖南涟源经济开发区管委会 主任:张建中
湖南新化经济开发区管委会 主任:刘自光
湖南邵阳经济开发区管委会 主任:尹华凯
湖南邵东经济开发区管委会 主任:谢益林
湖南武冈经济开发区管委会 主任:夏大友
湖南洞口经济开发区管委会 主任:周 彦
湖南新邵经济开发区管委会 主任:周后鹏
邵阳宝庆科技工业园管委会 常务副主任:李小平
隆回县工业园管委会 主任:张晚清
绥宁县工业园管委会 主任:李永兴
邵阳县工业园管委会 主任:唐玉平
湖南崀山风景名胜区管理处 处长:王海昀
湖南湘西吉凤经济开发区管委会 主任:向顺荣
湖南吉首经济开发区管委会 工委书记:梁晓琪
泸溪县武溪工业园管委会 主任:王必好
湖南张家界经济开发区管委会 主任:白开文
湖南怀化工业园区管委会 工委书记/主任:杨开凤
中方县工业园管委会 主任:王笑春
新晃侗族自治县前锋工业园管委会 主任:姚明泽
湖南(沅陵)新能源新材料产业园区管委会 主任:舒由华
永州市凤凰园经济开发区管委会 工委书记:郑 仪
湖南祁阳工业园区管委会 工委书记:刘晓春
湖南永州零陵工业园区管委会 主任:柏文生
湖南东安经济开发区管委会 工委书记:黄慧奎
湖南江华经济技术开发区管委会 工委书记:何 勇

特别支持企业及领导

长沙中联重工科技发展股份有限公司 詹纯新
博世汽车部件(长沙)有限公司 温斯道福

Contents 目录

益阳工业园区

娄底工业园区

邵阳工业园区

湘西自治州工业园区

张家界工业园区

怀化工业园区

永州工业园区

湖南核心企业重点推荐

爱晚亭

神圣的宁乡密印寺

Contents 目录

4

《湖南开发区年鉴》编辑委员会

张家界黄龙洞奇观

Contents 目录

Contents 目录

长沙武广火车站

中共湖南省委文件

湘发[2011]6号

中共湖南省委 湖南省人民政府
关于进一步扩大开放加快发展开放型经济的决定

（2011年4月28日）

为深入贯彻落实科学发展观，进一步扩大开放，加快发展开放型经济，推进“四化两型”和“四个湖南”建设，促进经济发展方式转变，实现经济社会又好又快发展，特作出以下决定。

一、充分认识进一步扩大开放加快发展开放型经济的重要性和紧迫性

实行对外开放，是推进现代化进程的必由之路。改革开放以来特别是进入新世纪以来，全省上下着力深化改革，不断扩大开放，对外经贸和国内合作快速发展，开放型经济发展取得了显著成绩。但从总体上看，我省对外开放的水平还不高，利用外资和对外贸易总量还不大，参与国际竞争的能力还不强，影响我省经济发展的资源、资金、人才、技术、管理等要素存在结构性短缺，一定程度上制约了我省经济又好又快发展。当前，进一步扩大开放，加快发展开放型经济面临十分难得的机遇。经济全球化深入发展，世界经济结构加快调整，全球经济治理机制深刻变革，科技创新和产业转型孕育新突破。我国工业化、信息化、城镇化以及市场化、国际化深入发展，经济结构战略性调整加快，沿海产业转移加速。经过"十一五"的发展，我省经济实力大幅提升，发展基础全面夯实，国家促进中部地区崛起、长株潭城市群"两型社会"综合配套改革实验区建设的支持力度持续加大，全省区位、资源、市场以及交通等基础设施方面的比较优势更加凸显，进一步扩大开放、发展开放型经济的条件更加充分。站在新的历史起点上，只有抢抓机遇，把握主动，进一步扩大开放，加快发展开放型经济，才能更好地利用国内国际两个市场、两种资源，为加快发展广辟空间，增强动力；才能更加有效地参与国际国内经济技术合作与分工，抢占制高点，分享世界经济发展和科技创新的成果，加快推进科学发展和经济发展方式转变。全省各级各部门一定要把进一步扩大开放，加快发展开放型经济作为一项事关发展全局重大而紧迫的战略任务，抢抓机遇，乘势而上，以更开放的胸怀、更宽广的视野、更有力的措施、更扎实的工作，坚定不移地以开放促改革、促创新、促发展，全面开创我省对内对外开放新局面。

二、加快发展开放型经济的指导思想和总体目标

1. 指导思想。以邓小平理论和“三个代表”重要思想为指导，深入贯彻落实科学发展观，围绕科学发展主题和加快转变经济发展方式主线，树立“开放崛起”新理念，通过思想大解放推动大开放，通过改革创新促进大开放，以环长株潭城市群、大湘南承接产业转移示范区和大湘西武陵山经济协作区为重点，以县域开放型经济为基础，以产业园区为主阵地，进一步拓展开放空间，扩大开放领域，优化开放环境，提高开放水平，加快开放型经济发展，为推进“四化两型”建设，加快科学发展和富民强省步伐奠定更坚实的基础。

2. 总体目标。通过努力，使我省经济外向度大幅提升，国际竞争力显著增强，基本形成内外联动、区域协调、安全高效的开放型经济体系。到“十二五”末，实现全省外贸进出口总额达到500亿美元，年均增长27%以上；实际利用外资达到100亿美元，年均增长15%以上；利用省外境内资金达到4000亿元，年均到位资金增长20%以上；对外工程承包和劳务合作5年累计完成营业额100亿美元以上，对外直接投资中方合同额5年累计达到50亿美元。

三、全面提升开放型经济发展规模与水平

1. 强力推进招商引资。把招商引资作为发展开放型经济的重中之重。全面开放投资领域，凡是法律法规以及国家宏观调控政策和产业政策未明令禁止的领域一律开放，鼓励投资和并购。重点围绕我省"十二五"规划和七大战略性新兴产业，加强招商项目库建设，增强招商选资的针对性。既要重点招进龙头企业和大项目，引进跨国公司和战略投资者来湘设立区域总部、营运中心、采购中心、研发中心和结算中心，又要注意吸纳中小企业和产业配套项目，切实提高利用外资总体水平。既要有效组织全省性的大型招商活动，更要注重有针对性的小规模招商活动。采取产业链招商、中介招商、网络招商、以商招商等多种方式，有重点地在境外设立招商代表处，建立境外湖南人网络，广开招商引资门路，推进招商信息国际化、招商引资产业化、招商运作机制多元化和招商队伍专业化。到“十二五”末，力争来湘投资的世界500强企业达到100家以上、国内500强企业达到300家以上。

2. 加快外贸扩总量转方式。着力扩大外贸总量，加快转变外贸方式，切实提高外贸质量，实现进出口均衡发展，服务贸易与货物贸易协调发展。保持陶瓷、烟花、钢材、有色、茶叶、生猪等传统产品出口优势，提升质量，做大做强。抓住世界和沿海产业加速转移的契机，大力发展加工贸易，做大外贸总量。把优化外贸结构作为转变外贸发展方式的主攻方向，通过外贸发展方式的转变，增加外贸出口总量。优化外贸主体结构，扶持一批“专精新特”的中小外贸企业。优化外贸商品结构，实施科技兴贸战略，提高出口产品的技术含量、附加值和品牌竞争力，支持工程机械、汽车及零部件、轨道交通设备等机电产品以及电子信息、新材料、新能源和生物医药等高新技术产品出口。优化贸易结构，加快发展服务贸易，扩大旅游、国际运输、建筑等传统服务贸易出口，大力支持软件、数据处理、技术服务、文化、中医药等有比较优势的服务出口。优化外贸市场结构，巩固和扩大香港、欧美、日韩等传统市场，大力拓展台湾、东盟、中东、南美、非洲等新兴市场。增加先进技术设备、关键零部件、能源资源进口，提高我省装备制造水平，解决能源、资源短缺的问题。到“十二五”末，在货物贸易出口中，机电产品出口占比提高到50%以上，高新技术产品出口占比提高到20%以上。加工贸易进出口占货物贸易进出口总量的比重提高

到25%以上。

3.加强对外投资与合作。坚持"走出去"、"引进来"相结合，鼓励和引导我省企业参与国际、区域合作，实施企业国际化战略。鼓励和引导省内优势行业和企业建立海外生产基地、产业园区，开展海外资源、专利技术、著名品牌和商业网络跨国收购，境外上市，构建多元、稳定、安全的境外资源、技术、资金等要素供应和营销网络体系，实现从产品国际化到组织国际化再到要素国际化的跨越。鼓励企业积极参与国家援外项目招投标，拓展国际工程承包市场，带动我省设备、技术、服务、劳务输出。加强对"走出去"企业的项目信息、政策咨询、法律支持、金融保障等综合服务，引导对外投资合理布局和境外有序竞争，增强企业风险掌控能力。进一步发展省际合作、省部合作、省校合作，巩固和扩大同央企对接合作的成果。充分发挥国际商会和全国异地湖南商会在对外合作中的重要作用。

4.注重引进海内外先进技术、管理和人才、智力资源。引进海内外先进技术、管理和人才、智力资源，是实施科教兴湘、人才强省战略的重大举措。着力引进对我省支柱产业有重大支撑作用的科教成果，强化引进消化吸收再创新，重大科技专项可实行国际合作攻关。努力搭建产业发展的技术平台，鼓励企业采用国际标准，支持企业参与国际和国家标准制订，加入国际技术联盟，积极争取国际和国家标准化技术机构落户我省。借鉴吸收国际先进管理经验，提升我省企业管理、社会管理的科学化、国际化水平。组织实施"百人计划"、领军人才计划等重点人才工程，重点引进创新型研发设计人才、开拓型经营管理人才、高级技能人才等专业人才。完善引进人才来湘工作、鼓励留学人员来(回)湘创业的政策措施，制定鼓励引进高层次紧缺急需人才的奖励资助办法。积极推动科研院所、高校的境内外交流合作。支持有条件企业兼并重组境外研发机构，建设高水准的国际联合研发基地。

5.加快现代服务业开放发展。以长沙国家服务外包示范城市、衡阳国家服务业综合改革试点城市为依托，积极承接服务外包，创建一批国家级软件出口、数据处理、动漫游戏、文化创意等服务外包基地，大力培育和引进一批服务外包领军企业和知名品牌。大力发展现代物流业，做大做强我省制造业物流、农产品物流等特色物流产业，着力培育具有国际竞争力的现代物流企业，加快发展第三方物流企业，积极引进境内外大型物流企业。努力扩大金融开放度，积极引进外资银行、保险公司、证券公司、投资银行、私募资金等各类金融结构，推动城市商业银行与境内外战略投资者合作。大力发展会展经济，提高我省会展业国际化水平。推进城市公用事业、房地产、信息咨询、会计审计、设计研发、评估、律师等现代服务业开放发展。到"十二五"末，服务贸易占对外贸易比重达到20%以上。

6.着力提升旅游产业国际化水平。充分发挥旅游业在扩大开放、拉动内需中的重要作用，大力提升旅游业实力和国际化水平。坚持以国际化水准打造世界旅游品牌，努力将长沙、张家界建成国际旅游目的地，优先将韶山、南岳、凤凰、崀山、岳阳楼、炎帝陵等建成国际旅游精品景区。积极创新旅游业发展体制机制，引进一批知名旅游企业集团和管理公司，支持有实力的旅游企业到国内外投资，推进旅游资本国际化和旅游管理国际化。努力开拓国内外旅游市场，争取境外游客人次有较大幅度增长。

7.全方位拓展开放领域。努力推动开放由经济领域向社会、文化等领域拓展，统筹利用各类涉外资源，全面开展对外交流合作，促进人员往来。培育新兴文化业态，鼓励和支持广播影视、新闻出版等文化产业走向世界，不断扩大湖湘文化的国际影响力。建设好国际汉语言文化传播湖南基地。积极探索社会管理领域的对外开放。稳步开放教育、医疗、体育等社会事业，有效利用国际教育、医疗、体育资源，支持创办中外合资合作医院和学校，建立体育资源国际共享机制。鼓励和推动外国政府、国际机构、友好城市、商贸组织、跨国公司、国际中介机构和国际风险投资机构等来湘设立代表处或办事机构。

四、大力拓展开放型经济发展的有效途径

1.把承接产业转移作为重要抓手。抢抓全球范围内产业转移的重大机遇，进一步发挥国家加工贸易梯度转移重点承接地、省级重点承接县、试点县和示范园区的作用，科学制定承接产业转移规划，促进产业合理布局。发挥我省区位、资源和人才优势，增强配套功能，提升我省承接产业转移的吸引力和集聚力。及时掌握产业转移动态，对那些投资额大、带动力强、关联度高的战略性项目和核心企业，实行高层推动、高位对接、特事特办，促进企业抱团转移和集群发展。

2.优化开放区域布局。加快环长株潭城市群开放开发，长株潭"两型社会"试验区要率先扩大开放，成为全省扩大开放的先导区、示范区，依托国家级高新区、经开区和产业转移承接基地，努力打造具有国际竞争力的装备制造业基地、重要的机电产品出口基地、战略性新兴产业基地和具有国际影响的文化创意中心。加快发展临港、临空经济，将岳阳临港区打造成长江中游的重要国际港口、物流中心和国家级保税港区，发挥其在我省对外开放中的桥头堡作用；加快黄花国际机场开放建设步伐，积极争取开通更多的航线和航班，加快发展航空货运；争取将金霞保税物流中心升级为长株潭综合保税区。充分发挥大湘南区位优势，重点对接粤港澳地区、北部湾经济合作区和中国－东盟自由贸易区，争取成为国家级承接产业转移示范区。加快大湘西地区开放开发，培育壮大旅游、生物医药、食品加工、生态农业、省际边贸物流等具有特色优势的开放型经济，主动融入武陵山经济协作区开放发展。

3.加快县域经济开放发展。各县市区要抢抓重大发展机遇，创新开放开发思路，从实际出发，依托资源优势，大力加强招商引资，不断提高县域经济的开放水平。要把鼓励外商投资现代农业、发展资源性产品深加工和开拓国内外市场作为县域开放型经济的重要内容。承接产业转移的试点县、重点县要发挥招商引资的政策优势，发展加工贸易，努力扩大外贸出口，当好县域开放型经济发展的排头兵。着力建设一批产业特色突出、出口规模较大、外向度较高的开放型经济强县市区。省、市州要在政策资源、招商渠道、人才培训、客户信息等方面为县域经济开放发展提供强力支持。

4.突出园区开放的主阵地作用。进一步创新园区体制机制和管理模式，积极探索直管、托管、代管、共建和一区多园、多区一园等多元化模式，探索跨省跨国联合开发、委托战略投资者和跨国公司成片开发等多元化开发机制，使园区真正成为开放型经济发展的主要载体。加大培育和引进龙头企业力度，打造一批主业突出、外资来源地相对集中的特色园区，推进园区产业集聚发展和特色发展。进一步加大对园区的投入，加强产业配套，完善园区设施，增强承载能力。"十二五"期间，新增一批国家级园区，建成一批国家级和省级外贸转型升级示范基地和出口加工区。

5.建设开放式的现代物流体系。加快全省公路、铁路、机场、港口等综合交通枢纽建设，促进多种运输方式零距离换乘和无缝对接，形成货畅其流的现代立体交通体系。加强物流网络规划和建设，建设一批功能齐全、规模较大、外向度高的综合物流园区、物流中心和配送中心，重点建设长株潭、郴州、衡阳、岳阳、怀化等区域物流节点，加强与物流中心配套的基础设施建设，促进综合运输通道与大型物流中心的对接。全面发展江海、铁海、陆海等多

式联运、陆路口岸运输和国际快件业务，鼓励“五定班列”承运区域增开班列，切实降低物流成本。鼓励和支持沿海海运企业和港口仓储企业为我省企业提供多层次的货物集散、装卸、仓储、包装、加工、配送、集装箱等港口综合物流服务。积极培育现代物流服务市场，建立健全物流公共信息平台，尽早形成高效、快捷、低成本的现代物流体系。

6. 加快构建口岸大通关体系。加强口岸基础设施和配套服务设施建设，完善口岸功能，增加口岸作业区，加快电子口岸实体平台建设，实行信息资源共享。支持具备条件的市州、县市区设立检验检疫、海关办事机构，争取在长沙、岳阳、衡阳建设出口加工区或综合保税区，更好地发挥郴州出口加工区平台作用。加强跨区域口岸协作，推广"属地申报、口岸验放“快速通关模式，实行24小时预约通关制度和对重点进出口企业的个性化通关服务，对进出口诚信企业实行检验检疫绿色通道和直通放行制度。简化商务人士出入境手续，扩大企业因公出国(境)直通车范围。完善全省口岸大通关协调机制，强化口岸、海关、检验检疫、边防、金融、外汇、税务、交通运输等部门之间的协作，着力构建高效率、低成本、可预见的大通关体系，实现投资贸易便利化。

7. 有效搭建开放平台。加快各类开放平台建设，整合教育、文化、卫生、体育、旅游、外事侨务、对台、外宣、会展等资源，充分发挥它们在对外交流交往、发展开放型经济中的作用，形成和完善促进我省开放型经济发展的平台体系。着力打造1-2个规模化、常态化、吸引力强的国际性、国家级的经贸和会展平台，增强招商引资活动的集聚效应和规模效应。支持市县、园区和企业参与境内外各类经贸活动，积极有效地举办各种招商引资活动。

五、完善开放型经济发展的政策支持体系

1. 加大财政支持力度。设立“湖南省开放型经济发展专项资金”，各市州、县市区也要设立专项资金，纳入年度财政预算。其他相关专项资金，都要向开放型经济发展倾斜。充分发挥税收杠杆作用，用足用好相关税收优惠政策，努力争取我省有更多重点产业、特色产业列入国家税收优惠的产业目录。对外省已认定的高新技术企业、资源综合利用企业转移到我省落户的，经确认，资格有效期内继续给予相应的税收优惠。加快出口退税进度。对由市州、县市区分级承担的增量部分出口退税，通过以奖代补方式由省级财政统筹解决。

2. 加大金融支持力度。认真落实各项贸易融资政策，进一步改善金融服务。各商业银行对内资、外资企业流动资金贷款要提高办事效率，加快审贷速度。积极搭建银企对接融资平台，支持符合条件的企业开展境外借款、境内外上市或通过私募股权等手段扩大直接融资规模。加大对中小企业进出口信贷、保险的支持力度。组织省内相关企业和项目，积极申报中国进出口银行境外投资专项优惠信贷。推动跨境人民币结算和跨境人民币对外投资工作，促进贸易投资便利化。允许符合条件的企业实行外汇资金集中管理，为企业外汇收支提供避险服务。

3. 切实保障土地供应。对鼓励类的外商投资项目，尤其是七大战略性新兴产业和产业振兴实施方案确定的十二项产业项目，要依法优先保障用地。改进建设用地审批方式。打破所有制、地域、投资者身份等限制，在土地使用权、探矿权、采矿权等方面实行国民待遇，公平竞争。

4. 强化人力资源保障。加快培养熟悉世贸规则、掌握涉外法律、了解先进科技、精通外语的开放型人才群体，重点培养一批企业领军人才和创新团队，大胆使用具有开放意识、创新精神和专业能力的高素质人才，努力造就一支具有全球化视野和国际水平的公共管理人才队伍。充分利用海外和沿海发达地区优质资源，加大对各类人才有针对性的培训和锻炼力度。加强全省人才资源市场建设和外国专家基地建设，为促进人才合理流动提供有效公共服务。大力发展职业技术教育，加快培养适用型、应用型、急需型技术人才，培训大批各类熟练技术工人。帮助企业解决用工问题，协调处理劳资关系。

六、形成加快开放型经济发展的强大合力

1. 加强组织领导。各级党委、政府尤其是党政主要负责人要把发展开放型经济工作列入重要议事日程，认真研究制定规划和政策，抓好对重大事项、重要政策的协调、督办，及时解决开放型经济发展过程中的矛盾和问题。省里成立发展开放型经济领导小组，由省长任组长，省委、省政府分管领导任副组长，相关部门主要负责人为成员，领导小组办公室设在省商务厅。省委、省政府每年召开一次扩大开放的工作会议。市州、县市区也要建立相应的领导机构，形成全省上下齐心协力促开放的强有力领导机制。

2. 健全统筹协调机制。健全对外开放“信息共享、环境共建、问题共商、工作共抓”的多部门协同机制，建立部门联席会议制度、重大项目和重大活动会商制度、“走出去”风险防范机制和境外突发事件应急处置机制，及时召开对外开放工作调度会，统筹研究解决开放型经济发展中的新情况新问题，统筹调度和督促各项工作进程，加强配套管理与跟踪服务，有效推进招商引资、项目建设、市场开拓、风险规避等工作。

3. 大力优化开放环境。全省广大干部群众要牢固树立“环境是第一竞争力”的观念，努力营造高效率、低成本、无障碍的开放环境。加快推进法治湖南建设，完善涉外地方性法规，严格依法行政和公正司法，建设公开、公平、公正、可预期的法治环境。大力实施《湖南省行政程序规定》，加强政府自身改革，转变政府职能，精简审批事项和审批程序，抓紧建设省、市、县三级政府互联互通的电子政务和电子监察系统，提高办事效率和服务水平，大力优化政务环境。加快诚信体系建设，规范市场经济秩序，加强知识产权保护，营造各类投资者公平参与竞争的市场环境。加快推进国际社区、国际超市、国际学校、国际文化体育俱乐部等配套设施建设，满足境外在湘人员的物质文化生活需求，营造引得进、住得下、过得好的工作和生活环境。进一步加大环境整治力度，完善优化投资环境评价体系，切实维护投资者合法权益。

4. 营造浓厚开放氛围。充分利用海内外各类媒体全方位宣传湖南，提高湖南的知名度和影响力，增强我省对外开放的吸引力。将开放型经济理论和业务知识纳入各级干部培训的重要内容，努力增强广大干部群众的开放意识，大力营造解放思想、扩大开放、加快发展的浓厚氛围。

5. 建立完善考评制度。建立对市州、县市区以及相关园区开放型经济工作评价和激励机制，完善招商引资、承接产业转移、外贸进出口、外贸合作等指标体系，并纳入政府绩效评估体系。

省政府根据决定出台具体的政策措施。各级各部门要结合实际制定切实可行的实施办法。

(此件发至县团级)

主题词：经济建设　对外开放　开放型经济　决定

中共湖南省委办公厅　2011年4月28日印发

(共印1130份)

中共湖南省委文件

湘发[2010]6号

中共湖南省委　湖南省人民政府
关于加强湖南异地商会建设支持湘商发展的意见

（2010年4月5日）

近年来，湖南异地商会（包括异地湖南商会和异地在湘商会）得到了长足发展，为推动湖南经济发展和社会进步做出了积极贡献。为进一步加强湖南异地商会建设，推动区域经济协调发展，促进湖南经济社会建设，现提出如下意见：

一、充分认识加强湖南异地商会建设支持湘商发展的重要性

1. 加强湖南异地商会建设，支持湘商发展，是塑造湘商形象，打造湘商品牌，提升湖南经济实力的重要内容；是加强企业家队伍建设，推动企业做大做强的重要举措；是创新区域经济合作模式，推动区域经济发展的重要途径；是鼓励全民创业，提升湖南区域竞争力，促进富民强省和经济社会又好又快发展的现实需要。各级各部门各单位要以高度的责任感重视和支持湘商发展，不断提升服务水平，为商会及其会员企业发展创造良好环境，充分发挥湖南异地商会团结会员、参与湖南经济建设和区域经济合作等方面的重要作用。

二、加强湖南异地商会建设支持湘商发展的指导思想和目标

2. 指导思想。以邓小平理论和“三个代表”重要思想为指导，深入贯彻落实科学发展观，按照省委、省政府富民强省的战略部署，以“团结湘商、宣传湘商、服务湘商、发展湘商”为目标，逐步建立制度健全、机制完善、管理民主、行为规范、自律发展的湖南异地商会，充分发挥湖南异地商会促进我省经济社会发展的积极作用。

3.发展目标。力争通过5年左右的努力，完善以省级商会和商会协作区为骨干，覆盖全国、面向全球的湖南异地商会组织网络；打造一批影响力较大的湖南异地商会，培育一批产值上百亿元的标志性商会会员企业；充分发挥湖南异地商会区域合作和招商引资的作用，湘商回湘和通过湘商引导来湘投资年到位资金千亿元以上，培育10个以上产值超百亿元的湘商回湘创业示范基地（工业园）。

三、培育湘商文化，打造湘商品牌

4.培育湘商文化。湘商要传承和弘扬心忧天下、经世致用、敢为人先、兼容并蓄的湖湘文化精神，发扬精诚团结、昂扬向上、自强不息、艰苦创业的时代精神，以“勇于创业、开拓进取、依法经营、诚实守信、回报社会”为宗旨，以高品质的商业文化活动为载体，树立湘商形象，打造湘商文化品牌，增强湘商软实力。

5.引导艰苦创业。湘商要团结求发展，艰苦创业求发展。各级各部门各单位要努力营造公平、公正的发展环境，支持湘商艰苦创业、做大做强。湖南异地商会要进一步加强与其他商会的联系与合作交流，增进友谊、互通信息，推动跨区域的合作和发展。

6.履行社会责任。引导湘商在做强企业、做大事业的同时，把报效国家、回报社会、贡献家乡作为实现自我人生价值的方式，通过“理念回归”、“资金回归”、“项目回归”等多种形式，回报社会、反哺家乡，积极融入当地社会，成为经济上有实力、事业上有地位、社会上有声誉、政治上有地位的中国特色社会主义事业建设者。

7.支持参政议政。省、市、县级人大代表、政协委员和其他政治安排要考虑湖南异地商会和湘商代表，省委、省政府有关经济工作的大型会议可安排湖南异地商会会长列席。在制定与湘商有关的重大经济政策前，吸纳湖南异地商会或湘商代表参与咨询，广泛征求意见。

8.加强舆论宣传。各级宣传部门要加大对湖南异地商会工作的宣传力度，采取多种形式，宣传诚实守信的湘商典型、重义厚德的儒商形象，宣传自强不息的创业精神、造福百姓的社会品德，宣传异地商会发展的成功经验，为湖南异地商会和湘商发展壮大营造良好氛围。

四、实施“湘商创业”工程

9.加强政策支持。

用地支持。重点保障新型工业化项目的用地需求，对符合国家产业政策、符合土地利用总体规划、科技含量高、安排就业人员多的湘商投资项目，在年度用地计划安排上优先考虑。对湘商创建工业园的经营性用地，可采取挂牌出让方式供地。对湘商投资建设非营利性的教育、医疗、文化、体育等设施用地，符合划拨用地目录的，可采取行政划拨方式供地。对湘商投资种养业需使用农村集体土地的，可依法采取转包、租赁、招标、拍卖等方式取得土地承包经营权。对租赁或转包农业高科技园区、现代农业示范园区已成片流转土地的，在保护农民土地承包权益、不改变土地集体所有性质和土地用途的前提下，当地政府要协助做好土地使用权流转的相关服务工作。对湘商投资的新型工业化项目，国土资源部门要提前介入，主动做好项目用地审查工作。

金融支持。引导和协调金融机构加大对湘商创办企业的信贷投放，提高贷款比重，保持贷款逐年增长。支持银行金融机构增加湘商创办中小企业贷款，并享受中小企业贷款风险补偿政策。支持湘商设立小额贷款公司。构建银政会信息沟通平台，利用洽谈会、项目推介会等及时对接资金需求。促进银行与信用评级中介机构合作，鼓励银行为信用等级高的企业办理票据贴现业务，增加短期融资渠道，提高企业的贷款获取能力。引导和支持符合条件的企业在主板、中小企业板和创业板上市融资，纳入省重点上市后备企业资源库的可在上市引导资金上予以扶持。支持符合条件的湘商创办企业发行企业债券、公司债券、短期融资券和中期票据等。开展湘商创业企业发行中小企业集合债券试点。

财税支持。对湘商创业可按上限享受我省招商引资和推动创业、就业等方面的财税优惠政策。省财政进一步加大对湖南异地商会和商会协作区参与我省经济技术协作的支持力度，支持湘商大会等湘商专题活动的开展。省新型工业化引导资金、高新技术产业发展引导资金、信息产业发展专项资金、节能专项资金、技术改造资金、农业产业化发展资金、旅游发展专项资金、第三产业引导资金等省管专项资金，要将符合条件的湘商投资项目按程序申报纳入支持范围。

重点项目支持。将符合条件和要求的湘商投资项目，积极支持纳入省、市重点工程，按程序申报和批准享受有关优惠政策。对符合国家和省产业政策导向且投资额在2亿元以上的重点项目，由相关市州政府实行“一个部门负责、一个干部承办、一个班子跟踪”的全程代理跟踪服务制度，协调解决在项目审批、规划选址、融资渠道、土地利用、环境评价等方面存在的困难和问题。

政府采购支持。对湘商创业企业生产的产品，符合国家强制采购、优先采购政策的，实施强制采购和优先采购；对符合国家规定的政府首购、订购政策的，实施政府首购和订购；对政府委托湖南异地商会开展调查研究、招商引资、展览展示机培训、咨询等业务的，政府以服务采购方式支付相应费用。

科技支持。鼓励和支持湘商向各类开发园区引入高新技术成果进行产业化；有条件的地区可以与湖南异地商会联合在湘建设湘商高新技术产业园区。鼓励湘商投资兴办科技型企业，支持符合条件的企业参加省创新型企业试点，并向科技部推荐其中的优秀企业。引导湘商企业与高等院校、科研院所、其他企业联合承担湖南重大科技专项和重大科技项目。鼓励湘商参与各类创新科技园区、科技企业孵化器、技术转移中心、产学研合作研发中心等应用技术研发和科技成果转化基地的建设。加强与湖南异地商会的信息沟通，通过商会向各地宣传我省激励自主创新的优惠政策，积极引进高层次创新人才和高新技术成果。

10.优化投资环境。各级各部门各单位要全面落实优化经济发展环境工作责任制和问责制，落实项目审批代理制和重大产业项目"绿色通道"。行政执法部门要寓执法于服务中，帮助企业自我规范并防范违法违纪行为，司法机关要建立健全优化经济发展环境的工作机制，切实防范和纠正违规收费、判决不公、执行不力等问题，慎用强制措施。各级政府行政效能投诉中心和各投诉受理机构要进一步完善投诉受理机制，做到有诉必理，限期办结，件件回复。对损害企业发展的案件，各级纪检监察机关和优化办要严肃查处，追究单位主要负责人、分管负责人和相关责任人的责任。

11.支持建设湘商创业示范基地。各地要拿出更多优质资产对外开放，吸引湘商投资开发。支持湘商在各地已规划建设的开发园区内投资创业，设立湘商创业示范基地，要充分发挥现有开发园区的平台作用，设立专门的投资区域，在登记、融资、供地、报建等方面给予重点支持。要完善示范基地水、电、气、道路、环保、通信、消防等基础设施，发展与之配套的生产性服务业。要加快衡阳深圳工业园、湘潭湘浙工业园、湘西广州工业园等湘商创业示范基地的发展。

五、鼓励湘商"走出去"

12.支持湘商开拓国际国内市场。依托湖南异地商会和湘商资源，逐步构建政企会联手、产供销衔接、内外联动、覆盖广泛的营销网络。支持湖南异地商会和会员企业参加国内外经贸洽谈和展览展销活动。鼓励湖南异地商会和会员企业在原材料供应地、目标市场建立生产加工基地、产业园区、研发中心和营销网点。帮助"走出去"的湘商企业获得国家政策性金融机构和各商业银行的融资便利和金融服务，在授信额度、贷款条件、贷款期限、贷款周期等方面给予优惠和支持。支持在湘商较为集中的国家和地区组建湖南商会，并鼓励其加强与驻外使领馆经商处、海外华侨组织和各种商协会的联络，开展国际经济技术合作交流。

13.支持湘商开展对外工程承包和劳务合作。支持符合条件的湘商企业获得对外承办工程经营资质，依托我国外经、外贸、援外项目开拓境外市场。鼓励湘商参与外派劳务基地和培训基地建设。加大省对外经济技术合作资金等对湘商"走出去"发展的支持力度。

六、促进湖南异地商会发展

14.加强指导。省经协办是联系、指导、服务湖南异地商会的职能部门，要认真履行职责，加强与各地湖南异地商会的联系、沟通和协调，指导湖南异地商会按照社团组织登记管理条例和商会章程，依法组建，规范运作，不断完善商会组织网络，促进商会协作区建设，提升商会的整体实力和影响力。

15.搭建平台。湖南经济合作洽谈会暨湘商大会是凝聚湘商力量的重要平台，组委会由省委、省政府主要领导担任名誉主任，省政府分管领导担任主任，相关职能部门为成员单位。组委会要务实创新，及时关注湖南异地商会和湘商发展的新趋势、新动态、新热点，不断提高办会水平，提升办会实效。承办市州要高度重视，精心策划会期活动，高效务实办好洽谈会。

16. 充分发挥湖南异地商会的桥梁纽带作用。通过商会向会员企业宣传国家有关法规政策，传达政府意见要求；重视商会和湘商反映的意见、建议和要求，帮助其解决发展中的问题。充分发挥商会的行业自律作用。通过商会引导会员企业加强诚信建设，提高会员企业的法制意识；自觉维护公平竞争的市场环境，履行社会责任，积极参与社会公益事业和精神文明创建活动。充分发挥商会的服务作用。引导商会积极开展调查研究，提出促进湘商发展的合理意见和建议；支持商会创建服务平台，为会员企业提供信息、政策、法律等方面的咨询服务，开展人才、技术、管理、法规等培训服务；做好会员企业的维权服务工作。充分发挥商会的招商引资作用。发挥商会优势，推进实施"万商入湘"工程，通过商会引导会员企业和当地知名企业来湘投资；促进商会与我省各市州、县市区建立合作机制。

17.引导湖南异地商会加强自身建设。商会要建立科学规范的法人治理结构，明确会员代表大会、理事会、监事会的职责，规范服务标准和流程，成为自我约束、自我服务、自我发展的独立法人。商会会长、副会长、秘书长须经民主选举产生，会长应具备较高的政治素质、一定的社会影响力和较强的组织协调能力，热心商会工作。商会开展活动要遵守国家法律、法规和商会章程。要建立和完善以章程为核心的管理制度，形成民主选举、民主决策、民主管理、民主监督、规范有序的运作机制。

18.加强湖南异地商会党建工作。省经协办党组要加强对商会党建工作的指导，建立和完善商会党建工作数据库，逐步建立健全商会党的基层组织；加强对商会党员的教育管理，充分发挥党组织的政治核心作用和党员的先锋模范作用，深入探索社会主义市场经济条件下商会党建工作的新形式、新途径和新方法。

19.建立健全评价激励机制。制订湖南异地商会评价办法，从组织建设、内部管理、自主创新、信息交流、社会活动、公益事业、经济协作和扩大投资、财税贡献、促进就业等方面，定期对商会和商会协作区工作进行评价。设立湘商兴湘贡献奖，对在促进两地合作交流和我省经济社会发展方面作出突出贡献的湖南异地商会、会员企业及有关人员，给予表彰奖励。

七、加强组织领导

20. 成立湖南异地商会工作协调领导小组。领导小组由省政府分管领导任组长，省直相关职能部门负责人为成员，负责研究制定加强湖南异地商会建设支持湘商发展的政策措施，协调商会和湘商发展中的重大问题。领导小组办公室设在省经协办，负责日常工作。省委统战部、省委台湾工作办公室、省外事侨务办公室、省工商联等要充分发挥自身优势，汇聚港澳台海内外力量，为湘商加快发展引资纳智、牵线搭桥；省发改委、省民政厅、省财政厅、省国土资源厅、省环保厅、省商务厅等职能部门要加强服务，确保各项政策措施落实到位。完善湖南异地商会联席会议制度。湖南异地商会联席会议由省政府协助分管副秘书长和经协办主任任为召集人，各湖南异地商会会长为成员，联席会议通过会长年会、秘书长例会等活动，加强政会沟通，推进湘商合作发展。

（此件发至县级）

主题词：湖南异地商会　湘商　发展　意见

中共湖南省委办公厅　　2010年4月6日印发

（共印830份）

湖南省人民政府办公厅文件

湘政办发[2011]15号

湖南省人民政府办公厅
关于印发《湖南省开发区调区和扩区暂行办法》的通知

各市州、县市区人民政府，省政府各厅委、各直属机构：

《湖南省开发区调区和扩区暂行办法》已经省人民政府同意，现印发给你们，请认真贯彻执行。

二〇一一年三月二十五日

湖南省开发区调区和扩区暂行办法

一、总体要求

开发区调区和扩区要以科学发展观为指导，符合国民经济和社会发展“十二五”规划、主体功能区规划、城镇总体规划、土地利用总体规划和环境保护规划。要符合“布局集中、用地集约、产业集聚”的总体要求，提出明确的发展思路、经济发展目标和产业定位。

二、调区的条件和原则

1、原开发区布局零乱，不符合总体要求的，应当依据相关规划，对界址点、四至范围予以调整。

2、根据相关规划，原有开发区范围已不再适宜作为开发区发展，或者原选址有误，实际没有作为工业园区发展的，应当在充分论证的基础上，进行整体调区。

3、鼓励促进园区适度整合。区位相连、规模较小的开发园区应当依据相关规划适度调整。

4、调区原则上不扩大原有开发区面积，分为部分调区和整体调区。

5、以相关规划为依据，核减、置换、调整原开发区范围内已建成的非工业用地的，在符合总体要求的前提下，从严控制。

6、适度控制“一区多园”。园区拟调、扩区域应与园区四至范围相连或邻近，受地形或其他条件的限制确实不能相连的，原则上不能超过“一区三园”，且在同一行政区划范围内。

三、扩区的条件和原则

1、开发区基本完成国家核准面积开发建设，土地开发率达到70%以上，闲置土地处置率达到100%。

2、开发区扩区区域主要用于工业发展的新项目落地，布局产业发展，生产项目用地不低于扩区规划面积的60%。

3、开发区土地利用评价达到国家依法、合理、集约用地标准，近3年无严重违法用地和违法建设事件，用地集约度分值不低于80分，工业用地占已建成城镇建设用地面积不低于40%，尚可供应建设用地年限低于3年。

4、开发区产业集聚，特色鲜明，主导产业占开发区工业增加值的50%以上，初步形成有较强竞争力的特色产业集群。

5、开发区功能配套，设施完善，具备通水、通电、通路、通邮、通讯、平整土地等基础设施条件，建成或已开工建设污水集中处理设施。

6、开发区扩区基数以2006年国家发改委、国土资源部、住房和城乡建设部审核公告的面积数和四至范围为准。

7、扩区规划的期限以5年为跨度，分为近期目标（2015年）和远期目标（2020年）以及展望目标（2020年后），与国民经济和社会发展规划同步。

8、扩区规划调整的范围要在新一轮土地利用总体规划确定的建设用地控制范围内，建设用地布局要具体落实到图斑，四至范围要用拐点坐标表示。

9、扩区规划要有明确的产业发展方向和建设项目，新扩的区域要与当地的资源环境承载能力匹配相当，要有配套的环保基础设施，符合环保的有关要求。新区未通过环评的园区，不得扩区。

四、申报审批程序

省级开发区调区或扩区由所在市州、县市区人民政府向省人民政府提出申请，属高新技术产业园区调区或扩区的，由省科技厅会同省发改委、省国土资源厅、省住房和城乡建设厅、省环保厅、省经信委、省商务厅等部门审核后，报省人民政府审批；非高新技术产业园区调区扩区的，由省发改委会同省国土资源厅、省住房和城乡建设厅、省环保厅、省经信委、省科技厅、省商务厅等部门审核后，报省人民政府批审。

国家级开发区调区或扩区由所在地市州人民政府提出申请报省人民政府，再由省人民政府报国务院审批。

五、申报材料

1、调区、扩区的可研报告；
2、开发区“十二五”发展规划；
3、调整后的园区建设规划；
4、调区、扩区区域的环境评价；
5、园区土地节约集约利用评价；
6、园区所在地的城市（镇）建设规划图、土地利用总体规划图、园区调整规划图。

主题词：经济管理　开发区　Δ　通知

抄送：省委各部门，省军区司令部。
省人大常委会办公厅，省政协办公厅，省高级人民法院，省人民检察院。
各民主党派省委。

湖南省人民政府办公厅　　2011年3月29日印发

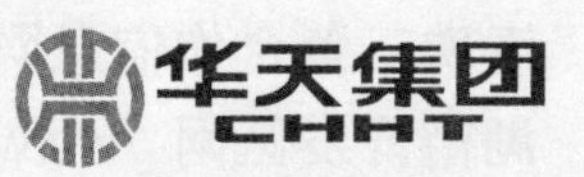

湖南省加速推进新型工业化工作领导小组文件

湘推新工[2011]5号

湖南省加速推进新型工业化工作领导小组
印发省统计局《关于2011年度新型工业化考核结果的通报》的通知

各市州、县市区委，各市州、县市区人民政府：

省统计局关于2010年度新型工业化考核结果已经省加速推进新型工业化工作领导小组审定同意，现印发给你们。

附件：关于2010年度新型工业化考核结果的通报

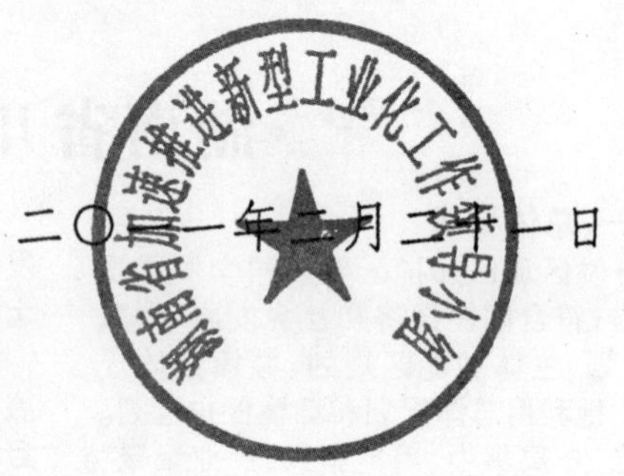

二○一一年二月二十一日

主题词：人事　考核　通报　通知

抄送：省委常委，省政协主席，省人大常委副主任，省政府副省长，省政协副主席，省直有关单位。

湖南省加速推进新型工业化工作领导小组办公室　　2011年2月21日印发

（共印1000份）

关于2011年度新型工业化考核结果的通报

湖南省统计局

二○一一年二月二十一日

根据《中共湖南省委办公厅 湖南省人民政府办公厅<关于印发湖南省新型工业化考核奖励办法（修订）>的通知》（湘办发[2010]13号）（以下简称《通知》）精神，由省统计局牵头负责评估认定，经省加速推进新型工业化工作领导小组审定，现将2010年度新型工业化考核结果通报如下：

综合考核计分结果，总分居前3位的市州分别是长沙市、株洲市和岳阳市，居4-8位的市州分别是益阳市、湘潭市、常德市、衡阳市和郴州市，居9-12位的市州分别是娄底市、邵阳市、永州市和怀化市。

总分居前3位的市辖区分别是雨湖区、石峰区和天心区，居4-10位的市辖区分别是岳麓区、雨花区、天元区、雁峰区、赫山区、武陵区和冷水滩区。

总分居前7位的县（市）分别是是长沙县、宁乡县、资兴市、衡阳县、望城县、醴陵市和浏阳市，居8-20位的县（市）分别是耒阳市、攸县、衡南县、洞口县、石门县、邵东县、岳阳县、永兴县、澧县、汨罗市、湘潭县、沅陵县和冷水江市。根据《通知》规定，在考核期内，县市区或产业园区发生重大工业安全生产事故或重大环境污染事故，经安监、环保部门认定或被"一票否决"的，取消评奖资格。在省委、省政府办公厅《关于2010年度安全生产工作考核结果的通报》（湘办发[2010]32号）中，湘潭县被定为安全生产工作"一票否决"单位，取消其评奖资格，增补湘西自治州考核计分靠前的泸溪县。

总分居前3位的产业园区分别是长沙经济技术开发区、长沙高新技术产业开发区和株洲高新技术产业开发区，居4-8位的产业园区分别是湘潭台商投资区、湖南郴州有色金属产业园区、湖南常德鼎城经济开发区、长沙天心工业园区和湘潭高新技术产业开发区，居9-15位的产业园区分别是湖南资兴经济开发区、岳阳经济技术开发区、常德经济技术开发区、宁乡经济技术开发区、湖南环保科技产业园、益阳高新技术产业开发区和湖南望城经济开发区。

总分居前10位的规模工业企业分别是长沙中联重工科技发展股份有限公司、三一集团有限公司、株洲南车时代电气股份有限公司、中国石化集团巴陵石化分公司、湘电集团有限公司、株洲联诚集团有限责任公司、湖南中烟工业有限责任公司、湖南晟通科技集团有限公司、南车株洲电机股份有限公司、中铁轨道系统集团有限公司，居11-30位的规模工业企业分别是是株洲时代新材料科技股份有限公司、湖南新龙矿业有限责任公司、博世汽车部件（长沙）有限公司、中国电子科技集团公司第四十八研究所、郴州市金贵银业股份有限公司、南车株洲电力机车有限公司、远大科技集团有限公司、加加食品集团股份有限公司、湖南山河智能机械股份有限公司、湖南艾华集团股份有限公司、江南机器(集团)有限公司、湖南巴陵油脂有限公司、株洲钻石切削刀具股份有限公司、湖南泰格林纸集团股份有限公司、特变电工衡阳变压器有限公司、威胜集团控股有限公司、湖南恒安纸业有限公司、唐人神集团股份有限公司、江麓机电科技有限公司、湖南金鹰服饰(集团)有限公司。

2010年，是全省加速推进新型工业化工作成果丰硕的一年，全省工业实力提升，增长加快，结构优化，后劲增强。

一、工业推动力持续提升

2010年，全省全部工业增加值突破6000亿元，达到6275.10亿元，占全省地区生产总值的39.5%，比上半年提高2.6个百分点；增加值增长21.2%，比上年快2.7个百分点。工业增加值对经济增长的贡献率提升到56.1%，比上年提高6.3个百分点，拉动地区生产总值增长8.1个百分点。其中，全省规模以上工业实现增加值5890.29亿元，增长23.4%，比上年加快2.9个百分点，高于全国平均水平7.7个百分点，增速排全国第7位。工业内部结构进一步优化。其中，高加工度工业增加值增长33.5%，高技术产业增加值增长30.9%，分别比规模工业增加值增高10.1个和7.5个百分点；占规模工业增加值的比重分别达32.0%和4.6%，同比提高1.9个和0.2个百分点。

二、企业经济效益明显提高

2010年，全省规模工业企业累计实现主营业务收入18104.44亿元，同比增长40.0%；38个大类行业全部实现盈利，规模工业企业盈亏相抵后实现利润855.49亿元，同比增长46.1%。全省工业企业实缴税金776.90亿元，增长20.5%，比上年提高12.2个百分点，其中工业企业实缴国税673.23亿元，增长19.9%，比上年提高12.7个百分点；实缴地税103.67亿元，增长24.4%，比上年提高8.2个百分点。工业对增加就业的拉动作用更加突出，全省规模工业吸纳就业人员255.78万人，同比增长9.6%。

三、科技创新能力不断增加

2010年，全省研发经费支出达161.79亿元，占GDP的比重为1.02%。科技创新成效显著。全省获得专利授权13873项，同比增长67.0%；规模工业新产品产值2489.70亿元，增长41.3%，占规模工业总产值的比重达13.2%，同比提高2.8个百分点；规模工业高新技术产品增加值占规模工业增加值的31.8%，提高1.5个百分点。

四、转变发展方式稳步推进

2010年，全省规模工业六大高耗能行业实现增加值2056.69亿元，同比增长20.7%，增速比全省规模工业平均水平低2.7个百分点。其中，黑色金属冶炼及压延加工业、有色金属冶炼及压延加工业和电力、热力的生产和供应业分别增长19.7%、18.1%和16.7%，比全省平均水平分别低3.7个、5.3个和6.7个百分点。全省万元规模工业增加值能耗下降明显。工业企业主要污染物排放总量减少，二氧化硫、化学需氧量、砷和镉的排放总量，分别削减7.4%、16.0%、17.5%和27.4%；实现万元工业增加值所产生的二氧化硫、化学需氧量、砷和镉，分别比上年减少4.77千克、1.5千克、0.15克和0.05克。

五、产业聚集发展来势较好

2010年，全省省级及以上产业园区规模工业实现增加值2221.94亿元，同比增长30.0%，高于全省规模工业平均水平6.6个百分点；增加值占全部规模工业的比重为37.7%，比上年提高3.7个百分点。全省规模工业千亿产业达到7个，新增了建材和冶金2个千亿产业，其中机械产业主营业务收入突破4千亿，达4075.28亿元；食品、石化产业主营业务收入突破2千亿，分别为2047.51亿元和2024.20亿元。工业聚集发展程度提高，促进了土地集约利用水平提升。全省工业建设用地供地率为84.53%；每公顷工业用地实现工业增加值570.20万元，同比增长18.2%，比去年提高1.2个百分点。

六、工业发展后劲得到增强

2010年，全省完成工业固定资产投资3879.72亿元，增长40.6%，其中制造业投资2877.04亿元，增长33.8%。固定资产投资中，工业技术改造投资2618.20亿元，增长38.2%。2010年，全省工业招商引资实际到位资金1377.38亿元，增长21.3%；其中，实际利用外商直接投资42.50亿美元，增长20.8%；引进内资1089.63亿元，增长21.6%。

2011年，是“十二五”开局之年，全省各级各部门要继续深入贯彻落实科学发展观，大力推进“四化两型”社会建设，加快调结构、转方式步伐，加速推进新型工业化，努力促进经济又好又快发展。

附件：1、市州新型工业化考核结果(略)
2、市辖区新型工业化考核结果(略)
3、县市新型工业化考核结果(略)
4、产业园区新型工业化考核结果
5、企业新型工业化考核结果(略)

产业园区新型工业化考核结果(一)

2010年度

产业园区	统计计分及排序		技工贸总收入			
			技工贸总收入总额(亿元)		技工贸总收入增长率(%)	
	得分	排序	指标值	得分	指标值	得分
长沙经济技术开发区	113.14	1	1058.15	5.84	46.8	5.80
长沙高新技术产业开发区	112.79	2	1088.01	6.00	45.0	5.57
株洲高新技术产业开发区	109.29	3	918.41	5.06	39.9	4.94
湘潭台商投资区	105.32	4	180.12	0.99	121.3	9.00
湖南郴州有色金属产业园区	102.65	5	110.99	0.61	97.6	9.00
湖南常德鼎城经济开发区	98.90	6	106.00	0.58	51.4	6.36
长沙天心工业园区	96.16	7	136.44	0.75	73.2	9.00
湘潭高新技术产业开发区	95.17	8	327.85	1.81	64.8	8.02
湖南资兴经济开发区	95.02	9	168.94	0.93	97.0	9.00
岳阳经济技术开发区	89.98	10	493.65	2.72	30.0	3.71
常德经济技术开发区	89.87	11	186.00	1.03	46.8	5.79
宁乡经济技术开发区	88.56	12	303.43	1.67	50.9	6.30
湖南环保科技产业园	88.43	13	110.54	0.61	120.3	9.00
益阳高新技术产业开发区	88.38	14	482.36	2.66	57.9	7.17
湖南望城经济开发区	88.25	15	238.50	1.32	45.2	5.60

产业园区新型工业化考核结果(二)

2010 年度

产业园区	工业增加值				企业实缴税金			
	园区规模工业增加值总额(亿元)		园区规模工业增加值增长率(%)		企业实缴税金总额(万元)		企业实缴税金增长率(%)	
	指标值	得分	指标值	得分	指标值	得分	指标值	得分
长沙经济技术开发区	281.49	7.50	33.1	7.72	202162	7.29	32.2	10.53
长沙高新技术产业开发区	242.17	6.45	31.5	7.34	249723	9.00	31.0	10.12
株洲高新技术产业开发区	280.19	7.47	28.7	6.70	221417	7.98	29.8	9.73
湘潭台商投资区	47.12	1.26	57.2	10.50	25919	0.93	46.6	12.00
湖南郴州有色金属产业园区	31.68	0.84	30.9	7.21	20183	0.73	82.8	12.00
湖南常德鼎城经济开发区	23.64	0.63	38.8	9.06	25385	0.91	44.3	12.00
长沙天心工业园区	32.84	0.88	57.4	10.50	6468	0.23	10.6	3.47
湘潭高新技术产业开发区	86.85	2.31	23.0	5.37	43140	1.55	31.8	10.38
湖南资兴经济开发区	47.18	1.26	42.3	9.87	46747	1.68	58.5	12.00
岳阳经济技术开发区	118.25	3.15	24.1	5.62	29826	1.07	29.1	9.50
常德经济技术开发区	34.60	0.92	30.2	7.06	25078	0.90	32.0	10.46
宁乡经济技术开发区	67.59	1.80	37.5	8.76	33067	1.19	33.2	10.84
湖南环保科技产业园	26.14	0.70	40.0	9.34	7702	0.28	54.9	12.00
益阳高新技术产业开发区	66.66	1.78	23.1	5.38	60787	2.19	27.1	8.84
湖南望城经济开发区	60.75	1.62	27.1	6.33	36793	1.33	46.0	12.00

产业园区新型工业化考核结果(三)

2010 年度

产业园区	环境保护(主要污染物包括:SO_2、COD、砷、镉)工业企业主要污染物排放总量削减率(%)				
	二氧化硫	化学需氧量	砷	镉	得分
长沙经济技术开发区	21.6	21.6	37.4	20.6	7.88
长沙高新技术产业开发区	39.2	0.0	—	—	4.00
株洲高新技术产业开发区	33.2	11.7	—	—	6.92
湘潭台商投资区	3.0	17.7	—	—	5.63
湖南郴州有色金属产业园区	14.2	1.9	0.0	—	4.41
湖南常德鼎城经济开发区	20.2	15.6	—	—	7.91
长沙天心工业园区	—	25.1	—	—	8.00
湘潭高新技术产业开发区	3.0	17.6	—	3.0	5.18
湖南资兴经济开发区	31.3	0.7	—	—	4.17
岳阳经济技术开发区	38.4	39.3	—	—	8.00
常德经济技术开发区	22.0	16.8	—	—	8.00
宁乡经济技术开发区	32.7	22.4	—	—	8.00
湖南环保科技产业园	30.0	20.9	—	—	8.00
益阳高新技术产业开发区	21.0	15.6	50.0	50.0	7.94
湖南望城经济开发区	27.3	21.2	—	—	8.00

产业园区新型工业化考核结果(四)

2010 年度

产业园区	环境保护(主要污染物包括:SO_2、COD、砷、镉)万元规模工业主要污染物排放强度(克/万元)				
	二氧化硫	化学需氧量	砷	镉	得分
长沙经济技术开发区	13.3	315.0	0.0010	0.0004	6.00
长沙高新技术产业开发区	2.9	87.4	0.0000	0.0000	6.00
株洲高新技术产业开发区	9748.5	1173.9	0.0000	0.0000	5.95
湘潭台商投资区	167.5	528.6	0.0000	0.0000	6.00
湖南郴州有色金属产业园区	906.9	558.7	1.5468	0.0000	5.60
湖南常德鼎城经济开发区	435.7	275.0	0.0000	0.0000	6.00
长沙天心工业园区	0.0	137.0	0.0000	0.0000	6.00
湘潭高新技术产业开发区	182.9	60.9	0.0000	0.0929	6.00
湖南资兴经济开发区	16002.0	160.0	0.0000	0.0000	3.99
岳阳经济技术开发区	9905.5	3617.8	0.0000	0.0000	5.14
常德经济技术开发区	3636.1	8179.8	0.0000	0.0000	3.00
宁乡经济技术开发区	217.6	143.5	0.0000	0.0000	6.00
湖南环保科技产业园	6.6	279.3	0.0000	0.0000	6.00
益阳高新技术产业开发区	23730.1	397.5	0.0033	0.0050	3.00
湖南望城经济开发区	912.4	290.5	0.0000	0.0000	6.00

产业园区新型工业化考核结果(五)

2010 年度

产业园区	科技进步			
	规模工业研发经费支出占规模工业增加值比重(%)		高新技术产品增加值占规模工业增加值比重(%)	
	指标值	得分	指标值	得分
长沙经济技术开发区	6.5	6.67	88.9	10.50
长沙高新技术产业开发区	8.6	7.50	90.3	10.50
株洲高新技术产业开发区	6.8	6.95	76.9	9.66
湘潭台商投资区	2.0	2.08	62.5	7.85
湖南郴州有色金属产业园区	8.6	7.50	65.6	8.24
湖南常德鼎城经济开发区	5.9	6.05	61.3	7.70
长沙天心工业园区	3.6	3.73	55.8	7.01
湘潭高新技术产业开发区	7.7	7.50	33.4	4.19
湖南资兴经济开发区	1.7	1.76	18.2	2.29
岳阳经济技术开发区	5.5	5.69	48.4	6.08
常德经济技术开发区	6.9	7.08	45.6	5.74
宁乡经济技术开发区	3.2	3.29	31.4	3.94
湖南环保科技产业园	4.0	4.16	48.0	6.03
益阳高新技术产业开发区	2.0	2.09	42.9	5.39
湖南望城经济开发区	3.4	3.48	35.7	4.48

产业园区新型工业化考核结果(六)

2010 年度

产业园区	万元规模工业增加值能耗降低率(%)		固定资产投资			
			固定资产投资总额(亿元)		固定资产投资增长率(%)	
	指标值	得分	指标值	得分	指标值	得分
长沙经济技术开发区	-17.9000	11.43	88.70	3.82	30.8	4.62
长沙高新技术产业开发区	-18.7000	11.94	122.32	5.27	30.2	4.52
株洲高新技术产业开发区	-13.2500	8.46	139.15	6.00	61.6	9.00
湘潭台商投资区	-22.6194	14.45	67.08	2.89	75.1	9.00
湖南郴州有色金属产业园区	-21.1507	13.51	25.74	1.11	79.2	9.00
湖南常德鼎城经济开发区	-16.4000	10.47	16.30	0.70	114.2	9.00
长沙天心工业园区	-27.1053	15.00	18.95	0.82	86.3	9.00
湘潭高新技术产业开发区	-19.7911	12.64	48.71	2.10	44.8	6.71
湖南资兴经济开发区	-25.6859	15.00	16.75	0.72	81.0	9.00
岳阳经济技术开发区	-11.3000	7.22	49.86	2.15	32.0	4.79
常德经济技术开发区	-16.7000	10.67	56.39	2.43	51.9	7.79
宁乡经济技术开发区	-9.6000	6.13	87.57	3.78	31.3	4.69
湖南环保科技产业园	-6.0771	3.88	61.02	2.63	34.4	5.16
益阳高新技术产业开发区	-3.7868	2.42	108.09	4.66	57.5	8.62
湖南望城经济开发区	-19.0871	12.19	98.80	4.26	30.4	4.56

产业园区新型工业化考核结果(七)

2010 年度

产业园区	招商引资				单位用地面积实现规模工业增加值增长率(%)	
	招商引资总额(亿元)		招商引资增长率(%)			
	指标值	得分	指标值	得分	指标值	得分
长沙经济技术开发区	23.28	3.75	7.9	1.80	34.7	12.00
长沙高新技术产业开发区	32.20	5.19	13.6	3.09	29.6	10.29
株洲高新技术产业开发区	37.26	6.00	5.9	1.33	20.5	7.13
湘潭台商投资区	23.51	3.79	30.6	6.95	42.8	12.00
湖南郴州有色金属产业园区	21.25	3.42	39.4	8.95	30.3	10.51
湖南常德鼎城经济开发区	8.51	1.37	63.7	9.00	32.1	11.14
长沙天心工业园区	4.78	0.77	59.5	9.00	66.8	12.00
湘潭高新技术产业开发区	20.41	3.29	58.3	9.00	26.2	9.11
湖南资兴经济开发区	14.57	2.35	56.1	9.00	41.5	12.00
岳阳经济技术开发区	25.56	4.12	41.6	9.00	38.5	12.00
常德经济技术开发区	14.10	2.27	28.5	6.47	29.5	10.26
宁乡经济技术开发区	11.51	1.85	36.6	8.32	38.6	12.00
湖南环保科技产业园	13.54	2.18	28.4	6.46	40.1	12.00
益阳高新技术产业开发区	36.76	5.92	100.9	9.00	32.6	11.32
湖南望城经济开发区	11.26	1.81	14.4	3.28	34.7	12.00

2010年度全省加速推进新型工业化获奖单位名单

一、获"全省加速推进新型工业化一等奖"称号的市州

长沙市、株洲市、岳阳市

二、获"全省加速推进新型工业化二等奖"称号的市州

益阳市、湘潭市、常德市、衡阳市、郴州市

三、获"全省加速推进新型工业化三等奖"称号的市州

娄底市、邵阳市、永州市、怀化市

四、获"全省加速推进新型工业化一等奖"称号的县市区

雨湖区、石峰区、天心区、长沙县、宁乡县、资兴市、衡阳县、望城县、醴陵市、浏阳市

五、获"全省加速推进新型工业化二等奖"称号的县市区

岳麓区、雨花区、天元区、雁峰区、赫山区、武陵区、冷水滩区、耒阳市、攸县、衡南县、洞口县、石门县、邵东县、岳阳县、永兴县、澧县、汨罗市、沅陵县、冷水江市、泸溪县

六、获"全省加速推进新型工业化一等奖"称号的产业园区

长沙经济技术开发区
长沙高新技术产业开发区
株洲高新技术产业开发区

七、获"全省加速推进新型工业化二等奖"称号的产业园区

湘潭台商投资区
湖南郴州有色金属产业园区
湖南常德鼎城经济开发区
长沙天心工业园区
湘潭高新技术产业开发区

八、获"全省加速推进新型工业化三等奖"称号的产业园区

湖南资兴经济开发区
岳阳经济技术开发区
常德经济技术开发区
宁乡经济技术开发区
湖南环保科技产业园
益阳高新技术产业开发区
湖南望城经济开发区

九、获"全省加速推进新型工业化一等奖"称号的企业

中联重工科技发展股份有限公司
三一集团有限公司
株洲南车时代电气股份有限公司
中国石化集团巴陵石化分公司
湘电集团有限公司
株洲联诚集团有限责任公司
湖南中烟工业有限责任公司
湖南晟通科技集团有限公司
南车株洲电机股份有限公司
中铁轨道系统集团有限公司

十、获"全省加速推进新型工业化二等奖"称号的企业

株洲时代新材料科技股份有限公司
湖南新龙矿业有限责任公司
博世汽车部件(长沙)有限公司
中国电子科技集团公司第四十八研究所
郴州市金贵银业股份有限公司
南车株洲电力机车有限公司
远大科技集团有限公司
加加食品集团股份有限公司
湖南山河智能机械股份有限公司
湖南艾华集团股份有限公司
江南机器(集团)有限公司
湖南巴陵油脂有限公司
株洲钻石切削刀具股份有限公司
湖南泰格林纸集团股份有限公司
特变电工衡阳变压器有限公司
威胜集团控股有限公司
湖南恒安纸业有限公司
唐人神集团股份有限公司
江麓机电科技有限公司
湖南金鹰服饰(集团)有限公司

湖南省开发区统计报表制度

（2011年定期统计报表）

湖南省统计局印制

2010年12月

本报表制度根据《中华人民共和国统计法》的有关规定制定

《中华人民共和国统计法》第七条规定：国家机关、企业事业单位和其他组织及个体工商户和个人等统计调查对象，必须依照本法和国家有关规定，真实、准确、完整、及时地提供统计调查所需的资料，不得提供不真实或者不完整的统计资料，不得迟报、拒报统计资料。

《中华人民共和国统计法》第九条规定：统计机构和统计人员对在统计工作中知悉的国家秘密、商业秘密和个人信息，应当予以保密。

本制度由湖南省统计局负责解释

目　录

一、填报目录

表号	表名	报告期别	报送单位	报送日期
一、开发区统计基层报表				
园区201表	湖南省（省级及以上）开发区基本情况统计表	季报	省级及以上开发区	季后12日前
二、市州开发区统计综合报表				
园区401表	湖南省（省级及以上）开发区综合情况统计表	季报	各市州统计局	季后15日前

注：报送方式为电子邮件或FTP。　传真：0731-82212013；　邮箱：lvy@hn.stats.cn；
地址：湖南省统计局贸易外经处；　邮编：410011。

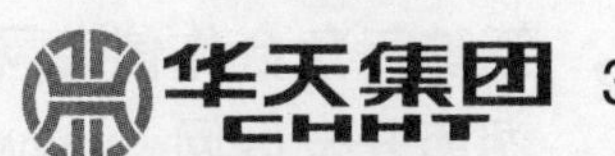

二、调查表式

(一)湖南省(省级及以上)开发区基本情况统计表

开发区代码□□□□□□□□□□□
开发区详细名称:
联系电话:
传真号码:
电子信箱:
20　年1-　季

表　　号:园区201表
制定机关:湖南省统计局
文　　号:湘统(2010)79号
批准机关:国家统计局
批准文号:国统字(2010)158号
有效期至:2012年1月

指　　标	代码	单位	1-本季	上年同期	1-本季比上年同期增长(%)
甲	乙	丙	1	2	3
一、概况	—	—	—	—	—
1、规划面积*	1	平方公里			
2、已开发面积*	2	平方公里			
其中:工业用地面积*	3	平方公里			
3、企业个数*	4	个			
其中:高新技术产品企业个数*	5	个			
出口型企业个数*	6	个			
工业企业个数*	7	个			
4、期末从业人数*	8	人			
其中:高新技术产品企业期末从业人数*	9	人			
工业企业期末从业人数*	10	人			
5、拥有专利数*	11	件			
6、期末拥有标准厂房面积*	12	平方米			
其中:已出租面积*	13	平方米			
本年新建标准厂房面积*	14	平方米			
二、投资和招商引资	—	—	—	—	—
1、本年完成固定资产投资	15	万元			
其中:基础设施投资	16	万元			
本年新建标准厂房投资	17	万元			
2、新批准外商直接投资项目个数	18	个			
3、实际到位外商直接投资金额	19	万美元			
4、实施省外境内合作项目个数	20	个			
5、实际到位省外境内资金	21	万元			
三、主要经济指标	—	—	—	—	—
1、技工贸总收入	22	万元			
其中:工业企业产品销售收入	23	万元			
其中:规模以上工业企业产品销售收入	24	万元			
2、利润总额	25	万元			
3、上交税金总额	26	万元			
4、R&D经费支出总额	27	万元			
5、高新技术产品产值	28	万元			
6、出口交货值	29	万元			
*补充资料:主导产业1　;主导产业2　;主导产业3　;主导产业4　;主导产业5　.　。					

单位负责人:　　填表人:　　统计从业资格证书编号:　　报出日期:20　年　月　日

说明:1.季后12日前上报市统计局。2.保留2位小数。3.由省级及以上开发区填报。4.以四季度报表代替年报,上报时间为季后20日。5."补充资料"部分为四季度上报指标,其它季度免报。

(二)湖南省(省级及以上)开发区综合情况统计表

开发区代码□□□□□□□□□□□□　　　　表　　号:园区 401 表
开发区详细名称:　　　　　　　　　　　制定机关:湖南省统计局
联系电话:　　　　　　　　　　　　　　文　　号:湘统(2010)79 号
传真号码:　　　　　　　　　　　　　　批准机关:国家统计局
电子信箱:　　　　　　　　　　　　　　批准文号:国统字(2010)158 号
20　年 1-　季　　　　　　　　　　　　有效期至:2012 年 1 月

指　　标	代码	单位	1- 本季	上年同期	1- 本季比上年同期增长(%)
甲	乙	丙	1	2	3
一、概况	—	—	—	—	—
1、规划面积 *	1	平方公里			
2、已开发面积 *	2	平方公里			
其中:工业用地面积 *	3	平方公里			
3、企业个数 *	4	个			
其中:高新技术产品企业个数 *	5	个			
出口型企业个数 *	6	个			
工业企业个数 *	7	个			
4、期末从业人数 *	8	人			
其中:高新技术产品企业期末从业人数 *	9	人			
工业企业期末从业人数 *	10	人			
5、拥有专利数 *	11	件			
6、期末拥有标准厂房面积 *	12	平方米			
其中:已出租面积 *	13	平方米			
本年新建标准厂房面积 *	14	平方米			
二、投资和招商引资	—	—	—	—	—
1、本年完成固定资产投资	15	万元			
其中:基础设施投资	16	万元			
本年新建标准厂房投资	17	万元			
2、新批准外商直接投资项目个数	18	个			
3、实际到位外商直接投资金额	19	万美元			
4、利用外资占本省(市州)利用外资比重	20	%			
5、实施省外境内合作项目个数	21	个			
6、实际到位省外境内资金	22	万元			
7、利用内资占本省(市州)利用内资比重	23	%			
三、主要经济指标	—	—	—	—	—
1、技工贸总收入	24	万元			
其中:工业企业产品销售收入	25	万元			
其中:规模以上工业企业产品销售收入	26	万元			
2、利润总额	27	万元			
3、上交税金总额	28	万元			
4、R&D 经费支出总额	29	万元			
5、当年 R&D 经费支出总额占本省(市州)生产总值比重	30	%			
6、高新技术产品产值	31	万元			
7、高新技术产品产值占本省(市州)生产总值比重	32	%			
8、出口交货值	33	万元			

单位负责人:　　　填表人:　　　统计从业资格证书编号:　　　报出日期:20　年　月　日

说明:1.季后 12 日前上报市统计局。2.保留 2 位小数。3.由省级及以上开发区填报。4.以四季度报表代替
为季后 20 日。5."补充资料"部分为四季度上报指标,其它季度免报。

三、指标解释

1.规划面积：指报告期末经国家或省级国土部门批准的可由开发区使用的所有土地面积，包括已开发和待开发的土地面积，具体以"红线图"为准。

2.已开发面积：指实际上已成片开发建设、市政公用设施和公共设施基本具备的区域。包括已完成道路通、电力通、供水通、排水通、燃气通、土地平整等全部"五通一平"的区域。(应填报建园以来的新开发面积)

3.工业用地面积：指已开发土地面积内按照土地规划作为工业用地的面积。工业用地是指工矿企业的生产车间、库房及其附属设施等用地。

4.企业个数：指报告期末已在工商行政管理机关登记注册并在开发区管理机构进行统计登记的法人单位数，包括内资企业、港澳台投资企业和外商投资企业。

5.高新技术产品企业：指生产高新技术产品经省科学技术厅认定授牌的企业。

6.出口型企业：指以生产出口产品为主的工业企业。

7.工业企业：包括采矿业，制造业，电力、燃气及水的生产和供应业。

8.规模以上工业企业：指年主营业务收入500万元及以上的工业法人企业。

9.期末从业人数：指报告期末在开发区企业、行政和事业单位中工作，取得工资或其他形式的劳动报酬的全部人员。包括在岗职工和其他从业人员，不包括离开本单位仍保留劳动关系的职工。

在岗职工：指报告期末在本单位工作并由单位支付工资的人员，以及有工作岗位，但由于学习、病伤产假等原因暂未工作，仍由单位支付工资的人员。不包括在单位承包某项加工、运输等业务而不由本单位组织安排的人员以及实习的学生。

其他从业人员：指未作在岗职工统计，但实际参加本单位生产或工作并取得劳动报酬的人员。包括再就业的离退休人员、民办教师以及在各单位中工作的外方人员和港澳台方人员、兼职人员、借用的外单位人员和从事第二职业的人员。

10.专利数：指报告期内高新技术企业向专利行政部门提出发明专利申请并被受理的件数。

11.标准厂房：是指在规定区域内统一规划，具有通用性、配套性、集约性等特点，具备了基本生产条件，用于生产的房屋。这些房屋必须符合国家规定的相关建筑标准，如消防、配电、暖通、给排水、节能等要求，如有洁净要求的还要符合国家规定的《洁净厂房设计规范》等建筑设计规范的要求，主要用来为中小工业企业集聚发展和外来工业投资项目提供生产经营场所的发展平台。

一般情况下，标准化厂房应具备以下条件：

(1)设备的安装应符合要求，包括设备间距、工艺流程的合理性等。

(2)安全通道宽度要大于1.4米，主通道宽度应大于3米，人行通道宽度要大于0.8米。

(3)消防设计要合理，并保证符合消防安全要求。

(4)工房内要有区域划分，包括加工区、产品存放区、原料存放区、休息区等。

(5)配电、照明等动力柜要符合安全要求。

(6)标语、标识、操作规程、定置图要醒目，设有宣传栏。

(7)定置管理：企业可根据产品结构进行合理规划定置。

12.固定资产投资总额：指开发区所有单位报告期内以货币表示的建造和购置固定资产活动的工作量以及与此有关的费用的总称。报告期内固定资产投资总额按实际完成投资额(包括实际完成的建筑安装工程价值，设备、工具、器具的购置费，以及实际发生的其他费用)计算。

13.基础设施投资额：指开发区所有单位报告期内用于开发区"七通一平"基础设施建设的费用总和。

14.新批准外商直接投资项目个数：指报告期内经外资管理机关批准设立的外商投资企业(包括港、澳、台和外国投资企业，下同)个数、批准的合作开发项目个数。

15.实际到位外商直接投资金额：指报告期内批准的合同外资金额的实际执行数，外国投资者根据批准外商投资企业的合同(章程)的规定实际缴付的出资额和企业投资总额内外国投资者以自己的境外自有资金实际直接向企业提供的贷款。以会计师事务所为外商投资企业出具的验资报告作为统计依据，并按验资报告的时间进行统计。

16.实施省外境内合作项目个数：指报告期内已开工建设和生产的省外境内合作项目个数。

17.实际到位省外境内资金：指报告期内签定的合同内资金额的实际执行数，即省外境内投资者根据签定的合同(章程)的规定实际缴付的出资额，包括省外境内投资者以现金、实物、技术等作为投资；投资收益的再投资；以及在实施的项目投资总额内，企业从本省行政区域以外借入的资金。不包括本省行政区域之内各市、州间互相投资的资金及国家拨款。以会计师事务所为省外境内投资企业出具的验资报告作为统计依据，并按验资报告的时间进行统计。

18.技工贸总收入：指开发区所有单位报告期内以货币表示的技术、软件、工业和贸易等的收入总额。

技术收入：指技术转让、技术承包、技术咨询与服务、技术入股以及接受外单位委托的科研收入等。

软件收入：指软件企业在报告期内销售软件产品收入的总和。

工业企业产品销售收入：指工业企业销售产品的销售收入和提供劳务等主要经营业务取得的收入总额。

商品销售收入：指企业销售以出售为目的而购入的非本企业生产产品的销售收入。

19.工业企业产品销售收入：指报告期内工业企业销售本企业生产的工业品或提供工业性劳务活动等主要经营业务取得的收入总额。"三资"企业须按企业的会计报表中的产品销售收入减去折扣折让后的产品销售净额填列。

20.利润总额：指生产经营活动单位在一定时期的最终经营成果，是收入减成本与费用后的差额，收入大于相关的成本费用，就盈利，反之则亏损。计算公式为：

利润总额＝营业利润＋投资净收益＋补贴收入＋营业外收支净额＋以前年度损益调整。该指标根据"损益表"中"利润总额"项的期末数填列。

21.上交税金总额：指生产经营活动单位应上交的各项税金总和。包括产品销售税金及附加，管理费用中的资源税、房产税、印花税和土地使用税，所得税，应交增值税。实行定额税的单位，填报其上交的定额税。

22.R&D经费支出总额：指报告期内园区实际用于基础研究、应用研究和试验发展的经费支出。包括实际用于研究与试验发展活动的人员劳务费、原材料费、固定资产购建费、管理费及其他费用支出。

23.高新技术产品产值：高新技术产品指高新技术领域的产品。即满足下列条件之一的产品：

(1)首次应用新科学原理生产的最新产品。

(2)首次应用最新工艺生产并使产品质量、成本和劳动效率有显著改进的产品。

(3)技术水平达到90年代国际先进水平的产品。高新技术产品产值指报告期省科技厅认定的高新技术企业的产值和非高新技术企业中的高新技术产品的产值两部分。

24.出口交货值：指企业生产的交给外贸部门或自营(委托)出口(包括销往香港、澳门、台湾)，用外汇价格结算的批量销售，在国内或在边境批量出口等的产品价值，还包括外商来样、来料加工、来件装配和补偿贸易等生产的产品价值。在计算出口交货值时，要把外汇价格按交易时的汇率折成人民币。

25.本省(市州)生产总值：直接采用经上级统计部门认定后公布的数据。

四、湖南省开发区名单

序号	开发区名称	开发区代码	所在县市(区)	主要产业
长沙市(9个)				
1	长沙高新技术产业开发区	4301041201	开福区 芙蓉区 天心区 雨花区 岳麓区 长沙县	光机电一体化、电子与信息、新材料
2	长沙经济技术开发区	4301211102	长沙县	机械制造、印刷包装、新材料
3	长沙金霞经济开发区	4301052303	开福区	机械、新材料、电子
4	长沙天心工业园区	4301032106	天心区	机械、服装、电子
5	长沙雨花工业园区	4301112105	雨花区	汽车及零部件、机械、环保设备
6	湖南浏阳生物医药产业园区	4301811107	浏阳市	医药
7	湖南长沙暮云工业园区	4301212113	长沙县	食品、机械、汽车零部件
8	湖南望城经济开发区	4301222308	望城县	家电、汽车零部件、机械
9	湖南宁乡经济技术开发区	4301241309	宁乡县	食品、机电、新材料
株洲市(5个)				
10	株州高新技术产业开发区	4302111201	天元区 芦淞区 石峰区	新材料产品、先进制造业、电子信息
11	湖南株洲建宁经济开发区	4302032302	芦淞区	机械、木材加工、服装
12	湖南醴陵陶瓷产业园区	4302812104	醴陵市	陶瓷制品
13	湖南株洲渌口经济开发区	4302212303	株洲县	机械、电子
14	湖南茶陵经济开发区	4302242305	茶陵县	农副产品加工
湘潭市(5个)				
15	湘潭高新技术产业开发区	4303041201	岳塘区、雨湖区	新材料
16	湘潭台商投资区	4303022106	雨湖区	
17	湖南湘潭双马工业园区	4303042105	岳塘区	机械、电子、医药
18	湖南湘潭易俗河经济开发区	4303212302	湘潭县	机电、医药、食品
19	湖南湘乡工业园区	4303812104	湘乡市	皮草加工、机械、电子
衡阳市(8个)				
20	湖南衡阳高新技术产业园区	4304082201	蒸湘区	新材料、汽车零部件
21	湖南衡阳松木工业园区	4304072110	石鼓区	化工、造纸
22	湖南耒阳经济开发区	4304812302	耒阳市	机械、农副产品加工
23	湖南衡山经济开发区	4304232303	衡山县	汽车及零部件、非金属矿物制品
24	湖南衡阳西渡经济开发区	4304212304	衡阳县	电子、服装、工艺品
25	湖南衡东工业园区	4304242106	衡东县	有色金属产品加工、陶瓷制品、医药
26	湖南常宁水口山经济开发区	4304822107	常宁市	有色金属产品加工、化工
27	湖南祁东经济开发区	4304262308	祁东县	机械、食品、木制品
邵阳市(5个)				
28	湖南邵阳经济开发区	4305112301	北塔区	食品、纺织、医药
29	湖南邵东经济开发区	4305212302	邵东县	五金、煤焦、皮具制品
30	湖南武冈经济开发区	4305812303	武冈县	机械、医药、农产品加工
31	湖南洞口经济开发区	4305252304	洞口县	机械、农产品加工
32	湖南新邵经济开发区	4305222305	新邵县	机械、农产品加工
岳阳市(6个)				
33	湖南岳阳经济技术开发区	4306021301	岳阳楼区	医药、化工、新材料
34	湖南岳阳云溪工业园区	4306032103	云溪区	化工、机械、医药
35	湖南汨罗工业园区	4306812104	汨罗市	废旧资源加工、机械
36	湖南平江工业园区	4306262106	平江县	医药、食品、电子
37	湖南临湘工业园区	4306822109	临湘市	医药、纺织、机械制造
38	湖南湘阴工业园区	4306242108	湘阴县	食品加工、纺织、精细化工
常德市(6个)				
39	湖南常德经济开发区	4307021301	武陵区	医药、造纸、机械
40	湖南常德鼎城经济开发区	4307032306	鼎城区	机械、建材、农副产品加
41	湖南石门经济开发区	4307262302	石门县	食品、医药、矿产品加工

序号	开发区名称	开发区代码	所在县市(区)	主要产业
42	湖南澧县经济开发区	4307232305	澧县	食品、化工、电子
43	湖南汉寿经济开发区	4307222303	汉寿县	医药、汽车及零部件、精细化工
44	湖南临澧经济开发区	4307242304	临澧县	新材料、化纤
		张家界市(1个)		
45	湖南张家界经济开发区	4308022301	永定区	医药、农副产品深加工、机械
		益阳市(6个)		
46	湖南益阳高新技术产业园区	4309032201	赫山区	化工、新材料、机械
47	湖南益阳长春工业园区	4309022105	资阳区	机械、电子、纺织
48	湖南桃江经济开发区	4309232302	桃江县	竹制品、机械、医药
49	湖南沅江经济开发区	4309812306	沅江县	农产品深加工、机械
50	湖南安化经济开发区	4309232303	安化县	农副产品加工、建材、机械
51	湖南南县经济开发区	4309212304	南县	食品、纺织、机械
		郴州市(10个)		
52	湖南郴州出口加工区	4310031108	苏仙区	电子信息、精密仪器、新型材料
53	湖南郴州经济开发区	4310022301	北湖区	机械、医药、电子
54	湖南郴州有色金属产业园区	4310032102	苏仙区	有色金属产品深加工
55	湖南永兴经济开发区	4310232112	永兴县	贵金属产品深加工、电子、家电
56	湖南资兴经济开发区	4310812303	资兴市	食品、服装、精细化工
57	湖南宜章经济开发区	4310222305	宜章县	印染、电子、医药
58	湖南嘉禾经济开发区	4310242306	嘉禾县	机械、五金、服装
59	湖南汝城经济开发区	4310262304	汝城县	竹木制品、有色金属产品加工、机械
60	湖南桂阳工业园区	4310212109	桂阳县	服装、食品、五金
61	湖南临武工业园区	4310252110	临武县	农产品加工、针织、汽车配件
		永州市(7个)		
62	湖南永州凤凰园经济开发区	4311032301	冷水滩区	食品、医药、机械
63	湖南零陵工业园区	4311022106	零陵区	医药、精细化工、机械
64	湖南东安经济开发区	4311222302	东安县	有色金属产品加工、建材、农副产品加工
65	湖南宁远工业园区	4311262107	宁远县	针织、建材、有色金属加工
66	湖南蓝山经济开发区	4311272303	蓝山县	针织、建材、农副产品加工
67	湖南祁阳工业园区	4311212105	祁阳县	建材、机械、农副产品加工
68	湖南江华工业园区	4311292108	江华县	造纸、玻璃纤维、农产品加工
		怀化市(2个)		
69	湖南怀化经济开发区	4312022301	鹤城区	医药、食品、木材加工
70	湖南怀化工业园区	4312212104	中方县	造纸、农副产品加工、医药
		娄底市(5个)		
71	湖南娄底经济开发区	4313022301	娄星区	薄板深加工、机械化工
72	湖南双峰经济开发区	4313212304	双峰县	机械、医药、电子
73	湖南新化经济开发区	4313222305	新化县	机械、陶瓷、农产品加工
74	湖南冷水江经济开发区	4313812302	冷水江市	化工、建材
75	湖南涟源经济开发区	4313822303	涟源市	新材料、机械、医药
		湘西自治州(3个)		
76	湖南湘西吉凤经济开发区	4331012303	吉首市凤凰县	医药、食品、新材料
77	湖南吉首经济开发区	4331012301	吉首市	矿产品深加工、食品加工、医药
78	湖南永顺经济开发区	4331272302	永顺县	食品加工、医药、服装

湖南省(省级及以上)开发区汇总表(总表)

综合机关名称:湖南省 2010年1-12月

指标	代码	单位	本期	上年同期	比上年同期增长或比重比率提高(%)
甲	乙	丙	1	2	3
一、基本概况	—	—	—	—	—
1.园区规划面积	1	平方公里	1788.5	1523.6	17.4
2.已开发面积	2	平方公里	629.7	522.8	20.4
其中:工业用地面积	3	平方公里	402.3	337.5	19.2
3.园区企业个数	4	个	13358	11056	20.8
4.年末从业人数	5	人	1503128	1258138	19.5
二、固定资产投资	—	—	—	—	—
历年累计固定资产投资总额	6	万元	60172271.8	43794557	37.4
其中:基础设施投资额	7	万元	15362212.5	11248422.9	36.6
三、招商引资	—	—	—	—	—
1.新批外商直接投资项目个数	8	个	220	145	51.7
2.实际到位外商直接投资金额	9	万美元	163581.9	125564.1	30.3
3.利用外资占市州利用外资比重	10	%	31.5	27.3	4.2
4.实施省外境内合作项目个数	11	个	1282	887	44.5
5.实际到位省外境内资金	12	万元	5853704	4259971	37.4
6.利用内资占市州利用内资比重	13	%	33.8	29.5	4.3
四、工业经济	—	—	—	—	—
1.园区工业企业个数	14	个	7597	6332	20
其中:规模以上工业企业个数	15	个	3366	2788	20.7
2.工业企业年末从业人员	16	人	1169397	949581	23.1
其中:规模以上工业企业年末从业人员	17	人	956247	766462	24.8
3.规模以上工业企业增加值	18	万元	22219377.8	—	30
4.园区规模工业增加值占市州规模工业增加值比重	19	%	37.7	—	3.7
5.工业总产值	20	万元	83370199	57420266.1	45.2
其中:主导产业工业总产值	21	万元	61028994.4	41224005.6	48
6.产业集聚率	22	%	73.2	71.8	1.4
五、科技进步	—	—	—	—	—
1.高新技术产品企业个数	23	个	1317	1056	24.7
2.高新技术产品企业数占园区企业总数比重	24	%	9.9	9.6	0.3
3.高新技术产品企业年末从业人员	25	人	441174	354597	24.4
4.当年科技活动经费支出总额	26	万元	2031499.3	1304608.8	55.7
5.当年科技活动经费支出占市州生产总值比重	27	%	1.3	1	0.3
6.高新技术产品产值	28	万元	45496434.1	31878078.5	42.7
7.高新技术产品增加值	29	万元	13879642	9515736.4	45.9
8.高新技术产品增加值占规模工业增加值比重	30	%	58.8	58.4	0.4
六、节能、环保	—	—	—	—	—
1.规模以上工业企业综合能源消费量	31	吨标准煤	17650984.9	15977642.9	10.5
2.万元规模工业增加值能耗降低率	32	%	23.7	0	0
3.开发区企业主要污染物排放达标企业个数	33		4823	3822	26.2
4.开发区企业主要污染物排放达标率	34	%	63.5	60.4	3.1
5.开发区工业项目执行环保"三同时"项目数	35	个	2034	1429	42.3
6.开发区工业项目执行环保"三同时"项目合格数	36	个	1912	1333	43.4
7.开发区工业项目环保"三同时"执行合格率	37	%	94	93.3	0.7
七、出口创汇	—	—	—	—	—
1.出口型企业个数	38	个	451	354	27.4
2.出口交货值	39	万元	5023127.6	3796895.7	32.3
八、土地利用	—	—	—	—	—
1.投资强度	40	万元/平方公里	95561.6	83772.4	14.1
2.单位用地面积实现工业增加值	41	万元/平方公里	15242.8	12579.5	21.2
九、效益指标	—	—	—	—	—
1.利润总额	42	万元	6185803.3	4013323.7	54.1
其中:规模以上工业企业利润总额	43	万元	5390833.7	3453769.4	56.1
2.上交税金总额	44	万元	3306981.8	2800816.5	18.1
其中:规模以上工业企业上交税金	45	万元	2635689.5	1953463.5	34.9
3.主营业务税金及附加	46	万元	1004425.5	684191.8	46.8
4.应交增值税	47	万元	2394552.8	1437081.9	66.6
5.固定资产净值平均余额	48	万元	26875073.3	22520427.6	19.3
6.流动资产平均余额	49	万元	22380858.8	15854864.1	41.2
7.全部资产利税率	50	%	19.5	16	3.5

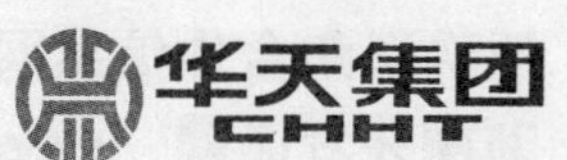

湖南省(省级及以上)开发区汇总表(国家级开发区)

综合机关名称:湖南省 2010年1-12月

指标	代码	单位	本期	上年同期	比上年同期增长或比重比率提高(%)
甲	乙	丙	1	2	3
一、基本概况	—	—	—	—	—
1.园区规划面积	1	平方公里	467.6	408.7	14.4
2.已开发面积	2	平方公里	166.9	150.5	10.9
其中:工业用地面积	3	平方公里	119.6	113.2	5.6
3.园区企业个数	4	个	5315	4622	15
4.年末从业人数	5	人	555586	484314	14.7
二、固定资产投资	—	—	—	—	—
历年累计固定资产投资总额	6	万元	24545789.4	18832951.6	30.3
其中:基础设施投资额	7	万元	5760714.9	4398041.1	31
三、招商引资	—	—	—	—	—
1.新批外商直接投资项目个数	8	个	62	54	14.8
2.实际到位外商直接投资金额	9	万美元	80927.6	69772.1	16
3.利用外资占市州利用外资比重	10	%	15.6	15.2	0.4
4.实施省外境内合作项目个数	11	个	334	235	42.1
5.实际到位省外境内资金	12	万元	1329391	1103702	20.4
6.利用内资占市州利用内资比重	13	%	7.7	7.6	0
四、工业经济	—	—	—	—	—
1.园区工业企业个数	14	个	2562	2222	15.3
其中:规模以上工业企业个数	15	个	1000	908	10.1
2.工业企业年末从业人员	16	人	423573	357530	18.5
其中:规模以上工业企业年末从业人员	17	人	381092	314445	21.2
3.工业总产值	18	万元	40703008.7	28973451.9	40.5
其中:主导产业工业总产值	19	万元	25116901.4	17666412.2	42.2
4.产业集聚率	20	%	61.7	61	0.7
五、科技进步	—	—	—	—	—
1.高新技术产品企业个数	21	个	782	629	24.3
2.高新技术产品企业数占园区企业总数比重	22	%	14.7	13.6	1.1
3.高新技术产品企业年末从业人员	23	人	278706	219438	27
4.当年科技活动经费支出总额	24	万元	1369124.7	985040.1	39
5.当年科技活动经费支出占市州生产总值比重	25	%	0.8	0.7	0.1
6.高新技术产品产值	26	万元	30590509.4	21120307	44.8
7.高新技术产品增加值	27	万元	9396953.6	6483745.5	44.9
8.高新技术产品增加值占规模工业增加值比重	28	%	82.6	80.8	1.8
六、节能、环保	—	—	—	—	—
1.规模以上工业企业综合能源消费量	29	吨标准煤	5589162.3	4495626.6	24.3
2.万元规模工业增加值能耗降低率	30	%	12.3	0	0
3.开发区企业主要污染物排放达标企业个数	31		1324	1147	15.4
4.开发区企业主要污染物排放达标率	32	%	51.7	51.6	0.1
5.开发区工业项目执行环保"三同时"项目数	33	个	385	315	22.2
6.开发区工业项目执行环保"三同时"项目合格数	34	个	385	315	22.2
7.开发区工业项目环保"三同时"执行合格率	35	%	100	100	0
七、出口创汇	—	—	—	—	—
1.出口型企业个数	36	个	154	128	20.3
2.出口交货值	37	万元	1517556.1	973362.7	55.9
八、土地利用	—	—	—	—	—
1.投资强度	38	万元/平方公里	147051.2	125102.6	17.5
2.单位用地面积实现工业增加值	39	万元/平方公里	27673.3	22872.1	21
九、效益指标	—	—	—	—	—
1.利润总额	40	万元	3242039.4	1964044.4	65.1
其中:规模以上工业企业利润总额	41	万元	3036744.1	1812874	67.5
2.上交税金总额	42	万元	1810468.2	1698481.5	6.6
其中:规模以上工业企业上交税金	43	万元	1488792.5	1093246.1	36.2
3.主营业务税金及附加	44	万元	386148.1	250021.1	54.4
4.应交增值税	45	万元	1233651.9	776724.5	58.8
5.固定资产净值平均余额	46	万元	11730985	10370329.6	13.1
6.流动资产平均余额	47	万元	13647960.9	9438691.4	44.6
7.全部资产利税率	48	%	19.2	15.1	4.1

湖南省（省级及以上）开发区汇总表（省级开发区）

综合机关名称：湖南省 2010年1-12月

指标	代码	单位	本期	上年同期	比上年同期增长或比重比率提高(%)
甲	乙	丙	1	2	3
一、基本概况	—	—	—	—	—
1.园区规划面积	1	平方公里	1315.8	1110	18.5
2.已开发面积	2	平方公里	457.8	367.2	24.6
其中：工业用地面积	3	平方公里	279	220.6	26.5
3.园区企业个数	4	个	7941	6363	24.8
4.年末从业人数	5	人	927696	757772	22.4
二、固定资产投资	—	—	—	—	—
历年累计固定资产投资总额	6	万元	34964503.4	24570320.4	42.3
其中：基础设施投资额	7	万元	9439338	6741922.2	40
三、招商引资	—	—	—	—	—
1.新批外商直接投资项目个数	8	个	151	90	67.8
2.实际到位外商直接投资金额	9	万美元	76133.2	50277.1	51.4
3.利用外资占市州利用外资比重	10	%	14.7	10.9	3.7
4.实施省外境内合作项目个数	11	个	898	645	39.2
5.实际到位省外境内资金	12	万元	4356008	3041543	43.2
6.利用内资占市州利用内资比重	13	%	25.1	21.1	4.1
四、工业经济	—	—	—	—	—
1.园区工业企业个数	14	个	4968	4059	22.4
其中：规模以上工业企业个数	15	个	2325	1845	26
2.工业企业年末从业人员	16	人	725978	576016	26
其中：规模以上工业企业年末从业人员	17	人	563169	441312	27.6
3.工业总产值	18	万元	41599027.3	27848881.4	49.4
其中：主导产业工业总产值	19	万元	34843930	22959660.5	51.8
4.产业集聚率	20	%	83.8	82.4	1.3
五、科技进步	—	—	—	—	—
1.高新技术产品企业个数	21	个	521	417	24.9
2.高新技术产品企业数占园区企业总数比重	22	%	6.6	6.6	0
3.高新技术产品企业年末从业人员	23	人	156654	130102	20.4
4.当年科技活动经费支出总额	24	万元	631561.7	314051.6	101.1
5.当年科技活动经费支出占市州生产总值比重	25	%	0.4	0.2	0.2
6.高新技术产品产值	26	万元	14159439.2	10263149.2	38
7.高新技术产品增加值	27	万元	4482688.4	3031990.8	47.8
8.高新技术产品增加值占规模工业增加值比重	28	%	37.7	37.4	0.3
六、节能、环保	—	—	—	—	—
1.规模以上工业企业综合能源消费量	29	吨标准煤	11976600.4	11409100.8	5
2.万元规模工业增加值能耗降低率	30	%	28.4	0	0
3.开发区企业主要污染物排放达标企业个数	31		3432	2675	28.3
4.开发区企业主要污染物排放达标率	32	%	69.1	65.9	3.2
5.开发区工业项目执行环保“三同时”项目数	33	个	1582	1114	42
6.开发区工业项目执行环保“三同时”项目合格数	34	个	1460	1018	43.4
7.开发区工业项目环保"三同时"执行合格率	35	%	92.3	91.4	0.9
七、出口创汇	—	—	—	—	—
1.出口型企业个数	36	个	280	215	30.2
2.出口交货值	37	万元	3427595.8	2753155.4	24.5
八、土地利用	—	—	—	—	—
1.投资强度	38	万元/平方公里	76383.4	66905.4	14.2
2.单位用地面积实现工业增加值	39	万元/平方公里	10637.7	8702.3	22.2
九、效益指标	—	—	—	—	—
1.利润总额	40	万元	2890857.1	2027056.5	42.6
其中：规模以上工业企业利润总额	41	万元	2301182.7	1618672.6	42.2
2.上交税金总额	42	万元	1465441.6	1083088	35.3
其中：规模以上工业企业上交税金	43	万元	1116137.1	841270.5	32.7
3.主营业务税金及附加	44	万元	587355.4	415005.7	41.5
4.应交增值税	45	万元	1141800.9	646157.4	76.7
5.固定资产净值平均余额	46	万元	14482109.3	11758813.1	23.2
6.流动资产平均余额	47	万元	8178984.1	6060166.3	35
7.全部资产利税率	48	%	20.4	17.3	3.1

湖南省(省级及以上)开发区汇总表(工业开发区)

综合机关名称:湖南省　　2010年1-12月

指标	代码	单位	本期	上年同期	比上年同期增长或比重比率提高(%)
甲	乙	丙	1	2	3
一、基本概况	—	—	—	—	—
1.园区规划面积	1	平方公里	534.3	484.8	10.2
2.已开发面积	2	平方公里	171.3	140.9	21.5
其中:工业用地面积	3	平方公里	113.1	90.4	25.1
3.园区企业个数	4	个	3667	2892	26.8
4.年末从业人数	5	人	478944	377388	26.9
二、固定资产投资	—	—	—	—	—
历年累计固定资产投资总额	6	万元	19114072.6	13819287.7	38.3
其中:基础设施投资额	7	万元	4812219	3450552.2	39.5
三、招商引资	—	—	—	—	—
1.新批外商直接投资项目个数	8	个	78	44	77.3
2.实际到位外商直接投资金额	9	万美元	64562.4	45259.9	42.6
3.利用外资占市州利用外资比重	10	%	12.4	9.8	2.6
4.实施省外境内合作项目个数	11	个	386	219	76.3
5.实际到位省外境内资金	12	万元	1880192	1351328	39.1
6.利用内资占市州利用内资比重	13	%	10.8	9.4	1.5
四、工业经济	—	—	—	—	—
1.园区工业企业个数	14	个	2455	2026	21.2
其中:规模以上工业企业个数	15	个	1062	911	16.6
2.工业企业年末从业人员	16	人	393070	300551	30.8
其中:规模以上工业企业年末从业人员	17	人	319688	242301	31.9
3.工业总产值	18	万元	28967583.8	19109123.5	51.6
其中:主导产业工业总产值	19	万元	24774022	16046979	54.4
4.产业集聚率	20	%	85.5	84	1.5
五、科技进步	—	—	—	—	—
1.高新技术产品企业个数	21	个	321	240	33.8
2.高新技术产品企业数占园区企业总数比重	22	%	8.8	8.3	0.5
3.高新技术产品企业年末从业人员	23	人	165683	124055	33.6
4.当年科技活动经费支出总额	24	万元	523364.6	218750.1	139.3
5.当年科技活动经费支出占市州生产总值比重	25	%	0.3	0.2	0.2
6.高新技术产品产值	26	万元	15715639.4	10487275	49.9
7.高新技术产品增加值	27	万元	4730181.4	3058512.8	54.7
8.高新技术产品增加值占规模工业增加值比重	28	%	56.2	54.7	1.5
六、节能、环保	—	—	—	—	—
1.规模以上工业企业综合能源消费量	29	吨标准煤	2254674	1956437.3	15.2
2.万元规模工业增加值能耗降低率	30	%	23.4	0	0
3.开发区企业主要污染物排放达标企业个数	31		1725	1360	26.8
4.开发区企业主要污染物排放达标率	32	%	70.3	67.1	3.1
5.开发区工业项目执行环保"三同时"项目数	33	个	609	418	45.7
6.开发区工业项目执行环保"三同时"项目合格数	34	个	557	371	50.1
7.开发区工业项目环保"三同时"执行合格率	35	%	91.5	88.8	2.7
七、出口创汇	—	—	—	—	—
1.出口型企业个数	36	个	171	132	29.5
2.出口交货值	37	万元	2078184.2	1428307.5	45.5
八、土地利用	—	—	—	—	—
1.投资强度	38	万元/平方公里	111582.4	98043.9	13.8
2.单位用地面积实现工业增加值	39	万元/平方公里	17665.7	13037	35.5
九、效益指标	—	—	—	—	—
1.利润总额	40	万元	2230476.3	1369509.6	62.9
其中:规模以上工业企业利润总额	41	万元	2049967.5	1268696.1	61.6
2.上交税金总额	42	万元	1147390.1	1183925.6	-3.1
其中:规模以上工业企业上交税金	43	万元	953618.4	681589	39.9
3.主营业务税金及附加	44	万元	349643.1	242992	43.9
4.应交增值税	45	万元	1049194.3	559911.1	87.4
5.固定资产净值平均余额	46	万元	8045445.2	6610179.4	21.7
6.流动资产平均余额	47	万元	9736527.1	6601762.6	47.5
7.全部资产利税率	48	%	20.4	16.4	4

湖南省(省级及以上)开发区汇总表(高新技术产业)

综合机关名称:湖南省　　2010年1-12月

指标	代码	单位	本期	上年同期	比上年同期增长或比重比率提高(%)
甲	乙	丙	1	2	3
一、基本概况	—	—	—	—	—
1.园区规划面积	1	平方公里	353.2	317.5	11.2
2.已开发面积	2	平方公里	102.6	85.1	20.5
其中:工业用地面积	3	平方公里	54	48.8	10.6
3.园区企业个数	4	个	2696	2421	11.4
4.年末从业人数	5	人	361267	332048	8.8
二、固定资产投资	—	—	—	—	—
历年累计固定资产投资总额	6	万元	16866382.4	12225210.8	38
其中:基础设施投资额	7	万元	4569850.9	3287596.1	39
三、招商引资	—	—	—	—	—
1.新批外商直接投资项目个数	8	个	44	48	-8.3
2.实际到位外商直接投资金额	9	万美元	38521.1	36176	6.5
3.利用外资占市州利用外资比重	10	%	7.4	7.9	-0.4
4.实施省外境内合作项目个数	11	个	225	219	2.7
5.实际到位省外境内资金	12	万元	1014923	792176	28.1
6.利用内资占市州利用内资比重	13	%	5.9	5.5	0.4
四、工业经济	—	—	—	—	—
1.园区工业企业个数	14	个	1514	1310	15.6
其中:规模以上工业企业个数	15	个	695	602	15.4
2.工业企业年末从业人员	16	人	274054	252076	8.7
其中:规模以上工业企业年末从业人员	17	人	240264	214947	11.8
3.工业总产值	18	万元	25770547.7	18808223.9	37
其中:主导产业工业总产值	19	万元	14004641.4	10245872.3	36.7
4.产业集聚率	20	%	54.3	54.5	-0.1
五、科技进步	—	—	—	—	—
1.高新技术产品企业个数	21	个	653	543	20.3
2.高新技术产品企业数占园区企业总数比重	22	%	24.2	22.4	1.8
3.高新技术产品企业年末从业人员	23	人	173669	144657	20.1
4.当年科技活动经费支出总额	24	万元	614981.7	446547.1	37.7
5.当年科技活动经费支出占市州生产总值比重	25	%	0.4	0.3	0.1
6.高新技术产品产值	26	万元	20227232.4	14630166	38.3
7.高新技术产品增加值	27	万元	6538612	4733290.5	38.1
8.高新技术产品增加值占规模工业增加值比重	28	%	91.3	90.3	1
六、节能、环保	—	—	—	—	—
1.规模以上工业企业综合能源消费量	29	吨标准煤	3538271	2717901.5	30.2
2.万元规模工业增加值能耗降低率	30	%	4.7	0	0
3.开发区企业主要污染物排放达标企业个数	31		612	549	11.5
4.开发区企业主要污染物排放达标率	32	%	40.4	41.9	-1.5
5.开发区工业项目执行环保"三同时"项目数	33	个	172	188	-8.5
6.开发区工业项目执行环保"三同时"项目合格数	34	个	170	187	-9.1
7.开发区工业项目环保"三同时"执行合格率	35	%	98.8	99.5	-0.6
七、出口创汇	—	—	—	—	—
1.出口型企业个数	36	个	66	55	20
2.出口交货值	37	万元	1964614.1	1441398.7	36.3
八、土地利用	—	—	—	—	—
1.投资强度	38	万元/平方公里	164405.7	143623.3	14.5
2.单位用地面积实现工业增加值	39	万元/平方公里	23995	19726.4	21.6
九、效益指标	—	—	—	—	—
1.利润总额	40	万元	1807401.6	1286273.4	40.5
其中:规模以上工业企业利润总额	41	万元	1583191.2	1093092	44.8
2.上交税金总额	42	万元	1127203	828506.6	36.1
其中:规模以上工业企业上交税金	43	万元	834687.1	589403.7	41.6
3.主营业务税金及附加	44	万元	160476	115108	39.4
4.应交增值税	45	万元	637463	394445.9	61.6
5.固定资产净值平均余额	46	万元	6351670.1	5329033	19.2
6.流动资产平均余额	47	万元	6260927.2	4535048.3	38.1
7.全部资产利税率	48	%	20.7	18.2	2.5

湖南省(省级及以上)开发区汇总表(综合开发区)

综合机关名称:湖南省　　2010年1-12月

指标	代码	单位	本期	上年同期	比上年同期增长或比重比率提高(%)
甲	乙	丙	1	2	3
一、基本概况	—	—	—	—	—
1.园区规划面积	1	平方公里	896	716.4	25.1
2.已开发面积	2	平方公里	350.8	291.7	20.2
其中:工业用地面积	3	平方公里	231.4	194.5	19
3.园区企业个数	4	个	6893	5672	21.5
4.年末从业人数	5	人	643071	532650	20.7
二、固定资产投资	—	—	—	—	—
历年累计固定资产投资总额	6	万元	23529837.8	17358773.5	35.6
其中:基础设施投资额	7	万元	5817983	4401815	32.2
三、招商引资	—	—	—	—	—
1.新批外商直接投资项目个数	8	个	91	52	75
2.实际到位外商直接投资金额	9	万美元	53977.4	38613.2	39.8
3.利用外资占市州利用外资比重	10	%	10.4	8.4	2
4.实施省外境内合作项目个数	11	个	621	442	40.5
5.实际到位省外境内资金	12	万元	2790284	2001741	39.4
6.利用内资占市州利用内资比重	13	%	16.1	13.9	2.2
四、工业经济	—	—	—	—	—
1.园区工业企业个数	14	个	3561	2945	20.9
其中:规模以上工业企业个数	15	个	1568	1240	26.5
2.工业企业年末从业人员	16	人	482427	380919	26.6
其中:规模以上工业企业年末从业人员	17	人	384309	298509	28.7
3.工业总产值	18	万元	27563904.5	18904985.8	45.8
其中:主导产业工业总产值	19	万元	21182168	14333221.4	47.8
4.产业集聚率	20	%	76.8	75.8	1
五、科技进步				—	—
1.高新技术产品企业个数	21	个	329	263	25.1
2.高新技术产品企业数占园区企业总数比重	22	%	4.8	4.6	0.1
3.高新技术产品企业年末从业人员	23	人	96008	80828	18.8
4.当年科技活动经费支出总额	24	万元	862340.1	633794.5	36.1
5.当年科技活动经费支出占市州生产总值比重	25	%	0.5	0.5	0.1
6.高新技术产品产值	26	万元	8807076.8	6266015.2	40.6
7.高新技术产品增加值	27	万元	2610848.6	1723933	51.4
8.高新技术产品增加值占规模工业增加值比重	28	%	33.9	32.6	1.4
六、节能、环保	—	—	—	—	—
1.规模以上工业企业综合能源消费量	29	吨标准煤	11772817.7	11230388.6	4.8
2.万元规模工业增加值能耗降低率	30	%	27.9	0	0
3.开发区企业主要污染物排放达标企业个数	31		2419	1913	26.5
4.开发区企业主要污染物排放达标率	32	%	67.9	65	3
5.开发区工业项目执行环保“三同时”项目数	33	个	1186	823	44.1
6.开发区工业项目执行环保“三同时”项目合格数	34	个	1118	775	44.3
7.开发区工业项目环保"三同时"执行合格率	35	%	94.3	94.2	0.1
七、出口创汇	—	—	—	—	—
1.出口型企业个数	36	个	197	156	26.3
2.出口交货值	37	万元	902353.6	856811.9	5.3
八、土地利用	—	—	—	—	—
1.投资强度	38	万元/平方公里	67078.6	59506.9	12.7
2.单位用地面积实现工业增加值	39	万元/平方公里	10073.1	8966.2	12.3
九、效益指标	—	—	—	—	—
1.利润总额	40	万元	2095018.7	1335317.9	56.9
其中:规模以上工业企业利润总额	41	万元	1704768.2	1069758.5	59.4
2.上交税金总额	42	万元	1001316.6	769137.3	30.2
其中:规模以上工业企业上交税金	43	万元	816624	663523.8	23.1
3.主营业务税金及附加	44	万元	463384.4	306926.8	51
4.应交增值税	45	万元	688795.4	468525	47
5.固定资产净值平均余额	46	万元	11815979.1	10189930.2	16
6.流动资产平均余额	47	万元	5829490.7	4362046.8	33.6
7.全部资产利税率	48	%	18.4	14.5	3.9

湖南省(省级及以上)开发区汇总表(长株潭地区)

综合机关名称:湖南省　　2010年1-12月

指标	代码	单位	本期	上年同期	比上年同期增长或比重比率提高(%)
甲	乙	丙	1	2	3
一、基本概况	—	—	—	—	—
1.园区规划面积	1	平方公里	810.6	620.7	30.6
2.已开发面积	2	平方公里	205.1	161.3	27.2
其中:工业用地面积	3	平方公里	122.5	101.2	21.1
3.园区企业个数	4	个	4743	4124	15
4.年末从业人数	5	人	600248	507179	18.4
二、固定资产投资	—	—	—	—	—
历年累计固定资产投资总额	6	万元	30781331.7	22779109.8	35.1
其中:基础设施投资额	7	万元	7994141.9	5840181.1	36.9
三、招商引资	—	—	—	—	—
1.新批外商直接投资项目个数	8	个	69	62	11.3
2.实际到位外商直接投资金额	9	万美元	99395.8	88094.9	12.8
3.利用外资占市州利用外资比重	10	%	19.2	19.2	0
4.实施省外境内合作项目个数	11	个	289	197	46.7
5.实际到位省外境内资金	12	万元	1770772	1502697	17.8
6.利用内资占市州利用内资比重	13	%	10.2	10.4	-0.2
四、工业经济	—	—	—	—	—
1.园区工业企业个数	14	个	2871	2463	16.6
其中:规模以上工业企业个数	15	个	1288	1133	13.7
2.工业企业年末从业人员	16	人	484048	401972	20.4
其中:规模以上工业企业年末从业人员	17	人	435818	357085	22
3.工业总产值	18	万元	44900610.1	31437037.7	42.8
其中:主导产业工业总产值	19	万元	27823271.7	19102991.6	45.6
4.产业集聚率	20	%	62	60.8	1.2
五、科技进步	—	—	—	—	—
1.高新技术产品企业个数	21	个	838	674	24.3
2.高新技术产品企业数占园区企业总数比重	22	%	17.7	16.3	1.3
3.高新技术产品企业年末从业人员	23	人	287131	226166	27
4.当年科技活动经费支出总额	24	万元	833153.7	559913.7	48.8
5.当年科技活动经费支出占市州生产总值比重	25	%	0.5	0.4	0.1
6.高新技术产品产值	26	万元	32057249.6	21728031.8	47.5
7.高新技术产品增加值	27	万元	9907434.3	6608003.8	49.9
8.高新技术产品增加值占规模工业增加值比重	28	%	78.9	77	1.9
六、节能、环保	—	—	—	—	—
1.规模以上工业企业综合能源消费量	29	吨标准煤	4770501.7	3773916.8	26.4
2.万元规模工业增加值能耗降低率	30	%	13.6	0	0
3.开发区企业主要污染物排放达标企业个数	31		2027	1695	19.6
4.开发区企业主要污染物排放达标率	32	%	70.6	68.8	1.8
5.开发区工业项目执行环保“三同时”项目数	33	个	575	487	18.1
6.开发区工业项目执行环保“三同时”项目合格数	34	个	538	453	18.8
7.开发区工业项目环保"三同时"执行合格率	35	%	93.6	93	0.5
七、出口创汇	—	—	—	—	—
1.出口型企业个数	36	个	164	133	23.3
2.出口交货值	37	万元	1730161.8	1074305.1	61
八、土地利用	—	—	—	—	—
1.投资强度	38	万元/平方公里	150072.3	141213.3	6.3
2.单位用地面积实现工业增加值	39	万元/平方公里	17178	15527.3	10.6
九、效益指标	—	—	—	—	—
1.利润总额	40	万元	3514943.6	2229477.4	57.7
其中:规模以上工业企业利润总额	41	万元	3275960.4	2053948.6	59.5
2.上交税金总额	42	万元	1773164	1676715.9	5.8
其中:规模以上工业企业上交税金	43	万元	1396233.5	1055280	32.3
3.主营业务税金及附加	44	万元	400941.6	255307.2	57
4.应交增值税	45	万元	1138179.7	706426.4	61.1
5.固定资产净值平均余额	46	万元	11734766.4	10824480.5	8.4
6.流动资产平均余额	47	万元	14725043.4	10026427.4	46.9
7.全部资产利税率	48	%	19.1	15.3	3.8

湖南省(省级及以上)开发区汇总表(一点一线地区)

综合机关名称:湖南省

2010年1-12月

指标	代码	单位	本期	上年同期	比上年同期增长或比重比率提高(%)
甲	乙	丙	1	2	3
一、基本概况	—	—	—	—	—
1.园区规划面积	1	平方公里	1110.8	860.5	29.1
2.已开发面积	2	平方公里	341.6	269	27
其中:工业用地面积	3	平方公里	208.7	167.4	24.7
3.园区企业个数	4	个	8753	7128	22.8
4.年末从业人数	5	人	1022811	836250	22.3
二、固定资产投资	—	—	—	—	—
历年累计固定资产投资总额	6	万元	41442872.3	30185904.5	37.3
其中:基础设施投资额	7	万元	11062563.5	7928767.9	39.5
三、招商引资	—	—	—	—	—
1.新批外商直接投资项目个数	8	个	175	115	52.2
2.实际到位外商直接投资金额	9	万美元	141804.4	111163.1	27.6
3.利用外资占市州利用外资比重	10	%	27.3	24.2	3.1
4.实施省外境内合作项目个数	11	个	864	506	70.8
5.实际到位省外境内资金	12	万元	3540922	2807199	26.1
6.利用内资占市州利用内资比重	13	%	20.4	19.5	1
四、工业经济	—	—	—	—	—
1.园区工业企业个数	14	个	4541	3750	21.1
其中:规模以上工业企业个数	15	个	2120	1775	19.4
2.工业企业年末从业人员	16	人	809443	639513	26.6
其中:规模以上工业企业年末从业人员	17	人	678496	534715	26.9
3.工业总产值	18	万元	66550020.5	45872716.3	45.1
其中:主导产业工业总产值	19	万元	46902058	31486148.4	49
4.产业集聚率	20	%	70.5	68.6	1.8
五、科技进步	—	—	—	—	—
1.高新技术产品企业个数	21	个	1102	874	26.1
2.高新技术产品企业数占园区企业总数比重	22	%	12.6	12.3	0.3
3.高新技术产品企业年末从业人员	23	人	370166	292325	26.6
4.当年科技活动经费支出总额	24	万元	1785013.4	1138223.4	56.8
5.当年科技活动经费支出占市州生产总值比重	25	%	1.1	0.8	0.3
6.高新技术产品产值	26	万元	39904673.6	27966127.8	42.7
7.高新技术产品增加值	27	万元	12121280.8	8307200.8	45.9
8.高新技术产品增加值占规模工业增加值比重	28	%	63.4	63.5	-0.1
六、节能、环保	—	—	—	—	—
1.规模以上工业企业综合能源消费量	29	吨标准煤	9743220.2	8270260.9	17.8
2.万元规模工业增加值能耗降低率	30	%	19.3	0	0
3.开发区企业主要污染物排放达标企业个数	31		3299	2563	28.7
4.开发区企业主要污染物排放达标率	32	%	72.6	68.3	4.3
5.开发区工业项目执行环保“三同时”项目数	33	个	1483	1019	45.5
6.开发区工业项目执行环保“三同时”项目合格数	34	个	1404	956	46.9
7.开发区工业项目环保"三同时"执行合格率	35	%	94.7	93.8	0.9
七、出口创汇	—	—	—	—	—
1.出口型企业个数	36	个	293	234	25.2
2.出口交货值	37	万元	3201496.8	2527286.6	26.7
八、土地利用	—	—	—	—	—
1.投资强度	38	万元/平方公里	121327	112198.6	8.1
2.单位用地面积实现工业增加值	39	万元/平方公里	19828.8	17902	10.8
九、效益指标	—	—	—	—	—
1.利润总额	40	万元	4880873.3	3116867.3	56.6
其中:规模以上工业企业利润总额	41	万元	4326618	2700360.5	60.2
2.上交税金总额	42	万元	2715136	2341002.3	16
其中:规模以上工业企业上交税金	43	万元	2178563.4	1607750.6	35.5
3.主营业务税金及附加	44	万元	792758	523719.4	51.4
4.应交增值税	45	万元	2041096.4	1185572.3	72.2
5.固定资产净值平均余额	46	万元	19216235.3	16445265.7	16.8
6.流动资产平均余额	47	万元	19129509.5	13372089.3	43.1
7.全部资产利税率	48	%	20.1	16.2	3.9

2010 年湖南省开发区园区规划面积

序号	调查对象代码	调查对象名称	园区规划面积（平方公里）	序号	调查对象代码	调查对象名称	园区规划面积（平方公里）
1	4303022106	湘潭台商投资区	138	40	4303041201	湘潭高新技术产业开发区	12
2	4301041201	长沙高新技术产业开发区	129	41	4309212304	湖南南县经济开发区	11
3	4302111201	株洲高新技术产业开发区	102	42	4309232303	湖南桃江经济开发区	11
4	4303212302	湖南湘潭易俗河经济开发区	99	43	4301112105	长沙雨花工业园区	11
5	4309032201	湖南益阳高新技术产业园区	96	44	4307242304	湖南临澧经济开发区	11
6	4313022301	湖南娄底经济开发区	84	45	4304262308	湖南祁东经济开发区	10
7	4301222308	湖南望城经济开发区	75	46	4305252304	湖南洞口经济开发区	10
8	4307021301	常德经济技术开发区（原德山）	70	47	4306822109	湖南临湘工业园区	10
9	4301052303	长沙金霞经济开发区	52	48	4311272303	湖南蓝山经济开发区	10
10	4301241309	湖南宁乡经济开发区	50	49	4310252110	湖南临武工业园区	10
11	4311032301	湖南永州凤凰园经济开发区	50	50	4312022301	湖南怀化经济开发区	10
12	4301211102	长沙经济技术开发区	39	51	4313812302	湖南冷水江经济开发区	10
13	4306021301	湖南岳阳经济技术开发区	36	52	4304812302	湖南耒阳经济开发区	9
14	4305212302	湖南邵东经济开发区	35	53	4310222305	湖南宜章经济开发区	9
15	4311022106	湖南零陵工业园区	33	54	4331012301	湖南吉首经济开发区	9
16	4311212105	湖南祁阳工业园区	30	55	4313822303	湖南涟源经济开发区	8
17	4311262107	湖南宁远工业园区	30	56	4311292108	湖南江华工业园区	8
18	4301811107	湖南浏阳生物医药产业园区	28	57	4313222305	湖南新化经济开发区	8
19	4303042105	湖南湘潭双马工业园区	26	58	4301212113	湖南长沙暮云工业园区	8
20	4305112301	湖南邵阳经济开发区	25	59	4312212104	湖南怀化工业园区	8
21	4306262106	湖南平江工业园区	20	60	4304242106	湖南衡东工业园区	7
22	4310262304	湖南汝城经济开发区	19	61	4302812104	湖南醴陵陶瓷产业园区	7
23	4306812104	湖南汨罗工业园区	18	62	4331012303	湖南湘西吉凤经济开发区	6
24	4307032306	湖南常德鼎城经济开发区	18	63	4307232305	湖南澧县经济开发区	6
25	4310232112	湖南永兴经济开发区	17	64	4306242108	湖南湘阴工业园区	6
26	4310812303	湖南资兴经济开发区	16	65	4301032106	长沙天心工业园区	6
27	4304082201	湖南衡阳高新技术产业园区	15	66	4310242306	湖南嘉禾经济开发区	6
28	4310212109	湖南桂阳工业园区	15	67	4309212304	湖南沅江经济开发区	5
29	4304232303	湖南衡山经济开发区	15	68	4307222303	湖南汉寿经济开发区	5
30	4313212304	湖南双峰经济开发区	14	69	4305812303	湖南武冈经济开发区	5
31	4309022105	湖南益阳长春工业园区	13	70	4308022301	湖南张家界经济开发区	5
32	4305222305	湖南新邵经济开发区	13	71	4311222302	湖南东安经济开发区	4
33	4306032103	湖南岳阳云溪工业园区	13	72	4304072110	湖南衡阳松木工业园区	4
34	4307262302	湖南石门经济开发区	13	73	4302212303	湖南株洲渌口经济开发区	4
35	4303812104	湖南湘乡工业园区	12	74	4331272302	湖南永顺经济开发区	3
36	4310022301	湖南郴州经济开发区	12	75	4310031108	湖南郴州出口加工区	3
37	4302242305	湖南茶陵经济开发区	12	76	4302032302	湖南株洲建宁经济开发区	2
38	4304822107	湖南常宁水口山经济开发区	12	77	4310032102	湖南郴州有色金属产业园区	2
39	4304212304	湖南衡阳西渡经济开发区	12	78	4309232303	湖南安化经济开发区	1

2010年湖南省开发区已开发面积

序号	调查对象代码	调查对象名称	已开发面积（平方公里）	序号	调查对象代码	调查对象名称	已开发面积（平方公里）
1	4307021301	常德经济技术开发区（原德山）	54	40	4305222305	湖南新邵经济开发区	6
2	4309032201	湖南益阳高新技术产业园区	41	41	4312212104	湖南怀化工业园区	6
3	4301052303	长沙金霞经济开发区	26	42	4311272303	湖南蓝山经济开发区	6
4	4311032301	湖南永州凤凰园经济开发区	24	43	4312022301	湖南怀化经济开发区	6
5	4301211102	长沙经济技术开发区	23	44	4310212109	湖南桂阳工业园区	5
6	4301041201	长沙高新技术产业开发区	22	45	4306822109	湖南临湘工业园区	5
7	4301222308	湖南望城经济开发区	18	46	4307242304	湖南临澧经济开发区	5
8	4302111201	株洲高新技术产业开发区	17	47	4310262304	湖南汝城经济开发区	5
9	4303212302	湖南湘潭易俗河经济开发区	15	48	4306262106	湖南平江工业园区	5
10	4306021301	湖南岳阳经济技术开发区	14	49	4304262308	湖南祁东经济开发区	4
11	4301241309	湖南宁乡经济开发区	14	50	4303042105	湖南湘潭双马工业园区	4
12	4303022106	湘潭台商投资区	14	51	4331012303	湖南湘西吉凤经济开发区	4
13	4305212302	湖南邵东经济开发区	13	52	4306242108	湖南湘阴工业园区	4
14	4303041201	湘潭高新技术产业开发区	12	53	4307222303	湖南汉寿经济开发区	4
15	4304082201	湖南衡阳高新技术产业园区	11	54	4309212304	湖南沅江经济开发区	4
16	4311212105	湖南祁阳工业园区	11	55	4301032106	长沙天心工业园区	4
17	4310812303	湖南资兴经济开发区	11	56	4307232305	湖南澧县经济开发区	3
18	4305112301	湖南邵阳经济开发区	10	57	4313812302	湖南冷水江经济开发区	3
19	4301811107	湖南浏阳生物医药产业园区	9	58	4309212304	湖南南县经济开发区	3
20	4310022301	湖南郴州经济开发区	9	59	4310242306	湖南嘉禾经济开发区	3
21	4313022301	湖南娄底经济开发区	8	60	4306032103	湖南岳阳云溪工业园区	3
22	4301112105	长沙雨花工业园区	8	61	4311222302	湖南东安经济开发区	3
23	4309022105	湖南益阳长春工业园区	8	62	4304822107	湖南常宁水口山经济开发区	3
24	4311022106	湖南零陵工业园区	8	63	4308022301	湖南张家界经济开发区	3
25	4305252304	湖南洞口经济开发区	8	64	4304072110	湖南衡阳松木工业园区	3
26	4310232112	湖南永兴经济开发区	7	65	4313822303	湖南涟源经济开发区	3
27	4311262107	湖南宁远工业园区	7	66	4310222305	湖南宜章经济开发区	3
28	4309232303	湖南桃江经济开发区	7	67	4305812303	湖南武冈经济开发区	3
29	4301212113	湖南长沙暮云工业园区	7	68	4310252110	湖南临武工业园区	3
30	4331012301	湖南吉首经济开发区	7	69	4303812104	湖南湘乡工业园区	3
31	4304242106	湖南衡东工业园区	6	70	4310031108	湖南郴州出口加工区	2
32	4304232303	湖南衡山经济开发区	6	71	4310032102	湖南郴州有色金属产业园区	2
33	4307262302	湖南石门经济开发区	6	72	4331272302	湖南永顺经济开发区	2
34	4304812302	湖南耒阳经济开发区	6	73	4313212304	湖南双峰经济开发区	2
35	4307032306	湖南常德鼎城经济开发区	6	74	4302212303	湖南株洲渌口经济开发区	2
36	4311292108	湖南江华工业园区	6	75	4302812104	湖南醴陵陶瓷产业园区	2
37	4302242305	湖南茶陵经济开发区	6	76	4302032302	湖南株洲建宁经济开发区	2
38	4306812104	湖南汨罗工业园区	6	77	4313222305	湖南新化经济开发区	1
39	4304212304	湖南衡阳西渡经济开发区	6	78	4309232303	湖南安化经济开发区	0

2010年湖南省开发区工业用地面积

序号	调查对象代码	调查对象名称	工业用地面积（平方公里）	序号	调查对象代码	调查对象名称	工业用地面积（平方公里）
1	4307021301	常德经济技术开发区(原德山)	48	40	4310812303	湖南资兴经济开发区	4
2	4309032201	湖南益阳高新技术产业园区	19	41	4304082201	湖南衡阳高新技术产业园区	4
3	4301052303	长沙金霞经济开发区	17	42	4310212109	湖南桂阳工业园区	3
4	4301211102	长沙经济技术开发区	16	43	4310232112	湖南永兴经济开发区	3
5	4311032301	湖南永州凤凰园经济开发区	14	44	4309232303	湖南桃江经济开发区	3
6	4301041201	长沙高新技术产业开发区	14	45	4307232305	湖南澧县经济开发区	3
7	4301241309	湖南宁乡经济开发区	12	46	4305222305	湖南新邵经济开发区	3
8	4302111201	株洲高新技术产业开发区	10	47	4306032103	湖南岳阳云溪工业园区	3
9	4301222308	湖南望城经济开发区	9	48	4306242108	湖南湘阴工业园区	3
10	4306021301	湖南岳阳经济技术开发区	8	49	4309212304	湖南南县经济开发区	3
11	4313022301	湖南娄底经济开发区	7	50	4301032106	长沙天心工业园区	3
12	4303041201	湘潭高新技术产业开发区	7	51	4307222303	湖南汉寿经济开发区	3
13	4309022105	湖南益阳长春工业园区	7	52	4304262308	湖南祁东经济开发区	3
14	4311212105	湖南祁阳工业园区	7	53	4309212304	湖南沅江经济开发区	3
15	4303022106	湘潭台商投资区	6	54	4311222302	湖南东安经济开发区	3
16	4304812302	湖南耒阳经济开发区	6	55	4331012303	湖南湘西吉凤经济开发区	3
17	4307032306	湖南常德鼎城经济开发区	6	56	4313822303	湖南涟源经济开发区	2
18	4305252304	湖南洞口经济开发区	6	57	4313812302	湖南冷水江经济开发区	2
19	4311292108	湖南江华工业园区	6	58	4310242306	湖南嘉禾经济开发区	2
20	4302242305	湖南茶陵经济开发区	6	59	4310222305	湖南宜章经济开发区	2
21	4304242106	湖南衡东工业园区	6	60	4303812104	湖南湘乡工业园区	2
22	4304232303	湖南衡山经济开发区	5	61	4310032102	湖南郴州有色金属产业园区	2
23	4311262107	湖南宁远工业园区	5	62	4305812303	湖南武冈经济开发区	2
24	4312212104	湖南怀化工业园区	5	63	4310252110	湖南临武工业园区	2
25	4305112301	湖南邵阳经济开发区	5	64	4311022106	湖南零陵工业园区	2
26	4306812104	湖南汨罗工业园区	5	65	4308022301	湖南张家界经济开发区	2
27	4310262304	湖南汝城经济开发区	5	66	4313212304	湖南双峰经济开发区	2
28	4301811107	湖南浏阳生物医药产业园区	5	67	4304072110	湖南衡阳松木工业园区	2
29	4306262106	湖南平江工业园区	5	68	4331272302	湖南永顺经济开发区	1
30	4303212302	湖南湘潭易俗河经济开发区	4	69	4301112105	长沙雨花工业园区	1
31	4305212302	湖南邵东经济开发区	4	70	4302212303	湖南株洲渌口经济开发区	1
32	4307262302	湖南石门经济开发区	4	71	4302812104	湖南醴陵陶瓷产业园区	1
33	4303042105	湖南湘潭双马工业园区	4	72	4313222305	湖南新化经济开发区	1
34	4304212304	湖南衡阳西渡经济开发区	4	73	4310031108	湖南郴州出口加工区	1
35	4306822109	湖南临湘工业园区	4	74	4310022301	湖南郴州经济开发区	1
36	4301212113	湖南长沙暮云工业园区	4	75	4304822107	湖南常宁水口山经济开发区	1
37	4331012301	湖南吉首经济开发区	4	76	4312022301	湖南怀化经济开发区	0
38	4311272303	湖南蓝山经济开发区	4	77	4302032302	湖南株洲建宁经济开发区	0
39	4307242304	湖南临澧经济开发区	4	78	4309232303	湖南安化经济开发区	0

2010年湖南省开发区园区企业个数

序号	调查对象代码	调查对象名称	园区企业个数（个）	序号	调查对象代码	调查对象名称	园区企业个数（个）
1	4306021301	湖南岳阳经济技术开发区	1623	40	4311262107	湖南宁远工业园区	73
2	4301041201	长沙高新技术产业开发区	917	41	4309212304	湖南沅江经济开发区	71
3	4302111201	株洲高新技术产业开发区	842	42	4310032102	湖南郴州有色金属产业园区	71
4	4307021301	常德经济技术开发区（原德山）	612	43	4310262304	湖南汝城经济开发区	68
5	4309032201	湖南益阳高新技术产业园区	506	44	4306262106	湖南平江工业园区	66
6	4312022301	湖南怀化经济开发区	489	45	4304242106	湖南衡东工业园区	66
7	4301211102	长沙经济技术开发区	437	46	4306242108	湖南湘阴工业园区	64
8	4302812104	湖南醴陵陶瓷产业园区	411	47	4302242305	湖南茶陵经济开发区	63
9	4305212302	湖南邵东经济开发区	407	48	4303812104	湖南湘乡工业园区	62
10	4310232112	湖南永兴经济开发区	398	49	4311032301	湖南永州凤凰园经济开发区	61
11	4303041201	湘潭高新技术产业开发区	386	50	4304232303	湖南衡山经济开发区	60
12	4305112301	湖南邵阳经济开发区	368	51	4307242304	湖南临澧经济开发区	57
13	4310022301	湖南郴州经济开发区	332	52	4311022106	湖南零陵工业园区	56
14	4301811107	湖南浏阳生物医药产业园区	322	53	4301032106	长沙天心工业园区	53
15	4307262302	湖南石门经济开发区	237	54	4304812302	湖南耒阳经济开发区	52
16	4311212105	湖南祁阳工业园区	219	55	4310242306	湖南嘉禾经济开发区	52
17	4301212113	湖南长沙暮云工业园区	219	56	4308022301	湖南张家界经济开发区	51
18	4307032306	湖南常德鼎城经济开发区	219	57	4313212304	湖南双峰经济开发区	50
19	4301112105	长沙雨花工业园区	200	58	4305252304	湖南洞口经济开发区	47
20	4310812303	湖南资兴经济开发区	183	59	4307222303	湖南汉寿经济开发区	46
21	4305222305	湖南新邵经济开发区	182	60	4309232303	湖南桃江经济开发区	46
22	4303022106	湘潭台商投资区	175	61	4304082201	湖南衡阳高新技术产业园区	45
23	4310222305	湖南宜章经济开发区	151	62	4302212303	湖南株洲渌口经济开发区	41
24	4301222308	湖南望城经济开发区	149	63	4302032302	湖南株洲建宁经济开发区	40
25	4301241309	湖南宁乡经济开发区	145	64	4306822109	湖南临湘工业园区	40
26	4306812104	湖南汨罗工业园区	132	65	4304262308	湖南祁东经济开发区	39
27	4303212302	湖南湘潭易俗河经济开发区	129	66	4331012301	湖南吉首经济开发区	35
28	4309022105	湖南益阳长春工业园区	120	67	4307232305	湖南澧县经济开发区	33
29	4306032103	湖南岳阳云溪工业园区	114	68	4304822107	湖南常宁水口山经济开发区	33
30	4313022301	湖南娄底经济开发区	98	69	4310031108	湖南郴州出口加工区	31
31	4305812303	湖南武冈经济开发区	95	70	4331012303	湖南湘西吉凤经济开发区	28
32	4313822303	湖南涟源经济开发区	93	71	4304072110	湖南衡阳松木工业园区	24
33	4311222302	湖南东安经济开发区	93	72	4309212304	湖南南县经济开发区	23
34	4304212304	湖南衡阳西渡经济开发区	93	73	4313222305	湖南新化经济开发区	22
35	4310212109	湖南桂阳工业园区	93	74	4313812302	湖南冷水江经济开发区	20
36	4311272303	湖南蓝山经济开发区	92	75	4311292108	湖南江华工业园区	19
37	4301052303	长沙金霞经济开发区	79	76	4312212104	湖南怀化工业园区	18
38	4310252110	湖南临武工业园区	78	77	4309232303	湖南安化经济开发区	10
39	4303042105	湖南湘潭双马工业园区	73	78	4331272302	湖南永顺经济开发区	9

2010年湖南省开发区年末从业人员

序号	调查对象代码	调查对象名称	年末从业人员（人）	序号	调查对象代码	调查对象名称	年末从业人员（人）
1	4302111201	株洲高新技术产业开发区	108087	40	4311262107	湖南宁远工业园区	9850
2	4301211102	长沙经济技术开发区	103114	41	4303042105	湖南湘潭双马工业园区	9848
3	4301041201	长沙高新技术产业开发区	102115	42	4304232303	湖南衡山经济开发区	9690
4	4306021301	湖南岳阳经济技术开发区	86921	43	4305112301	湖南邵阳经济开发区	9689
5	4309032201	湖南益阳高新技术产业园区	79493	44	4313022301	湖南娄底经济开发区	9615
6	4303041201	湘潭高新技术产业开发区	49965	45	4304262308	湖南祁东经济开发区	9517
7	4311212105	湖南祁阳工业园区	43807	46	4310232112	湖南永兴经济开发区	9516
8	4310812303	湖南资兴经济开发区	41800	47	4310212109	湖南桂阳工业园区	8987
9	4307021301	常德经济技术开发区（原德山）	41526	48	4311222302	湖南东安经济开发区	8964
10	4305212302	湖南邵东经济开发区	39165	49	4310262304	湖南汝城经济开发区	8931
11	4302812104	湖南醴陵陶瓷产业园区	36115	50	4302242305	湖南茶陵经济开发区	8493
12	4301811107	湖南浏阳生物医药产业园区	33618	51	4310031108	湖南郴州出口加工区	8388
13	4311272303	湖南蓝山经济开发区	29300	52	4307232305	湖南澧县经济开发区	8068
14	4304212304	湖南衡阳西渡经济开发区	28600	53	4306822109	湖南临湘工业园区	7800
15	4310022301	湖南郴州经济开发区	26620	54	4304242106	湖南衡东工业园区	7754
16	4303212302	湖南湘潭易俗河经济开发区	24730	55	4310252110	湖南临武工业园区	7500
17	4304822107	湖南常宁水口山经济开发区	23798	56	4313212304	湖南双峰经济开发区	7421
18	4311032301	湖南永州凤凰园经济开发区	22491	57	4309212304	湖南沅江经济开发区	7195
19	4301241309	湖南宁乡经济开发区	21852	58	4306032103	湖南岳阳云溪工业园区	6642
20	4304082201	湖南衡阳高新技术产业园区	21607	59	4309232303	湖南桃江经济开发区	6458
21	4303022106	湘潭台商投资区	21462	60	4307242304	湖南临澧经济开发区	6406
22	4311022106	湖南零陵工业园区	18730	61	4305222305	湖南新邵经济开发区	6125
23	4301112105	长沙雨花工业园区	18254	62	4301032106	长沙天心工业园区	5994
24	4312022301	湖南怀化经济开发区	18038	63	4303812104	湖南湘乡工业园区	5868
25	4306242108	湖南湘阴工业园区	16922	64	4302032302	湖南株洲建宁经济开发区	5198
26	4301212113	湖南长沙暮云工业园区	15280	65	4307222303	湖南汉寿经济开发区	4963
27	4306262106	湖南平江工业园区	14156	66	4310242306	湖南嘉禾经济开发区	4950
28	4301222308	湖南望城经济开发区	14120	67	4313222305	湖南新化经济开发区	4695
29	4307262302	湖南石门经济开发区	13929	68	4302212303	湖南株洲渌口经济井发区	4555
30	4313822303	湖南涟源经济开发区	13200	69	4305252304	湖南洞口经济开发区	4519
31	4307032306	湖南常德鼎城经济开发区	12900	70	4311292108	湖南江华工业园区	4500
32	4310222305	湖南宜章经济开发区	12780	71	4331012301	湖南吉首经济开发区	3980
33	4305812303	湖南武冈经济开发区	12601	72	4304072110	湖南衡阳松木工业园区	3880
34	4304812302	湖南耒阳经济开发区	12500	73	4309212304	湖南南县经济开发区	3840
35	4306812104	湖南汨罗工业园区	12000	74	4312212104	湖南怀化工业园区	2348
36	4301052303	长沙金霞经济开发区	11580	75	4331012303	湖南湘西吉凤经济开发区	1700
37	4310032102	湖南郴州有色金属产业园区	11458	76	4308022301	湖南张家界经济开发区	1129
38	4309022105	湖南益阳长春工业园区	11355	77	4309232303	湖南安化经济开发区	1010
39	4313812302	湖南冷水江经济开发区	10407	78	4331272302	湖南永顺经济开发区	900

2010年湖南省开发区技工贸总收入

序号	调查对象代码	调查对象名称	技工贸总收入(万元)	序号	调查对象代码	调查对象名称	技工贸总收入(万元)
1	4301041201	长沙高新技术产业开发区	10880134	40	4311212105	湖南祁阳工业园区	638560
2	4301211102	长沙经济技术开发区	10581460	41	4302812104	湖南醴陵陶瓷产业园区	631481
3	4302111201	株洲高新技术产业开发区	9184088	42	4304262308	湖南祁东经济开发区	631000
4	4306022301	岳阳经济技术开发区	4936532	43	4306032103	湖南云溪工业园	629771
5	4309032201	益阳高新区	4823612	44	4309022105	长春经开区	615390
6	4303041201	湘潭国家高新技术产业开发区	3278500	45	4312212104	湖南怀化工业园	483842
7	4301242309	宁乡经济技术开发区	3034311	46	4307232305	澧县经济开发区	475653
8	4301222308	湖南望城科技工业园	2385000	47	4303812104	湘乡工业园	456387
9	4301811107	湖南浏阳生物医药园	2073300	48	4305112301	邵阳经济开发区	450100
10	4304082201	湖南衡阳高新技术产业区	2060788	49	4311272303	湖南蓝山经济开发区	397500
11	4307032301	常德经济技术开发区(原德山)	1860000	50	4305252304	洞口经济开发区	390150
12	4303022106	湘潭台商投资区	1801240	51	4310031108	郴州出口加工区	332971
13	4310812303	资兴经济开发区	1689423	52	4304232303	湖南衡山经济开发区	314522
14	4313812302	湖南冷水江经济开发区	1633061	53	4311022106	湖南零陵工业园区	310200
15	4306242108	湖南湘阴工业园	1476702	54	4311262107	湖南宁远工业园区	308000
16	4304822107	湖南常宁水口山经济开发区	1375000	55	4302212303	湖南株洲渌口经济开发区	299668
17	4301032106	湖南天心环保工业园	1364364	56	4305222305	湖南新邵经济开发区	292024
18	4303212302	易俗河经济开发区	1326120	57	4313822303	湖南涟源经济开发区	285531
19	4310212109	桂阳经济开发区	1287110	58	4310222305	宜章经济开发区	267469
20	4310232112	永兴经济开发区	1191335	59	4302242305	湖南茶陵经济开发区	261257
21	4301052303	湖南长沙金霞经济开发区	1128756	60	4307242304	临澧经济开发区	255350
22	4312022301	湖南怀化经济开发区	1125000	61	4313212304	湖南双峰经济开发区	251000
23	4301112105	湖南环保科技产业园	1105358	62	4310262304	汝城经济开发区	190287
24	4304242106	湖南衡东经济开发区	1086800	63	4311222302	湖南东安经济开发区	186550
25	4307032306	鼎城经济技术开发区	1060000	64	4310252110	临武经济开发区	186331
26	4305212302	湖南邵东经济开发区	1033740	65	4309212304	南县经开区	183257
27	4306812104	湖南汨罗工业园	936876	66	4304072110	湖南衡阳松木工业园区	180802
28	4306822109	湖南临湘工业园	931995	67	4305812303	湖南武冈经济开发区	179841
29	4309812306	沅江经开区	891526	68	4310242306	嘉禾经济开发区	169846
30	4311032301	湖南永州凤凰园经济开发区	820000	69	4309222302	桃江经开区	165800
31	4310032102	郴州金属有色产业园	776931	70	4307222303	汉寿经济开发区	146687
32	4304212304	湖南衡阳西渡经济开发区	765612	71	4313222305	湖南新化经济开发区	126750
33	4301212113	长沙暮云工业园	755000	72	4331012303	吉凤经济开发区	124739
34	4307262302	石门经济开发区	731697	73	4331012301	吉首经济开发区	92504
35	4313022301	湖南娄底经济开发区	721541	74	4302032302	湖南株洲建宁经济开发区	89433
36	4310022301	郴州经济开发区	710340	75	4311292108	湖南江华工业园区	63763
37	4303042105	双马工业园	682711	76	4309232303	安化经开区	29220
38	4306262106	湖南平江工业园	681843	77	4308022301	张家界市开发区	19138
39	4304812302	湖南耒阳经济开发区	653000	78	4331272302	永顺经济开发区	10860

2010年湖南省开发区历年累计固定资产投资总额

序号	调查对象代码	调查对象名称	历年累计固定资产投资总额（万元）	序号	调查对象代码	调查对象名称	历年累计固定资产投资总额（万元）
1	4302111201	株洲高新技术产业开发区	6471091	40	4305252304	湖南洞口经济开发区	378471
2	4301041201	长沙高新技术产业开发区	4658384	41	4304072110	湖南衡阳松木工业园区	368874
3	4301211102	长沙经济技术开发区	4425429	42	4304822107	湖南常宁水口山经济开发区	362616
4	4309032201	湖南益阳高新技术产业园区	4176323	43	4310812303	湖南资兴经济开发区	352286
5	4307021301	常德经济技术开发区（原德山）	2561178	44	4307232305	湖南澧县经济开发区	335835
6	4306021301	湖南岳阳经济技术开发区	1934124	45	4313212304	湖南双峰经济开发区	333000
7	4301112105	长沙雨花工业园区	1910200	46	4306242108	湖南湘阴工业园区	328465
8	4303022106	湘潭台商投资区	1783467	47	4307242304	湖南临澧经济开发区	311540
9	4301811107	湖南浏阳生物医药产业园区	1663992	48	4303812104	湖南湘乡工业园区	299054
10	4301222308	湖南望城经济开发区	1509520	49	4305222305	湖南新邵经济开发区	279307
11	4303041201	湘潭高新技术产业开发区	1402584	50	4309022105	湖南益阳长春工业园区	275331
12	4301052303	长沙金霞经济开发区	1349454	51	4310252110	湖南临武工业园区	271400
13	4303212302	湖南湘潭易俗河经济开发区	1239650	52	4302242305	湖南茶陵经济开发区	267656
14	4301241309	湖南宁乡经济开发区	1202581	53	4311272303	湖南蓝山经济开发区	263810
15	4313022301	湖南娄底经济开发区	1150796	54	4304242106	湖南衡东工业园区	258000
16	4310022301	湖南郴州经济开发区	1070124	55	4309232303	湖南桃江经济开发区	245985
17	4312022301	湖南怀化经济开发区	1042391	56	4306262106	湖南平江工业园区	235600
18	4312212104	湖南怀化工业园区	794756	57	4311212105	湖南祁阳工业园区	231763
19	4305112301	湖南邵阳经济开发区	628000	58	4310031108	湖南郴州出口加工区	226426
20	4303042105	湖南湘潭双马工业园区	621706	59	4310242306	湖南嘉禾经济开发区	221200
21	4306812104	湖南汨罗工业园区	621380	60	4307222303	湖南汉寿经济开发区	213560
22	4305212302	湖南邵东经济开发区	614311	61	4304232303	湖南衡山经济开发区	201692
23	4305812303	湖南武冈经济开发区	612374	62	4310222305	湖南宜章经济开发区	199053
24	4301212113	湖南长沙暮云工业园区	593610	63	4313822303	湖南涟源经济开发区	194000
25	4307262302	湖南石门经济开发区	581968	64	4308022301	湖南张家界经济开发区	185869
26	4306032103	湖南岳阳云溪工业园区	569352	65	4331012303	湖南湘西吉凤经济开发区	180822
27	4310232112	湖南永兴经济开发区	562775	66	4304082201	湖南衡阳高新技术产业园区	158000
28	4310212109	湖南桂阳工业园区	560986	67	4311262107	湖南宁远工业园区	157820
29	4309212304	湖南沅江经济开发区	522111	68	4304812302	湖南耒阳经济开发区	154472
30	4301032106	长沙天心工业园区	506890	69	4311292108	湖南江华工业园区	147381
31	4311032301	湖南永州凤凰园经济开发区	495109	70	4311222302	湖南东安经济开发区	127450
32	4313812302	湖南冷水江经济开发区	472922	71	4309212304	湖南南县经济开发区	106833
33	4307032306	湖南常德鼎城经济开发区	451000	72	4311022106	湖南零陵工业园区	75580
34	4331012301	湖南吉首经济开发区	450000	73	4313222305	湖南新化经济开发区	75061
35	4310032102	湖南郴州有色金属产业园区	435553	74	4304262308	湖南祁东经济开发区	57984
36	4302812104	湖南醴陵陶瓷产业园区	419661	75	4302032302	湖南株洲建宁经济开发区	57592
37	4304212304	湖南衡阳西渡经济开发区	410480	76	4331272302	湖南永顺经济开发区	39043
38	4306822109	湖南临湘工业园区	406005	77	4310262304	湖南汝城经济开发区	32714
39	4302212303	湖南株洲渌口经济开发区	398810	78	4309232303	湖南安化经济开发区	17700

2010年湖南省开发区基础设施投资额

序号	调查对象代码	调查对象名称	基础设施投资额(万元)	序号	调查对象代码	调查对象名称	基础设施投资额(万元)
1	4301041201	长沙高新技术产业开发区	1814593	40	4305222305	湖南新邵经济开发区	107653
2	4302111201	株洲高新技术产业开发区	1264910	41	4304232303	湖南衡山经济开发区	101692
3	4301211102	长沙经济技术开发区	738826	42	4302212303	湖南株洲渌口经济开发区	101203
4	4303041201	湘潭高新技术产业开发区	680867	43	4304212304	湖南衡阳西渡经济开发区	88386
5	4309032201	湖南益阳高新技术产业园区	654981	44	4301032106	长沙天心工业园区	86976
6	4301052303	长沙金霞经济开发区	589560	45	4303042105	湖南湘潭双马工业园区	85492
7	4301112105	长沙雨花工业园区	588925	46	4304242106	湖南衡东工业园区	80000
8	4303022106	湘潭台商投资区	467451	47	4310252110	湖南临武工业园区	78600
9	4306021301	湖南岳阳经济技术开发区	378071	48	4311292108	湖南江华工业园区	77465
10	4305212302	湖南邵东经济开发区	371256	49	4311212105	湖南祁阳工业园区	75623
11	4307021301	常德经济技术开发区(原德山)	341568	50	4303812104	湖南湘乡工业园区	75356
12	4303212302	湖南湘潭易俗河经济开发区	339588	51	4309232303	湖南桃江经济开发区	71294
13	4302812104	湖南醴陵陶瓷产业园区	323578	52	4307232305	湖南澧县经济开发区	69336
14	4306812104	湖南汨罗工业园区	310000	53	4302242305	湖南茶陵经济开发区	68306
15	4301811107	湖南浏阳生物医药产业园区	307700	54	4310812303	湖南资兴经济开发区	68065
16	4306822109	湖南临湘工业园区	253042	55	4308022301	湖南张家界经济开发区	61594
17	4305812303	湖南武冈经济开发区	252015	56	4311262107	湖南宁远工业园区	60320
18	4313022301	湖南娄底经济开发区	249890	57	4309212304	湖南沅江经济开发区	56374
19	4311032301	湖南永州凤凰园经济开发区	224953	58	4310032102	湖南郴州有色金属产业园区	53241
20	4305112301	湖南邵阳经济开发区	216000	59	4307222303	湖南汉寿经济开发区	50462
21	4307262302	湖南石门经济开发区	183656	60	4306242108	湖南湘阴工业园区	50000
22	4305252304	湖南洞口经济开发区	183586	61	4307242304	湖南临澧经济开发区	48983
23	4331012301	湖南吉首经济开发区	181500	62	4311222302	湖南东安经济开发区	48932
24	4310212109	湖南桂阳工业园区	171255	63	4313812302	湖南冷水江经济开发区	43340
25	4310022301	湖南郴州经济开发区	160799	64	4331012303	湖南湘西吉凤经济开发区	36895
26	4301222308	湖南望城经济开发区	160100	65	4313212304	湖南双峰经济开发区	35000
27	4312212104	湖南怀化工业园区	156295	66	4309022105	湖南益阳长春工业园区	33000
28	4304082201	湖南衡阳高新技术产业园区	154500	67	4311022106	湖南零陵工业园区	29590
29	4301212113	湖南长沙暮云工业园区	153000	68	4313222305	湖南新化经济开发区	29005
30	4304822107	湖南常宁水口山经济开发区	150600	69	4306262106	湖南平江工业园区	26300
31	4304812302	湖南耒阳经济开发区	149100	70	4306032103	湖南岳阳云溪工业园区	25152
32	4312022301	湖南怀化经济开发区	142312	71	4331272302	湖南永顺经济开发区	23115
33	4310232112	湖南永兴经济开发区	129599	72	4313822303	湖南涟源经济开发区	23000
34	4301241309	湖南宁乡经济开发区	125262	73	4302032302	湖南株洲建宁经济开发区	22449
35	4304072110	湖南衡阳松木工业园区	115915	74	4304262308	湖南祁东经济开发区	20145
36	4311272303	湖南蓝山经济开发区	115856	75	4307032306	湖南常德鼎城经济开发区	17100
37	4310242306	湖南嘉禾经济开发区	110940	76	4309212304	湖南南县经济开发区	15200
38	4310222305	湖南宜章经济开发区	110825	77	4309232303	湖南安化经济开发区	12500
39	4310031108	湖南郴州出口加工区	108918	78	4310262304	湖南汝城经济开发区	11117

2010年湖南省开发区新批准外商直接投资项目个数

序号	调查对象代码	调查对象名称	新批外商直接投资项目个数（个）	序号	调查对象代码	调查对象名称	新批外商直接投资项目个数（个）
1	4301041201	长沙高新技术产业开发区	18	40	4305112301	湖南邵阳经济开发区	2
2	4310212109	湖南桂阳工业园区	12	41	4305252304	湖南洞口经济开发区	2
3	4310812303	湖南资兴经济开发区	11	42	4303212302	湖南湘潭易俗河经济开发区	1
4	4302111201	株洲高新技术产业开发区	11	43	4304262308	湖南祁东经济开发区	1
5	4304812302	湖南耒阳经济开发区	11	44	4308022301	湖南张家界经济开发区	1
6	4301211102	长沙经济技术开发区	9	45	4306032103	湖南岳阳云溪工业园区	1
7	4304232303	湖南衡山经济开发区	9	46	4310032102	湖南郴州有色金属产业园区	1
8	4310232112	湖南永兴经济开发区	9	47	4313812302	湖南冷水江经济开发区	1
9	4306021301	湖南岳阳经济技术开发区	7	48	4311292108	湖南江华工业园区	1
10	4309032201	湖南益阳高新技术产业园区	7	49	4305222305	湖南新邵经济开发区	1
11	4310031108	湖南郴州出口加工区	6	50	4307032306	湖南常德鼎城经济开发区	0
12	4303022106	湘潭台商投资区	5	51	4303042105	湖南湘潭双马工业园区	0
13	4301052303	长沙金霞经济开发区	5	52	4313222305	湖南新化经济开发区	0
14	4303041201	湘潭高新技术产业开发区	5	53	4312022301	湖南怀化经济开发区	0
15	4310222305	湖南宜章经济开发区	5	54	4307262302	湖南石门经济开发区	0
16	4311272303	湖南蓝山经济开发区	5	55	4311222302	湖南东安经济开发区	0
17	4311262107	湖南宁远工业园区	5	56	4305212302	湖南邵东经济开发区	0
18	4313212304	湖南双峰经济开发区	4	57	4306822109	湖南临湘工业园区	0
19	4302812104	湖南醴陵陶瓷产业园区	4	58	4306812104	湖南汨罗工业园区	0
20	4301222308	湖南望城经济开发区	4	59	4309232303	湖南安化经济开发区	0
21	4310022301	湖南郴州经济开发区	4	60	4305812303	湖南武冈经济开发区	0
22	4304822107	湖南常宁水口山经济开发区	4	61	4307222303	湖南汉寿经济开发区	0
23	4304072110	湖南衡阳松木工业园区	3	62	4331012303	湖南湘西吉凤经济开发区	0
24	4304212304	湖南衡阳西渡经济开发区	3	63	4311022106	湖南零陵工业园区	0
25	4301811107	湖南浏阳生物医药产业园区	3	64	4302212303	湖南株洲渌口经济开发区	0
26	4304082201	湖南衡阳高新技术产业园区	3	65	4309212304	湖南沅江经济开发区	0
27	4310262304	湖南汝城经济开发区	3	66	4331012301	湖南吉首经济开发区	0
28	4309022105	湖南益阳长春工业园区	3	67	4302242305	湖南茶陵经济开发区	0
29	4307021301	常德经济技术开发区(原德山)	3	68	4309212304	湖南南县经济开发区	0
30	4301032106	长沙天心工业园区	2	69	4307242304	湖南临澧经济开发区	0
31	4312212104	湖南怀化工业园区	2	70	4303812104	湖南湘乡工业园区	0
32	4311032301	湖南永州凤凰园经济开发区	2	71	4301241309	湖南宁乡经济开发区	0
33	4304242106	湖南衡东工业园区	2	72	4301112105	长沙雨花工业园区	0
34	4309232303	湖南桃江经济开发区	2	73	4313822303	湖南涟源经济开发区	0
35	4311212105	湖南祁阳工业园区	2	74	4306242108	湖南湘阴工业园区	0
36	4306262106	湖南平江工业园区	2	75	4302032302	湖南株洲建宁经济开发区	0
37	4301212113	湖南长沙暮云工业园区	2	76	4307232305	湖南澧县经济开发区	0
38	4313022301	湖南娄底经济开发区	2	77	4310252110	湖南临武工业园区	0
39	4310242306	湖南嘉禾经济开发区	2	78	4331272302	湖南永顺经济开发区	0

2010年湖南省开发区实际到位外商直接投资金额

序号	调查对象代码	调查对象名称	实际到位外商直接投资金额（万美元）	序号	调查对象代码	调查对象名称	实际到位外商直接投资金额（万美元）
1	4301211102	长沙经济技术开发区	19206	40	4312212104	湖南怀化工业园区	153
2	4301041201	长沙高新技术产业开发区	17028	41	4313022301	湖南娄底经济开发区	3
3	4302111201	株洲高新技术产业开发区	12060	42	4309212304	湖南沅江经济开发区	0
4	4303022106	湘潭台商投资区	8355	43	4302032302	湖南株洲建宁经济开发区	0
5	4301241309	湖南宁乡经济开发区	6558	44	4307242304	湖南临澧经济开发区	0
6	4301112105	长沙雨花工业园区	6460	45	4313822303	湖南涟源经济开发区	0
7	4301222308	湖南望城经济开发区	6410	46	4304232303	湖南衡山经济开发区	0
8	4306021301	湖南岳阳经济技术开发区	6042	47	4331272302	湖南永顺经济开发区	0
9	4303041201	湘潭高新技术产业开发区	5983	48	4313212304	湖南双峰经济开发区	0
10	4301052303	长沙金霞经济开发区	5976	49	4306262106	湖南平江工业园区	0
11	4310022301	湖南郴州经济开发区	5326	50	4303042105	湖南湘潭双马工业园区	0
12	4301811107	湖南浏阳生物医药产业园区	5111	51	4313222305	湖南新化经济开发区	0
13	4310031108	湖南郴州出口加工区	4709	52	4303212302	湖南湘潭易俗河经济开发区	0
14	4301212113	湖南长沙暮云工业园区	4499	53	4311222302	湖南东安经济开发区	0
15	4310812303	湖南资兴经济开发区	4482	54	4313812302	湖南冷水江经济开发区	0
16	4307021301	常德经济技术开发区（原德山）	4231	55	4305222305	湖南新邵经济开发区	0
17	4310212109	湖南桂阳工业园区	3868	56	4306822109	湖南临湘工业园区	0
18	4304812302	湖南耒阳经济开发区	3576	57	4304072110	湖南衡阳松木工业园区	0
19	4311292108	湖南江华工业园区	3000	58	4310262304	湖南汝城经济开发区	0
20	4309032201	湖南益阳高新技术产业园区	2720	59	4305112301	湖南邵阳经济开发区	0
21	4307262302	湖南石门经济开发区	2515	60	4302242305	湖南茶陵经济开发区	0
22	4311212105	湖南祁阳工业园区	2000	61	4331012301	湖南吉首经济开发区	0
23	4310032102	湖南郴州有色金属产业园区	1812	62	4311032301	湖南永州凤凰园经济开发区	0
24	4301032106	长沙天心工业园区	1750	63	4302212303	湖南株洲渌口经济开发区	0
25	4312022301	湖南怀化经济开发区	1674	64	4306032103	湖南岳阳云溪工业园区	0
26	4310222305	湖南宜章经济开发区	1587	65	4304822107	湖南常宁水口山经济开发区	0
27	4309022105	湖南益阳长春工业园区	1409	66	4311022106	湖南零陵工业园区	0
28	4310232112	湖南永兴经济开发区	1329	67	4311262107	湖南宁远工业园区	0
29	4311272303	湖南蓝山经济开发区	1100	68	4305812303	湖南武冈经济开发区	0
30	4310242306	湖南嘉禾经济开发区	1090	69	4309232303	湖南安化经济开发区	0
31	4307222303	湖南汉寿经济开发区	993	70	4307032306	湖南常德鼎城经济开发区	0
32	4307232305	湖南澧县经济开发区	879	71	4305212302	湖南邵东经济开发区	0
33	4304082201	湖南衡阳高新技术产业园区	730	72	4309232303	湖南桃江经济开发区	0
34	4304242106	湖南衡东工业园区	640	73	4302812104	湖南醴陵陶瓷产业园区	0
35	4331012303	湖南湘西吉凤经济开发区	550	74	4306812104	湖南汨罗工业园区	0
36	4304212304	湖南衡阳西渡经济开发区	436	75	4309212304	湖南南县经济开发区	0
37	4305252304	湖南洞口经济开发区	300	76	4304262308	湖南祁东经济开发区	0
38	4310252110	湖南临武工业园区	262	77	4306242108	湖南湘阴工业园区	0
39	4308022301	湖南张家界经济开发区	250	78	4303812104	湖南湘乡工业园区	0

2010 年湖南省开发区实施省外境内合作项目个数

序号	调查对象代码	调查对象名称	实施省外境内合作项目个数（个）	序号	调查对象代码	调查对象名称	实施省外境内合作项目个数（个）
1	4306021301	湖南岳阳经济技术开发区	98	40	4304262308	湖南祁东经济开发区	10
2	4309032201	湖南益阳高新技术产业园区	75	41	4305222305	湖南新邵经济开发区	9
3	4301041201	长沙高新技术产业开发区	55	42	4311212105	湖南祁阳工业园区	9
4	4302111201	株洲高新技术产业开发区	45	43	4301052303	长沙金霞经济开发区	9
5	4303041201	湘潭高新技术产业开发区	42	44	4311292108	湖南江华工业园区	8
6	4310212109	湖南桂阳工业园区	42	45	4309022105	湖南益阳长春工业园区	8
7	4306032103	湖南岳阳云溪工业园区	41	46	4311222302	湖南东安经济开发区	8
8	4310022301	湖南郴州经济开发区	40	47	4304082201	湖南衡阳高新技术产业园区	8
9	4309212304	湖南沅江经济开发区	39	48	4304242106	湖南衡东工业园区	8
10	4305212302	湖南邵东经济开发区	33	49	4311022106	湖南零陵工业园区	8
11	4306822109	湖南临湘工业园区	32	50	4312212104	湖南怀化工业园区	8
12	4307021301	常德经济技术开发区（原德山）	30	51	4306242108	湖南湘阴工业园区	8
13	4310032102	湖南郴州有色金属产业园区	30	52	4313222305	湖南新化经济开发区	7
14	4310232112	湖南永兴经济开发区	28	53	4301222308	湖南望城经济开发区	7
15	4303022106	湘潭台商投资区	26	54	4310252110	湖南临武工业园区	7
16	4310812303	湖南资兴经济开发区	25	55	4303212302	湖南湘潭易俗河经济开发区	6
17	4307242304	湖南临澧经济开发区	24	56	4305112301	湖南邵阳经济开发区	6
18	4301241309	湖南宁乡经济开发区	22	57	4312022301	湖南怀化经济开发区	6
19	4304212304	湖南衡阳西渡经济开发区	20	58	4304072110	湖南衡阳松木工业园区	5
20	4310262304	湖南汝城经济开发区	20	59	4305812303	湖南武冈经济开发区	5
21	4310031108	湖南郴州出口加工区	20	60	4302812104	湖南醴陵陶瓷产业园区	5
22	4303042105	湖南湘潭双马工业园区	19	61	4308022301	湖南张家界经济开发区	5
23	4309212304	湖南南县经济开发区	19	62	4301032106	长沙天心工业园区	5
24	4310242306	湖南嘉禾经济开发区	18	63	4313822303	湖南涟源经济开发区	4
25	4304822107	湖南常宁水口山经济开发区	18	64	4305252304	湖南洞口经济开发区	4
26	4311272303	湖南蓝山经济开发区	17	65	4302032302	湖南株洲建宁经济开发区	3
27	4304812302	湖南耒阳经济开发区	16	66	4307232305	湖南澧县经济开发区	3
28	4304232303	湖南衡山经济开发区	14	67	4307262302	湖南石门经济开发区	3
29	4313022301	湖南娄底经济开发区	14	68	4310222305	湖南宜章经济开发区	3
30	4309232303	湖南桃江经济开发区	13	69	4306812104	湖南汨罗工业园区	3
31	4313812302	湖南冷水江经济开发区	12	70	4331012301	湖南吉首经济开发区	2
32	4311032301	湖南永州凤凰园经济开发区	12	71	4307032306	湖南常德鼎城经济开发区	2
33	4311262107	湖南宁远工业园区	12	72	4303812104	湖南湘乡工业园区	2
34	4301211102	长沙经济技术开发区	12	73	4301112105	长沙雨花工业园区	1
35	4306262106	湖南平江工业园区	11	74	4331272302	湖南永顺经济开发区	1
36	4307222303	湖南汉寿经济开发区	11	75	4313212304	湖南双峰经济开发区	1
37	4301811107	湖南浏阳生物医药产业园区	10	76	4301212113	湖南长沙暮云工业园区	0
38	4302242305	湖南茶陵经济开发区	10	77	4331012303	湖南湘西吉凤经济开发区	0
39	4302212303	湖南株洲渌口经济开发区	10	78	4309232303	湖南安化经济开发区	0

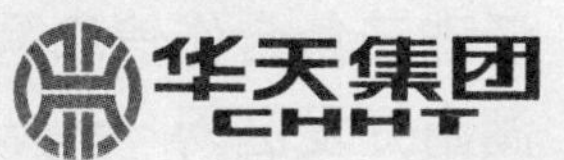

2010年湖南省开发区实际到位省外境内资金

序号	调查对象代码	调查对象名称	实际到位省外境内资金（万元）	序号	调查对象代码	调查对象名称	实际到位省外境内资金（万元）
1	4309032201	湖南益阳高新技术产业园区	349160	40	4305212302	湖南邵东经济开发区	55410
2	4302111201	株洲高新技术产业开发区	290938	41	4311032301	湖南永州凤凰园经济开发区	54000
3	4306021301	湖南岳阳经济技术开发区	214700	42	4302242305	湖南茶陵经济开发区	52290
4	4301041201	长沙高新技术产业开发区	206721	43	4310242306	湖南嘉禾经济开发区	52239
5	4303022106	湘潭台商投资区	178526	44	4311222302	湖南东安经济开发区	52070
6	4313022301	湖南娄底经济开发区	173620	45	4311262107	湖南宁远工业园区	51830
7	4303041201	湘潭高新技术产业开发区	163619	46	4310212109	湖南桂阳工业园区	51249
8	4306032103	湖南岳阳云溪工业园区	159410	47	4310222305	湖南宜章经济开发区	48834
9	4310022301	湖南郴州经济开发区	156538	48	4304242106	湖南衡东工业园区	48800
10	4309022105	湖南益阳长春工业园区	129630	49	4312212104	湖南怀化工业园区	45400
11	4309212304	湖南沅江经济开发区	126480	50	4303812104	湖南湘乡工业园区	43600
12	4306812104	湖南汨罗工业园区	123620	51	4309212304	湖南南县经济开发区	43500
13	4310812303	湖南资兴经济开发区	115311	52	4310252110	湖南临武工业园区	39574
14	4307021301	常德经济技术开发区（原德山）	112360	53	4312022301	湖南怀化经济开发区	39560
15	4313222305	湖南新化经济开发区	110610	54	4304212304	湖南衡阳西渡经济开发区	37000
16	4307262302	湖南石门经济开发区	105700	55	4301032106	长沙天心工业园区	36000
17	4310031108	湖南郴州出口加工区	105411	56	4307242304	湖南临澧经济开发区	34610
18	4301211102	长沙经济技术开发区	102742	57	4304812302	湖南耒阳经济开发区	34605
19	4307222303	湖南汉寿经济开发区	92380	58	4313822303	湖南涟源经济开发区	32800
20	4301112105	长沙雨花工业园区	91700	59	4311272303	湖南蓝山经济开发区	32570
21	4301052303	长沙金霞经济开发区	91350	60	4310262304	湖南汝城经济开发区	32470
22	4306822109	湖南临湘工业园区	89800	61	4309232303	湖南安化经济开发区	28900
23	4307032306	湖南常德鼎城经济开发区	85100	62	4305252304	湖南洞口经济开发区	27150
24	4306262106	湖南平江工业园区	83150	63	4302032302	湖南株洲建宁经济开发区	26855
25	4311212105	湖南祁阳工业园区	73132	64	4303042105	湖南湘潭双马工业园区	24571
26	4305112301	湖南邵阳经济开发区	72800	65	4309232303	湖南桃江经济开发区	24000
27	4301241309	湖南宁乡经济开发区	70700	66	4310232112	湖南永兴经济开发区	23830
28	4313812302	湖南冷水江经济开发区	70200	67	4305812303	湖南武冈经济开发区	23000
29	4305222305	湖南新邵经济开发区	69600	68	4304262308	湖南祁东经济开发区	23000
30	4301222308	湖南望城经济开发区	69250	69	4311292108	湖南江华工业园区	20690
31	4302212303	湖南株洲渌口经济开发区	68547	70	4311022106	湖南零陵工业园区	18050
32	4303212302	湖南湘潭易俗河经济开发区	68500	71	4304822107	湖南常宁水口山经济开发区	17180
33	4306242108	湖南湘阴工业园区	67110	72	4308022301	湖南张家界经济开发区	14800
34	4301212113	湖南长沙暮云工业园区	65510	73	4331012301	湖南吉首经济开发区	11875
35	4310032102	湖南郴州有色金属产业园区	62894	74	4331012303	湖南湘西吉凤经济开发区	8850
36	4301811107	湖南浏阳生物医药产业园区	62200	75	4304072110	湖南衡阳松木工业园区	7430
37	4313212304	湖南双峰经济开发区	60800	76	4304082201	湖南衡阳高新技术产业园区	4485
38	4307232305	湖南澧县经济开发区	58645	77	4331272302	湖南永顺经济开发区	3500
39	4302812104	湖南醴陵陶瓷产业园区	57153	78	4304232303	湖南衡山经济开发区	3205

2010年湖南省开发区园区工业企业个数

序号	调查对象代码	调查对象名称	园区工业企业个数(个)	序号	调查对象代码	调查对象名称	园区工业企业个数(个)
1	4307021301	常德经济技术开发区(原德山)	568	40	4311262107	湖南宁远工业园区	59
2	4301041201	长沙高新技术产业开发区	439	41	4309212304	湖南沅江经济开发区	58
3	4302111201	株洲高新技术产业开发区	418	42	4305812303	湖南武冈经济开发区	58
4	4309032201	湖南益阳高新技术产业园区	371	43	4311022106	湖南零陵工业园区	56
5	4303041201	湘潭高新技术产业开发区	262	44	4301052303	长沙金霞经济开发区	56
6	4306021301	湖南岳阳经济技术开发区	257	45	4310222305	湖南宜章经济开发区	54
7	4301211102	长沙经济技术开发区	253	46	4310262304	湖南汝城经济开发区	51
8	4305212302	湖南邵东经济开发区	243	47	4308022301	湖南张家界经济开发区	51
9	4307032306	湖南常德鼎城经济开发区	219	48	4313212304	湖南双峰经济开发区	50
10	4301811107	湖南浏阳生物医药产业园区	218	49	4310252110	湖南临武工业园区	48
11	4311212105	湖南祁阳工业园区	198	50	4305252304	湖南洞口经济开发区	47
12	4301112105	长沙雨花工业园区	183	51	4312022301	湖南怀化经济开发区	46
13	4302812104	湖南醴陵陶瓷产业园区	182	52	4307242304	湖南临澧经济开发区	45
14	4301212113	湖南长沙暮云工业园区	158	53	4304242106	湖南衡东工业园区	45
15	4305112301	湖南邵阳经济开发区	135	54	4301032106	长沙天心工业园区	43
16	4306812104	湖南汨罗工业园区	132	55	4310242306	湖南嘉禾经济开发区	42
17	4310812303	湖南资兴经济开发区	130	56	4302212303	湖南株洲渌口经济开发区	41
18	4301241309	湖南宁乡经济开发区	116	57	4306822109	湖南临湘工业园区	40
19	4303022106	湘潭台商投资区	112	58	4304812302	湖南耒阳经济开发区	38
20	4303212302	湖南湘潭易俗河经济开发区	111	59	4309232303	湖南桃江经济开发区	37
21	4305222305	湖南新邵经济开发区	98	60	4310032102	湖南郴州有色金属产业园区	36
22	4306032103	湖南岳阳云溪工业园区	98	61	4331012301	湖南吉首经济开发区	35
23	4304212304	湖南衡阳西渡经济开发区	90	62	4307232305	湖南澧县经济开发区	33
24	4313822303	湖南涟源经济开发区	81	63	4304262308	湖南祁东经济开发区	33
25	4309022105	湖南益阳长春工业园区	80	64	4304822107	湖南常宁水口山经济开发区	31
26	4310232112	湖南永兴经济开发区	78	65	4310031108	湖南郴州出口加工区	31
27	4313022301	湖南娄底经济开发区	78	66	4307222303	湖南汉寿经济开发区	29
28	4301222308	湖南望城经济开发区	77	67	4331012303	湖南湘西吉凤经济开发区	28
29	4311222302	湖南东安经济开发区	74	68	4311272303	湖南蓝山经济开发区	25
30	4307262302	湖南石门经济开发区	73	69	4304082201	湖南衡阳高新技术产业园区	24
31	4310022301	湖南郴州经济开发区	70	70	4304072110	湖南衡阳松木工业园区	24
32	4306262106	湖南平江工业园区	66	71	4309212304	湖南南县经济开发区	23
33	4306242108	湖南湘阴工业园区	64	72	4313222305	湖南新化经济开发区	22
34	4302242305	湖南茶陵经济开发区	63	73	4313812302	湖南冷水江经济开发区	20
35	4303042105	湖南湘潭双马工业园区	61	74	4311292108	湖南江华工业园区	19
36	4311032301	湖南永州凤凰园经济开发区	61	75	4312212104	湖南怀化工业园区	18
37	4303812104	湖南湘乡工业园区	61	76	4302032302	湖南株洲建宁经济开发区	17
38	4310212109	湖南桂阳工业园区	61	77	4331272302	湖南永顺经济开发区	9
39	4304232303	湖南衡山经济开发区	60	78	4309232303	湖南安化经济开发区	9

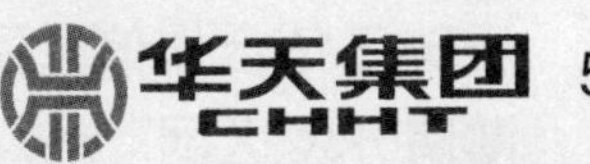

2010年湖南省开发区规模以上工业企业个数

序号	调查对象代码	调查对象名称	规模以上工业企业个数(个)	序号	调查对象代码	调查对象名称	规模以上工业企业个数(个)
1	4309032201	湖南益阳高新技术产业园区	227	40	4306242108	湖南湘阴工业园区	29
2	4301041201	长沙高新技术产业开发区	205	41	4301032106	长沙天心工业园区	29
3	4302111201	株洲高新技术产业开发区	171	42	4305222305	湖南新邵经济开发区	28
4	4306021301	湖南岳阳经济技术开发区	150	43	4307222303	湖南汉寿经济开发区	28
5	4301211102	长沙经济技术开发区	128	44	4310232112	湖南永兴经济开发区	27
6	4301241309	湖南宁乡经济开发区	101	45	4310212109	湖南桂阳工业园区	27
7	4307021301	常德经济技术开发区(原德山)	92	46	4309212304	湖南沅江经济开发区	26
8	4307032306	湖南常德鼎城经济开发区	74	47	4306822109	湖南临湘工业园区	26
9	4301222308	湖南望城经济开发区	73	48	4305112301	湖南邵阳经济开发区	26
10	4303041201	湘潭高新技术产业开发区	71	49	4310032102	湖南郴州有色金属产业园区	26
11	4301811107	湖南浏阳生物医药产业园区	67	50	4309232303	湖南桃江经济开发区	24
12	4310812303	湖南资兴经济开发区	64	51	4301052303	长沙金霞经济开发区	24
13	4303212302	湖南湘潭易俗河经济开发区	62	52	4313822303	湖南涟源经济开发区	23
14	4303022106	湘潭台商投资区	61	53	4304262308	湖南祁东经济开发区	23
15	4302242305	湖南茶陵经济开发区	60	54	4304082201	湖南衡阳高新技术产业园区	21
16	4311212105	湖南祁阳工业园区	56	55	4304822107	湖南常宁水口山经济开发区	21
17	4313022301	湖南娄底经济开发区	55	56	4311272303	湖南蓝山经济开发区	20
18	4304212304	湖南衡阳西渡经济开发区	54	57	4313222305	湖南新化经济开发区	19
19	4306812104	湖南汨罗工业园区	54	58	4304812302	湖南耒阳经济开发区	18
20	4301112105	长沙雨花工业园区	53	59	4313212304	湖南双峰经济开发区	18
21	4306032103	湖南岳阳云溪工业园区	52	60	4303042105	湖南湘潭双马工业园区	18
22	4311022106	湖南零陵工业园区	49	61	4312212104	湖南怀化工业园区	18
23	4305212302	湖南邵东经济开发区	47	62	4309212304	湖南南县经济开发区	17
24	4302812104	湖南醴陵陶瓷产业园区	46	63	4310022301	湖南郴州经济开发区	15
25	4311032301	湖南永州凤凰园经济开发区	45	64	4310031108	湖南郴州出口加工区	15
26	4307262302	湖南石门经济开发区	42	65	4313812302	湖南冷水江经济开发区	14
27	4302212303	湖南株洲渌口经济开发区	41	66	4311292108	湖南江华工业园区	13
28	4311262107	湖南宁远工业园区	40	67	4310242306	湖南嘉禾经济开发区	13
29	4309022105	湖南益阳长春工业园区	39	68	4310252110	湖南临武工业园区	13
30	4306262106	湖南平江工业园区	38	69	4304072110	湖南衡阳松木工业园区	12
31	4305812303	湖南武冈经济开发区	38	70	4310262304	湖南汝城经济开发区	12
32	4311222302	湖南东安经济开发区	36	71	4310222305	湖南宜章经济开发区	12
33	4304242106	湖南衡东工业园区	36	72	4302032302	湖南株洲建宁经济开发区	9
34	4303812104	湖南湘乡工业园区	36	73	4308022301	湖南张家界经济开发区	9
35	4305252304	湖南洞口经济开发区	35	74	4331012301	湖南吉首经济开发区	8
36	4304232303	湖南衡山经济开发区	33	75	4309232303	湖南安化经济开发区	6
37	4307232305	湖南澧县经济开发区	33	76	4331272302	湖南永顺经济开发区	4
38	4301212113	湖南长沙暮云工业园区	33	77	4312022301	湖南怀化经济开发区	4
39	4307242304	湖南临澧经济开发区	31	78	4331012303	湖南湘西吉凤经济开发区	2

2010 年湖南省开发区工业企业年末从业人员

序号	调查对象代码	调查对象名称	工业企业年末从业人员(人)	序号	调查对象代码	调查对象名称	工业企业年末从业人员(人)
1	4301211102	长沙经济技术开发区	89927	40	4310022301	湖南郴州经济开发区	8520
2	4302111201	株洲高新技术产业开发区	79695	41	4310031108	湖南郴州出口加工区	8388
3	4301041201	长沙高新技术产业开发区	75181	42	4302242305	湖南茶陵经济开发区	8304
4	4309032201	湖南益阳高新技术产业园区	64900	43	4313022301	湖南娄底经济开发区	8211
5	4306021301	湖南岳阳经济技术开发区	43145	44	4307232305	湖南澧县经济开发区	8068
6	4303041201	湘潭高新技术产业开发区	41440	45	4311262107	湖南宁远工业园区	7850
7	4310812303	湖南资兴经济开发区	37500	46	4306822109	湖南临湘工业园区	7800
8	4307021301	常德经济技术开发区(原德山)	33168	47	4313212304	湖南双峰经济开发区	7260
9	4301811107	湖南浏阳生物医药产业园区	32418	48	4309212304	湖南沅江经济开发区	7168
10	4304212304	湖南衡阳西渡经济开发区	28600	49	4310262304	湖南汝城经济开发区	6746
11	4302812104	湖南醴陵陶瓷产业园区	28403	50	4310252110	湖南临武工业园区	6600
12	4311212105	湖南祁阳工业园区	26716	51	4310212109	湖南桂阳工业园区	6445
13	4311272303	湖南蓝山经济开发区	24400	52	4304242106	湖南衡东工业园区	6260
14	4304822107	湖南常宁水口山经济开发区	23670	53	4306032103	湖南岳阳云溪工业园区	6112
15	4311032301	湖南永州凤凰园经济开发区	22491	54	4301032106	长沙天心工业园区	5994
16	4303212302	湖南湘潭易俗河经济开发区	21580	55	4305222305	湖南新邵经济开发区	5925
17	4301241309	湖南宁乡经济开发区	20211	56	4309232303	湖南桃江经济开发区	5918
18	4306242108	湖南湘阴工业园区	16922	57	4307242304	湖南临澧经济开发区	5906
19	4301112105	长沙雨花工业园区	15482	58	4303812104	湖南湘乡工业园区	5823
20	4306262106	湖南平江工业园区	14022	59	4311222302	湖南东安经济开发区	5820
21	4305212302	湖南邵东经济开发区	13712	60	4310232112	湖南永兴经济开发区	5765
22	4307032306	湖南常德鼎城经济开发区	12900	61	4310222305	湖南宜章经济开发区	5090
23	4303022106	湘潭台商投资区	12860	62	4310242306	湖南嘉禾经济开发区	4790
24	4304082201	湖南衡阳高新技术产业园区	12838	63	4313222305	湖南新化经济开发区	4695
25	4301222308	湖南望城经济开发区	12767	64	4307222303	湖南汉寿经济开发区	4538
26	4304812302	湖南耒阳经济开发区	12500	65	4305252304	湖南洞口经济开发区	4519
27	4313822303	湖南涟源经济开发区	12100	66	4311292108	湖南江华工业园区	4500
28	4306812104	湖南汨罗工业园区	12000	67	4302212303	湖南株洲渌口经济开发区	4398
29	4310032102	湖南郴州有色金属产业园区	11458	68	4311022106	湖南零陵工业园区	4203
30	4313812302	湖南冷水江经济开发区	10407	69	4331012301	湖南吉首经济开发区	3980
31	4309022105	湖南益阳长春工业园区	9653	70	4309212304	湖南南县经济开发区	3840
32	4303042105	湖南湘潭双马工业园区	9618	71	4312022301	湖南怀化经济开发区	2823
33	4305112301	湖南邵阳经济开发区	9330	72	4304072110	湖南衡阳松木工业园区	2746
34	4307262302	湖南石门经济开发区	9276	73	4312212104	湖南怀化工业园区	2348
35	4301052303	长沙金霞经济开发区	9235	74	4331012303	湖南湘西吉凤经济开发区	1700
36	4301212113	湖南长沙暮云工业园区	9087	75	4302032302	湖南株洲建宁经济开发区	1625
37	4304232303	湖南衡山经济开发区	9000	76	4308022301	湖南张家界经济开发区	1129
38	4305812303	湖南武冈经济开发区	8860	77	4309232303	湖南安化经济开发区	880
39	4304262308	湖南祁东经济开发区	8632	78	4331272302	湖南永顺经济开发区	760

2010年湖南省开发区规模以上工业企业从业人员

序号	调查对象代码	调查对象名称	规模以上工业企业从业人员（人）	序号	调查对象代码	调查对象名称	规模以上工业企业从业人员（人）
1	4301211102	长沙经济技术开发区	87597	40	4301052303	长沙金霞经济开发区	6930
2	4302111201	株洲高新技术产业开发区	73507	41	4309212304	湖南沅江经济开发区	6853
3	4301041201	长沙高新技术产业开发区	65461	42	4313212304	湖南双峰经济开发区	6588
4	4309032201	湖南益阳高新技术产业园区	49517	43	4304262308	湖南祁东经济开发区	6430
5	4303041201	湘潭高新技术产业开发区	39258	44	4311262107	湖南宁远工业园区	6410
6	4306021301	湖南岳阳经济技术开发区	38523	45	4306822109	湖南临湘工业园区	6240
7	4310812303	湖南资兴经济开发区	29630	46	4304242106	湖南衡东工业园区	6020
8	4301811107	湖南浏阳生物医药产业园区	29058	47	4303812104	湖南湘乡工业园区	5750
9	4307021301	常德经济技术开发区（原德山）	22986	48	4301032106	长沙天心工业园区	5694
10	4302812104	湖南醴陵陶瓷产业园区	22428	49	4307242304	湖南临澧经济开发区	5603
11	4304212304	湖南衡阳西渡经济开发区	21000	50	4309232303	湖南桃江经济开发区	5437
12	4311032301	湖南永州凤凰园经济开发区	20022	51	4301212113	湖南长沙暮云工业园区	5038
13	4301241309	湖南宁乡经济开发区	19802	52	4310031108	湖南郴州出口加工区	4900
14	4303212302	湖南湘潭易俗河经济开发区	18780	53	4310212109	湖南桂阳工业园区	4875
15	4311212105	湖南祁阳工业园区	17685	54	4305222305	湖南新邵经济开发区	4542
16	4304822107	湖南常宁水口山经济开发区	16860	55	4313222305	湖南新化经济开发区	4475
17	4306262106	湖南平江工业园区	14022	56	4302212303	湖南株洲渌口经济开发区	4398
18	4311272303	湖南蓝山经济开发区	13200	57	4311022106	湖南零陵工业园区	4055
19	4301222308	湖南望城经济开发区	12706	58	4310242306	湖南嘉禾经济开发区	3860
20	4304082201	湖南衡阳高新技术产业园区	12521	59	4310252110	湖南临武工业园区	3850
21	4303022106	湘潭台商投资区	12365	60	4309212304	湖南南县经济开发区	3840
22	4306242108	湖南湘阴工业园区	10335	61	4310232112	湖南永兴经济开发区	3779
23	4313812302	湖南冷水江经济开发区	10207	62	4305252304	湖南洞口经济开发区	3744
24	4313822303	湖南涟源经济开发区	9950	63	4306032103	湖南岳阳云溪工业园区	3692
25	4307032306	湖南常德鼎城经济开发区	9500	64	4307222303	湖南汉寿经济开发区	3614
26	4305212302	湖南邵东经济开发区	9135	65	4310222305	湖南宜章经济开发区	3238
27	4306812104	湖南汨罗工业园区	9000	66	4310262304	湖南汝城经济开发区	3185
28	4303042105	湖南湘潭双马工业园区	8919	67	4311222302	湖南东安经济开发区	2910
29	4301112105	长沙雨花工业园区	8541	68	4311292108	湖南江华工业园区	2744
30	4304232303	湖南衡山经济开发区	8500	69	4304072110	湖南衡阳松木工业园区	2639
31	4304812302	湖南耒阳经济开发区	8350	70	4312212104	湖南怀化工业园区	2348
32	4307262302	湖南石门经济开发区	8341	71	4310022301	湖南郴州经济开发区	2157
33	4302242305	湖南茶陵经济开发区	8256	72	4312022301	湖南怀化经济开发区	2055
34	4307232305	湖南澧县经济开发区	8068	73	4302032302	湖南株洲建宁经济开发区	1330
35	4309022105	湖南益阳长春工业园区	7758	74	4331012301	湖南吉首经济开发区	1268
36	4305812303	湖南武冈经济开发区	7615	75	4309232303	湖南安化经济开发区	745
37	4313022301	湖南娄底经济开发区	7511	76	4331012303	湖南湘西吉凤经济开发区	705
38	4310032102	湖南郴州有色金属产业园区	7086	77	4308022301	湖南张家界经济开发区	647
39	4305112301	湖南邵阳经济开发区	7073	78	4331272302	湖南永顺经济开发区	600

2010年湖南省开发区工业总产值

序号	调查对象代码	调查对象名称	开发区工业总产值(万元)	序号	调查对象代码	调查对象名称	开发区工业总产值(万元)
1	4301041201	长沙高新技术产业开发区	10912364	40	4303042105	湖南湘潭双马工业园区	484055
2	4301211102	长沙经济技术开发区	9152540	41	4307232305	湖南澧县经济开发区	483593
3	4302111201	株洲高新技术产业开发区	7399914	42	4302812104	湖南醴陵陶瓷产业园区	462137
4	4306021301	湖南岳阳经济技术开发区	4149618	43	4303812104	湖南湘乡工业园区	442378
5	4303041201	湘潭高新技术产业开发区	3288500	44	4311272303	湖南蓝山经济开发区	405353
6	4309032201	湖南益阳高新技术产业园区	2701488	45	4305112301	湖南邵阳经济开发区	394500
7	4301241309	湖南宁乡经济开发区	2335421	46	4304232303	湖南衡山经济开发区	374572
8	4301222308	湖南望城经济开发区	2061500	47	4304812302	湖南耒阳经济开发区	354826
9	4301811107	湖南浏阳生物医药产业园区	1708236	48	4305252304	湖南洞口经济开发区	335629
10	4313812302	湖南冷水江经济开发区	1618061	49	4310022301	湖南郴州经济开发区	308600
11	4303022106	湘潭台商投资区	1613024	50	4310031108	湖南郴州出口加工区	296416
12	4310812303	湖南资兴经济开发区	1589801	51	4311022106	湖南零陵工业园区	292200
13	4306242108	湖南湘阴工业园区	1476702	52	4302212303	湖南株洲渌口经济开发区	285440
14	4304082201	湖南衡阳高新技术产业园区	1468282	53	4301212113	湖南长沙暮云工业园区	280600
15	4307021301	常德经济技术开发区(原德山)	1460000	54	4307242304	湖南临澧经济开发区	270125
16	4304822107	湖南常宁水口山经济开发区	1287500	55	4313822303	湖南涟源经济开发区	269500
17	4301032106	长沙天心工业园区	1145189	56	4302242305	湖南茶陵经济开发区	256747
18	4303212302	湖南湘潭易俗河经济开发区	1107160	57	4305222305	湖南新邵经济开发区	250719
19	4310232112	湖南永兴经济开发区	1100133	58	4313212304	湖南双峰经济开发区	248000
20	4310212109	湖南桂阳工业园区	1072914	59	4311262107	湖南宁远工业园区	210120
21	4307032306	湖南常德鼎城经济开发区	1060000	60	4307222303	湖南汉寿经济开发区	200174
22	4304242106	湖南衡东工业园区	1030098	61	4309212304	湖南南县经济开发区	183257
23	4301112105	长沙雨花工业园区	946748	62	4309232303	湖南桃江经济开发区	182776
24	4306812104	湖南汨罗工业园区	936876	63	4310252110	湖南临武工业园区	180940
25	4306822109	湖南临湘工业园区	931995	64	4305812303	湖南武冈经济开发区	179841
26	4301052303	长沙金霞经济开发区	926716	65	4310242306	湖南嘉禾经济开发区	179066
27	4309212304	湖南沅江经济开发区	880039	66	4304072110	湖南衡阳松木工业园区	178594
28	4311032301	湖南永州凤凰园经济开发区	810436	67	4311222302	湖南东安经济开发区	176213
29	4305212302	湖南邵东经济开发区	784052	68	4310222305	湖南宜章经济开发区	168235
30	4310032102	湖南郴州有色金属产业园区	771747	69	4312022301	湖南怀化经济开发区	159404
31	4304212304	湖南衡阳西渡经济开发区	765600	70	4310262304	湖南汝城经济开发区	144471
32	4306262106	湖南平江工业园区	681843	71	4331012303	湖南湘西吉凤经济开发区	123066
33	4307262302	湖南石门经济开发区	621880	72	4313222305	湖南新化经济开发区	119730
34	4306032103	湖南岳阳云溪工业园区	612562	73	4302032302	湖南株洲建宁经济开发区	91941
35	4313022301	湖南娄底经济开发区	607290	74	4311292108	湖南江华工业园区	59437
36	4309022105	湖南益阳长春工业园区	581190	75	4331012301	湖南吉首经济开发区	47350
37	4311212105	湖南祁阳工业园区	526379	76	4308022301	湖南张家界经济开发区	38276
38	4304262308	湖南祁东经济开发区	519856	77	4309232303	湖南安化经济开发区	17650
39	4312212104	湖南怀化工业园区	505031	78	4331272302	湖南永顺经济开发区	17420

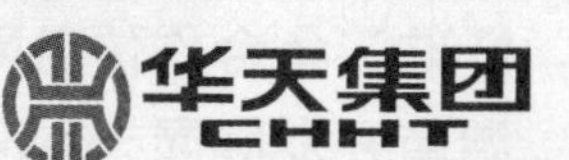

2010年湖南省开发区主导产业工业总产值

序号	调查对象代码	调查对象名称	开发区主导产业工业总产值（万元）	序号	调查对象代码	调查对象名称	开发区主导产业工业总产值（万元）
1	4301211102	长沙经济技术开发区	8035926	40	4312212104	湖南怀化工业园区	354551
2	4302111201	株洲高新技术产业开发区	7072959	41	4304812302	湖南耒阳经济开发区	353822
3	4306021301	湖南岳阳经济技术开发区	3008473	42	4313022301	湖南娄底经济开发区	352140
4	4309032201	湖南益阳高新技术产业园区	2461465	43	4311272303	湖南蓝山经济开发区	329908
5	4301241309	湖南宁乡经济开发区	1681256	44	4303812104	湖南湘乡工业园区	319585
6	4303041201	湘潭高新技术产业开发区	1614500	45	4304232303	湖南衡山经济开发区	319381
7	4313812302	湖南冷水江经济开发区	1598018	46	4310022301	湖南郴州经济开发区	308600
8	4306242108	湖南湘阴工业园区	1476702	47	4310031108	湖南郴州出口加工区	296416
9	4304082201	湖南衡阳高新技术产业园区	1468282	48	4305112301	湖南邵阳经济开发区	276250
10	4310812303	湖南资兴经济开发区	1443310	49	4302812104	湖南醴陵陶瓷产业园区	266578
11	4303022106	湘潭台商投资区	1391563	50	4307242304	湖南临澧经济开发区	265586
12	4301041201	长沙高新技术产业开发区	1387435	51	4311022106	湖南零陵工业园区	262500
13	4307021301	常德经济技术开发区(原德山)	1250000	52	4301212113	湖南长沙暮云工业园区	251618
14	4301032106	长沙天心工业园区	1136058	53	4313212304	湖南双峰经济开发区	217900
15	4310232112	湖南永兴经济开发区	1081760	54	4302212303	湖南株洲渌口经济开发区	212258
16	4310212109	湖南桂阳工业园区	913616	55	4305252304	湖南洞口经济开发区	201905
17	4301052303	长沙金霞经济开发区	896621	56	4305222305	湖南新邵经济开发区	197245
18	4304242106	湖南衡东工业园区	887660	57	4309212304	湖南南县经济开发区	183257
19	4306812104	湖南汨罗工业园区	885460	58	4311262107	湖南宁远工业园区	182935
20	4304822107	湖南常宁水口山经济开发区	883600	59	4310242306	湖南嘉禾经济开发区	179066
21	4306822109	湖南临湘工业园区	875060	60	4310252110	湖南临武工业园区	177656
22	4303212302	湖南湘潭易俗河经济开发区	874656	61	4304072110	湖南衡阳松木工业园区	177232
23	4309212304	湖南沅江经济开发区	852565	62	4313822303	湖南涟源经济开发区	175300
24	4311032301	湖南永州凤凰园经济开发区	794227	63	4310222305	湖南宜章经济开发区	167715
25	4310032102	湖南郴州有色金属产业园区	771747	64	4307222303	湖南汉寿经济开发区	161615
26	4301811107	湖南浏阳生物医药产业园区	769936	65	4309232303	湖南桃江经济开发区	159480
27	4307032306	湖南常德鼎城经济开发区	710000	66	4311222302	湖南东安经济开发区	135680
28	4306262106	湖南平江工业园区	681843	67	4310262304	湖南汝城经济开发区	115792
29	4301112105	长沙雨花工业园区	650000	68	4305812303	湖南武冈经济开发区	113610
30	4305212302	湖南邵东经济开发区	625121	69	4302242305	湖南茶陵经济开发区	108258
31	4306032103	湖南岳阳云溪工业园区	600310	70	4331012303	湖南湘西吉凤经济开发区	100484
32	4301222308	湖南望城经济开发区	587607	71	4302032302	湖南株洲建宁经济开发区	82578
33	4309022105	湖南益阳长春工业园区	545280	72	4313222305	湖南新化经济开发区	80750
34	4304212304	湖南衡阳西渡经济开发区	535920	73	4311292108	湖南江华工业园区	56124
35	4307262302	湖南石门经济开发区	532917	74	4312022301	湖南怀化经济开发区	31762
36	4303042105	湖南湘潭双马工业园区	483879	75	4331012301	湖南吉首经济开发区	25981
37	4307232305	湖南澧县经济开发区	483593	76	4308022301	湖南张家界经济开发区	23461
38	4304262308	湖南祁东经济开发区	401200	77	4309232303	湖南安化经济开发区	13550
39	4311212105	湖南祁阳工业园区	358426	78	4331272302	湖南永顺经济开发区	13350

2010年湖南省开发区高新技术产品企业个数

序号	调查对象代码	调查对象名称	高新技术产品企业个数(个)	序号	调查对象代码	调查对象名称	高新技术产品企业个数(个)
1	4301041201	长沙高新技术产业开发区	387	40	4301032106	长沙天心工业园区	7
2	4303041201	湘潭高新技术产业开发区	121	41	4313212304	湖南双峰经济开发区	6
3	4302111201	株洲高新技术产业开发区	73	42	4311032301	湖南永州凤凰园经济开发区	6
4	4301211102	长沙经济技术开发区	61	43	4305212302	湖南邵东经济开发区	6
5	4301811107	湖南浏阳生物医药产业园区	47	44	4308022301	湖南张家界经济开发区	6
6	4309032201	湖南益阳高新技术产业园区	47	45	4310212109	湖南桂阳工业园区	6
7	4306021301	湖南岳阳经济技术开发区	46	46	4307232305	湖南澧县经济开发区	5
8	4306032103	湖南岳阳云溪工业园区	38	47	4301052303	长沙金霞经济开发区	5
9	4303212302	湖南湘潭易俗河经济开发区	33	48	4304232303	湖南衡山经济开发区	4
10	4304082201	湖南衡阳高新技术产业园区	25	49	4307222303	湖南汉寿经济开发区	4
11	4307021301	常德经济技术开发区(原德山)	24	50	4310222305	湖南宜章经济开发区	4
12	4301241309	湖南宁乡经济开发区	19	51	4311022106	湖南零陵工业园区	4
13	4301112105	长沙雨花工业园区	16	52	4310031108	湖南郴州出口加工区	4
14	4301222308	湖南望城经济开发区	16	53	4306262106	湖南平江工业园区	3
15	4304212304	湖南衡阳西渡经济开发区	14	54	4310242306	湖南嘉禾经济开发区	3
16	4313022301	湖南娄底经济开发区	14	55	4305112301	湖南邵阳经济开发区	3
17	4303022106	湘潭台商投资区	13	56	4301212113	湖南长沙暮云工业园区	3
18	4310812303	湖南资兴经济开发区	13	57	4302242305	湖南茶陵经济开发区	3
19	4304822107	湖南常宁水口山经济开发区	13	58	4309232303	湖南桃江经济开发区	3
20	4309022105	湖南益阳长春工业园区	12	59	4313822303	湖南涟源经济开发区	2
21	4304072110	湖南衡阳松木工业园区	12	60	4313222305	湖南新化经济开发区	2
22	4304242106	湖南衡东工业园区	12	61	4313812302	湖南冷水江经济开发区	2
23	4306812104	湖南汨罗工业园区	12	62	4310262304	湖南汝城经济开发区	2
24	4305252304	湖南洞口经济开发区	10	63	4311262107	湖南宁远工业园区	2
25	4310232112	湖南永兴经济开发区	10	64	4304262308	湖南祁东经济开发区	2
26	4310032102	湖南郴州有色金属产业园区	10	65	4310252110	湖南临武工业园区	2
27	4303812104	湖南湘乡工业园区	10	66	4302032302	湖南株洲建宁经济开发区	1
28	4309212304	湖南沅江经济开发区	9	67	4331012303	湖南湘西吉凤经济开发区	1
29	4307242304	湖南临澧经济开发区	8	68	4309232303	湖南安化经济开发区	1
30	4304812302	湖南耒阳经济开发区	8	69	4312022301	湖南怀化经济开发区	1
31	4303042105	湖南湘潭双马工业园区	8	70	4312212104	湖南怀化工业园区	1
32	4307032306	湖南常德鼎城经济开发区	8	71	4311292108	湖南江华工业园区	0
33	4302812104	湖南醴陵陶瓷产业园区	8	72	4331272302	湖南永顺经济开发区	0
34	4307262302	湖南石门经济开发区	7	73	4311222302	湖南东安经济开发区	0
35	4305222305	湖南新邵经济开发区	7	74	4306822109	湖南临湘工业园区	0
36	4310022301	湖南郴州经济开发区	7	75	4331012301	湖南吉首经济开发区	0
37	4311212105	湖南祁阳工业园区	7	76	4311272303	湖南蓝山经济开发区	0
38	4302212303	湖南株洲渌口经济开发区	7	77	4309212304	湖南南县经济开发区	0
39	4305812303	湖南武冈经济开发区	7	78	4306242108	湖南湘阴工业园区	0

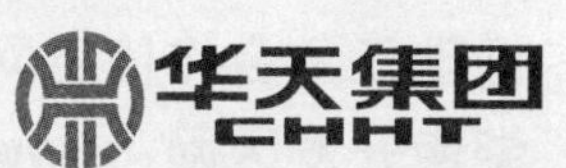

2010年湖南省开发区高新技术产品企业年末从业人员

序号	调查对象代码	调查对象名称	高新技术产品企业年末从业人员(人)	序号	调查对象代码	调查对象名称	高新技术产品企业年末从业人员(人)
1	4301211102	长沙经济技术开发区	72169	40	4310212109	湖南桂阳工业园区	1475
2	4301041201	长沙高新技术产业开发区	70248	41	4305212302	湖南邵东经济开发区	1422
3	4302111201	株洲高新技术产业开发区	54352	42	4304232303	湖南衡山经济开发区	1400
4	4301811107	湖南浏阳生物医药产业园区	26730	43	4313812302	湖南冷水江经济开发区	1365
5	4303041201	湘潭高新技术产业开发区	22001	44	4301052303	长沙金霞经济开发区	1358
6	4309032201	湖南益阳高新技术产业园区	14230	45	4310252110	湖南临武工业园区	1350
7	4306021301	湖南岳阳经济技术开发区	13597	46	4313222305	湖南新化经济开发区	1300
8	4307021301	常德经济技术开发区(原德山)	13286	47	4313212304	湖南双峰经济开发区	1153
9	4304082201	湖南衡阳高新技术产业园区	12838	48	4302212303	湖南株洲渌口经济开发区	1153
10	4304822107	湖南常宁水口山经济开发区	9643	49	4302242305	湖南茶陵经济开发区	1075
11	4302812104	湖南醴陵陶瓷产业园区	9073	50	4301212113	湖南长沙暮云工业园区	1020
12	4304262308	湖南祁东经济开发区	8069	51	4305812303	湖南武冈经济开发区	1008
13	4304212304	湖南衡阳西渡经济开发区	6300	52	4310222305	湖南宜章经济开发区	965
14	4303212302	湖南湘潭易俗河经济开发区	5316	53	4306262106	湖南平江工业园区	855
15	4303022106	湘潭台商投资区	5050	54	4306812104	湖南汨罗工业园区	850
16	4301241309	湖南宁乡经济开发区	4812	55	4307222303	湖南汉寿经济开发区	640
17	4311212105	湖南祁阳工业园区	4782	56	4309232303	湖南桃江经济开发区	625
18	4303042105	湖南湘潭双马工业园区	4554	57	4310022301	湖南郴州经济开发区	621
19	4310032102	湖南郴州有色金属产业园区	4303	58	4304812302	湖南耒阳经济开发区	610
20	4305112301	湖南邵阳经济开发区	4218	59	4305222305	湖南新邵经济开发区	554
21	4309022105	湖南益阳长春工业园区	4210	60	4308022301	湖南张家界经济开发区	520
22	4307032306	湖南常德鼎城经济开发区	3300	61	4310242306	湖南嘉禾经济开发区	505
23	4304242106	湖南衡东工业园区	3165	62	4301222308	湖南望城经济开发区	462
24	4301032106	长沙天心工业园区	3065	63	4311262107	湖南宁远工业园区	427
25	4301112105	长沙雨花工业园区	3014	64	4312022301	湖南怀化经济开发区	343
26	4307232305	湖南澧县经济开发区	2827	65	4309232303	湖南安化经济开发区	330
27	4313022301	湖南娄底经济开发区	2816	66	4311022106	湖南零陵工业园区	255
28	4304072110	湖南衡阳松木工业园区	2639	67	4331012303	湖南湘西吉凤经济开发区	210
29	4310812303	湖南资兴经济开发区	2551	68	4310262304	湖南汝城经济开发区	191
30	4309212304	湖南沅江经济开发区	2136	69	4312212104	湖南怀化工业园区	105
31	4311032301	湖南永州凤凰园经济开发区	2006	70	4302032302	湖南株洲建宁经济开发区	24
32	4310232112	湖南永兴经济开发区	1907	71	4311292108	湖南江华工业园区	0
33	4306032103	湖南岳阳云溪工业园区	1876	72	4331272302	湖南永顺经济开发区	0
34	4307262302	湖南石门经济开发区	1829	73	4311222302	湖南东安经济开发区	0
35	4307242304	湖南临澧经济开发区	1761	74	4306822109	湖南临湘工业园区	0
36	4313822303	湖南涟源经济开发区	1720	75	4331012301	湖南吉首经济开发区	0
37	4303812104	湖南湘乡工业园区	1655	76	4311272303	湖南蓝山经济开发区	0
38	4305252304	湖南洞口经济开发区	1630	77	4309212304	湖南南县经济开发区	0
39	4310031108	湖南郴州出口加工区	1511	78	4306242108	湖南湘阴工业园区	0

2010年湖南省开发区当年科技活动经费支出总额

序号	调查对象代码	调查对象名称	当年科技活动经费支出总额（万元）	序号	调查对象代码	调查对象名称	当年科技活动经费支出总额（万元）
1	4306021301	湖南岳阳经济技术开发区	587505	40	4310232112	湖南永兴经济开发区	3402
2	4301041201	长沙高新技术产业开发区	254372	41	4303812104	湖南湘乡工业园区	3306
3	4302111201	株洲高新技术产业开发区	232537	42	4305812303	湖南武冈经济开发区	3094
4	4301211102	长沙经济技术开发区	186077	43	4309212304	湖南沅江经济开发区	2955
5	4306032103	湖南岳阳云溪工业园区	157621	44	4305252304	湖南洞口经济开发区	2412
6	4311032301	湖南永州凤凰园经济开发区	91247	45	4305112301	湖南邵阳经济开发区	2318
7	4304082201	湖南衡阳高新技术产业园区	64187	46	4331012301	湖南吉首经济开发区	2268
8	4309032201	湖南益阳高新技术产业园区	35693	47	4301112105	长沙雨花工业园区	2154
9	4303041201	湘潭高新技术产业开发区	28193	48	4305222305	湖南新邵经济开发区	2094
10	4307021301	常德经济技术开发区（原德山）	27845	49	4302212303	湖南株洲渌口经济开发区	2047
11	4310812303	湖南资兴经济开发区	26314	50	4310252110	湖南临武工业园区	1980
12	4301811107	湖南浏阳生物医药产业园区	21773	51	4302242305	湖南茶陵经济开发区	1906
13	4303022106	湘潭台商投资区	19000	52	4313822303	湖南涟源经济开发区	1800
14	4303212302	湖南湘潭易俗河经济开发区	18750	53	4304212304	湖南衡阳西渡经济开发区	1600
15	4303042105	湖南湘潭双马工业园区	17659	54	4304262308	湖南祁东经济开发区	1300
16	4301241309	湖南宁乡经济开发区	15812	55	4305212302	湖南邵东经济开发区	986
17	4310032102	湖南郴州有色金属产业园区	15802	56	4310022301	湖南郴州经济开发区	900
18	4310031108	湖南郴州出口加工区	15011	57	4308022301	湖南张家界经济开发区	900
19	4310212109	湖南桂阳工业园区	12754	58	4304072110	湖南衡阳松木工业园区	677
20	4301032106	长沙天心工业园区	11919	59	4311212105	湖南祁阳工业园区	560
21	4309022105	湖南益阳长春工业园区	11000	60	4304232303	湖南衡山经济开发区	500
22	4313022301	湖南娄底经济开发区	10011	61	4307222303	湖南汉寿经济开发区	480
23	4302812104	湖南醴陵陶瓷产业园区	9453	62	4311222302	湖南东安经济开发区	460
24	4304822107	湖南常宁水口山经济开发区	7958	63	4312022301	湖南怀化经济开发区	427
25	4312212104	湖南怀化工业园区	7080	64	4304812302	湖南耒阳经济开发区	400
26	4306262106	湖南平江工业园区	6672	65	4306812104	湖南汨罗工业园区	300
27	4307032306	湖南常德鼎城经济开发区	6500	66	4311022106	湖南零陵工业园区	245
28	4307242304	湖南临澧经济开发区	6328	67	4331012303	湖南湘西吉凤经济开发区	200
29	4304242106	湖南衡东工业园区	6244	68	4309232303	湖南安化经济开发区	200
30	4313812302	湖南冷水江经济开发区	5787	69	4309232303	湖南桃江经济开发区	185
31	4313212304	湖南双峰经济开发区	5522	70	4313222305	湖南新化经济开发区	172
32	4307262302	湖南石门经济开发区	5217	71	4301212113	湖南长沙暮云工业园区	160
33	4310222305	湖南宜章经济开发区	5061	72	4310262304	湖南汝城经济开发区	79
34	4310242306	湖南嘉禾经济开发区	4780	73	4309212304	湖南南县经济开发区	65
35	4311262107	湖南宁远工业园区	4502	74	4331272302	湖南永顺经济开发区	61
36	4301052303	长沙金霞经济开发区	4412	75	4311292108	湖南江华工业园区	55
37	4311272303	湖南蓝山经济开发区	3968	76	4302032302	湖南株洲建宁经济开发区	4
38	4307232305	湖南澧县经济开发区	3850	77	4306822109	湖南临湘工业园区	0
39	4301222308	湖南望城经济开发区	3620	78	4306242108	湖南湘阴工业园区	0

2010年湖南省开发区高新技术产品产值

序号	调查对象代码	调查对象名称	高新技术产品产值（万元）	序号	调查对象代码	调查对象名称	高新技术产品产值（万元）
1	4301041201	长沙高新技术产业开发区	9248761	40	4307232305	湖南澧县经济开发区	113810
2	4301211102	长沙经济技术开发区	8226087	41	4302212303	湖南株洲渌口经济开发区	103074
3	4302111201	株洲高新技术产业开发区	5985835	42	4305222305	湖南新邵经济开发区	97249
4	4303041201	湘潭高新技术产业开发区	2530680	43	4307222303	湖南汉寿经济开发区	89692
5	4306021301	湖南岳阳经济技术开发区	1680691	44	4331012303	湖南湘西吉凤经济开发区	80000
6	4301811107	湖南浏阳生物医药产业园区	1491490	45	4313222305	湖南新化经济开发区	79132
7	4304082201	湖南衡阳高新技术产业园区	1468282	46	4305812303	湖南武冈经济开发区	77469
8	4313812302	湖南冷水江经济开发区	1134705	47	4311032301	湖南永州凤凰园经济开发区	76700
9	4309032201	湖南益阳高新技术产业园区	993674	48	4309022105	湖南益阳长春工业园区	75411
10	4303022106	湘潭台商投资区	784981	49	4311212105	湖南祁阳工业园区	74320
11	4301032106	长沙天心工业园区	731310	50	4305112301	湖南邵阳经济开发区	67300
12	4301222308	湖南望城经济开发区	721000	51	4310222305	湖南宜章经济开发区	57353
13	4301241309	湖南宁乡经济开发区	687921	52	4301052303	长沙金霞经济开发区	56801
14	4304822107	湖南常宁水口山经济开发区	687000	53	4306262106	湖南平江工业园区	50903
15	4307032306	湖南常德鼎城经济开发区	580000	54	4310252110	湖南临武工业园区	50210
16	4310032102	湖南郴州有色金属产业园区	538994	55	4310022301	湖南郴州经济开发区	50200
17	4307021301	常德经济技术开发区（原德山）	531553	56	4311022106	湖南零陵工业园区	43250
18	4301112105	长沙雨花工业园区	495241	57	4304262308	湖南祁东经济开发区	40125
19	4309212304	湖南沅江经济开发区	479206	58	4312022301	湖南怀化经济开发区	31762
20	4304242106	湖南衡东工业园区	414404	59	4301212113	湖南长沙暮云工业园区	28883
21	4310812303	湖南资兴经济开发区	389504	60	4308022301	湖南张家界经济开发区	25728
22	4306032103	湖南岳阳云溪工业园区	348528	61	4309232303	湖南桃江经济开发区	25480
23	4303212302	湖南湘潭易俗河经济开发区	328821	62	4304232303	湖南衡山经济开发区	18657
24	4306812104	湖南汨罗工业园区	316500	63	4310262304	湖南汝城经济开发区	18498
25	4303042105	湖南湘潭双马工业园区	289452	64	4305212302	湖南邵东经济开发区	16620
26	4310031108	湖南郴州出口加工区	207491	65	4302242305	湖南茶陵经济开发区	15612
27	4313022301	湖南娄底经济开发区	197560	66	4311262107	湖南宁远工业园区	13917
28	4310232112	湖南永兴经济开发区	183561	67	4312212104	湖南怀化工业园区	12217
29	4304072110	湖南衡阳松木工业园区	178459	68	4310242306	湖南嘉禾经济开发区	9850
30	4302812104	湖南醴陵陶瓷产业园区	171772	69	4331012301	湖南吉首经济开发区	8110
31	4305252304	湖南洞口经济开发区	169682	70	4309232303	湖南安化经济开发区	6100
32	4303812104	湖南湘乡工业园区	158474	71	4311272303	湖南蓝山经济开发区	5029
33	4310212109	湖南桂阳工业园区	142784	72	4302032302	湖南株洲建宁经济开发区	1055
34	4313212304	湖南双峰经济开发区	130200	73	4311292108	湖南江华工业园区	0
35	4304212304	湖南衡阳西渡经济开发区	125045	74	4331272302	湖南永顺经济开发区	0
36	4304812302	湖南耒阳经济开发区	123899	75	4311222302	湖南东安经济开发区	0
37	4307262302	湖南石门经济开发区	121668	76	4306822109	湖南临湘工业园区	0
38	4313822303	湖南涟源经济开发区	118200	77	4309212304	湖南南县经济开发区	0
39	4307242304	湖南临澧经济开发区	116016	78	4306242108	湖南湘阴工业园区	0

2010 年湖南省开发区规模以上工业企业综合能源消费量

序号	调查对象代码	调查对象名称	规模以上工业企业综合能源消费量（吨标准煤）	序号	调查对象代码	调查对象名称	规模以上工业企业综合能源消费量（吨标准煤）
1	4313812302	湖南冷水江经济开发区	3086620	40	4302212303	湖南株洲渌口经济开发区	55154
2	4306021301	湖南岳阳经济技术开发区	2220925	41	4303022106	湘潭台商投资区	53816
3	4302111201	株洲高新技术产业开发区	2014853	42	4304262308	湖南祁东经济开发区	49000
4	4309032201	湖南益阳高新技术产业园区	1306879	43	4310222305	湖南宜章经济开发区	43867
5	4310812303	湖南资兴经济开发区	982189	44	4304212304	湖南衡阳西渡经济开发区	41000
6	4301222308	湖南望城经济开发区	867210	45	4313822303	湖南涟源经济开发区	40243
7	4307262302	湖南石门经济开发区	780000	46	4303041201	湘潭高新技术产业开发区	38042
8	4301241309	湖南宁乡经济开发区	603226	47	4306242108	湖南湘阴工业园区	37254
9	4304812302	湖南耒阳经济开发区	589000	48	4301112105	长沙雨花工业园区	30944
10	4305212302	湖南邵东经济开发区	394626	49	4307032306	湖南常德鼎城经济开发区	30018
11	4307242304	湖南临澧经济开发区	304946	50	4310242306	湖南嘉禾经济开发区	27181
12	4301211102	长沙经济技术开发区	281376	51	4301212113	湖南长沙暮云工业园区	26766
13	4311022106	湖南零陵工业园区	250646	52	4306032103	湖南岳阳云溪工业园区	22716
14	4311222302	湖南东安经济开发区	221846	53	4310031108	湖南郴州出口加工区	22157
15	4306262106	湖南平江工业园区	213588	54	4301032106	长沙天心工业园区	21539
16	4301041201	长沙高新技术产业开发区	175409	55	4311272303	湖南蓝山经济开发区	21312
17	4310212109	湖南桂阳工业园区	159487	56	4331012301	湖南吉首经济开发区	20964
18	4310232112	湖南永兴经济开发区	158175	57	4304072110	湖南衡阳松木工业园区	16750
19	4313022301	湖南娄底经济开发区	156739	58	4303042105	湖南湘潭双马工业园区	16633
20	4305252304	湖南洞口经济开发区	142715	59	4310022301	湖南郴州经济开发区	15292
21	4302242305	湖南茶陵经济开发区	139975	60	4312022301	湖南怀化经济开发区	15181
22	4306822109	湖南临湘工业园区	136408	61	4307222303	湖南汉寿经济开发区	12853
23	4303212302	湖南湘潭易俗河经济开发区	133179	62	4310252110	湖南临武工业园区	11186
24	4311212105	湖南祁阳工业园区	131215	63	4308022301	湖南张家界经济开发区	9650
25	4307021301	常德经济技术开发区（原德山）	130643	64	4301052303	长沙金霞经济开发区	8763
26	4305222305	湖南新邵经济开发区	127125	65	4309232303	湖南安化经济开发区	6260
27	4311262107	湖南宁远工业园区	124665	66	4309022105	湖南益阳长春工业园区	5713
28	4307232305	湖南澧县经济开发区	122815	67	4313212304	湖南双峰经济开发区	5260
29	4302812104	湖南醴陵陶瓷产业园区	118714	68	4304822107	湖南常宁水口山经济开发区	5200
30	4305812303	湖南武冈经济开发区	111308	69	4331012303	湖南湘西吉凤经济开发区	4445
31	4301811107	湖南浏阳生物医药产业园区	102531	70	4309232303	湖南桃江经济开发区	3180
32	4312212104	湖南怀化工业园区	97375	71	4304082201	湖南衡阳高新技术产业园区	3088
33	4303812104	湖南湘乡工业园区	80220	72	4304242106	湖南衡东工业园区	2760
34	4306812104	湖南汨罗工业园区	63270	73	4304232303	湖南衡山经济开发区	2642
35	4310032102	湖南郴州有色金属产业园区	63065	74	4302032302	湖南株洲建宁经济开发区	2151
36	4309212304	湖南南县经济开发区	61646	75	4331272302	湖南永顺经济开发区	1765
37	4309212304	湖南沅江经济开发区	61285	76	4311032301	湖南永州凤凰园经济开发区	1684
38	4313222305	湖南新化经济开发区	59610	77	4310262304	湖南汝城经济开发区	1296
39	4305112301	湖南邵阳经济开发区	56027	78	4311292108	湖南江华工业园区	505

2010年湖南省开发区企业主要污染物排放达标企业个数

序号	调查对象代码	调查对象名称	开发区企业主要污染物排放达标企业个数（个）	序号	调查对象代码	调查对象名称	开发区企业主要污染物排放达标企业个数（个）
1	4302111201	株洲高新技术产业开发区	416	40	4302212303	湖南株洲渌口经济开发区	41
2	4302812104	湖南醴陵陶瓷产业园区	409	41	4302032302	湖南株洲建宁经济开发区	40
3	4306021301	湖南岳阳经济技术开发区	257	42	4304262308	湖南祁东经济开发区	39
4	4301211102	长沙经济技术开发区	253	43	4304812302	湖南耒阳经济开发区	38
5	4310812303	湖南资兴经济开发区	177	44	4310032102	湖南郴州有色金属产业园区	36
6	4301241309	湖南宁乡经济开发区	145	45	4331012301	湖南吉首经济开发区	35
7	4311212105	湖南祁阳工业园区	139	46	4307232305	湖南澧县经济开发区	33
8	4309032201	湖南益阳高新技术产业园区	104	47	4310242306	湖南嘉禾经济开发区	32
9	4303022106	湘潭台商投资区	98	48	4310031108	湖南郴州出口加工区	31
10	4303212302	湖南湘潭易俗河经济开发区	95	49	4307222303	湖南汉寿经济开发区	30
11	4305222305	湖南新邵经济开发区	94	50	4309232303	湖南桃江经济开发区	26
12	4304212304	湖南衡阳西渡经济开发区	93	51	4304082201	湖南衡阳高新技术产业园区	25
13	4311272303	湖南蓝山经济开发区	92	52	4308022301	湖南张家界经济开发区	25
14	4307021301	常德经济技术开发区（原德山）	88	53	4304822107	湖南常宁水口山经济开发区	24
15	4310232112	湖南永兴经济开发区	86	54	4306812104	湖南汨罗工业园区	20
16	4311222302	湖南东安经济开发区	83	55	4311292108	湖南江华工业园区	19
17	4313822303	湖南涟源经济开发区	81	56	4309212304	湖南沅江经济开发区	18
18	4301052303	长沙金霞经济开发区	79	57	4313222305	湖南新化经济开发区	18
19	4301222308	湖南望城经济开发区	77	58	4312212104	湖南怀化工业园区	18
20	4313022301	湖南娄底经济开发区	72	59	4305212302	湖南邵东经济开发区	17
21	4311262107	湖南宁远工业园区	68	60	4309212304	湖南南县经济开发区	17
22	4301112105	长沙雨花工业园区	67	61	4301212113	湖南长沙暮云工业园区	15
23	4301811107	湖南浏阳生物医药产业园区	67	62	4313812302	湖南冷水江经济开发区	14
24	4303041201	湘潭高新技术产业开发区	67	63	4310022301	湖南郴州经济开发区	14
25	4309022105	湖南益阳长春工业园区	62	64	4304072110	湖南衡阳松木工业园区	13
26	4302242305	湖南茶陵经济开发区	61	65	4306032103	湖南岳阳云溪工业园区	12
27	4310212109	湖南桂阳工业园区	61	66	4310252110	湖南临武工业园区	12
28	4304232303	湖南衡山经济开发区	60	67	4305252304	湖南洞口经济开发区	11
29	4311032301	湖南永州凤凰园经济开发区	58	68	4309232303	湖南安化经济开发区	10
30	4305812303	湖南武冈经济开发区	58	69	4312022301	湖南怀化经济开发区	10
31	4307242304	湖南临澧经济开发区	57	70	4306242108	湖南湘阴工业园区	10
32	4310222305	湖南宜章经济开发区	54	71	4331272302	湖南永顺经济开发区	9
33	4310262304	湖南汝城经济开发区	50	72	4307032306	湖南常德鼎城经济开发区	9
34	4304242106	湖南衡东工业园区	48	73	4331012303	湖南湘西吉凤经济开发区	8
35	4313212304	湖南双峰经济开发区	47	74	4306262106	湖南平江工业园区	7
36	4311022106	湖南零陵工业园区	47	75	4303042105	湖南湘潭双马工业园区	7
37	4303812104	湖南湘乡工业园区	47	76	4306822109	湖南临湘工业园区	6
38	4301032106	长沙天心工业园区	43	77	4305112301	湖南邵阳经济开发区	5
39	4307262302	湖南石门经济开发区	42	78	4301041201	长沙高新技术产业开发区	0

2010年湖南省开发区工业项目执行环保“三同时”项目数

序号	调查对象代码	调查对象名称	开发区工业项目执行环保“三同时”项目数(个)	序号	调查对象代码	调查对象名称	开发区工业项目执行环保“三同时”项目数(个)
1	4310812303	湖南资兴经济开发区	177	40	4313212304	湖南双峰经济开发区	14
2	4301241309	湖南宁乡经济开发区	116	41	4303212302	湖南湘潭易俗河经济开发区	13
3	4304212304	湖南衡阳西渡经济开发区	93	42	4304072110	湖南衡阳松木工业园区	13
4	4307021301	常德经济技术开发区(原德山)	82	43	4311212105	湖南祁阳工业园区	13
5	4302111201	株洲高新技术产业开发区	81	44	4305212302	湖南邵东经济开发区	13
6	4310232112	湖南永兴经济开发区	78	45	4310212109	湖南桂阳工业园区	13
7	4301222308	湖南望城经济开发区	77	46	4305222305	湖南新邵经济开发区	12
8	4301112105	长沙雨花工业园区	67	47	4306032103	湖南岳阳云溪工业园区	12
9	4304232303	湖南衡山经济开发区	60	48	4301211102	长沙经济技术开发区	12
10	4311262107	湖南宁远工业园区	57	49	4305252304	湖南洞口经济开发区	11
11	4310222305	湖南宜章经济开发区	54	50	4307222303	湖南汉寿经济开发区	10
12	4304242106	湖南衡东工业园区	48	51	4305812303	湖南武冈经济开发区	10
13	4311022106	湖南零陵工业园区	44	52	4306242108	湖南湘阴工业园区	10
14	4307262302	湖南石门经济开发区	42	53	4309232303	湖南安化经济开发区	9
15	4304262308	湖南祁东经济开发区	39	54	4307032306	湖南常德鼎城经济开发区	9
16	4304812302	湖南耒阳经济开发区	38	55	4331012303	湖南湘西吉凤经济开发区	8
17	4303041201	湘潭高新技术产业开发区	37	56	4306262106	湖南平江工业园区	7
18	4310032102	湖南郴州有色金属产业园区	36	57	4311222302	湖南东安经济开发区	7
19	4303022106	湘潭台商投资区	35	58	4301811107	湖南浏阳生物医药产业园区	6
20	4307232305	湖南澧县经济开发区	33	59	4306822109	湖南临湘工业园区	6
21	4310242306	湖南嘉禾经济开发区	32	60	4308022301	湖南张家界经济开发区	6
22	4310031108	湖南郴州出口加工区	31	61	4309022105	湖南益阳长春工业园区	5
23	4309032201	湖南益阳高新技术产业园区	29	62	4305112301	湖南邵阳经济开发区	5
24	4302812104	湖南醴陵陶瓷产业园区	26	63	4311032301	湖南永州凤凰园经济开发区	5
25	4304082201	湖南衡阳高新技术产业园区	25	64	4310252110	湖南临武工业园区	5
26	4311272303	湖南蓝山经济开发区	25	65	4311292108	湖南江华工业园区	4
27	4307242304	湖南临澧经济开发区	24	66	4302032302	湖南株洲建宁经济开发区	3
28	4302212303	湖南株洲渌口经济开发区	24	67	4313222305	湖南新化经济开发区	2
29	4304822107	湖南常宁水口山经济开发区	24	68	4310262304	湖南汝城经济开发区	2
30	4301052303	长沙金霞经济开发区	24	69	4312022301	湖南怀化经济开发区	2
31	4303812104	湖南湘乡工业园区	21	70	4301032106	长沙天心工业园区	2
32	4306021301	湖南岳阳经济技术开发区	20	71	4303042105	湖南湘潭双马工业园区	1
33	4309212304	湖南沅江经济开发区	18	72	4313812302	湖南冷水江经济开发区	1
34	4313022301	湖南娄底经济开发区	18	73	4313822303	湖南涟源经济开发区	0
35	4331012301	湖南吉首经济开发区	18	74	4331272302	湖南永顺经济开发区	0
36	4306812104	湖南汨罗工业园区	18	75	4310022301	湖南郴州经济开发区	0
37	4301212113	湖南长沙暮云工业园区	15	76	4301041201	长沙高新技术产业开发区	0
38	4302242305	湖南茶陵经济开发区	15	77	4309212304	湖南南县经济开发区	0
39	4309232303	湖南桃江经济开发区	15	78	4312212104	湖南怀化工业园区	0

2010年湖南省开发区工业项目执行环保“三同时”合格项目数

序号	调查对象代码	调查对象名称	开发区工业项目执行环保“三同时”合格项目数(个)	序号	调查对象代码	调查对象名称	开发区工业项目执行环保“三同时”合格项目数(个)
1	4310812303	湖南资兴经济开发区	168	40	4305212302	湖南邵东经济开发区	13
2	4301241309	湖南宁乡经济开发区	116	41	4310212109	湖南桂阳工业园区	13
3	4304212304	湖南衡阳西渡经济开发区	93	42	4305222305	湖南新邵经济开发区	12
4	4307021301	常德经济技术开发区(原德山)	82	43	4306032103	湖南岳阳云溪工业园区	12
5	4302111201	株洲高新技术产业开发区	81	44	4301211102	长沙经济技术开发区	12
6	4310232112	湖南永兴经济开发区	78	45	4305252304	湖南洞口经济开发区	11
7	4301222308	湖南望城经济开发区	77	46	4311212105	湖南祁阳工业园区	11
8	4301112105	长沙雨花工业园区	67	47	4307222303	湖南汉寿经济开发区	10
9	4304232303	湖南衡山经济开发区	60	48	4305812303	湖南武冈经济开发区	10
10	4311262107	湖南宁远工业园区	57	49	4306242108	湖南湘阴工业园区	10
11	4310222305	湖南宜章经济开发区	54	50	4307032306	湖南常德鼎城经济开发区	9
12	4304242106	湖南衡东工业园区	48	51	4331012303	湖南湘西吉凤经济开发区	8
13	4307262302	湖南石门经济开发区	42	52	4309232303	湖南安化经济开发区	8
14	4304262308	湖南祁东经济开发区	39	53	4306262106	湖南平江工业园区	7
15	4304812302	湖南耒阳经济开发区	38	54	4311222302	湖南东安经济开发区	7
16	4303041201	湘潭高新技术产业开发区	37	55	4301811107	湖南浏阳生物医药产业园区	6
17	4310032102	湖南郴州有色金属产业园区	36	56	4306822109	湖南临湘工业园区	6
18	4303022106	湘潭台商投资区	35	57	4308022301	湖南张家界经济开发区	6
19	4307232305	湖南澧县经济开发区	33	58	4311032301	湖南永州凤凰园经济开发区	5
20	4310031108	湖南郴州出口加工区	31	59	4311292108	湖南江华工业园区	4
21	4309032201	湖南益阳高新技术产业园区	27	60	4310252110	湖南临武工业园区	4
22	4304082201	湖南衡阳高新技术产业园区	25	61	4302032302	湖南株洲建宁经济开发区	3
23	4311272303	湖南蓝山经济开发区	25	62	4309022105	湖南益阳长春工业园区	3
24	4311022106	湖南零陵工业园区	25	63	4305112301	湖南邵阳经济开发区	3
25	4307242304	湖南临澧经济开发区	24	64	4313222305	湖南新化经济开发区	2
26	4304822107	湖南常宁水口山经济开发区	24	65	4310242306	湖南嘉禾经济开发区	2
27	4301052303	长沙金霞经济开发区	24	66	4310262304	湖南汝城经济开发区	2
28	4303812104	湖南湘乡工业园区	21	67	4312022301	湖南怀化经济开发区	2
29	4306021301	湖南岳阳经济技术开发区	20	68	4301032106	长沙天心工业园区	2
30	4309212304	湖南沅江经济开发区	18	69	4303042105	湖南湘潭双马工业园区	1
31	4313022301	湖南娄底经济开发区	18	70	4313812302	湖南冷水江经济开发区	1
32	4331012301	湖南吉首经济开发区	18	71	4313822303	湖南涟源经济开发区	0
33	4306812104	湖南汨罗工业园区	16	72	4331272302	湖南永顺经济开发区	0
34	4301212113	湖南长沙暮云工业园区	15	73	4310022301	湖南郴州经济开发区	0
35	4313212304	湖南双峰经济开发区	14	74	4309232303	湖南桃江经济开发区	0
36	4302242305	湖南茶陵经济开发区	14	75	4301041201	长沙高新技术产业开发区	0
37	4302212303	湖南株洲渌口经济开发区	14	76	4302812104	湖南醴陵陶瓷产业园区	0
38	4303212302	湖南湘潭易俗河经济开发区	13	77	4309212304	湖南南县经济开发区	0
39	4304072110	湖南衡阳松木工业园区	13	78	4312212104	湖南怀化工业园区	0

2010年湖南省开发区出口型企业个数

序号	调查对象代码	调查对象名称	出口型企业个数(个)	序号	调查对象代码	调查对象名称	出口型企业个数(个)
1	4301211102	长沙经济技术开发区	38	40	4304812302	湖南耒阳经济开发区	3
2	4302111201	株洲高新技术产业开发区	26	41	4301112105	长沙雨花工业园区	3
3	4306021301	湖南岳阳经济技术开发区	26	42	4313822303	湖南涟源经济开发区	3
4	4309032201	湖南益阳高新技术产业园区	24	43	4306032103	湖南岳阳云溪工业园区	3
5	4302812104	湖南醴陵陶瓷产业园区	18	44	4301052303	长沙金霞经济开发区	3
6	4301811107	湖南浏阳生物医药产业园区	16	45	4306262106	湖南平江工业园区	2
7	4303041201	湘潭高新技术产业开发区	15	46	4303042105	湖南湘潭双马工业园区	2
8	4311032301	湖南永州凤凰园经济开发区	15	47	4304072110	湖南衡阳松木工业园区	2
9	4310212109	湖南桂阳工业园区	15	48	4305112301	湖南邵阳经济开发区	2
10	4307021301	常德经济技术开发区(原德山)	14	49	4313022301	湖南娄底经济开发区	2
11	4313222305	湖南新化经济开发区	13	50	4310222305	湖南宜章经济开发区	2
12	4309022105	湖南益阳长春工业园区	12	51	4304242106	湖南衡东工业园区	2
13	4305212302	湖南邵东经济开发区	12	52	4310252110	湖南临武工业园区	2
14	4310031108	湖南郴州出口加工区	11	53	4303812104	湖南湘乡工业园区	2
15	4303022106	湘潭台商投资区	9	54	4305222305	湖南新邵经济开发区	1
16	4309232303	湖南桃江经济开发区	9	55	4304082201	湖南衡阳高新技术产业园区	1
17	4301241309	湖南宁乡经济开发区	8	56	4310262304	湖南汝城经济开发区	1
18	4305252304	湖南洞口经济开发区	8	57	4302242305	湖南茶陵经济开发区	1
19	4303212302	湖南湘潭易俗河经济开发区	8	58	4331012303	湖南湘西吉凤经济开发区	1
20	4310812303	湖南资兴经济开发区	8	59	4312212104	湖南怀化工业园区	1
21	4311272303	湖南蓝山经济开发区	7	60	4302032302	湖南株洲建宁经济开发区	0
22	4301222308	湖南望城经济开发区	7	61	4311292108	湖南江华工业园区	0
23	4304822107	湖南常宁水口山经济开发区	6	62	4331272302	湖南永顺经济开发区	0
24	4310032102	湖南郴州有色金属产业园区	6	63	4307232305	湖南澧县经济开发区	0
25	4309212304	湖南沅江经济开发区	5	64	4311222302	湖南东安经济开发区	0
26	4313212304	湖南双峰经济开发区	5	65	4313812302	湖南冷水江经济开发区	0
27	4310022301	湖南郴州经济开发区	5	66	4306822109	湖南临湘工业园区	0
28	4307032306	湖南常德鼎城经济开发区	5	67	4310242306	湖南嘉禾经济开发区	0
29	4306242108	湖南湘阴工业园区	5	68	4307222303	湖南汉寿经济开发区	0
30	4304232303	湖南衡山经济开发区	4	69	4311022106	湖南零陵工业园区	0
31	4310232112	湖南永兴经济开发区	4	70	4305812303	湖南武冈经济开发区	0
32	4307262302	湖南石门经济开发区	4	71	4309232303	湖南安化经济开发区	0
33	4304212304	湖南衡阳西渡经济开发区	4	72	4301041201	长沙高新技术产业开发区	0
34	4311212105	湖南祁阳工业园区	4	73	4312022301	湖南怀化经济开发区	0
35	4301212113	湖南长沙暮云工业园区	4	74	4306812104	湖南汨罗工业园区	0
36	4331012301	湖南吉首经济开发区	4	75	4309212304	湖南南县经济开发区	0
37	4302212303	湖南株洲渌口经济开发区	4	76	4304262308	湖南祁东经济开发区	0
38	4311262107	湖南宁远工业园区	4	77	4308022301	湖南张家界经济开发区	0
39	4307242304	湖南临澧经济开发区	3	78	4301032106	长沙天心工业园区	0

2010年湖南省开发区出口交货值

序号	调查对象代码	调查对象名称	出口交货值（万元）	序号	调查对象代码	调查对象名称	出口交货值（万元）
1	4309032201	湖南益阳高新技术产业园区	1299090	40	4304232303	湖南衡山经济开发区	12513
2	4301211102	长沙经济技术开发区	588145	41	4310032102	湖南郴州有色金属产业园区	11685
3	4304822107	湖南常宁水口山经济开发区	459750	42	4305112301	湖南邵阳经济开发区	9943
4	4304082201	湖南衡阳高新技术产业园区	329590	43	4305222305	湖南新邵经济开发区	7400
5	4302111201	株洲高新技术产业开发区	220878	44	4302212303	湖南株洲渌口经济开发区	7002
6	4301811107	湖南浏阳生物医药产业园区	205235	45	4313212304	湖南双峰经济开发区	6500
7	4301241309	湖南宁乡经济开发区	198213	46	4301222308	湖南望城经济开发区	5513
8	4310232112	湖南永兴经济开发区	152002	47	4302242305	湖南茶陵经济开发区	4417
9	4306021301	湖南岳阳经济技术开发区	120262	48	4310252110	湖南临武工业园区	4015
10	4303041201	湘潭高新技术产业开发区	115056	49	4307021301	常德经济技术开发区(原德山)	3476
11	4302812104	湖南醴陵陶瓷产业园区	99222	50	4310812303	湖南资兴经济开发区	3201
12	4307262302	湖南石门经济开发区	96369	51	4310222305	湖南宜章经济开发区	3172
13	4303022106	湘潭台商投资区	84580	52	4310022301	湖南郴州经济开发区	2550
14	4309022105	湖南益阳长春工业园区	74855	53	4304242106	湖南衡东工业园区	1989
15	4310031108	湖南郴州出口加工区	66291	54	4313222305	湖南新化经济开发区	1650
16	4305212302	湖南邵东经济开发区	63250	55	4313822303	湖南涟源经济开发区	1550
17	4304212304	湖南衡阳西渡经济开发区	59277	56	4309212304	湖南沅江经济开发区	1200
18	4307032306	湖南常德鼎城经济开发区	58000	57	4331012301	湖南吉首经济开发区	860
19	4306032103	湖南岳阳云溪工业园区	41232	58	4310262304	湖南汝城经济开发区	673
20	4303212302	湖南湘潭易俗河经济开发区	40691	59	4312212104	湖南怀化工业园区	64
21	4306242108	湖南湘阴工业园区	38663	60	4302032302	湖南株洲建宁经济开发区	0
22	4301112105	长沙雨花工业园区	38541	61	4311292108	湖南江华工业园区	0
23	4301212113	湖南长沙暮云工业园区	37767	62	4331272302	湖南永顺经济开发区	0
24	4304072110	湖南衡阳松木工业园区	32810	63	4307232305	湖南澧县经济开发区	0
25	4305252304	湖南洞口经济开发区	32788	64	4311222302	湖南东安经济开发区	0
26	4301052303	长沙金霞经济开发区	32235	65	4313812302	湖南冷水江经济开发区	0
27	4303042105	湖南湘潭双马工业园区	28070	66	4306822109	湖南临湘工业园区	0
28	4306262106	湖南平江工业园区	26937	67	4310242306	湖南嘉禾经济开发区	0
29	4311032301	湖南永州凤凰园经济开发区	26547	68	4307222303	湖南汉寿经济开发区	0
30	4311212105	湖南祁阳工业园区	24830	69	4311022106	湖南零陵工业园区	0
31	4303812104	湖南湘乡工业园区	24596	70	4305812303	湖南武冈经济开发区	0
32	4311262107	湖南宁远工业园区	23058	71	4309232303	湖南安化经济开发区	0
33	4309232303	湖南桃江经济开发区	22031	72	4301041201	长沙高新技术产业开发区	0
34	4313022301	湖南娄底经济开发区	21120	73	4312022301	湖南怀化经济开发区	0
35	4331012303	湖南湘西吉凤经济开发区	17600	74	4306812104	湖南汨罗工业园区	0
36	4311272303	湖南蓝山经济开发区	16500	75	4309212304	湖南南县经济开发区	0
37	4310212109	湖南桂阳工业园区	13848	76	4304262308	湖南祁东经济开发区	0
38	4307242304	湖南临澧经济开发区	12950	77	4308022301	湖南张家界经济开发区	0
39	4304812302	湖南耒阳经济开发区	12900	78	4301032106	长沙天心工业园区	0

2010年湖南省开发区利润总额

序号	调查对象代码	调查对象名称	利润总额（万元）	序号	调查对象代码	调查对象名称	利润总额（万元）
1	4301211102	长沙经济技术开发区	1163557	40	4310252110	湖南临武工业园区	25328
2	4301041201	长沙高新技术产业开发区	880839	41	4303042105	湖南湘潭双马工业园区	25162
3	4302111201	株洲高新技术产业开发区	465149	42	4303212302	湖南湘潭易俗河经济开发区	24650
4	4301241309	湖南宁乡经济开发区	350313	43	4311022106	湖南零陵工业园区	23210
5	4307262302	湖南石门经济开发区	286637	44	4306262106	湖南平江工业园区	21246
6	4309032201	湖南益阳高新技术产业园区	258185	45	4310242306	湖南嘉禾经济开发区	18086
7	4310812303	湖南资兴经济开发区	182543	46	4311222302	湖南东安经济开发区	17094
8	4304082201	湖南衡阳高新技术产业园区	170648	47	4309212304	湖南沅江经济开发区	16985
9	4306021301	湖南岳阳经济技术开发区	162956	48	4303812104	湖南湘乡工业园区	16772
10	4301811107	湖南浏阳生物医药产业园区	124580	49	4309022105	湖南益阳长春工业园区	15900
11	4306822109	湖南临湘工业园区	110060	50	4301212113	湖南长沙暮云工业园区	14990
12	4307032306	湖南常德鼎城经济开发区	108000	51	4304232303	湖南衡山经济开发区	14736
13	4301052303	长沙金霞经济开发区	92353	52	4304072110	湖南衡阳松木工业园区	14381
14	4306032103	湖南岳阳云溪工业园区	91884	53	4304242106	湖南衡东工业园区	14295
15	4312022301	湖南怀化经济开发区	91290	54	4307222303	湖南汉寿经济开发区	14159
16	4301222308	湖南望城经济开发区	86129	55	4310222305	湖南宜章经济开发区	12461
17	4303022106	湘潭台商投资区	78251	56	4313822303	湖南涟源经济开发区	11750
18	4304812302	湖南耒阳经济开发区	77015	57	4312212104	湖南怀化工业园区	11617
19	4310212109	湖南桂阳工业园区	76465	58	4305252304	湖南洞口经济开发区	11613
20	4311032301	湖南永州凤凰园经济开发区	62404	59	4309232303	湖南桃江经济开发区	9978
21	4301032106	长沙天心工业园区	61292	60	4311292108	湖南江华工业园区	9865
22	4313022301	湖南娄底经济开发区	61240	61	4307232305	湖南澧县经济开发区	9094
23	4304822107	湖南常宁水口山经济开发区	58600	62	4305112301	湖南邵阳经济开发区	8284
24	4307021301	常德经济技术开发区(原德山)	55368	63	4310031108	湖南郴州出口加工区	6697
25	4301112105	长沙雨花工业园区	52147	64	4305212302	湖南邵东经济开发区	6618
26	4304212304	湖南衡阳西渡经济开发区	50700	65	4331012301	湖南吉首经济开发区	5783
27	4304262308	湖南祁东经济开发区	50214	66	4302242305	湖南茶陵经济开发区	5406
28	4310032102	湖南郴州有色金属产业园区	46210	67	4310262304	湖南汝城经济开发区	5284
29	4310232112	湖南永兴经济开发区	44782	68	4309212304	湖南南县经济开发区	4860
30	4311272303	湖南蓝山经济开发区	37682	69	4313222305	湖南新化经济开发区	4570
31	4305222305	湖南新邵经济开发区	35982	70	4302032302	湖南株洲建宁经济开发区	3492
32	4311262107	湖南宁远工业园区	34680	71	4302212303	湖南株洲渌口经济开发区	3393
33	4302812104	湖南醴陵陶瓷产业园区	33888	72	4308022301	湖南张家界经济开发区	3310
34	4303041201	湘潭高新技术产业开发区	32580	73	4305812303	湖南武冈经济开发区	3047
35	4310022301	湖南郴州经济开发区	32100	74	4309232303	湖南安化经济开发区	2880
36	4311212105	湖南祁阳工业园区	28286	75	4331272302	湖南永顺经济开发区	810
37	4313212304	湖南双峰经济开发区	27700	76	4331012303	湖南湘西吉凤经济开发区	158
38	4306242108	湖南湘阴工业园区	27312	77	4313812302	湖南冷水江经济开发区	148
39	4307242304	湖南临澧经济开发区	25744	78	4306812104	湖南汨罗工业园区	(980)

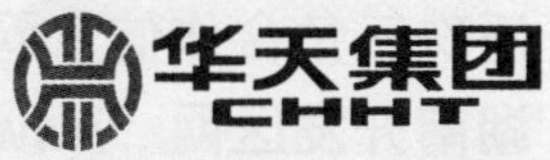

2010年湖南省开发区规模以上工业企业利润总额

序号	调查对象代码	调查对象名称	规模以上工业企业利润总额（万元）	序号	调查对象代码	调查对象名称	规模以上工业企业利润总额（万元）
1	4301211102	长沙经济技术开发区	1161672	40	4309212304	湖南沅江经济开发区	16234
2	4301041201	长沙高新技术产业开发区	871728	41	4310242306	湖南嘉禾经济开发区	16086
3	4301241309	湖南宁乡经济开发区	335162	42	4303812104	湖南湘乡工业园区	15909
4	4302111201	株洲高新技术产业开发区	311605	43	4304262308	湖南祁东经济开发区	15212
5	4309032201	湖南益阳高新技术产业园区	293258	44	4310252110	湖南临武工业园区	15197
6	4307262302	湖南石门经济开发区	191738	45	4304072110	湖南衡阳松木工业园区	14228
7	4310812303	湖南资兴经济开发区	158733	46	4304232303	湖南衡山经济开发区	14029
8	4306021301	湖南岳阳经济技术开发区	151689	47	4304242106	湖南衡东工业园区	13880
9	4301811107	湖南浏阳生物医药产业园区	120397	48	4311222302	湖南东安经济开发区	12960
10	4307032306	湖南常德鼎城经济开发区	103000	49	4301212113	湖南长沙暮云工业园区	12343
11	4306822109	湖南临湘工业园区	91060	50	4303212302	湖南湘潭易俗河经济开发区	12150
12	4301052303	长沙金霞经济开发区	86176	51	4307222303	湖南汉寿经济开发区	12068
13	4301222308	湖南望城经济开发区	86011	52	4312212104	湖南怀化工业园区	11617
14	4306032103	湖南岳阳云溪工业园区	82875	53	4305252304	湖南洞口经济开发区	11008
15	4304082201	湖南衡阳高新技术产业园区	77995	54	4313822303	湖南涟源经济开发区	10320
16	4304812302	湖南耒阳经济开发区	76515	55	4309022105	湖南益阳长春工业园区	10200
17	4303022106	湘潭台商投资区	75612	56	4310222305	湖南宜章经济开发区	10100
18	4301032106	长沙天心工业园区	59454	57	4309232303	湖南桃江经济开发区	9864
19	4311032301	湖南永州凤凰园经济开发区	56164	58	4311292108	湖南江华工业园区	9371
20	4313022301	湖南娄底经济开发区	55048	59	4307232305	湖南澧县经济开发区	9094
21	4307021301	常德经济技术开发区（原德山）	49886	60	4312022301	湖南怀化经济开发区	8945
22	4304212304	湖南衡阳西渡经济开发区	49700	61	4305112301	湖南邵阳经济开发区	7690
23	4304822107	湖南常宁水口山经济开发区	49650	62	4310022301	湖南郴州经济开发区	6205
24	4301112105	长沙雨花工业园区	47552	63	4310031108	湖南郴州出口加工区	6000
25	4310032102	湖南郴州有色金属产业园区	44907	64	4302242305	湖南茶陵经济开发区	5172
26	4310212109	湖南桂阳工业园区	31423	65	4309212304	湖南南县经济开发区	4860
27	4303041201	湘潭高新技术产业开发区	28605	66	4313222305	湖南新化经济开发区	4570
28	4306242108	湖南湘阴工业园区	25614	67	4305212302	湖南邵东经济开发区	4341
29	4305222305	湖南新邵经济开发区	24853	68	4310262304	湖南汝城经济开发区	4127
30	4307242304	湖南临澧经济开发区	24554	69	4302212303	湖南株洲渌口经济开发区	3332
31	4313212304	湖南双峰经济开发区	24350	70	4331012301	湖南吉首经济开发区	3089
32	4311212105	湖南祁阳工业园区	23672	71	4305812303	湖南武冈经济开发区	2985
33	4311262107	湖南宁远工业园区	23560	72	4308022301	湖南张家界经济开发区	2831
34	4310232112	湖南永兴经济开发区	22330	73	4309232303	湖南安化经济开发区	2250
35	4303042105	湖南湘潭双马工业园区	22031	74	4331272302	湖南永顺经济开发区	710
36	4306262106	湖南平江工业园区	21246	75	4302032302	湖南株洲建宁经济开发区	381
37	4302812104	湖南醴陵陶瓷产业园区	20669	76	4331012303	湖南湘西吉凤经济开发区	175
38	4311272303	湖南蓝山经济开发区	20268	77	4313812302	湖南冷水江经济开发区	133
39	4311022106	湖南零陵工业园区	18550	78	4306812104	湖南汨罗工业园区	(1050)

2010年湖南省开发区上交税金总额

序号	调查对象代码	调查对象名称	上交税金总额（万元）	序号	调查对象代码	调查对象名称	上交税金总额（万元）
1	4301041201	长沙高新技术产业开发区	534291	40	4311022106	湖南零陵工业园区	13250
2	4301211102	长沙经济技术开发区	500082	41	4309022105	湖南益阳长春工业园区	13200
3	4302111201	株洲高新技术产业开发区	346534	42	4304812302	湖南耒阳经济开发区	13110
4	4306021301	湖南岳阳经济技术开发区	279601	43	4301112105	长沙雨花工业园区	12541
5	4309032201	湖南益阳高新技术产业园区	115913	44	4303042105	湖南湘潭双马工业园区	12405
6	4301222308	湖南望城经济开发区	105100	45	4310031108	湖南郴州出口加工区	11328
7	4304082201	湖南衡阳高新技术产业园区	100458	46	4301212113	湖南长沙暮云工业园区	11190
8	4304822107	湖南常宁水口山经济开发区	71500	47	4304232303	湖南衡山经济开发区	10927
9	4306812104	湖南汨罗工业园区	65000	48	4313822303	湖南涟源经济开发区	10800
10	4306032103	湖南岳阳云溪工业园区	55554	49	4311212105	湖南祁阳工业园区	10658
11	4313812302	湖南冷水江经济开发区	55416	50	4305222305	湖南新邵经济开发区	10478
12	4311032301	湖南永州凤凰园经济开发区	53006	51	4301241309	湖南宁乡经济开发区	10253
13	4301811107	湖南浏阳生物医药产业园区	51809	52	4304262308	湖南祁东经济开发区	10211
14	4303022106	湘潭台商投资区	51680	53	4310262304	湖南汝城经济开发区	10091
15	4310812303	湖南资兴经济开发区	46747	54	4305812303	湖南武冈经济开发区	7758
16	4307021301	常德经济技术开发区（原德山）	46563	55	4303812104	湖南湘乡工业园区	7757
17	4310212109	湖南桂阳工业园区	31251	56	4310222305	湖南宜章经济开发区	7661
18	4306822109	湖南临湘工业园区	31230	57	4302242305	湖南茶陵经济开发区	7600
19	4307262302	湖南石门经济开发区	30117	58	4309232303	湖南桃江经济开发区	7227
20	4303041201	湘潭高新技术产业开发区	30007	59	4306262106	湖南平江工业园区	7132
21	4307032306	湖南常德鼎城经济开发区	30000	60	4302212303	湖南株洲渌口经济开发区	6451
22	4313022301	湖南娄底经济开发区	28946	61	4307232305	湖南澧县经济开发区	6381
23	4302812104	湖南醴陵陶瓷产业园区	27968	62	4309212304	湖南南县经济开发区	6072
24	4310232112	湖南永兴经济开发区	27052	63	4307242304	湖南临澧经济开发区	5545
25	4304242106	湖南衡东工业园区	25291	64	4331012303	湖南湘西吉凤经济开发区	4595
26	4310022301	湖南郴州经济开发区	23700	65	4310242306	湖南嘉禾经济开发区	3850
27	4312212104	湖南怀化工业园区	23109	66	4308022301	湖南张家界经济开发区	3819
28	4305112301	湖南邵阳经济开发区	21953	67	4304072110	湖南衡阳松木工业园区	3539
29	4310252110	湖南临武工业园区	21440	68	4311222302	湖南东安经济开发区	3468
30	4301032106	长沙天心工业园区	21087	69	4313212304	湖南双峰经济开发区	3400
31	4312022301	湖南怀化经济开发区	20591	70	4307222303	湖南汉寿经济开发区	3124
32	4310032102	湖南郴州有色金属产业园区	19744	71	4311262107	湖南宁远工业园区	2680
33	4301052303	长沙金霞经济开发区	18763	72	4313222305	湖南新化经济开发区	2675
34	4304212304	湖南衡阳西渡经济开发区	18543	73	4311292108	湖南江华工业园区	1973
35	4309212304	湖南沅江经济开发区	17003	74	4311272303	湖南蓝山经济开发区	1967
36	4306242108	湖南湘阴工业园区	15940	75	4302032302	湖南株洲建宁经济开发区	1773
37	4303212302	湖南湘潭易俗河经济开发区	15873	76	4331012301	湖南吉首经济开发区	669
38	4305252304	湖南洞口经济开发区	14345	77	4309232303	湖南安化经济开发区	600
39	4305212302	湖南邵东经济开发区	14015	78	4331272302	湖南永顺经济开发区	530

2010年湖南省开发区规模以上工业企业上交税金

序号	调查对象代码	调查对象名称	规模以上工业企业上交税金（万元）	序号	调查对象代码	调查对象名称	规模以上工业企业上交税金（万元）
1	4301211102	长沙经济技术开发区	414989	40	4309022105	湖南益阳长春工业园区	11172
2	4301041201	长沙高新技术产业开发区	401961	41	4305212302	湖南邵东经济开发区	10932
3	4302111201	株洲高新技术产业开发区	296565	42	4304232303	湖南衡山经济开发区	10418
4	4306021301	湖南岳阳经济技术开发区	266602	43	4301241309	湖南宁乡经济开发区	10056
5	4304822107	湖南常宁水口山经济开发区	65890	44	4313822303	湖南涟源经济开发区	9970
6	4309032201	湖南益阳高新技术产业园区	60679	45	4301112105	长沙雨花工业园区	9524
7	4306812104	湖南汨罗工业园区	58000	46	4310262304	湖南汝城经济开发区	8915
8	4313812302	湖南冷水江经济开发区	53427	47	4310031108	湖南郴州出口加工区	8000
9	4301222308	湖南望城经济开发区	52182	48	4304262308	湖南祁东经济开发区	7968
10	4311032301	湖南永州凤凰园经济开发区	51945	49	4311212105	湖南祁阳工业园区	7900
11	4304082201	湖南衡阳高新技术产业园区	50430	50	4305222305	湖南新邵经济开发区	7330
12	4306032103	湖南岳阳云溪工业园区	49211	51	4302242305	湖南茶陵经济开发区	7211
13	4310812303	湖南资兴经济开发区	39734	52	4306262106	湖南平江工业园区	7132
14	4301811107	湖南浏阳生物医药产业园区	39325	53	4303812104	湖南湘乡工业园区	7003
15	4303022106	湘潭台商投资区	34360	54	4309232303	湖南桃江经济开发区	6972
16	4307262302	湖南石门经济开发区	29169	55	4305812303	湖南武冈经济开发区	6863
17	4307032306	湖南常德鼎城经济开发区	28000	56	4301212113	湖南长沙暮云工业园区	6686
18	4310232112	湖南永兴经济开发区	27052	57	4307232305	湖南澧县经济开发区	6381
19	4307021301	常德经济技术开发区(原德山)	26242	58	4302212303	湖南株洲渌口经济开发区	6283
20	4303041201	湘潭高新技术产业开发区	25052	59	4309212304	湖南南县经济开发区	6072
21	4306822109	湖南临湘工业园区	24940	60	4312022301	湖南怀化经济开发区	5228
22	4304242106	湖南衡东工业园区	24890	61	4307242304	湖南临澧经济开发区	5177
23	4302812104	湖南醴陵陶瓷产业园区	23817	62	4310242306	湖南嘉禾经济开发区	3620
24	4312212104	湖南怀化工业园区	23109	63	4304072110	湖南衡阳松木工业园区	3539
25	4305112301	湖南邵阳经济开发区	21481	64	4310022301	湖南郴州经济开发区	3380
26	4301032106	长沙天心工业园区	19822	65	4307222303	湖南汉寿经济开发区	2981
27	4310212109	湖南桂阳工业园区	19746	66	4311262107	湖南宁远工业园区	2530
28	4304212304	湖南衡阳西渡经济开发区	18043	67	4311222302	湖南东安经济开发区	2516
29	4301052303	长沙金霞经济开发区	17222	68	4313222305	湖南新化经济开发区	2472
30	4313022301	湖南娄底经济开发区	17085	69	4331012303	湖南湘西吉凤经济开发区	2188
31	4309212304	湖南沅江经济开发区	16425	70	4313212304	湖南双峰经济开发区	2102
32	4310252110	湖南临武工业园区	14169	71	4311292108	湖南江华工业园区	1874
33	4305252304	湖南洞口经济开发区	14085	72	4311272303	湖南蓝山经济开发区	1181
34	4306242108	湖南湘阴工业园区	13652	73	4308022301	湖南张家界经济开发区	1028
35	4304812302	湖南耒阳经济开发区	13080	74	4302032302	湖南株洲建宁经济开发区	803
36	4310032102	湖南郴州有色金属产业园区	12760	75	4331272302	湖南永顺经济开发区	460
37	4303212302	湖南湘潭易俗河经济开发区	12146	76	4331012301	湖南吉首经济开发区	430
38	4311022106	湖南零陵工业园区	11300	77	4309232303	湖南安化经济开发区	420
39	4303042105	湖南湘潭双马工业园区	11226	78	4310222305	湖南宜章经济开发区	399

2010年湖南省开发区主营业务税金及附加

序号	调查对象代码	调查对象名称	主营业务税金及附加(万元)	序号	调查对象代码	调查对象名称	主营业务税金及附加(万元)
1	4301211102	长沙经济技术开发区	89210	40	4313812302	湖南冷水江经济开发区	4329
2	4301241309	湖南宁乡经济开发区	89126	41	4310222305	湖南宜章经济开发区	3895
3	4304822107	湖南常宁水口山经济开发区	77800	42	4310232112	湖南永兴经济开发区	3783
4	4311032301	湖南永州凤凰园经济开发区	70006	43	4306262106	湖南平江工业园区	3695
5	4306021301	湖南岳阳经济技术开发区	67303	44	4303812104	湖南湘乡工业园区	3151
6	4302111201	株洲高新技术产业开发区	54507	45	4301811107	湖南浏阳生物医药产业园区	2996
7	4304262308	湖南祁东经济开发区	48927	46	4305212302	湖南邵东经济开发区	2748
8	4301041201	长沙高新技术产业开发区	47145	47	4305252304	湖南洞口经济开发区	2507
9	4301222308	湖南望城经济开发区	46247	48	4311212105	湖南祁阳工业园区	2380
10	4309032201	湖南益阳高新技术产业园区	36601	49	4302242305	湖南茶陵经济开发区	2267
11	4306032103	湖南岳阳云溪工业园区	28628	50	4301112105	长沙雨花工业园区	1652
12	4310032102	湖南郴州有色金属产业园区	22875	51	4310252110	湖南临武工业园区	1576
13	4303041201	湘潭高新技术产业开发区	21950	52	4311262107	湖南宁远工业园区	1537
14	4306822109	湖南临湘工业园区	21646	53	4312212104	湖南怀化工业园区	1416
15	4307262302	湖南石门经济开发区	19367	54	4309212304	湖南沅江经济开发区	1382
16	4310812303	湖南资兴经济开发区	13121	55	4307242304	湖南临澧经济开发区	1281
17	4304232303	湖南衡山经济开发区	12222	56	4302212303	湖南株洲渌口经济开发区	1237
18	4303022106	湘潭台商投资区	12110	57	4311222302	湖南东安经济开发区	1196
19	4309022105	湖南益阳长春工业园区	10200	58	4305222305	湖南新邵经济开发区	1196
20	4304812302	湖南耒阳经济开发区	9875	59	4331012303	湖南湘西吉凤经济开发区	1069
21	4304242106	湖南衡东工业园区	9840	60	4310242306	湖南嘉禾经济开发区	1046
22	4311022106	湖南零陵工业园区	8169	61	4310022301	湖南郴州经济开发区	980
23	4305112301	湖南邵阳经济开发区	8129	62	4313212304	湖南双峰经济开发区	938
24	4310031108	湖南郴州出口加工区	8047	63	4311292108	湖南江华工业园区	938
25	4301032106	长沙天心工业园区	7772	64	4310262304	湖南汝城经济开发区	886
26	4306242108	湖南湘阴工业园区	6893	65	4305812303	湖南武冈经济开发区	747
27	4309232303	湖南桃江经济开发区	6843	66	4313822303	湖南涟源经济开发区	720
28	4306812104	湖南汨罗工业园区	6175	67	4309212304	湖南南县经济开发区	679
29	4302812104	湖南醴陵陶瓷产业园区	6109	68	4311272303	湖南蓝山经济开发区	647
30	4304212304	湖南衡阳西渡经济开发区	5920	69	4313022301	湖南娄底经济开发区	620
31	4307021301	常德经济技术开发区(原德山)	5864	70	4301212113	湖南长沙暮云工业园区	599
32	4301052303	长沙金霞经济开发区	5334	71	4309232303	湖南安化经济开发区	480
33	4310212109	湖南桂阳工业园区	5241	72	4313222305	湖南新化经济开发区	446
34	4303042105	湖南湘潭双马工业园区	4958	73	4331272302	湖南永顺经济开发区	390
35	4307032306	湖南常德鼎城经济开发区	4800	74	4307222303	湖南汉寿经济开发区	306
36	4331012301	湖南吉首经济开发区	4755	75	4304082201	湖南衡阳高新技术产业园区	273
37	4312022301	湖南怀化经济开发区	4606	76	4304072110	湖南衡阳松木工业园区	247
38	4303212302	湖南湘潭易俗河经济开发区	4510	77	4302032302	湖南株洲建宁经济开发区	63
39	4307232305	湖南澧县经济开发区	4361	78	4308022301	湖南张家界经济开发区	16

2010年湖南省开发区应交增值税

序号	调查对象代码	调查对象名称	应交增值税（万元）	序号	调查对象代码	调查对象名称	应交增值税（万元）
1	4301211102	长沙经济技术开发区	324906	40	4311292108	湖南江华工业园区	8549
2	4301041201	长沙高新技术产业开发区	274103	41	4312022301	湖南怀化经济开发区	7894
3	4310232112	湖南永兴经济开发区	233266	42	4307242304	湖南临澧经济开发区	7753
4	4302111201	株洲高新技术产业开发区	227911	43	4301112105	长沙雨花工业园区	7521
5	4306021301	湖南岳阳经济技术开发区	212298	44	4310262304	湖南汝城经济开发区	7351
6	4310212109	湖南桂阳工业园区	102547	45	4305212302	湖南邵东经济开发区	6588
7	4303041201	湘潭高新技术产业开发区	80127	46	4305222305	湖南新邵经济开发区	6426
8	4310812303	湖南资兴经济开发区	63802	47	4301212113	湖南长沙暮云工业园区	6057
9	4306812104	湖南汨罗工业园区	58825	48	4301222308	湖南望城经济开发区	5935
10	4304822107	湖南常宁水口山经济开发区	58600	49	4310252110	湖南临武工业园区	5697
11	4301241309	湖南宁乡经济开发区	56123	50	4310022301	湖南郴州经济开发区	5400
12	4309032201	湖南益阳高新技术产业园区	52522	51	4309212304	湖南南县经济开发区	5393
13	4313812302	湖南冷水江经济开发区	44224	52	4302242305	湖南茶陵经济开发区	5258
14	4301811107	湖南浏阳生物医药产业园区	36329	53	4303812104	湖南湘乡工业园区	5116
15	4303022106	湘潭台商投资区	35364	54	4313822303	湖南涟源经济开发区	5110
16	4304262308	湖南祁东经济开发区	32051	55	4302212303	湖南株洲渌口经济开发区	5011
17	4306032103	湖南岳阳云溪工业园区	26926	56	4310031108	湖南郴州出口加工区	4966
18	4307032306	湖南常德鼎城经济开发区	25200	57	4310242306	湖南嘉禾经济开发区	4313
19	4302812104	湖南醴陵陶瓷产业园区	18878	58	4304072110	湖南衡阳松木工业园区	3872
20	4313022301	湖南娄底经济开发区	18260	59	4310222305	湖南宜章经济开发区	3766
21	4311032301	湖南永州凤凰园经济开发区	17000	60	4304242106	湖南衡东工业园区	3700
22	4307021301	常德经济技术开发区（原德山）	16889	61	4304232303	湖南衡山经济开发区	3444
23	4303212302	湖南湘潭易俗河经济开发区	16589	62	4306262106	湖南平江工业园区	3437
24	4309212304	湖南沅江经济开发区	15462	63	4305812303	湖南武冈经济开发区	3071
25	4307262302	湖南石门经济开发区	15260	64	4309022105	湖南益阳长春工业园区	2830
26	4310032102	湖南郴州有色金属产业园区	14134	65	4304082201	湖南衡阳高新技术产业园区	2800
27	4312212104	湖南怀化工业园区	13768	66	4307222303	湖南汉寿经济开发区	2479
28	4305112301	湖南邵阳经济开发区	13280	67	4313222305	湖南新化经济开发区	2229
29	4304212304	湖南衡阳西渡经济开发区	13131	68	4331012303	湖南湘西吉凤经济开发区	2020
30	4311022106	湖南零陵工业园区	12697	69	4313212304	湖南双峰经济开发区	1800
31	4311212105	湖南祁阳工业园区	12530	70	4309232303	湖南桃江经济开发区	1675
32	4301032106	长沙天心工业园区	12050	71	4311272303	湖南蓝山经济开发区	1194
33	4301052303	长沙金霞经济开发区	11889	72	4304812302	湖南耒阳经济开发区	860
34	4305252304	湖南洞口经济开发区	10682	73	4311222302	湖南东安经济开发区	773
35	4307232305	湖南澧县经济开发区	9692	74	4308022301	湖南张家界经济开发区	382
36	4306822109	湖南临湘工业园区	9584	75	4309232303	湖南安化经济开发区	310
37	4311262107	湖南宁远工业园区	9193	76	4331012301	湖南吉首经济开发区	285
38	4306242108	湖南湘阴工业园区	9047	77	4302032302	湖南株洲建宁经济开发区	208
39	4303042105	湖南湘潭双马工业园区	8805	78	4331272302	湖南永顺经济开发区	35

2010年湖南省开发区固定资产净值平余额

序号	调查对象代码	调查对象名称	固定资产净值平余额(万元)	序号	调查对象代码	调查对象名称	固定资产净值平余额(万元)
1	4301211102	长沙经济技术开发区	3367123	40	4331012303	湖南湘西吉凤经济开发区	110847
2	4302111201	株洲高新技术产业开发区	2916511	41	4301241309	湖南宁乡经济开发区	102256
3	4306021301	湖南岳阳经济技术开发区	2860824	42	4313022301	湖南娄底经济开发区	96260
4	4309032201	湖南益阳高新技术产业园区	1574506	43	4302212303	湖南株洲渌口经济开发区	95723
5	4303041201	湘潭高新技术产业开发区	1505188	44	4307262302	湖南石门经济开发区	87619
6	4301222308	湖南望城经济开发区	1015315	45	4311212105	湖南祁阳工业园区	87531
7	4313812302	湖南冷水江经济开发区	932987	46	4307222303	湖南汉寿经济开发区	87045
8	4301052303	长沙金霞经济开发区	882361	47	4311222302	湖南东安经济开发区	81215
9	4307021301	常德经济技术开发区(原德山)	603395	48	4303042105	湖南湘潭双马工业园区	76719
10	4310232112	湖南永兴经济开发区	603286	49	4310222305	湖南宜章经济开发区	76303
11	4305812303	湖南武冈经济开发区	574428	50	4313212304	湖南双峰经济开发区	69952
12	4310032102	湖南郴州有色金属产业园区	536067	51	4306262106	湖南平江工业园区	63263
13	4310812303	湖南资兴经济开发区	513354	52	4313222305	湖南新化经济开发区	61300
14	4301212113	湖南长沙暮云工业园区	402442	53	4305252304	湖南洞口经济开发区	59851
15	4311032301	湖南永州凤凰园经济开发区	364675	54	4304822107	湖南常宁水口山经济开发区	57400
16	4309212304	湖南沅江经济开发区	352381	55	4310242306	湖南嘉禾经济开发区	55690
17	4306032103	湖南岳阳云溪工业园区	349152	56	4302242305	湖南茶陵经济开发区	52109
18	4307232305	湖南澧县经济开发区	335835	57	4303812104	湖南湘乡工业园区	51913
19	4306822109	湖南临湘工业园区	335200	58	4305212302	湖南邵东经济开发区	48715
20	4312212104	湖南怀化工业园区	334080	59	4308022301	湖南张家界经济开发区	46000
21	4303022106	湘潭台商投资区	316571	60	4305222305	湖南新邵经济开发区	39545
22	4309022105	湖南益阳长春工业园区	301512	61	4304242106	湖南衡东工业园区	35200
23	4310022301	湖南郴州经济开发区	289510	62	4311292108	湖南江华工业园区	31319
24	4307032306	湖南常德鼎城经济开发区	286512	63	4311262107	湖南宁远工业园区	31319
25	4303212302	湖南湘潭易俗河经济开发区	238241	64	4304812302	湖南耒阳经济开发区	31000
26	4301041201	长沙高新技术产业开发区	237665	65	4301032106	长沙天心工业园区	28547
27	4312022301	湖南怀化经济开发区	237332	66	4304262308	湖南祁东经济开发区	28200
28	4311272303	湖南蓝山经济开发区	231268	67	4304232303	湖南衡山经济开发区	27888
29	4304212304	湖南衡阳西渡经济开发区	230603	68	4309212304	湖南南县经济开发区	24608
30	4331012301	湖南吉首经济开发区	220000	69	4310212109	湖南桂阳工业园区	23854
31	4301112105	长沙雨花工业园区	215261	70	4313822303	湖南涟源经济开发区	18155
32	4302812104	湖南醴陵陶瓷产业园区	205038	71	4302032302	湖南株洲建宁经济开发区	13672
33	4310252110	湖南临武工业园区	192876	72	4301811107	湖南浏阳生物医药产业园区	12111
34	4305112301	湖南邵阳经济开发区	154522	73	4331272302	湖南永顺经济开发区	11280
35	4307242304	湖南临澧经济开发区	146791	74	4309232303	湖南桃江经济开发区	8525
36	4306242108	湖南湘阴工业园区	132544	75	4309232303	湖南安化经济开发区	6250
37	4304072110	湖南衡阳松木工业园区	125940	76	4310262304	湖南汝城经济开发区	5638
38	4310031108	湖南郴州出口加工区	125912	77	4306812104	湖南汨罗工业园区	1986
39	4304082201	湖南衡阳高新技术产业园区	117800	78	4311022106	湖南零陵工业园区	1280

2010 年湖南省开发区流动资产平均余额

序号	调查对象代码	调查对象名称	流动资产平均余额(万元)	序号	调查对象代码	调查对象名称	流动资产平均余额(万元)
1	4301211102	长沙经济技术开发区	5977913	40	4307242304	湖南临澧经济开发区	68266
2	4302111201	株洲高新技术产业开发区	3509160	41	4307222303	湖南汉寿经济开发区	63168
3	4303041201	湘潭高新技术产业开发区	2040961	42	4313822303	湖南涟源经济开发区	58620
4	4306021301	湖南岳阳经济技术开发区	1026820	43	4304072110	湖南衡阳松木工业园区	58251
5	4301222308	湖南望城经济开发区	987300	44	4302242305	湖南茶陵经济开发区	51060
6	4310232112	湖南永兴经济开发区	654760	45	4331012303	湖南湘西吉凤经济开发区	49457
7	4303022106	湘潭台商投资区	471330	46	4305212302	湖南邵东经济开发区	44320
8	4307021301	常德经济技术开发区(原德山)	456668	47	4311222302	湖南东安经济开发区	42163
9	4310032102	湖南郴州有色金属产业园区	443847	48	4310212109	湖南桂阳工业园区	38215
10	4313812302	湖南冷水江经济开发区	429279	49	4311022106	湖南零陵工业园区	37504
11	4310022301	湖南郴州经济开发区	378860	50	4310242306	湖南嘉禾经济开发区	37210
12	4309032201	湖南益阳高新技术产业园区	377212	51	4301052303	长沙金霞经济开发区	36231
13	4307032306	湖南常德鼎城经济开发区	325148	52	4303812104	湖南湘乡工业园区	34883
14	4301032106	长沙天心工业园区	306189	53	4304242106	湖南衡东工业园区	34300
15	4301241309	湖南宁乡经济开发区	285236	54	4309232303	湖南桃江经济开发区	34250
16	4301112105	长沙雨花工业园区	255247	55	4305812303	湖南武冈经济开发区	31986
17	4301041201	长沙高新技术产业开发区	235784	56	4311262107	湖南宁远工业园区	31862
18	4312212104	湖南怀化工业园区	235222	57	4305252304	湖南洞口经济开发区	27639
19	4306032103	湖南岳阳云溪工业园区	214162	58	4310252110	湖南临武工业园区	26583
20	4313022301	湖南娄底经济开发区	156726	59	4304232303	湖南衡山经济开发区	26111
21	4306242108	湖南湘阴工业园区	152451	60	4302032302	湖南株洲建宁经济开发区	24327
22	4310812303	湖南资兴经济开发区	147685	61	4304812302	湖南耒阳经济开发区	24300
23	4312022301	湖南怀化经济开发区	147610	62	4310222305	湖南宜章经济开发区	22936
24	4303042105	湖南湘潭双马工业园区	132598	63	4311272303	湖南蓝山经济开发区	22619
25	4304822107	湖南常宁水口山经济开发区	124500	64	4305112301	湖南邵阳经济开发区	19957
26	4302812104	湖南醴陵陶瓷产业园区	113574	65	4306262106	湖南平江工业园区	19556
27	4309212304	湖南沅江经济开发区	112405	66	4311292108	湖南江华工业园区	18942
28	4305222305	湖南新邵经济开发区	111837	67	4306822109	湖南临湘工业园区	18090
29	4310031108	湖南郴州出口加工区	110067	68	4313212304	湖南双峰经济开发区	12685
30	4302212303	湖南株洲渌口经济开发区	107090	69	4307262302	湖南石门经济开发区	8009
31	4304082201	湖南衡阳高新技术产业园区	97810	70	4313222305	湖南新化经济开发区	7035
32	4304262308	湖南祁东经济开发区	96524	71	4331012301	湖南吉首经济开发区	6000
33	4304212304	湖南衡阳西渡经济开发区	87263	72	4301811107	湖南浏阳生物医药产业园区	5352
34	4307232305	湖南澧县经济开发区	85563	73	4306812104	湖南汨罗工业园区	5172
35	4303212302	湖南湘潭易俗河经济开发区	75954	74	4310262304	湖南汝城经济开发区	5079
36	4301212113	湖南长沙暮云工业园区	74854	75	4331272302	湖南永顺经济开发区	4780
37	4311032301	湖南永州凤凰园经济开发区	74184	76	4308022301	湖南张家界经济开发区	4500
38	4309022105	湖南益阳长春工业园区	72500	77	4309232303	湖南安化经济开发区	2600
39	4311212105	湖南祁阳工业园区	68602	78	4309212304	湖南南县经济开发区	2031

2010年湖南开发区规模扩大、实力增强

2010年，湖南开发区克服后金融危机的影响，进一步拓宽发展思路，转变发展方式，发挥区位优势、改善投资环境、调整产业结构、扩大对外开放，在全省经济发展中发挥着重要的示范、辐射和带动作用。

一、开发区发展整体向好

（一）开发区分布广

到2010年底，湖南拥有省级及以上开发区78个，分布在全省14个市州，77个县（市、区）。其中国家级开发区9个，比2009年增加3个，主要分布在长沙、株洲、湘潭、岳阳、常德和郴州6市；高新技术开发区5个，分布在长沙、株洲、湘潭、衡阳和益阳5市。

表1：2010年湖南省开发区类型一览表　　单位：个

市州	国家级开发区	省级开发区	工业开发区	高新技术产业开发区	综合开发区	合计
湖南省	9	69	28	5	45	78
长沙市	4	5	5	1	3	9
株洲市	1	4	1	1	3	5
湘潭市	1	4	3	1	1	5
衡阳市	—	8	3	1	4	8
邵阳市	—	5	—	—	5	5
岳阳市	1	5	5	—	1	6
常德市	1	5	—	—	6	6
张家界市	—	1	—	—	1	1
益阳市	—	6	1	1	4	6
郴州市	1	9	5	—	5	10
永州市	—	7	4	—	3	7
怀化市	—	2	1	—	1	2
娄底市	—	5	—	—	5	5
湘西自治州	—	3	—	—	3	3

（二）开发区规模扩大

到2010年底，全省开发区已开发面积达624.7平方公里，比2009年增加106.9平方公里，增长20.6%。78家开发区拥有企业13256个，比2009年增加2271个，增长20.7%；拥有从业人员148.33万人，比2009年增加24.12万人，增长19.4%。

表2：2010年湖南省开发区发展情况

指标	单位	2009年	2010年	同比增长（%）
规划面积	平方公里	1518.6	1783.5	17.4
已开发面积	平方公里	517.8	624.7	20.6
企业个数	个	10985	13256	20.7
年末从业个数	万人	124.21	148.33	19.4

（三）开发区招商引资能力增强

开发区充分利用各项合作交流活动扩大招商引资规模，提高核心企业凝聚力，推进配套产业的发展，开发区招商引资和项目建设成效显著。全年全省新批外商直接投资项目213个，比2009年增加69个，实际到位外资金额15.74亿美元，增长31.1%，占全省利用外资的30.4%，其中长沙经济技术开发区、长沙高新技术产业开发区、株洲高新技术产业开发区外商投资金额均超过1亿美元；实施省外境内合作项目1232个，比2009年增加352个，实际到位省外境内资金568.54亿元，增长37.2%，占全省利用内资的32.8%。

表3：2010年湖南省开发区招商引资情况

指标	单位	2010年完成额	同比增长或比重比率提高（%）
新批外商直接投资项目个数	个	213	47.9
实际到位外商直接投资金额	亿美元	15.7	31.1
占全省利用外资比重	%	30.4	4.3
实施省外境内合作项目个数	个	1232	40.0
实际到位省外境内资金	亿元	568.5	37.2
占全省利用内资比重	%	32.8	4.1

（四）工业引领开发区发展

开发区拥有工业企业7530个，比上年同期增加1249个；实现工业总产值8230.20亿元，同比增长44.8%；规模以上工业增加值2221.94亿元，增长30.0%，占全省规模工业增加值的37.7%。

表4：2010年湖南省开发区工业经济发展情况

	工业企业数（个）		工业总产值（亿元）		规模以上工业增加值（亿元）	
	本期	同比增加（个）	本期	同比增长（%）	本期	同比增长（%）
湖南省开发区	7530	1249	8230.2	44.8	2221.94	30.0

（五）开发区高新技术产业发展迅速

开发区拥有高新技术产品企业1303个，比上年同期增加257个，占园区企业总数近1成；实现高新技术产品产值4475.0亿元，同比增长42.6%；高新技术产品增加值1387.96亿元，同比增长45.9%，占园区规模工业增加值的62.5%；其中5家高新技术产业园区完成高新技术产品增加值653.86亿元，增长38.1%，占全省园区高新技术产品增加值比重的47.1%。

表5：2010年湖南省开发区高新技术产业主要指标

指标	单位	湖南省开发区		高新技术产业开发区	
		绝对值	增速（%）	绝对值	增速（%）
高新技术产品企业个数	个	1303	24.6	653	20.3
高新技术产品企业年末从业人员	人	435360	24.6	173669	20.1
当年科技活动经费支出总额	亿元	200.1	54.0	61.5	37.7
高新技术产品产值	亿元	4475.0	42.6	2022.7	38.3
高新技术产品增加值	亿元	1388.0	45.9	653.9	38.1

（六）开发区出口创汇增加

开发区大力发展对外贸易，出口创汇能力不断提升，共拥有出口型企业434个，比去年增加91个，增长26.5%；实现出口交货值494.52亿元，增长32.7%。开发区中，共有41家开发区出口交货值超过1亿元，其中10家开发区的出口交货值超过10亿元，其出口交货值占开发区总出口交货值的74.6%。

（七）开发区经济效益回升

开发区经济运行质量较好，经济效益回升较快。开发区实现利润总额613.29亿元，增长53.7%；主营业务税金及附加97.35亿元，增长46.4%；上交税金总额327.60亿元，增长17.8%，上交税金过亿元的开发区由2009年的35家增加到现在的53家。

（八）国家级开发区主体作用突出

国家级经济开发区凭借其规范的运作模式，广阔的发展空间，成为推动湖南开发区经济快速增长的主要力量。2010年，全省9家国家级开发区实现技工贸总收入4616.13亿元，增长44.1%，占全省开发区的48.1%；实际利用外资8.09亿美元，增长16.0%，占全省开发区的51.5%；实际利用内资132.94亿元，增长20.4%，占全省开发区的23.4%，主要经济指标占全省开发区的比重均超过20%。

表6：2010年湖南省国家级开发区主要经济指标及占比情况

指标	单位	国家级开发区		占全省开发区比重（%）
		绝对值	增速（%）	
技工贸总收入	亿元	4616.13	44.1	48.1
实际利用外资	亿美元	8.09	16.0	51.5
实际利用内资	亿元	132.94	20.4	23.4
工业增加值	亿元	1294.09	38.5	48.0
出口交货值	亿元	151.76	55.9	30.7
上交税金总额	亿元	181.05	6.6	55.3

二、发展中存在的主要问题

(一)土地资源和建设资金紧张

近年来,湖南省开发区加大招商引资力度,一批发展空间较好的园区,不断引进新的投资项目,入园企业不断增加,经济快速发展的同时,面临着未来可开发土地资源不足、土地开发成本较高、融资困难和建设资金紧张等问题。一方面,由于规划面积较小和选址不当等建设初期遗留问题,导致部分开发区没有连片征收土地,使得后期开发时出现征地难、征收成本过高的局面。全省78家开发区中,规划面积不足10平方公里的超过1/3,这些开发区剩余的可开发面积已出现紧张趋势;另一方面,受国家政策的调控、评估费用过高和贷款手续复杂等因素的制约,开发区中小企业普遍存在融资困难,导致企业扩大生产受阻、项目建设缓慢、错失发展机遇。

(二)区域间发展不平衡

湖南开发区呈现出不均衡的分布状况,不同市州之间的差异较大,从湖南各市州拥有开发区的数量来看,最多的市州达到10个,最少的市州只有1个;另外,在占全省面积不到15%的长株潭地区内集中了超过全省数量60%的国家级开发区;一点一线地区,拥有开发区42家,占全省开发区总数的53.8%;而湘西地区的26个县(市、区)仅有9家开发区,占全省开发区总数的11.5%。

(三)开发区规模有待扩大

目前全省78家开发区,部分园区存在企业数量偏少,引进资金不多,发展相对缓慢等问题。全省78家开发区中,企业个数超过100个的仅有29家,有21家开发区的企业个数不足50个,其中1家开发区的企业个数不足10个;历年累计固定资产投资总额不足10亿元的开发区有7家;全省超过1/3开发区的工业企业不足50家;工业总产值不足10亿元的开发区有6家。

(四)招商引资力度需进一步加强

全省开发区招商引资情况总体来看增速较快,但部分开发区,招商引资能力需进一步加强。全省没有外商投资的开发区达37家,其余41家中,实际到位外商直接投资额过5000万美元的开发区仅12家;全省78家开发区中,实施省外境内合作项目不足10个的近半数,实际到位省外境内资金不足亿元的有5家。

(五)产业结构雷同且技术含量低

近年来,湖南开发区产业集聚效应日益突显,但在发展过程中也存在着主导产业不突出,区域产业布局趋同等问题。从全省开发区的产业分布看,主要产业多集中于电子、机械、纺织、汽车零部件和食品加工业等,这些行业多属于资金密集型和劳动密集型行业,处于产业链低端,生产方式粗放,容易造成资源的浪费和环境的污染;一些区内企业存在自主创新能力低、拥有知识产权和知名品牌少、高新技术产品比重偏低等现象,全省78家开发区中,45家开发区科技活动经费支出总额不足5000万元,其中2家没有科技活动经费支出;全年创造高新技术产品产值不足1亿元的开发区有11家,其中6家产值为0,这些都在一定程度上影响到全省开发区的可持续性健康发展。

三、推进湖南开发区快速发展的对策建议

在全球经济一体化、国内外市场竞争日益激烈的大环境下,湖南开发区要在以下几个方面寻求突破口,以实现一种全面、协调、可持续的科学发展。

(一)切实提高开发区的经济话语权,增强开发区的经济促进作用

做大做强开发区是提高开发区战略地位的根本途径,针对湖南开发区规模较小、招商引资力度有待提高和发展潜力需进一步发掘等问题,各地政府及相关部门应在政策和资金上给予开发区真正的行政和经济管理权限,各开发区也应加大自身软硬环境的建设投入,一方面要加强基础设施项目建设,加大水、电、气、道路、网络、通讯等基础设施建设,不断优化开发区环境,满足广泛招商引资的需求;另一方面要加快人才、资金和信息的流动,充分发挥开发区的辐射和带动作用,从而不断增强开发区的经济实力和发展后劲,努力把开发区建设成当地经济最重要的增长极。

(二)努力做到全省一盘棋,充分整合各种社会和自然资源

要根据各地开发区的资源特点和产业基础,充分发挥主导产业的比较优势,进一步优化产业结构,大力发展高新技术产业、先进制造业等技术含量高、经济效益好、环境污染小的项目,积极培育综合实力强、带动能力大、配套产业多的龙头企业,整合资源,引进技术,不断提升产业层次,做大做强开发区。鼓励符合国家产业政策、技术先进、能形成规模效益的投资项目向开发区集中,确保开发区的总体发展规划必须符合当地的发展规划,实现开发区建设与经济和社会的协调发展,在土地、资源等分配中,应优先满足开发区特别是发展势头好的开发区的需要,促进开发区发展。

(三)大力推进开发区的可持续发展能力,实现开发区的长期、稳定、健康发展

开发区应坚持科学发展和保护生态环境的原则,加强对区内各种资源的合理开发和利用,从而促进人与自然环境的和谐发展,积极推进绿色核算体系,进一步完善电力、供排水、供热、通讯、道路、排污等相关配套基础设施的建设,同时对排污总量控制、污染防治和生态保护等方面要制定出合理的建设发展规划,大力发展循环经济,鼓励按循环经济模式规划、建设、改造开发区。

(四)提高开发区各方面创新能力,加强产业集聚效应,促进产业配套能力

开发区要在学习国内外先进理念、管理模式和经验的基础上,从园区定位、战略目标、规划建设、绩效评估等方面着手,进一步加大改革力度,进一步提高开发区自身创新能力,鼓励各开发区建立属于自己的科研中心,增强原始创新能力,对技术水平低、能源消耗多和环境污染大的项目,要加快改造步伐,通过提升企业产品的技术含量和整体效益,扩大企业规模,培育一批经济效益高、发展前景好的优势产业。

撰稿:湖南省统计局　吕燕

湖南张家界天门山风景通天大道

湖南省国民经济和社会发展第十二个五年规划纲要

“十二五”时期(2011-2015 年)是我省深入贯彻落实科学发展观,全面建设小康社会的关键时期,是加快转变经济发展方式,全面推进"两型社会"建设的攻坚时期。本规划根据《中共湖南省委关于制定湖南省国民经济和社会发展第十二个五年规划的建议》要求编制,是政府履行经济调节、市场监管、社会管理和公共服务职能的重要依据,是引领我省未来五年发展的宏伟蓝图,是全省人民共同奋斗的行动纲领。

第一章 全面推进“四化两型”建设,争做科学发展排头兵

奋力开启湖南现代化建设新的历史进程,必须立足我省经济社会发展的现实基础和阶段性特征,必须适应世情、国情、省情发生的深刻变化,坚定不移加快发展步伐,坚定不移加快发展方式转变。

第一节 现实基础和发展环境

“十一五”时期是我省发展历程中极不平凡的五年,是应对重大挑战、经受重大考验、取得重大成就的五年,是在科学发展的道路上大胆探索、锐意创新并迈出坚实步伐的五年。面对复杂多变的国内外环境,全省上下坚决贯彻执行党中央、国务院的一系列决策部署,大力实施“一化三基”战略,成功战胜低温雨雪冰冻等严重自然灾害,有效应对国际金融危机的巨大冲击,胜利完成“十一五”规划确定的主要目标和任务,谱写了科学跨越、富民强省的新篇章。

1.“十一五”奠定的坚实基础

综合实力大幅跃升。全省地区生产总值 2008 年跃上万亿元新台阶,跻身全国十强,2010 年达 15902 亿元(预计数,下同),五年平均增长 14%,是历史上发展最好最快的一个时期。人均地区生产总值超过 3500 美元,实现财政总收入 1863 亿元,社会消费品零售总额 5775 亿元。全省地区生产总值、财政总收入、工业增加值、固定资产投资、消费品零售额等主要指标,在“十五”的基础上实现了总量和均量翻番。高新技术产业占地区生产总值比重超过 12%,全省已步入工业化中期加速发展的新阶段,经济运行走上了又好又快的发展轨道。

图 1:湖南省地区生产总值增长图

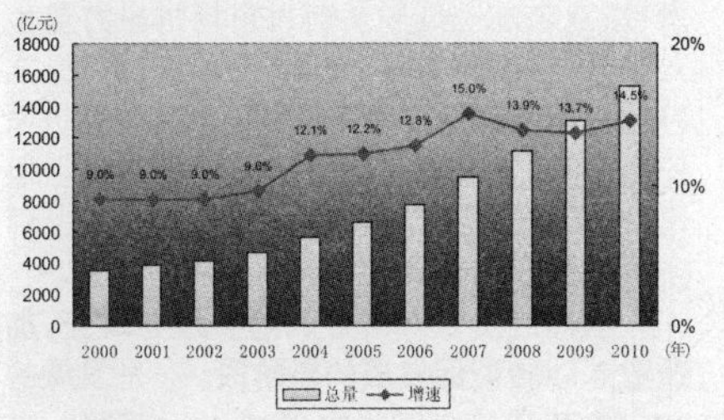

结构调整扎实推进。始终坚持把新型工业化作为第一推动力,促进产业优化升级,三次产业结构调整为 14.7:46:39.3,第二产业占比提高 6.4 个百分点。新型工业化带动作用明显增强,做大并形成了机械、食品、石化、有色、建材、冶金、轻工、文化、旅游等 9 大千亿产业,全省工业化率达 39.5%,工业对经济增长的贡献率达 56%左右。农业基础地位更加巩固,大宗农产品供给稳定,粮食连续 7 年增产,稳定在 600 亿斤左右,龙头企业转化加工、转移就业、转变经营方式的带动功能增强,2010 年农产品加工业实现销售收入 3200 亿元,规模以上企业超过 3000 家。服务业快速发展,现代服务业与先进制造业加速融合,现代物流、金融、信息等生产性服务业快速发展,金融支撑能力增强,金融机构本外币存贷款余额均突破万亿元,新增境内外上市公司 28 家,总数达 73 家。新型城镇化步伐加快,统筹推进新型城镇化和新农村建设,城镇化率达 44.4%,新农村“千村示范”工程稳步推进。所有制结构调整取得新进展,非公有制经济占比达 56.2%。

图 2:湖南省三次产业结构变动趋势图

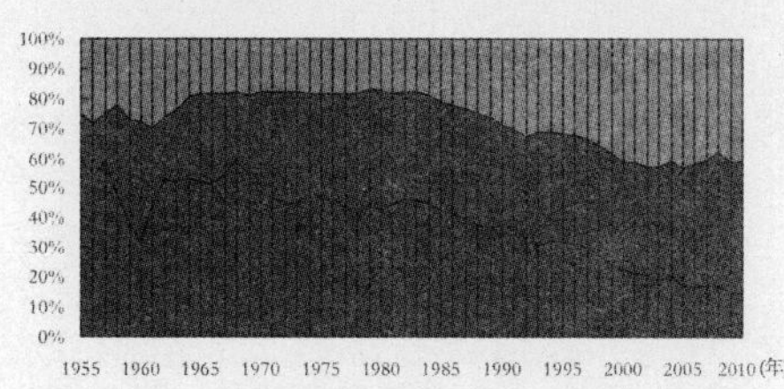

基础设施日益完善。累计完成全社会固定资产投资 3 万亿元。实施大项目带动战略,相继开工和建成一批支撑经济社会发展全局的重大骨干工程,发展后劲明显增强,城乡面貌大为改善。交通运输体系进一步完善。建成和在建高速公路 6450 公里,延伸和改造农村公路 14.8 万公里。武广高铁开通运营,洛湛铁路建成通车,长株潭城际铁路等重大项目启动实施,铁路营运总里程达 3693 公里。黄花国际机场实施改扩建,旅客年吞吐量达 1262 万人次。内河港口千吨级以上泊位达 90 个。能源保障能力不断增强,电力装机容量达 2912 万千瓦,株洲航电枢纽、石门二期、华能岳阳二期、金竹山二期等建成运行,以桃花江核电为标志的新能源建设取得重要进展,特高压输变电建设与农村电网改造扎实推进。水利防灾减灾能力和水资源保障能力稳步提高,634 座病险水库除险加固全面完成,20 处大型灌区续建配套节水改造取得新的成效,建设标准良田 720 万亩,皂市、洮水水库等重大枢纽工程积极推进。气象预报预警设施建设不断加强。长株潭三市通信并网升位,全省互联网宽带用户数达 368 万户,电话用户总数突破 4000 万,数字电视网发展迅速,90%以上农村地区实现了通邮、通电话、通广播电视。

节能减排成效显著。全省“两型社会”建设全面铺开。资源节约方面,单位地区生产总值能耗累计下降 20.4%,全省耕地保有量 5655 万亩,国家和省级循环经济示范点达 30 个。环境友好方面,洞庭湖区关停 234 家造纸企业,湘江流域水污染综合整治项目完成 1148 个,全省主要污染物减排任务全面完成。实施城镇污水处理设施建设三年行动计划,实现县级以上全覆盖,建成 134 座污水处理厂,日污水处理能力达 526.5 万吨。实施石漠化治理、防护林建设、重要水源地保护等生态修复工程,全省森林覆盖率达 57%。

区域发展更趋协调。环长株潭城市群,以“两型社会”建设为契机,发挥高端制造和服务经济的引领功能,核心增长极和辐射带动作用显著增强,地区生产总值占全省 78%以上。湘西地区,以西部大开发为契机,相继实施退耕还林工程和两轮产业开发,自我发展能力明显增强,连续 5 年保持两位数增长,进入历史最好时期。湘南地区,以承接产业转移为契机,积极融入珠三角、北部湾经济区,开放开发的步伐明显加快,出口导向型的加工基地和保税园区发展成效明显。全省区域协调发展、联动发展的总体态势初步形成。

图 3:环长株潭城市群地区生产总值与全省对比图

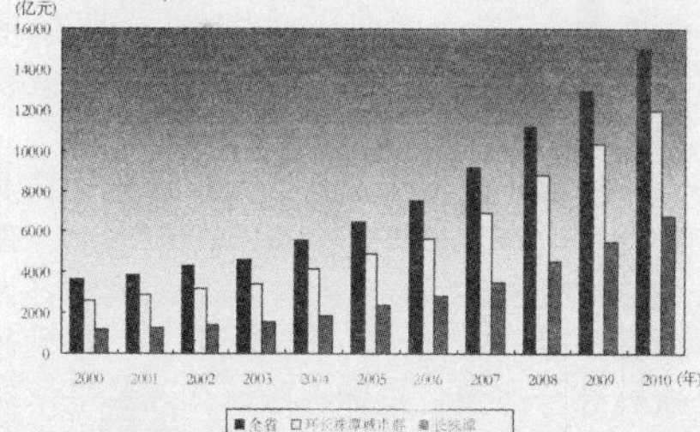

人民生活大为改善。努力促进充分就业,5 年累计新增城镇就业 335 万人、转移农村劳动力 400 万人,率先在中部地区实现县以上城镇零就业家庭动态清零。努力增加居民收入,2010 年城乡居民收入分别达 16566 元、5622 元,汽车、旅游、健身等消费比重大幅提高,消费结构加快升级,人民生活质量不断提高。努力完善社会保障体系,城镇基本养老参保人数 937.7 万人,新型农村合作医疗参合率达 95.3%,覆盖城乡的社会保障体系加速建立和完善。努力增强住房保障能力,累计新建各类保障性住房 36.2 万户。认真落实中央一系列扶贫惠民政策,加大转移支付力度,解决了 1005 万农村人口安全饮水、240 万大中型水库移民后期扶持、10.2 万户农村危房改造、7.7 万洞庭湖渔民定居就业等问题,老少边穷地区、弱势群体生存

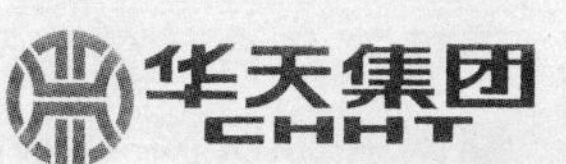

发展条件明显改善。圆满完成四川理县地震灾区援建任务。

图 4:湖南省城乡居民收入增长图

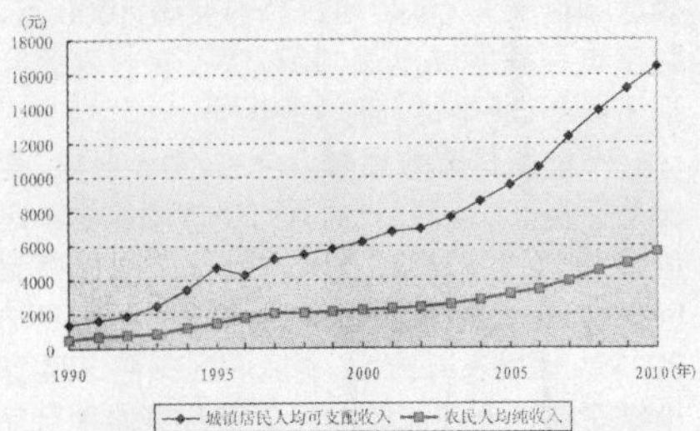

社会事业全面进步。科技创新能力不断增强,取得专利授权 3.9 万件,涌现出“天河一号”超级计算系统等重大成果,科技进步对经济增长的贡献率达 51%。公共文化设施不断完善,县级文化馆、图书馆建设任务全面完成,1024 个乡镇综合文化站投入使用,文艺精品力作不断涌现,社会文明素质不断提高。教育质量稳步提升,城乡免费 9 年义务教育全面实施,学龄儿童入学率达 99.9%,高中阶段毛入学率达 85%,高等教育毛入学率达 25%,全省人均受教育年限达 8.5 年,新增劳动力平均受教育年限达 12.5 年。公共卫生和基本医疗服务体系逐步健全,全省每万人拥有床位数达 30.7 张,拥有医生 14.6 人,新建改造 2390 所乡镇卫生院,国家基本药物制度初步建立。全民体育健身蓬勃发展,农民健身工程、市民健身广场等基层体育运动设施日益丰富,全民健康素质明显提高。民主法制建设不断加强,民族、宗教、共青团、妇女、儿童、老龄、残联、红十字会等工作取得新的进步,公检法司、信访维稳、救灾应急、安全生产等防控处置能力大幅提升,社会大局和谐安定。

改革开放不断深化。积极推进长株潭“两型”试验区改革建设,编制“两型社会”建设总体规划,启动 10 大专项改革,实施 8 大建设工程,研究制订“两型”标准。积极推进农村综合改革,集体林权制度改革基本完成,土地承包经营权有序流转。积极推进财税体制改革,转移支付制度和公共财政制度逐步完善,财政省直管县、企业所得税改革、增值税转型、成品油价格和税费改革顺利实施。积极推进以产权多元化为导向的国企改革,加快推进以要素市场为重点的现代市场体系建设,进一步改善非公经济发展环境,发展活力明显增强。积极推进社会领域关键环节改革,医药卫生、科技、教育、文化等领域改革取得新的进展。积极推进行政管理体制改革,政府职能转变和机构改革扎实推进,法治政府建设取得重大成效,依法行政水平和行政效能不断提高,在全国率先颁布实施《湖南省行政程序规定》。对外开放全方位拓展,加大与世界 500 强和央企的对接,一大批战略投资者相继落户湖南。优势企业积极开展跨国投资,加快“走出去”步伐。

表 1:湖南省“十一五”规划主要目标完成情况

指标名称	2005 年	规划目标		实现情况	
		2010 年	年均增长(%)	2010 年	年均增长(%)
地区生产总值(亿元)	6596	10000	10 以上	15902	14
财政总收入(亿元)	747.3	1300	12	1863	20
五年新增城镇就业(万人)	[260]	[300]	[15]	[335]	[27]
五年转移农业劳动力(万人)	[364]	[400]	[10]	[400]	[10]
城镇登记失业率(%)	4.3	4.5		4.2	
社会消费品零售总额(亿元)	2459.1	4160	12	5775	18.6
五年累计全社会固定资产投资(亿元)	[8669]	[16500]	13	[30000]	30
进出口总额(亿美元)	60.1	100 以上	12	146.9	19.6
城镇化率(%)	37	45 左右	[8]	44.4	[7.4]
研发经费占地区生产总值比重(%)	0.7	力争 2	[1.3]	1.3	[0.6]
万元地区生产总值能耗(吨标煤)	1.47	1.18	[−20]	1.17	[−20.4]
农业灌溉用水有效利用系数	0.44	0.48	[0.04]	0.46	[0.02]
工业固体废物综合利用率(%)	70	80	[10]	80	[10]
耕地保有量(万亩)	5724	5658		5655	
森林覆盖率(%)	55	57 左右	[2]	57	>[2]
初中三年保留率(%)	97	95 以上		96.6	
高中教育毛入学率(%)	48.2	75	[26.8]	85	[36.8]
高等教育毛入学率(%)	17.8	25 左右	[7.2]	25	[7.2]
城镇基本养老保险覆盖人数(万人)	718.7	828	3	937.7	5.4
新型农村合作医疗保险参合率(%)	22	80	[56]	95.3	[73.3]
主要污染物排放总量减少(%)	—		[10]		[10]
全省总人口(万人)	6732	7000 以内	<7.5‰	6940	6.1‰
城镇居民人均可支配收入(元)	9524	13300	7	16566	8.4
农村居民人均纯收入(元)	3118	4170	6	5622	8.8
注:地区生产总值和城乡居民收入绝对数按当年价格计算,速度按可比价格计算;[ ]表示五年累计数。					

回顾“十一五”发展历程,我省取得了显著成就,并积累了宝贵经验:一是坚持以科学发展观为统领,努力探索符合湖南实际的发展路子。把科学发展的要求与湖南实际结合起来,大力实施“一化三基”战略,促进经济社会在新阶段的新发展。二是坚持以经济建设为中心,牢牢把握发展第一要务不动摇。积极应对复杂局势和严峻挑战,化被动为主动,抢抓机遇,创造条件,不失时机地推动跨越式发展。三是坚持固本强基,统筹推进经济社会全面发展。注重统筹当前和长远,突出基础设施、基础产业和基础工作,增强发展后劲和长远竞争力;注重统筹保增长与调结构,推动发展方式转变,促进科学发展上水平;注重统筹经济发展与社会建设,增强发展的全面性、协调性和可持续性。四是坚持改善民生,切实保障人民群众共享改革发展成果。围绕人民群众最关心、最直接、最现实的利益问题,注重为民办实事,切实把人民群众根本利益实现好、维护好、发展好。五是坚持依法治省,不断优化发展环境。全面推进依法行政,着力建设服务型政府、法治政府,促进公正司法,规范经济秩序,维护社会公平正义。

2.“十二五”面临的发展形势

“十二五”时期,我省仍将处于大有作为的重要战略机遇期,经济社会发展呈现新的阶段性特征,既面临难得的历史机遇,也面临诸多可以预见和难以预见的风险和挑战。

世界经济形势复杂多变,不稳定、不确定因素仍然较多。一是国际金融危机深层次影响仍在持续,经济复苏的动力不强,基础不牢固,进程不平衡。发达经济体总需求不足,失业率居高不下,主权债务危机隐患尚未消除,金融体系大量不良资产有待剥离消化。新兴市场国家资产价格泡沫和通胀风险加大。各国宏观经济政策出现分化,贸易保护主义升温,市场竞争更加激烈,世界经济可能进入一个增速减缓时期。二是世界经济格局出现新变化。世界经济结构进入调整期,发达国家被迫改变负债消费模式,新兴经济体开始更多转向通过扩大内需拉动经济增长,资源输出国谋求延伸资源产业链,实现产业多元化,原有发展格局难以持续。世界经济治理机制进入变革期,发展中国家在国际金融、货币体系中的话语权和参与权不断增强,但发达国家仍处于国际规则制定的主导地位,推动形成平等参与的国际新秩序博弈更趋复杂。创新和产业转型处于孕育期,科学技术储备孕育着新的产业变革,人类面临的巨大资源环境压力正在转化为科技创新的强大动力,新能源、新材料、信息网络、生物医药、节能环保、绿色经济等新技术、新业态加速成长。新兴市场国家力量步入上升期,围绕市场、资源、人才、技术、标准等的竞争更加激烈。气候变化以及能源资源安全、粮食安全等全球性问题更加突出。但是,和平、发展、合作依然是时代主流,世界多极化和经济全球化的总格局不可逆转。

国内经济长期向好的趋势没有改变,加速进入以转型促发展的新阶段。一是发展的动力依然强劲。工业化、信息化、城镇化、市场化、国际化深入发展，人均国民收入稳步增加，市场需求潜力巨大，资金供给充裕，科技和教育水平整体提升，体制活力显著增强，社会大局稳定，为经济平稳较快发展提供了有力保障。二是转变发展方式刻不容缓。经过30年的快速增长之后，我国依靠“大进大出”拉动经济增长的时代已基本结束，依靠资源消耗的粗放增长难以为继，依靠廉价劳动力推动产业低水平扩张不可持续。经济体制深度变革，社会结构深刻变动，利益格局深刻调整，思想观念深刻变化，是相当长时期内我国经济社会发展的一个基本特征。三是推动经济结构的战略性调整成为宏观调控的基本取向。更加注重构建扩大内需特别是扩大消费需求的长效机制，更加注重增强自主创新能力和培育战略性新兴产业，更加注重城乡统筹和主体功能区建设，更加注重发展绿色经济和强化节能减排，更加注重加强公共服务和创新社会管理，更加注重完善社会主义市场经济体制，推动国民经济又好又快发展。

我省加快发展具备诸多有利条件，也面临严峻挑战。一方面，全省经济社会发展进入了一个新的起点，正孕育着系列积极变化：长期打基础积攒了较为雄厚的物质技术力量，发展的稳定性明显增强。产业结构趋向高级化，新型工业和第三产业逐步上升为主导产业。民生需求从生存型步入发展型阶段，消费结构快速升级迈向更高形态，代表资产财富的商品如住房、汽车等需求快速增长，代表生活品质的文化、旅游消费将更加旺盛。经济和人口加速向城镇聚集，城市承载力、吸引力和辐射力全面提升。企业“走出去”步伐明显加快，经济深度参与全球化趋势明显。同时，“两型社会”的试点示范、中部崛起的国家战略、战略性新兴产业的蓬勃兴起，为创新发展增添新的活力。经济发展的内在潜力和优势，在“十二五”时期将加快释放，可以继续赢得一个相对高速发展期。另一方面，经济社会发展中的不平衡、不协调、不可持续的问题依然突出，面临加快发展与加快转型的双重任务和双重压力。主要是：长期以来形成的投资拉动型、资源消耗型、传统工业主导型格局未有大的改变，经济外向度不高、科技创新力不强、农业产业化不快的问题没有大的突破，煤、电、油、气、运及土地、资金等要素供给长期紧缺的局面难有大的改观，随着经济的增长，资源要素硬约束的矛盾将更加突出。社会事业相对滞后、社会建设欠账较多，公共产品供给难以满足人民群众快速增长的物质和精神文化需要。生态环境质量总体有所好转，但综合治理任务十分艰巨。

综合判断，“十二五”时期国内外环境总体上有利于我省加快发展，只要准确判断形势、正确把握大势，完全有条件推动经济社会发展和综合实力再上新台阶。为此，必须进一步增强机遇意识和忧患意识，增强科学跨越的自觉性和坚定性，在更高层次明确湖南发展新定位、创造竞争新优势，集中力量、一心一意办好自己的事情，更加奋发有为地走出一条富有湖南特色的科学发展之路。

第二节 指导思想和基本要求

3. 指导思想

“十二五”时期，我省经济社会发展的指导思想是：**高举中国特色社会主义伟大旗帜，以邓小平理论和“三个代表”重要思想为指导，深入贯彻落实科学发展观，以科学发展、富民强省为主题，以加快转变经济发展方式为主线，全面推进“四化两型”建设，坚持以建设“两型社会”作为加快经济发展方式转变的目标和着力点，以新型工业化、农业现代化、新型城镇化、信息化为基本途径，着力调整经济结构，加快自主创新，推进节能环保，保障改善民生，深化改革开放，促进经济社会又好又快发展和社会和谐稳定，争做科学发展排头兵，为率先建成“两型社会”和全面建成小康社会打下具有决定性意义的基础。**

4. 基本要求

推进我省“十二五”时期的发展，必须紧紧抓住和用好重要战略机遇期。湖南作为欠发达的内陆省份，发展仍是解决所有问题的关键，坚持发展是硬道理的本质要求就是坚持科学发展，最紧迫的任务就是坚定不移加快发展步伐，坚定不移加快发展方式转变。牢牢把握“两个坚定不移”，事关我省改革开放和现代化建设全局。加快发展步伐就是紧紧扭住发展第一要务不放松、不动摇，始终坚持聚精会神搞建设，一心一意谋发展。加快发展方式转变就是要更加注重以人为本，更加注重全面协调可持续发展，更加注重统筹兼顾，更加注重保障和改善民生，更加注重扎实推进“四化两型”建设。必须坚持把加快发展与加快转变有机结合起来，贯穿到经济社会发展全过程和各领域，在发展中促转变，在转变中谋发展，切实把经济社会发展转换到内需主导、绿色引领、创新驱动和民生优先的轨道上，实现又好又快、更好更快发展。具体要体现以下要求：

坚持优化发展。切实把经济结构战略性调整作为加快转变经济发展方式的主攻方向，着力优化需求结构、产业结构、城乡结构、区域结构和收入分配结构，不断优化生产力布局，稳步提升结构素质，增强发展的协调性、均衡性和包容性。

坚持创新发展。切实把科技进步和创新作为加快转变经济发展方式的重要支撑，充分发挥科技第一生产力和人才第一资源作用，积极发展现代教育，壮大创新人才队伍，推动经济发展由粗放增长向创新驱动转变，以自主创新谋求后发赶超。

坚持人本发展。切实把保障和改善民生作为加快转变经济发展方式的根本出发点和落脚点，防止片面追求经济增长，加快发展社会事业，创新社会管理，完善保障和改善民生的制度安排，推进基本公共服务均等化，努力增加城乡居民实际收入，不断提高人民生活质量，使发展成果惠及全民。

坚持绿色发展。切实把“两型社会”建设作为加快转变经济发展方式的重要着力点，立足提高可持续发展能力，将“两型”要求落实到经济社会各领域，强化节能减排和生态建设，加快形成有利于“两型社会”建设的产业体系、生产方式、消费模式、技术手段和体制机制，促进经济社会发展与人口资源环境相协调。

坚持改革开放。切实把改革开放作为加快转变经济发展方式的强大动力，坚定推进经济、政治、文化、社会等领域改革，加快构建有利于科学发展的体制机制。把扩大开放放在更加突出的位置，发展内陆开放型经济，提高国际化水平。

第三节 主要目标和政策导向

5. 主要目标

综合考虑发展的现实基础和总体趋势，与加快转变经济发展方式相适应，与全面建设小康社会任务相衔接，力争到2015年，现代产业体系、科技创新体系、可持续发展体系、民生保障体系和制度支撑体系基本形成，经济发展方式转变取得实质性进展，综合实力、竞争力和抗风险能力显著提高，人民物质文化生活明显改善，全面建成小康社会的基础更加牢固。

经济发展。全省地区生产总值年均增长10%以上，2015年总量达2.5万亿元左右（按可比价计算），人均地区生产总值力争接近全国平均水平。固定资产投资年均增长20%以上，居民消费率38%，进出口贸易总额500亿美元。财政总收入3000亿元以上。

结构调整。2015年全省三次产业结构调整为9.5∶48.5∶42。工业化率达44%，规模工业增加值达10000亿元，战略性新兴产业占全省地区生产总值的比重达20%。服务业就业比重提高到40%以上。城镇化率超过50%，长株潭首位度和辐射带动能力进一步增强。

“两型”建设。耕地保有量5655万亩，森林蓄积量4.74亿立方米，非化石能源占一次能源消费比重达11.4%，单位地区生产总值能耗和二氧化碳排放量分别降低16%和17%，万元工业增加值用水量降低30%。二氧化硫、化学需氧量排放累计分别减少8%，氮氧化物、氨氮排放累计分别减少10%。

人民生活。全省总人口控制在7180万人以内，人口自然增长率控制在7‰以内。城镇登记失业率控制在5%以内。城镇居民人均可支配收入和农民人均纯收入年均增长10%，中等收入群体持续扩大，贫困人口显著减少。社会保障体系逐步健全，城镇参加基本养老保险人数达1087万人，城乡三项医疗保险参保率超过95%。

科技教育。全社会研发经费投入占地区

生产总值比重力争 2%，每万人口发明专利拥有量 1.6 件，科技创新综合能力进入全国先进行列。九年义务教育质量显著提高，高中阶段毛入学率提高到 90%。新增劳动力平均受教育年限 13.5 年。

基础设施。2015 年全省高速公路通车里程 7273 公里、铁路营运里程 5500 公里。电力装机容量 4100 万千瓦左右。流域防洪保安、农田灌溉等体系基本形成，水资源综合利用能力进一步提升，灌溉用水有效利用系数提高到 0.49 以上。重大气象灾害监测预警系统基本建成。

依法治省。法治湖南建设取得明显成效，社会管理体制更加完善，服务型政府建设全面推进，基层民主更加健全，人民权益得到依法保障，人民生活更加尊严和体面，基本实现经济、政治、文化和社会生活的法治化。

表 2：湖南省“十二五”经济社会发展主要目标

类别	序号	指标名称		2010 年	2015 年	年均增长(%)	属性
经济发展	1	地区生产总值(亿元)		15902	25000	>10	预期性
	2	五年累计全社会固定资产投资(万亿元)		[3]		20	预期性
	3	财政总收入(亿元)		1863	>3000	>10	预期性
	4	规模工业增加值(亿元)		5600	10000	13	预期性
	5	进出口总额(亿美元)		146.9	500	28 左右	预期性
	6	战略性新兴产业增加值占地区生产总值比重(%)		12	20	[8]	预期性
	7	服务业增加值比重(%)		39.3	42	[2.7]	预期性
	8	城镇化率(%)		44.4	>50	>[5.6]	预期性
教育科技	9	九年义务教育巩固率(%)		97.8	98	[0.2]	约束性
	10	高中阶段教育毛入学率(%)		85	90	[5]	预期性
	11	研究与试验发展经费支出占地区生产总值比重(%)		1.3	2	[0.7]	预期性
	12	每万人口发明专利拥有量(件)		0.8	1.6	[0.8]	预期性
资源环境	13	耕地保有量(万亩)		5655	5655		约束性
	14	单位工业增加值用水量降低(%)				[30]	约束性
	15	农业灌溉用水有效利用系数		0.46	0.49	[0.03]	预期性
	16	非化石能源占一次能源消费比重(%)		8	11.4	[3.4]	约束性
	17	单位地区生产总值能源消耗降低(%)		[20.4]		[16]	约束性
	18	单位地区生产总值二氧化碳排放降低(%)				[17]	约束性
	19	主要污染物排放累计减少(%)	化学需氧量			[8]	约束性
			二氧化硫			[8]	
			氨氮			[10]	
			氮氧化物			[10]	
	20	森林增长	森林覆盖率(%)	57	>57		约束性
			森林蓄积量(亿立方米)	4.02	4.74	[0.72]	
民生改善	21	全省总人口(万人)		6940	>7180	<7‰	约束性
	22	城镇登记失业率(%)		4.2	<5		预期性
	23	城镇净增就业人数(万人)		[335]		[300]	预期性
	24	城镇参加基本养老保险人数(万人)		934	1087	[153]	约束性
	25	城乡三项医疗保险参保率(%)		95	>95		约束性
	26	城镇保障性安居工程建设(万套)				[160]	约束性
	27	城镇居民人均可支配收入(元)		16566	26680	10	预期性
	28	农村居民人均纯收入(元)		5622	9050	10	预期性
	29	人均预期寿命(岁)		74.7	76	[1.3]	预期性

注：地区生产总值和城乡居民收入绝对数按 2010 年价格计算，速度按可比价格计算；规模工业增加值按 2011 年新口径核算；[ ]表示五年累计数；城乡三项医疗保险指城镇职工基本医疗保险、城镇居民基本医疗保险、新型农村合作医疗。

6. 政策导向

实现经济社会发展的主要目标，必须把市场机制和宏观调控有机结合起来，围绕关键领域和薄弱环节的重大突破，强化政策导向。

着力扩大消费需求。以扩大内需、稳定增长为导向，把建立扩大消费需求的长效机制作为扩大内需的战略重点。加快推进城镇化，积极创造有效需求。促进充分就业、调整收入分配格局，增强居民消费能力。健全社会保障体系，改善消费预期。培育消费热点，推动消费结构升级，带动产业优化升级。

调整优化投资结构。以形成投资、消费、出口协调拉动格局为导向，在保持投资合理稳定增长的同时，加快调整投资结构。进一步规范和完善政府投资，鼓励扩大民间投资，有效遏制盲目扩张和重复建设，引导投资进一步向民生和社会事业、农业农村、科技创新、生态环保、资源节约等领域倾斜，提高投资的经济效益和社会效益，通过投资结构的调整推动经济结构的战略性调整。

努力增加居民收入。以构建中等收入阶层占多数的稳定型社会结构为导向，合理调整收入分配关系，健全初次分配和再分配调节体系，努力实现城乡居民收入增长与经济增长同步、劳动报酬提高与劳动生产率提高同步，大幅提高低收入者收入水平，扩大中等收入群体规模，努力遏制收入差距扩大趋势。

全面推进节能减排。以推进“两型社会”建设为导向，增强资源环境危机意识，健全节能减排激励机制和约束机制，提升科技支撑水平，强化目标责任考核，大幅降低能源消耗强度和二氧化碳排放强度，明显减少主要污染物排放总量。

优化空间开发格局。以推进形成主体功能区为导向，坚持按照区域主体功能定位，引导人口和经济向资源环境承载能力较强区域聚集，推动城市化地区集约发展，农产品主产区规模发展，重点生态功能区保护发展，构建区域布局合理、功能定位清晰、人与自然和谐相处的空间开发格局。

强化基本公共服务。以促进城乡区域基本公共服务均等化为导向，创新和完善供给方式，扩大供给规模，进一步增强政府提供基本公共服务能力，推动基本公共服务供给重点向农村、革命老区、民族地区、欠发达地区和困难群体倾斜，建立健全覆盖城乡、合理适度、可持续发展的基本公共服务体系。

创新社会管理体制。以促进社会和谐安定为导向，创新社会管理体制，强化政府社会管理职能，加强社区管理和服务平台建设，引导社会组织健康发展，扩大公众参与度，完善应急管理和社会治安防控体系，在服务中优化管理，在管理中改善服务。

第二章　加快推进新型工业化，提升产业核心竞争力

坚持走湖南特色新型工业化道路，适应经济转型升级和“两型社会”建设的新要求，努力构建以高新技术产业为先导，以现代制造业为支撑，结构合理、技术先进、清洁安全、附加值高、吸纳就业能力强的现代产业体系，形成以企业科技进步提升产业核心竞争力、以产业核心竞争力推动新型工业化、以新型工业化促进经济转型升级的新格局。到 2015 年全省工业增加值突破 1.1 万亿元，对经济增长的贡献率达 55%，服务业增加值突破 1 万亿元。

第一节　改造提升传统产业

传统优势产业是我省新型工业化的基础和主体，必须用高新技术、先进设备和现代工艺，加快改造升级步伐，通过扩大企业规模、延伸产业链条、强化品牌建设来拓展市场、形成竞争优势。

7. 做大做强装备制造业

装备制造业是我省拥有核心企业和竞争优势的主导产业，要以增强核心技术创新能力为方向，提升产业整体发展水平。突出

重点领域和主导产品，大力发展以工程机械、轨道交通、汽车及零部件、特高压输变电等为代表的现代装备制造业。突出产业协作配套，依托核心企业和整机品牌，提高整机制造能力和专业配套能力，延伸完善产业链条。突出培育壮大龙头企业，加快兼并重组步伐，发展具有国际竞争力的大型企业集团，提高产业集中度。突出核心技术创新，积极引进国内外先进技术和优秀人才，突破关键技术，提高基础工艺、基础材料、基础元器件研发和系统集成水平，发展高端产品，打造知名品牌。突出优化产业布局，重点建设长株潭工程机械、汽车及电动汽车产业基地，长沙、株洲航空航天产业园，株洲、湘潭轨道交通产业基地，衡阳特高压输变电产业基地，益阳船舶制造产业园，衡阳、永州汽车及汽车零部件产业集群等，着力将现代装备制造业打造成主营业务收入过万亿的巨型产业。

8. 做精做深原材料工业

原材料工业是我省装备制造需求量大，同时也是资源约束紧、消耗排放多、附加值偏低的基础产业，必须通过加快技术改造升级和资源综合利用，进一步做精，通过延伸产业链条、开发高端产品，进一步做深。

钢铁有色。加强资源整合，积极发展精深加工，加快自主创新，加速淘汰落后产能，走精品、高端、特色和差异化发展之路，在优化产品结构、促进资源综合利用和节能减排方面取得新进展。建设湘潭、娄底、衡阳精品钢材加工产业集群，郴州、株洲、长沙、娄底、衡阳等有色金属产业集群，湘西州、永州锰深加工基地。

石油化工。按照生态环保和适度集中的要求，加快构建以石油炼化为龙头，以盐（氟）化工为基础，以化工新材料和精细化工为特色，以支农化工为补充的新型石化产业体系，着力将岳阳打造成为内陆地区重要的炼化一体化基地，建设长株潭精细化工、基础化工基地和国家南方农药创制中心，衡阳、常德盐（氟）化工基地，娄底煤化工基地。

建筑材料。按照清洁生产、集约发展的要求，加快发展节能、绿色建筑材料，整合优势资源，推动规模生产，重点培育新型干法水泥、浮法玻璃、高档建筑陶瓷、复合墙体等产业集群，建设株洲、常德、益阳等现代建材产业基地。

9. 做优做响消费品工业

消费品工业发展潜力巨大，市场需求旺盛，也是大众关注程度高、品牌效应明显、更新换代快的民生产业，必须重环保、重质量、重安全，做优品质增强竞争力，必须讲营销、讲服务、讲诚信，做响品牌赢得消费者。

食品加工。壮大龙头企业，突出品牌建设，加快推动由农副产品资源大省向食品加工产业强省转变。突出质量安全和生态环保，大力发展绿色、有机食品，积极开发保健功能食品及方便快捷食品，发展休闲食品。建设长沙粮油乳茶、岳阳粮油茶调味品、株洲肉乳、常德粮油水产、邵阳酒果蔬、怀化粮油果蔬、永州酒油果蔬、湘潭肉莲槟榔、益阳粮茶水产、张家界旅游食品、湘西州特色果蔬等产业集群。

服装纺织。突破印染、设计瓶颈，壮大棉纺织与特种化纤，保持苎麻在全国的领先地位，加强高档、终端产品研发和生产，形成市场占有率较高的系列产品。建设常德棉纺染整、益阳棉麻竹纺织生产基地，长沙服饰家纺、株洲服饰及永州、邵阳制鞋基地。

特色轻工。加大技术改造，加强市场开拓，扩大市场份额，巩固和发展具有比较优势、特色鲜明的制浆造纸、陶瓷、卷烟、烟花爆竹等行业。建设岳阳、益阳、永州、怀化等林纸一体化基地，常德、长沙、郴州卷烟生产基地，醴陵工艺和日用陶瓷、新化特种陶瓷、茶陵建筑陶瓷基地，浏阳烟花鞭炮产业基地，桃江、绥宁、临湘竹产业基地。

第二节 培育壮大战略性新兴产业

战略性新兴产业是新型工业化的新生力量和先导产业，必须以重大技术突破和重大发展需求为基础，依据产业演进的规律和技术进步的趋势，超前安排、集中布局、有序发展一批知识技术密集、资源消耗少、成长前景广、综合效益好的战略性新兴产业，使之尽快成为国民经济新的增长点和新的支柱产业。

10. 促进重点领域跨越发展

按照创新驱动、重点突破、市场主导和引领发展的要求，重点选择先进装备制造、新材料、文化创意、生物、新能源、信息、节能环保等7大领域，进行重点培育，抢占产业发展和竞争制高点。组织实施新兴产业集聚、优势企业培育、核心技术攻关、名牌产品创建、人才资源开发5大基础工程，建立技术创新、投融资服务、共性技术服务3大支撑平台，推动战略性新兴产业规模扩张和集聚集群发展。力争将我省打造成为全国重要的战略性新兴产业创新基地和生产制造基地。到2015年，全省战略性新兴产业实现增加值5000亿元，占地区生产总值的比重超过20%。

专栏1：战略性新兴产业发展重点

先进装备制造：中高端工程机械装备、高端电力牵引轨道交通装备、新能源汽车及汽车新品种、高档数控装备、大型冶金矿山设备、高技术船舶及海洋工程装备、航空航天装备。

新材料：先进储能材料、先进复合材料、高性能金属结构材料、先进硬质材料、基础原材料、稀土及其他新兴材料。

文化创意：创意设计产业、数字媒体产业、数字出版产业、动漫游戏产业、创意园区。

生物：现代中药、化学药、生物制品、医疗器械及装备、粮油作物育种、经济作物育种、畜牧水产育种、特色生物育种。

新能源：风电装备、太阳能综合利用、智能电网及其关键装备、核电辅助装备、生物质能源装备、地热能及其他新能源。

信息：数字化整机和新型元器件、软件和集成电路、信息服务外包、互联网经济和移动电子商务、新一代网络和“三网融合”、物联网和物流信息服务。

节能环保：节能、资源循环利用、环境治理技术及装备等产业。

11. 加大政策扶持和引导

用好、用足、用活国家大力扶持战略性新兴产业的特殊政策，突破一批关键核心技术，转化一批科技创新成果，推进一批重大示范项目，培育一批拥有自主知识产权、具有国际竞争力的创新型龙头企业。加强规划引导和政策支持，加快完善财税金融支撑体系，建立稳定的财政投入增长机制，发挥战略性新兴产业专项资金的引导作用。大力发展创业投资，扩大基金规模，引导社会资金投向创业型、创新型企业。积极发挥资本市场直接融资功能，鼓励企业通过创业板、中小板上市融资。加大信贷支持力度，通过风险补偿等制度，充分发挥金融信贷投入主渠道作用。

第三节 优化拓展现代服务业

现代服务业是产业素质整体跃升的重要标志，要适应新型工业化发展的内在要求，适应民生改善的迫切需要，立足现实基础，不断开拓新领域，发展新业态，培育新热点，推进规模化、品牌化、网络化经营，推动形成功能增强、结构优化、特色突出、优势互补的服务业发展新格局。到2015年，全省服务业吸纳就业达1800万人，生产性服务业占服务业比重达50%。

12. 发展面向生产的服务业

遵循现代生产专业化分工和现代服务市场化配置的产业发展规律，围绕提高产业效率、降低产业成本、培育新型业态，重点发展融合度高、关联度大、带动功能强的生产性服务业。

现代物流。依托重大生产力布局和综合交通现实基础，重点建设长沙金霞、岳阳城陵矶、株洲石峰、湘潭九华、常德德山、怀化狮子岩、娄底湘中、衡阳白沙、郴州湘南等省级物流园区，以及重要物资储备基地、省际边贸物流中心。发展粮食、冷链、航空、邮政快递等专项物流。建设联运转运设施、大通关基地和货物出入境快速处理通道。推进物流标准化、信息化建设和高新技术改造应用。到2015年，全社会物流总费用占地区生产总值比重较“十一五”末下降1.5个百分点以上。

金融保险。按照组织多元、服务高效、审慎监管、风险可控的要求，构建现代金融服务体系，提高经济金融化水平。发展总部金融，推进环长株潭城市群金融一体化进程。鼓励和吸引境内外各类金融机构来湘设立分支机构、总行（总部）、后台服务基地，努力培育具有影响力的区域性金融中心。创新金融产品，扩大股权债券融资，发展产业投资基金、创业投资基金和私募基金，建立企业上市联动机制和综合服务平台。发展商业保险，拓展大众保险市场。继续深化银企合作，建立健全面向中小企业、面向农村的金融服务支持体系。

商务服务。以产业化、市场化和国际化为方向，拓宽商务服务领域，提高商务服务质量。发展咨询、会计、审计、法律、经纪、专利代理、产权交易等专业和中介服务业，引导中介机构独立、依法执业。发展工业设计、广告策划等创意产业，推动与优势产业互动融合。发展科技博览、动漫展览、汽车展览等会展服务，培育国际国内知名会展品牌。着力优化服务外包产业环境，完善服务外包扶持政策。重点把长株潭建设成为中部地区最大的承接服务外包基地，打造长沙梅溪湖、张家界等国际会展中心，建设长沙动漫基地。

13. 发展面向民生的服务业

适应消费结构转型升级和小康生活全面多元的社会发展趋势，围绕改善生活质量、拓宽就业空间、丰富服务产品、扩大服务供给等民生需求，重点发展便民利民、服务城乡的生活服务业。

商贸流通。突出优化商贸流通布局，改造升级现有大型综合批发市场、专业市场和城乡集贸市场，在有条件的大中城市远郊区规划布局建设大型商业购物中心，在商品生产地和集散地，扶持发展一批交易量大、管理水平高的全国性、区域性工业产品和农副产品批零市场。突出扶持新模式、新业态，发展连锁经营、特许经营、仓储超市、流通配送、网上购物和电视购物，支持便利店、中小超市等社区商业发展。突出拓展农村商贸服务，支持城市商贸业向农村延伸，推进“万村千乡”和“双百市场”工程，支持供销系统利用网络资源，组建流通企业集团，扩大农村消费市场。

湘菜产业。整合优质资源，做优产业品牌，组建大型湘菜产业集团，扶持发展湘菜名厨、名品、名店，面向国内外消费市场，加快湘菜产业“走出去”步伐。做大产业规模，加强菜品系列开发，完善生产、加工、配送产业链条，加强与宾馆、酒店联盟，与超市、商场连锁，扶持100家以上以湘菜为主的餐饮龙头企业，力争8家以上进入全国百强餐饮企业，着力打造湘菜产业千亿工程。做实产业后劲，以提升湘菜产业核心竞争力为目标，制定湘菜标准，加快建设优质湘菜原料基地，加强新技术、新工艺研发，加强湘菜专门人才培训。

积极发展社区服务、养老服务、家政服务、休闲娱乐、体育保健、远程医疗等新兴业态，开拓新服务，适应新需求。

14. 着力发展旅游业

立足湖南丰富独特的旅游资源优势，抓住旅游加速扩张的有利时机，促进旅游及相关产业融合发展，推进旅游产品向观光和休闲度假复合型转变，旅游产业向规模效益型转变，旅游品牌向国际旅游目的地转变，着力把旅游产业培育成为我省战略性支柱产业。

构建更具竞争力的旅游大格局。统筹城市群发展和大湘西开发，实施“一带一圈”旅游发展战略，一带（武广高铁沿线旅游经济带），以环长株潭城市群为中心，带状连接岳阳楼、屈子祠、韶山、富厚堂、衡山、炎帝陵、舜帝陵、莽山等景点，突出发展红色旅游和历史人文旅游。一圈（大湘西文化旅游经济圈），以张家界为龙头，环状连接凤凰、芷江、洪江、□山、大梅山、桃花源等景区，突出绿色生态游和民俗风情游。兼顾区域开发与旅游发展，建设区际旅游大通道，增强旅游产业的整体活力和综合实力。

建设更具吸引力的旅游目的地。努力打造具有广泛美誉度的旅游产品，支持创建一批国家5A级旅游景区，建设重点旅游城市、旅游景区游客服务中心，配套完善餐饮、购物、娱乐、休闲、泊车等设施，加大“数字景区”建设。推进张家界国家旅游综合改革试点，建设世界精品旅游城市，支持创建张家界旅游学院。加大湘绣、湘茶、湘瓷等湖湘特色旅游商品开发力度，加强特色旅游购物街区建设。努力开拓国内外市场，挖掘市场潜力，发展工矿旅游、乡村旅游、自驾车游等新兴业态，在巩固港澳台和韩国市场的同时，开发日本、东南亚和欧盟等新兴市场，培育美国、加拿大、澳大利亚等市场。努力引进国内外知名旅游集团，支持跨国合作，提升旅游业经营水平。

到2015年，旅游业总收入超过3600亿元，接待入境游客380万人次，实现入境旅游收入18亿美元。

图5:湖南省重点旅游线路图

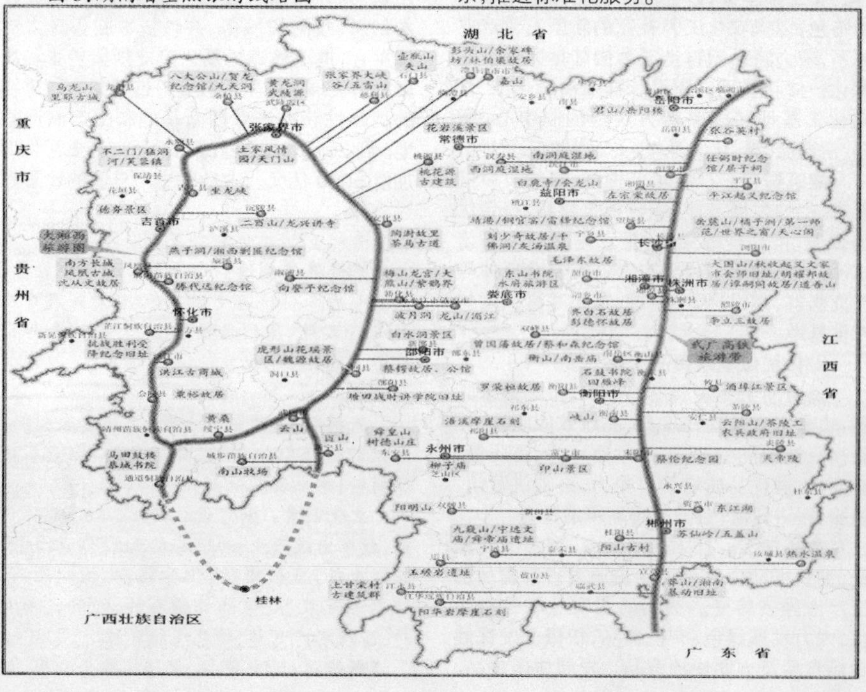

15. 繁荣城市服务经济

适应新型城镇化快速发展和城市产业形态快速升级的需要，把城市服务经济摆在更加突出的位置。长株潭要优先发展服务业，加快形成以服务经济为主的产业结构，其中长沙要突出发展高端服务业，加快培育金融服务、科技研发、文化创意等核心功能区。其他大城市要科学规划服务业发展和城市空间布局，加快培育形成区域服务业集聚区。中小城市要加快发展面向城乡、服务“三农”的商贸流通、金融保险等服务经济。积极推进衡阳市国家服务业综合改革试点，探索城市服务业发展新思路。

16. 完善鼓励服务业发展的体制机制

加快推进服务业领域改革。放宽市场准入，制定公平、规范、透明的准入条件，鼓励各类社会资本进入垄断性服务领域。增加社会力量供给，积极推进教育、文化、广播电视、社会保障、医疗卫生、市政公用事业等领域改革，加快管理职能与服务职能分离，对能够实行市场经营的服务，鼓励社会力量加大供给。支持非公有制企业参与国有服务企业的改革、改组和改造。打破部门和地区封锁，推进形成统一开放、规范有序的服务市场体系。进一步放开对外商投资服务业的限制。

加大政策支持力度。合理调整城市用地结构，适当增加服务业用地比例，对国家鼓励类的服务业在供地安排上给予倾斜。积极推进服务业价格体制改革，推动非限制类服务业水电气等与工业同质同量同价，缩小服务价格中政府定价和指导价范围，建立公开、透明的定价制度。鼓励金融机构开发适应服务企业需要的金融产品。切实扩大政府采购服务产品范围。加快建立服务业标准体系，推进标准化服务。

第四节 引导产业集聚发展

集聚集群发展是现代产业的生产组织方式，也是现代企业的空间组织形式。要按照要素集约、布局集中、功能集合的要求，延伸产业发展链条，完善企业协作配套，大力实施“四千工程”，打造特色专业园区，促进企业协同发展。

17. 大力发展园区经济

把园区作为产业发展的重要载体，推进产业园区化和园区专业化。引导园区合理布局，加快省级以上园区扩规和区位调整，着力建设一批具有国际国内先进水平的重大产业基地和特色专业园区。引导园区专业化发展，坚持特色园区特殊扶持，分类完善配套设施，分类布局建设高速信息通道、技术开发、检验检测认证等公共服务平台。支持县域园区特别是农业产业园区发展。鼓励园区土地利用从外延扩张型向内涵集约型转变，促进园区与城区功能整合、空间协调、经济互动、设施共享。

到2015年，新设30个省级产业园区，建设技工贸总收入过千亿的园区10个，省级以上园区工业增加值达5600亿元，占全省工业增加值的50%以上。

专栏2：产业发展“四千工程”

到2015年，力争培育形成一批千亿产业、千亿集群、千亿企业和千亿园区。

千亿产业：壮大形成机械、石化、冶金、有色、粮油、食品、轻工、建材、纺织、医药、旅游、文化、电子信息等千亿产业。

千亿集群：发展形成长沙工程机械、长沙电子信息及新材料、长沙汽车及零部件、株洲（湘潭）轨道交通装备、株洲铅锌硬质合金及深加工、岳阳石油化工、湘潭宽厚板优质高线及加工、岳阳粮油茶及调味品加工、郴州稀贵金属冶炼及加工、娄底薄板及加工等千亿产业集群。

千亿企业：培育形成华菱集团、中联重科、三一集团、湖南有色、湖南中烟公司等千亿企业。

千亿园区：打造形成长沙高新技术产业开发区、长沙经济技术开发区、株洲高新技术产业开发区、湘潭高新技术产业开发区、湘潭九华示范区、衡阳高新技术产业开发区、岳阳云溪工业园区、益阳高新技术产业开发区、郴州有色金属产业园区、娄底经济开发区等千亿园区。

18. 大力扶持中小企业

中小企业始终是支撑发展基本面的中坚力量，要立足区域产业发展实际，培育“专、精、特、新”中小企业群，推动大企业与中小企业战略联盟，鼓励建立稳定的供应、生产、销售等协作关系，通过专业分工、服务外包、订单生产等方式，积极向中小企业提供技术、人才、设备、资金支持。加大财税金融政策支持，逐步扩大中小企业发展专项资金和贷款贴息资金规模，重点在结构调整、节能减排、技术创新和市场开拓等方面给予支持，健全中小企业信用担保体系，改善金融信贷支持环境，完善中小企业育成机制，促进上市直接融资。加快完善中小企业服务体系，积极开展培训、咨询、质量检验、企业管理等服务，支持建设中小企业产品技术展示中心，定期举办专业性品牌展会。简化中小企业行政审批程序，设立侵权投诉中心，维护中小企业发展权益，全面清理整顿涉及中小企业的收费，进一步减轻中小企业社会负担。鼓励失业人员、返乡农民工、军转复退人员、大中专毕业生、残疾人员创办中小企业。到2015年，中小企业实现增加值占全省地区生产总值比重达43%。

第三章 加快推进农业现代化，建设社会主义新农村（略）

第一节 加快发展现代农业（略）

第二节 拓宽农民增收渠道（略）

第三节 改善农村生产生活条件（略）

第四节 完善农村发展体制机制（略）

第四章 加快推进新型城镇化，统筹城乡一体化发展（略）

第一节 加快发展现代农业（略）

第二节 拓宽农民增收渠道（略）

第三节 改善农村生产生活条件（略）

第四节 完善农村发展体制机制（略）

第五章 加快推进信息化，建设“数字湖南”

推进信息化是抢占发展制高点、提升长远竞争力的重要手段，是覆盖现代化建设全局的战略举措。坚持以信息化支撑和促进新型工业化、农业现代化和新型城镇化，加快形成信息产业跨越式发展、信息技术在经济社会各领域渗透和融合、信息化水平全面提高的新局面。

第一节 完善信息基础设施

适应高速、泛在、智能和融合发展趋势，按照统筹规划、适度超前、集约建设、资源共享和保障安全的要求，加快构建与国民经济和社会发展相适应的信息基础设施体系。

39. 构建新一代信息网络

统筹布局新一代移动通信、下一代互联网、数字电视等网络设施建设，积极采用软交换、智能光网络等技术，构建超高速、大容量、高智能的干线传输网络，促进网络升级换代，大幅提高信息交互能力。扩大网络覆盖面，将信息设施作为公用基础设施纳入城市整体规划，着力解决城市光纤入户连接的“最后一百米”问题。积极建设无线宽带城市，率先推动长株潭建成宽带立体的高速信息城域网，实现无线宽带连续覆盖和无缝应用。推进城市骨干信息网向农村延伸，实施农村行政村“宽带通”工程。加强党政专用通信等特殊网络建设。

40. 建设信息基础平台

积极推进信息通信枢纽和功能型信息基础设施建设，加快国家超级计算长沙中心、“呼叫中心”、“数据中心”、“灾备中心”、IPTV、手机电视及移动平台等建设，加强软件产业基地国际通信基础设施建设，扩大高性能计算、数据存储等服务供给。强化网络信息安全保障，深化信息安全等级保护和风险评估，建立网络与信息安全事件应急防范综合支撑平台，增强网络信息监测、预警和管控能力，提高重要信息系统的容侵、容灾和抗毁能力。推进数字湖南地理信息空间框架建设，推进卫星导航综合服务系统、省级基础地理信息数据库、地理信息服务平台等为支撑的平台建设。

41. 推进“三网融合”

建立电信网、互联网、广播电视网三网统一的建管体制框架，明确时间表和路线图，2012年率先完成长株潭试点，并将试点范围扩大到环长株潭城市群，2015年在全省推开。注重引进国际知名IT企业，联手创建“三网融合”示范工程。加强网络改造和业务创新，以广播电视和电信业务双向进入为重点，加快有线电视网络整合和数字化改造、下一代广播电视网建设，形成以多媒体技术为主导，互联网、广播电视网、电信网共建共享、互联互通、业务融合的信息网络格局。到2015年，家庭互联网普及率达45%以上，县级以上城市城区数字电视普及率超过98%。

第二节 壮大信息产业规模

信息产业是支撑新型工业化和赢得未来产业竞争的核心产业，要在电子信息产品制造和信息服务等领域，加快培育并形成一批有领先优势的大企业，打造有全国影响力的信息服务业聚集区。到2015年，全省信息产业销售收入超过3000亿元，年均增长20%以上。

42. 发展电子信息产品制造

推动电子信息产品制造业向高端、高质、高效方向发展。突出产业化基地建设，以长沙经济技术开发区、长沙软件园、郴州出口加工区、衡阳云谷、常德德山电子信息产业园等为依托，加快建设国内重要的电子信息技术研发和产品制造基地，打造电子信息产品制造、软件开发、数字视讯产品产业集群。突出优势产品发展，重点发展新一代信息网络终端产品、网络电视、3D电视、工业控制计算机等数字化整机，特种计算机、显示设备、网络设备、通信指挥系统等军民两用产品，新型显示器件、汽车电子、电力电子、高亮度大功率LED和半导体照明产品等。积极推进物联网、云计算等新技术的研发应用和产业化布局。

43. 拓展信息服务业

大力发展移动电子商务，着力打造全国移动电子商务产业聚集区。深入推进国家移动电子商务试点示范省建设，推动与央企及各大行业的密切合作，建设面向各行业的全国性移动电子商务综合应用服务平台，推动手机支付在购票、投保、投注、小额支付、农村商贸物流等领域的广泛应用，不断提高移动电子商务普及率，带动相关产业在湖南的聚集。将移动电子商务平台纳入公共事业建设规划，进一步融合市民卡、公交卡、医保卡等便民支付功能，实现“城市一卡通”。

加快发展数字内容产业和增值服务，积极融合多媒体广播电视、网络电视、网络动漫、手机电视、手机阅读、数字电视宽带上网等业务，创新产业形态和市场推广模式，构建完整产业链条。大力发展信息服务外包，做大数据加工处理、信息安全服务等行业。

着力发展软件产业，建立软件能力推进中心，重点发展“麒麟”等国产操作系统、数据库管理系统及其它基础类工具软件、行业信息化解决方案等应用软件及专用芯片等。

第三节　提升信息化应用水平

适应信息化对生产方式和生活方式的深刻影响，按照面向应用、惠及大众的要求，推动新兴网络和信息技术在经济社会各领域更加广泛深入的应用。

44. 推进国民经济信息化

推进信息化与工业化融合，实施企业信息化“登高计划”，加快长株潭国家级、11个省级“两化融合”试验区及百家示范企业建设，加强装备制造、钢铁、有色等11个传统行业信息化改造。支持信息技术企业与优势骨干工业企业开展多层次合作，推进工业研发设计自动化、生产过程智能化、生产装备数字化、经营管理网络化。推进农业信息化，大力发展涉农电子产品和农业信息服务，加强信息技术在农业生产、流通领域的应用，鼓励农业龙头企业利用信息技术实施供应链管理。推进服务业信息化，强化信息化在现代服务业中的基础作用，大力发展互联网经济，加快建立健全专业市场公共信息服务体系。

45. 推进社会管理信息化

以提高社会管理能力和公共服务水平为重点，加快推进社会信息化。加强电子政务建设，积极整合电子政务网络和部门办公应用系统，构建覆盖全省各级政务部门的统一电子政务和办公服务平台，全面推行网上办公、无纸化会议和行政许可在线办理。继续推进金保、金环、金盾、金土等电子政务工程。到2015年，各级政务部门电子政务覆盖率达100%，行政许可在线办理率达80%。

加强重点领域信息化应用，加强人口、法人、自然资源、空间地理等公共基础数据库建设与应用，促进部门资源共享与业务协同。加强教育科研、医药卫生、人力资源、社会保障、灾害救援指挥、疫情预警预报以及社区服务等领域信息化建设。积极推动数字城市、数字家庭、智能电网、智能交通、智能水利、智能环境监测等试点建设，促进重要资源利用和重点领域管理的智能化转型。积极实施以数字图书馆、档案馆、博物馆和文化馆等为重点的文化信息资源共享工程。

第六章　加快推进生态文明，建设“绿色湖南”（略）

第一节　强化能源资源节约（略）

第二节　加大环境综合治理（略）

第三节　加强生态建设保护（略）

第七章　实施区域发展总体战略，推动形成主体功能区

按照主体功能区建设的要求，推动全省三大区域板块协调发展，加快形成主体功能定位清晰、经济优势互补、国土空间高效利用、基本公共服务均等、人与自然和谐相处的区域发展格局。

第一节　构建区域协调发展新格局

充分发挥区域比较优势，着力优化提升环长株潭城市群，加速崛起大湘南，扶持发展大湘西。

53. 促进环长株潭城市群率先发展

充分发挥国家“两型社会”综合配套改革试验区先行先试的政策优势，加快转变发展方式，大幅提高城市群综合实力。率先建成“两型”产业体系，以先进制造业和先进服务业为重点，积极推进传统产业转型升级，大力发展高技术含量、高附加值、高带动性的资本密集型和智力密集型产业，打造全国先进装备制造业基地、战略性新兴产业基地，区域消费中心及具有国际影响的文化创意中心。率先发展内陆开放型经济，加快建立健全符合国际惯例、对接国际标准的政府管理、企业行为和市场运作体制机制，加速吸引和集聚国内外先进要素，积极发展优势产品和服务出口，支持重点企业开展国际化经营，争取设立国家级综合保税区，全面提升经济国际化水平。率先实现城乡一体化发展，加大社会建设和城乡统筹力度，加快建立公共服务型政府与现代社会治理结构，实现基本公共服务城乡全覆盖和均等化，率先实现全面小康。到2015年，城市群地区生产总值占全省比重达85%以上，城镇化率达55%。

54. 促进大湘南开放发展

紧紧抓住沿海产业转移和国家支持珠三角、北部湾发展的有利机遇，加快开放开发步伐，着力打造新的经济增长极。实施更加主动的开放战略，加快与粤港澳、北部湾的全方位对接融合，在农产品、能源、原材料、人力资源和旅游等方面建立稳定的合作关系，积极推行"属地申报、口岸验放"的区域通关模式，全面提升对外开放层次和水平。构筑更加开放的产业体系，大力发展加工贸易，加快建设泛珠三角区域重要的有色金属深加工基地、出口加工基地、制造业基地、能源基地、优质农产品供应基地和旅游休闲基地，推进承接产业转移示范基地建设。营造更加良好的开放环境，重点布局建设一批重大交通、能源基础设施。建立健全银企合作机制，引导金融机构加强对湘南开发开放的信贷支持力度。力争“十二五”期间，湘南地区经济增长和城乡居民收入等经济指标高于全省平均水平。

55. 促进大湘西扶持发展

坚持把扶持湘西大开发放在区域发展总体战略的优先位置，着力增强自我发展能力，打造绿色发展先行区，促进共同发展。继续把大湘西作为我省扶贫攻坚的主战场，将邵阳整体纳入大湘西开发范围，积极推动武陵山经济协作区建设，落实湘西自治州、张家界享受国家西部大开发、中部崛起、民族发展、扶贫开发的各项优惠政策。进一步加大扶持力度，增加对湘西地区用于基本公共服务的财政转移支付，扩大扶贫资金直补规模，加大交通、水利、电力等基础设施和生态建设、民生工程投入，大力扶持特色优势产业发展，支持构建以文化旅游、现代中成药、食品加工、生态农业为主的绿色产业体系，加快怀化省际边贸物流中心建设。进一步创新扶持方式，推进新一轮湘西地区重大项目开发，完善省内区域互助协作机制和社会帮扶机制，加强省直部门、省内发达地区、高校、医院、社会团体等对湘西地区的对口帮扶和定点扶持，积极实施集中连片式扶贫攻坚，引导高寒区居民异地搬迁脱贫。

图7：湖南省区域发展战略格局图

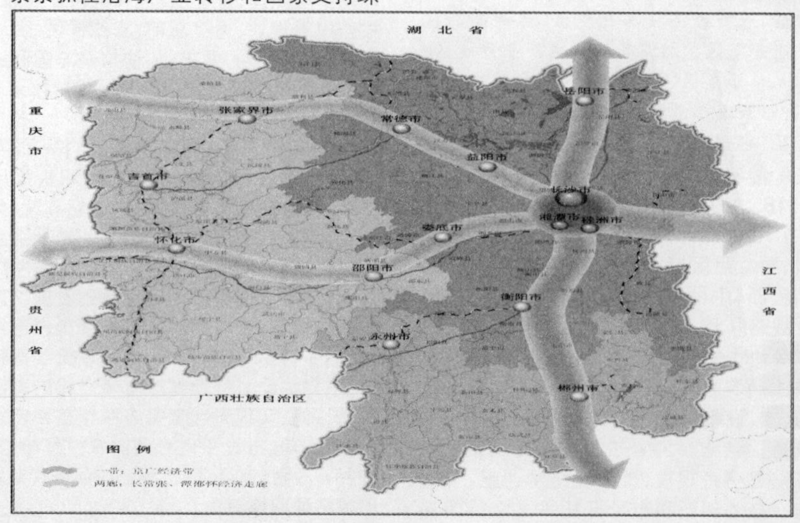

56. 加大对老少边穷库地区政策支持

进一步加大对革命老区、民族地区、贫困地区和移民库区的扶持力度，增加财政资金投入，开展多种形式对口支援，继续实施以工代赈，加强基础设施建设，强化生态修复和环境保护，提高公共服务水平，切实改善生产生活条件。对老少边穷地区中央安排的公益性建设项目，逐步降低市县两级配套比例。按照新的扶贫标准，扩大扶贫开发政策与农村最低生活保障制度有效衔接试点范围，对农村低收入人口全面实施扶贫政策。落实扶持民族地区发展的各项政策，探索设立民族地区产业发展专项基金，对未纳入湘西开发范围的民族乡比照给予优惠政策。落实水库移民后期扶持政策，妥善解决移民后续发展问题，对于家庭困难、符合最低保障条件的非农移民统一纳入城镇和农村最低生活保障范围。

第二节 推进形成主体功能区

加快主体功能区建设，是统筹协调产业发展、国土开发、城乡建设的重大举措，必须按照人口、经济与资源环境协调布局的要求，明确开发定位、规范开发秩序、控制开发强度，促进国土空间高效、协调、可持续开发利用。

57. 合理开发利用国土空间

以主体功能区建设为基础平台，科学安排各类建设活动，实施国土空间分类开发。支持重点开发的城镇化地区增强产业和要素聚集能力，加快推进新型工业化和新型城镇化，成为区域协调发展的重要支撑点和经济增长极。支持农产品主产区严格保护耕地，稳定粮食生产，保障农产品供给。支持重点生态地区加强保护和修复生态环境，提高生态产品供给能力。支持禁止开发的自然文化保护区实施强制性保护，严禁不符合主体功能定位的各类开发活动，保持自然生态和文化自然遗产的原真性、完整性。到2015年，国土空间开发利用效率明显提高，城市空间单位面积生产总值提高50%左右。

图8：湖南省主体功能区划图

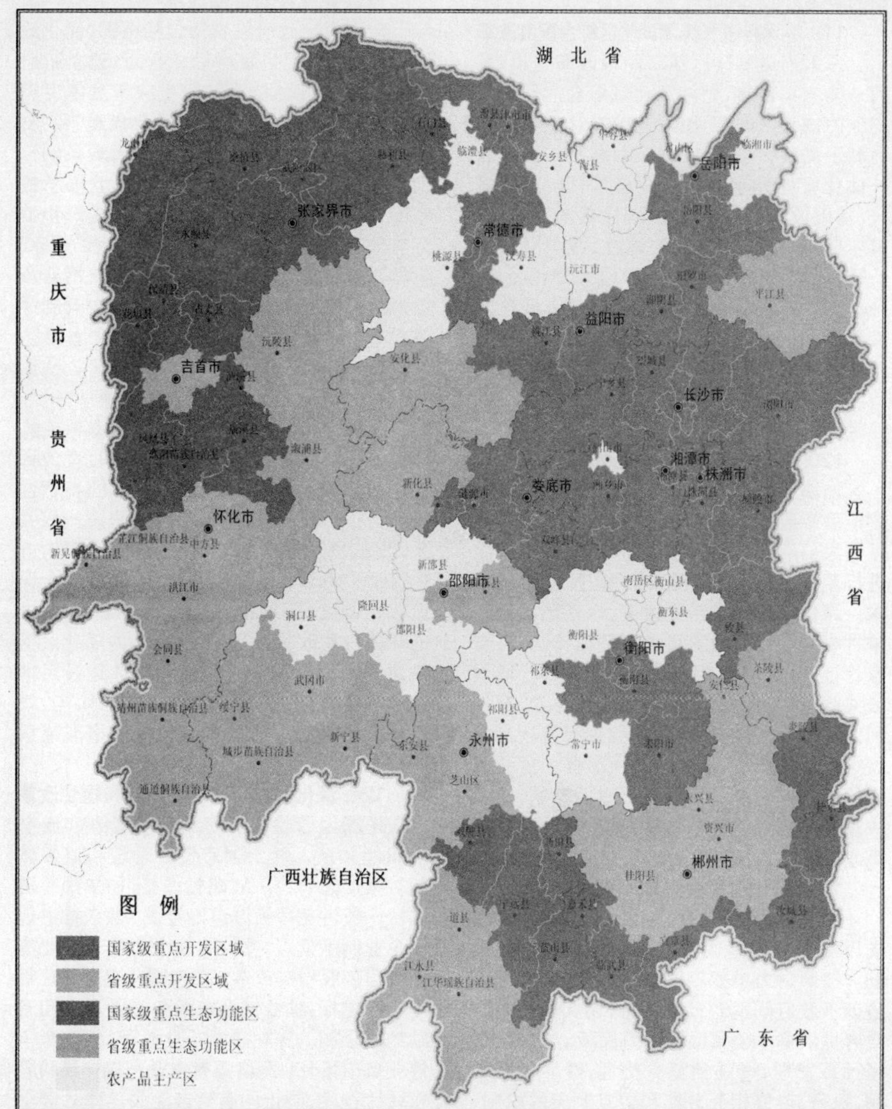

58. 实施分类管理的区域政策

根据区域主体功能定位，探索建立分类管理的区域政策和利益导向机制。完善财政转移支付政策，分类实施激励型和补偿型公共财政政策，加大对重点生态功能区的转移支付力度，增设生态环境修复转移支付。完善产业和投资政策，编制与主体功能相符合的区域产业、投资指导目录，明确鼓励、限制和禁止类产业，实行不同的项目占地、耗能、耗水等强制性标准，实施按主体功能区安排与按领域安排相结合的政府投资政策。完善土地政策，实行差别化的土地利用和管理政策，积极探索试行城镇建设用地规模增加与农村建设用地减少相挂钩、与吸纳农村人口进城定居相挂钩的土地平衡调剂机制。完善环境政策，针对不同区域实行不同的污染物总量控制和产业准入环境政策，积极构建资源环境与发展的综合决策机制。完善人口政策，重点开发区域实施积极的人口迁入政策，限制开发和禁止开发区域实施积极的人口退出政策，促进人口合理分布。

59. 完善主体功能区推进机制

制定并实行有利于推进形成主体功能区的绩效评价和考核办法。城市化地区，优先考核工业化和城镇化发展水平，综合评价经济增长、吸纳人口、质量效益、产业结构、资源消耗、环境保护以及外来人口公共服务覆盖面等指标。农产品主产区和重点生态功能地区，优先考核农业发展水平，主要评价农业综合生产能力、农业产业化水平、农民收入、环境治理、生态保护情况等指标。各类自然文化保护区，根据法律法规和规划要求，强化对自然文化资源原真性和完整性保护情况的评价。

建立健全国土空间开发协调机制。充分发挥主体功能区规划在国土空间开发方面的基础性和指导性作用，完善区域规划编制，做好专项规划、重大项目布局与主体功能区规划的衔接协调。开展市县空间规划试点，落实区域主体功能定位，明确功能区布局。研究制定各类主体功能区开发强度、环境容量等约束性指标并分解落实。建立健全覆盖全省、统一协调、更新及时的国土空间动态监测系统，开展主体功能区建设跟踪评估，适时调整完善主体功能区规划。

专栏5：主体功能区发展建设重点

重点开发区域：主要指市州中心城市和开发强度相对较高、工业化城镇化较发达的县市，其他县城城关镇以及点状分布的国家级、省级开发园区等适宜大规模工业化、城镇化开发的区域。重点是按照集中开发与均衡布局相结合的空间开发模式，加强产业和要素集聚能力建设，加大交通、能源等基础设施建设力度，优先布局重大制造业项目，统筹工业和城镇发展布局，在保障农业和生态空间基础上适度扩大建设用地规模，促进经济集聚与人口集聚同步。

限制开发区域（农产品主产区）：主要指

耕地面积较多、发展农业生产的条件较好、对全国或全省粮食安全具有较大影响的粮食产能大县，需要限制大规模高强度工业化、城镇化开发的农业地区。重点是加强耕地保护，加大农业综合生产能力建设投入，培育集中连片农业主产区，引导农产品加工、流通、储运企业聚集，推动农业规模化、产业化和现代化。以县城为重点集中在较小区域内推进工业化和城镇化，加强公共服务设施建设。

限制开发区域(重点生态功能区)：主要指关系到国家或省内较大范围的生态安全，资源环境承载能力较弱、大规模集聚经济和人口条件不够好，需要在国土空间开发中限制进行大规模高强度工业化城镇化开发，以保持并提高生态产品供给能力的区域。重点是加大生态环境保护和修复投入力度，增强水源涵养、水土保持、洪水调蓄和生物多样性维护等功能，提高生态产品供给能力。按照点状开发、面上保护的原则，鼓励发展资源环境可承载和适宜产业。

禁止开发区域：禁止进行工业化、城镇化开发的各类自然保护区、重点风景区、森林公园、基本农田等区域。依法实施强制性保护，严格控制各类与主体功能不符的开发活动，减少人为因素对自然生态和文化自然遗产原真性、完整性的干扰。在清理规范的基础上，加大投入力度，探索建立统一的省级垂直监管体系。

第八章　加强基础设施建设，提高发展支撑能力(略)

第一节　构建能源供给保障体系(略)

第二节　构建综合交通运输体系(略)

第三节　构建水利安全保障体系(略)

第九章　加快推进科教和人才强省，建设“创新湖南”(略)

第一节　提高科技创新能力(略)

第二节　加快建设教育强省(略)

第三节　努力建设人才强省(略)

第十章　加快建设文化强省，推动文化大发展大繁荣(略)

第一节　全面提高社会文明素质(略)

第二节　大力发展文化事业(略)

第三节　加快壮大文化产业(略)

第四节　大力推动文化创新(略)

第十一章　加强社会建设与管理，切实保障和改善民生(略)

第一节　促进就业和优化收入分配(略)

第二节　健全社会保障体系(略)

第三节　提高人口健康水平(略)

第四节　改善居民住房条件(略)

第五节　加强和创新社会管理(略)

第六节　加强公共安全体系建设(略)

第十二章　加强民主法制建设，建设“法治湖南”(略)

第一节　发展社会主义民主政治(略)

第二节　全面推进依法治省(略)

第十三章　深化改革开放，增强发展动力和活力

改革开放是推动科学发展的强大动力，必须以更大决心和勇气推进改革攻坚，在更大范围、更宽领域、更高层次上参与国际经济合作与竞争，全面提升国际化水平。

第一节　深化重点领域和关键环节改革

坚持社会主义市场经济改革方向，更加重视顶层设计和整体推进，充分依靠和发挥人民群众首创精神，推动改革在各领域取得新的突破。

119.纵深推进长株潭试验区综合配套改革

深入推进试验区第二阶段改革建设，落实总体方案部署，把湘江流域综合治理和保护作为试验区改革建设的突破口，重点构建有利于发展转型的体制机制，积极探索建立一体化管理体制。着力实施“两型”产业振兴、基础设施建设、节能减排全覆盖、城乡统筹示范等八大工程，加快建立“两型”标准，实行“两型”标识，广泛开展“两型”单位创建活动，鼓励“两型”消费，探索湘江流域地区交界断面的水质负责制、污染补偿制，继续开展湘江流域生态补偿试点，放大长株潭试验区综合配套改革示范效应和引领效应，加速带动全省“两型社会”建设。

120.深化行政管理体制改革

加快转变政府职能，着力建设服务型、效能型政府。调整优化政府组织结构，深入推进大部门制，稳妥推进省直管县改革，促进行政扁平化，提高行政效率，降低管理成本。深化行政审批制度改革，规范精简行政审批事项。完善政府重大事项集体决策、专家论证、社会参与相结合的决策机制，增强公共政策制定的透明度和公众参与度，坚持利为民所谋，不与民争利。完善经济社会发展综合评价体系，建立以公共服务为主要内容的绩效评估制度。推行行政问责制，健全决策失误责任追究制度和纠错改正机制，提高政府公信力和执行力。

121.深化财税金融体制改革

完善财政转移支付制度，建立确保财政支出优先满足基本公共服务需要的保障机制。按照财力事权相匹配原则，进一步理顺省以下政府间财政分配关系，切实增强基层政府提供基本公共服务财力保障。推行全口径预算管理，增强预算完整性，建立预算编制、执行、监督相互分离和相互制衡的机制，强化预算支出约束和预算执行监督，提高预算规范性和透明度。加强对县乡政府债务的监管。逐步健全地方税体系，全面推进第二轮“费改税”，增强税收在促进就业、科技创新、资源能源节约和环境保护等方面的调控功能。充分行使中央赋予的地方税政管理权，强化税收征管。

深化金融体制改革，规范发展本土中小金融企业，加快城市商业银行走出湖南，推动上市，进一步深化农村信用社改革与发展步伐。着力培育村镇银行、小额贷款公司等新型金融机构，满足经济社会对金融产品与服务的多元化需求。引入金融租赁公司、汽车金融公司等非银行机构，探索建立大型金融控股集团。积极培育金融市场，推动区域性股权交易、信贷产品转让等市场建设，设立稻谷、生猪、有色金属等大宗优势产品交割库，支持符合条件的企业上市融资，发行项目收益债券。完善金融配套体系，规范发展各类融资性担保机构。完善地方政府金融管理体系。

122.深化投资体制改革

合理界定政府投资领域和范围，优化政府投资结构，规范政府投资行为，建立政府投资项目后评估制度和投资决策责任追究制度，推行公益性政府投资项目代建制。制定和实施《湖南省政府投资项目管理条例》。创新投资模式，不断完善公共服务合同承包制度，稳步推进特许经营权制度。进一步放宽非公有制经济市场准入，鼓励和引导民间资本以多种方式参与产业发展、公益事业及重大基础设施建设。到2015年，非公有制经济投资占全社会固定资产投资的比重达70%左右。

123.深化资源性产品价格改革

建立统一、开放、竞争有序的资源市场体系，基本形成反映市场供求关系、资源稀缺程度以及环境损害和代际成本的资源性产品价格形成机制，进一步理顺资源产权关系，改革资源税费制度，促进资源产权的自由流动和资源产品的合理配置。建立健全环保收费制度，开展排污权交易试点，积极推进环境税费改革，促进排污成本内部化。探索建立土地开发补偿机制和集体建设用地进入市场的有效途径和办法。推进水、电、气等生产生活必需资源品阶梯式价格形成机制改革。

124.深化国有资产监管体制和国企改革

理顺经营性国有资产政府管理和出资人职能关系，健全国有资产管理和监督体制。推进国有经济战略性调整，加快国有资本从一般性竞争领域退出步伐。深入推进现代企业制度建设，支持省属大型国有企业集团公司制股份制改革。探索国有资产经营管理公开招标，建立健全市场化选人用人和激励约束机制。深化垄断行业改革，促进竞争性业务市场化。严格国有企业产权交易和股权转让程序，防止国有资产流失。建立健全

国有资本经营预算制度和收益分享制度，合理分配和使用国有资本收益。

125. 大力发展非公有制经济

努力消除制约非公有制经济平等发展的制度性和操作性障碍，全面落实促进非公有制经济发展的政策措施，鼓励和引导民间资本进入法律法规未明确禁止准入的行业和领域，保护非公有制经济合法权益。鼓励和支持民间资本通过参股、控股、资产收购等多种形式，参与国有企业改制重组，鼓励非公有制经济外向发展，提高竞争力。到2015年，非公有制经济占经济总量的比重提高到62%以上。

126. 推动社会信用体系建设

坚持政府、企业、个人信用三位一体，以诚信政府建设为先导、企业信用为重点、个人信用为基础，推进全社会信用体系建设。强化全社会信用意识，健全信贷、纳税、合同履约、产品质量、财会管理为重点的信用记录，加强信用信息归集、信用评级担保、信息互联共享、信息档案应用、信用制度建设等工作，推动信用产品在经济交易中的运用。健全信用奖惩机制，增加交易透明度，降低交易成本。加快建设统一、规范、高效的企业和个人征信体系。

专栏10：重点领域和关键环节改革

“两型”试验区十大改革：创新资源节约，生态环境保护，产业结构优化升级，科技和人才管理，土地管理，投融资，对外经济，财税，统筹城乡发展和行政管理等体制机制。

行政管理体制改革：统筹推进事业单位分类改革，行政审批制度改革，政府机构改革，省直管县行政管理体制改革。

财税金融体制改革：推进财政管理体制改革，税费改革，税收征管体制改革，农村信用社改革，地方政府金融管理体制改革，系统性金融风险防范预警体系和处置机制改革。

投资体制改革：推进投资项目审批制度改革，投资项目评估制度改革，投资决策责任追究制度改革，投资项目代建制度改革。

资源性产品价格改革：加快资源性产品阶梯式价格体制改革，资源税改革。

基本经济制度改革：推进国有资产管理和监督体制改革，国有资本经营预算制度改革。

社会领域体系改革：深化科技、教育、文化、医药卫生体制改革，完善社会管理体系，推进收入分配体制改革。

第二节 提升内陆开放型经济水平

实施更加积极主动的开放战略，充分利用国际国内两个市场、两种资源，大力发展内陆开放型经济，努力构建全方位、宽领域、多层次对外开放新格局，以大开放促进大发展。

127. 深化国际国内合作

加强内联外引，拓展合作交流渠道，进一步深化与港澳台地区经贸往来与合作，扩大与美、日、韩等国及欧盟、东盟、非洲等区域交流合作，加强与泛珠三角、北部湾经济区、长三角和中部省份等区域合作，加强与央企对接和部省共建。支持长沙建设区域性国际化城市，提高省际边界中心城市的对外开放度和要素聚集能力，把永州建设成为对接东盟的“桥头堡”。加强援藏援疆等对口支援工作。

128. 优化外经外贸结构

坚持以质取胜、做大总量的原则，推动外贸出口由量的扩张向质的提升转变，加快拓展多元化的外贸目标市场，加快培育以技术、品牌、质量、服务为核心竞争力的新优势。不断提高湖南特色优势产品的技术含量、附加值和品牌竞争力，延长加工贸易省内增值链，鼓励轻型化、精品化产品出口，扩大高新技术产品、机电产品出口和以承接服务外包为主的服务贸易出口，减少资源性、高耗能、高污染产品出口。增加先进技术、关键零部件、国内短缺资源进口，以进口促出口，提高外贸的整体质量效益。加强口岸、特护监管区域等建设，提升湖南口岸“大通关”能力。到2015年，全省进出口总额达500亿美元，加工贸易总额达55亿美元。

129. 提高引资引智水平

坚持引资、引智并重，在重要区域、关键领域和重点行业切实增强国内外生产要素的集聚吸附能力。扩大引进外资规模，加强外资投向引导，优化投资环境，引导外资重点投向战略性新兴产业、现代服务业和现代农业。积极承接资本密集型和技术密集型产业，加强我省9个国家级承接产业转移基地建设，打造一批省级国际服务外包示范区和具有国际资质的服务外包骨干企业。高质量开发招商引资项目，大力引进战略投资者，吸引更多的跨国公司区域总部、营运中心和研发中心落户湖南。扩大金融、物流等服务业对外开放，稳步开放教育、医疗、体育等领域，引进优质资源，提高服务业国际化水平。完善引智公共服务体系，创新引进高端人才的保障激励政策，吸引高端人才集聚。到2015年，实际利用外资达80亿美元。

130. 加快“走出去”步伐

按照市场导向和企业自主决策原则，引导各类所有制企业主动、有序参与对外投资、对外工程承包、劳务合作等各种形式的国际经济技术合作和竞争，形成科研、生产、销售全方位的“走出去”新格局。鼓励有条件、有实力的企业到境外开展资源和农业合作开发，拓宽境外资源合作渠道和领域，加强基础设施领域建设合作，拓展境外工程承包和劳务输出，鼓励境外投资办厂和兴办经贸合作区，建立生产加工基地、营销网络和研发中心。积极运用跨国并购等投资方式，获取经济发展资源，获得国际知名品牌、先进技术和营销网络，实现规模和市场的有效扩张。加强对“走出去”的指导和服务，不断提高湘企国际化经营水平，支持有条件的企业加快成长为具有国际竞争力的本土跨国公司。到2015年，对外工程和劳务营业额达30亿美元，对外投资总额累计达50亿美元。

第十四章 强化实施保障，开创富民强省新局面

建立健全规划推进机制是规划实施的重要保障，要强化组织领导，优化资源配置，实施项目带动，确保纲要确定的发展目标和任务顺利完成。

第一节 强化规划组织实施

完善全省经济和社会发展规划体系，切实发挥规划在履行政府职能中的作用，形成分工合理、责任明确、配合密切、监督有效的实施机制。

131. 建立完备规划体系

充分发挥规划纲要的统领作用，构建以纲要为核心，重大专项为支撑，各类规划定位清晰、功能互补、统一衔接的规划体系。充分发挥重大专项规划分解、细化和落实总体规划的作用，组织编制和实施新型工业化、农村经济、高新技术产业发展、环境保护等22项重点行业规划及中部崛起战略、新型城镇化、国民经济和社会信息化、湘江流域和洞庭湖综合治理等23项特定领域规划，与已经颁布实施的专项规划、区域规划、市县发展规划共同形成完备的规划体系。切实加强重大专项规划与总体规划的有效衔接，确保各项规划在总体要求上指向一致，在空间配置上相互协调，在时序安排上科学有序，不断提高规划的管理水平和实施成效。

专栏11：“十二五”重点专项规划

重点行业规划：1、新型工业化发展规划；2、农村经济发展规划；3、农业发展规划；4、服务业发展规划；5、高新技术产业发展和创新能力建设规划；6、新兴战略产业发展规划；7、住房保障体系建设和房地产发展规划；8、商务发展规划；9、旅游发展规划；10、物流业发展规划；11、科学技术发展规划；12、综合交通发展规划；13、能源发展规划；14、水利发展规划；15、移民经济发展规划；16、人力资源和社会保障事业发展规划；17、卫生事业发展规划；18、民政事业发展规划；19、人口发展规划；20、国土开发规划；21、环境保护规划；22、林业发展规划。

特定领域规划：23、湖南省中部崛起战略实施规划；24、新型城市化发展规划；25、经济体制改革规划；26、固定资产投资规划；27、信息化发展规划；28、经济技术协作发展规划；29、消除贫困与全面小康发展规划；30、开发区发展规划；31、节能减排规划；32、应急体系建设规划；33、环长株潭城市群发展规划；34、安全生产发展规划；35、食品药品安全发展规划；36、系统性融资规划；37、法治政府建设规划；38、衡邵干旱走廊综合治理规划；39、地质灾害防治规划；40、内河航运发展规划；41、城市公共交通发展规划；42、湘江流域和洞庭湖综合治理规划；43、区域经济协调发展

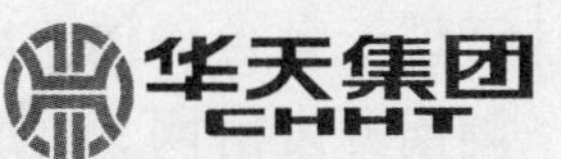

规划；44、大中城市第二水源工程建设规划；45、大湘西旅游文化圈建设规划。

132. 形成规划实施推进机制

进一步增强规划实施的严肃性，形成政府引导、市场参与、社会配合的良好氛围。强化责任落实，各级各部门要制定规划实施方案，分解工作任务，落实工作责任，强化协作意识，全面推动规划纲要和本级本部门规划的实施。强化政府引导，加强和改善政府宏观调控，引导各类市场主体积极参与规划实施，引导各种要素资源向重大规划项目配置，形成发展合力。扩大社会参与，广泛宣传“十二五”规划，动员全社会支持和参与“十二五”经济社会发展规划的实施。

加快制定并完善有利于推动科学发展、加快转变经济发展方式的绩效评价考核体系和具体考核办法，弱化对经济增长速度指标的评价考核，强化对结构优化、民生改善、资源节约、环境保护和基本公共服务等目标任务完成情况的综合评价考核，考核结果作为各级政府领导班子调整和领导干部选拔任用、奖励惩戒的重要依据。

133. 完善监督评估

自觉接受省人大及其常委会对规划实施情况的监督，听取社会各界、广大群众对规划实施的意见和建议。规划主管部门要对约束性指标和主要预期性指标完成情况进行评估，并向省人民政府提交规划实施年度进展情况报告，以适当方式向社会公布。积极开展中期评估和后评估，加强统计分析和监测工作，及时提出评估监测报告和对策措施，及时解决规划实施过程中遇到的问题。规划实施期间，环境发生重大变化，需要修改调整规划时，应报请省人大常委会审议批准。

第二节　强化重大项目支撑

把资源要素有效配置到经济社会发展最薄弱、最关键的领域和环节，通过实施“三个一”重大项目计划（10万亿左右投资、100项重大工程、1000个重大项目），落实规划目标，实现科学发展，更好地支撑湖南“十二五”经济社会全面进步。

134. 产业发展领域

围绕培育战略性新兴产业、改造提升传统优势产业、加快发展现代服务业和现代农业，实施工程机械提升、汽车整车及零部件产业发展、轨道交通装备集聚创新、信息产业振兴、文化、旅游产业发展、农产品基地等38大工程，规划建设636个重大项目，总投资规模2万亿元，五年计划投资1.65万亿元。

135. 基础设施领域

围绕交通、水利、城建、信息等领域，实施高速公路、铁路通道、水利枢纽、城市路网、园区建设、数字湖南等24大工程，规划建设383个重大项目，总投资规模2.1万亿元，五年投资1.67万亿元。

136. 节能环保领域

围绕节能减排、生态治理等重点领域，实施工业节能、湘江流域综合治理、生态环境保护等21大工程，规划建设77个重大项目，总投资规模0.49万亿元，五年投资0.45万亿元。

137. 民生领域

围绕教育强省、文化强省、人才强省战略和就业、医疗卫生、住房等民生需求，实施公共文化体育发展、高等教育提升、医疗卫生保障、人力资源和公共服务保障、住房保障等17大工程，规划建设83个重大项目，总投资规模0.47万亿元，五年投资0.43万亿元。

第三节　强化资源要素保障

按照节约集约、优化配置的原则，强化土地、资金、能源、水资源、矿产资源等供给保障，确保满足“十二五”发展需求。

138. 土地

支撑“十二五”发展，五年需新增建设用地10万公顷左右，为确保供求平衡，缓解供需矛盾，必须依法使用土地，坚持在土地利用总体规划确定的建设用地范围内安排建设项目。必须盘活存量土地，加快旧城区改造，挖掘用地潜力，强化土地批后管理，处置闲置土地。必须完善土地利用机制，实行土地集约化、市场化运作，健全土地资源保护、储备、使用机制，合理有序地开发利用土地资源。通过充分利用现有存量土地和低效土地、节约集约利用土地以及城乡建设用地增减挂钩等方式解决并积极争取国家支持。

139. 资金

支撑“十二五”发展，必须加大全社会投入力度，必须切实改善投资环境，最大限度地激活民间投资，充分发挥直接融资的高效率和低成本优势，用好用足资本市场融资功能，扩大直接融资规模。必须充分发挥间接融资的规模化和多样化效应，加强与银行等金融机构的沟通协作，争取信贷资金支持。必须大幅提高内联引资水平，扩大外商投资规模。必须充分发挥财政资金的引导作用，优先投向社会事业、基础设施、公共安全和民生保障等领域，最大限度提高财政资金使用效益。

140. 能源

支撑“十二五”发展，到2015年全省一次能源需求将达到1.9-2.3亿吨标煤，能源“瓶颈”问题突出。必须坚持节约优先、多元发展，统筹资源开发利用与节能环保，增强能源科技自主创新能力，加快新能源和可再生能源开发利用，推进能源生产和利用方式变革。必须统筹能源基础设施建设和能源运输通道建设，充分利用省外资源。必须加强省际间能源合作和能源通道建设，加大能源调入量，更好满足经济发展对能源的需求。

141. 水资源

支撑“十二五”发展，到2015年全省共需水量351亿立方米左右。通过综合利用，基本可以满足发展需求，但同时也存在着时空分布不均的矛盾，必须着力解决水资源的开发、利用、配置、节约、保护和治理等重大问题，加强水资源的科学管理，提高利用效率。

全省上下要紧密团结在以胡锦涛同志为总书记的党中央周围，高举中国特色社会主义伟大旗帜，在省委、省政府的坚强领导下，解放思想、实事求是、与时俱进、开拓创新，为实现“十二五”规划各项目标任务、全面建成小康社会、共同谱写湖南人民美好生活新篇章而努力奋斗！

湖南省开发区协会第一次会员大会1号公告

湘开协字(2010)001号

各单位会员、个人会员:

湖南省开发区协会于2010年11月12日在长沙召开了第一次会员大会,选举了湖南省开发区协会第一届理事会成员69名,现予公告。

湖南省开发区协会第一届理事(按区号排列):

赵淑珍　唐新华　黄　吉　刘亚平　莫一平　吴京生　刘硕科　巢　亮　罗同乐　吴其龙　陶世群　方建荣
黄少鹏　王建军　宋　宇　王　骁　王海燕　王转发　宋莉球　蔡澍霖　万大江　陈业华　唐　斌　向国锋
王湘兰　吕政台　徐志刚　张贺文　陈海波　苏国军　胡海军　李长新　晏永辉　彭浪英　曾义国　胡花云
资春联　朱玉萍　胡向军　欧小茂　邓大梁　向绪彦　刘艺峰　李金生　周昌惠　贺宏瑜　张建中　刘自光
屈伟洋　尹华凯　周符波　龚拥军　张晓清　谢益林　向顺荣　易　榕　白开文　陈金初　李月良　杨开凤
胡诗军　印吉成　苏小康　刘晓春　何　勇　蒋燕平　吴恩华　张荣奎　郭辉东

二〇一〇年十一月十二日

湖南省开发区协会第一次会员大会2号公告

湘开协字(2010)002号

各单位会员、个人会员:

湖南省开发区协会于2010年11月12日在长沙召开了第一次会员大会,会议选举韦敬华同志(女)为湖南省开发区协会第一届监事,特予公告。

二〇一〇年十一月十二日

湖南省开发区协会第一次会员大会3号公告

湘开协字(2010)003号

各单位会员、个人会员:

湖南省开发区协会于2010年11月12日在长沙召开了第一次会员大会,会议通过了聘请的名誉会长、首席顾问、顾问、特邀顾问,现予公告:

名誉会长:陈叔红　蒋作斌

首席顾问:刘培强

顾　　问:黄　河　杨世芳

特邀顾问:石建辉　颜学毛　刘　权　徐新楚　刘国湘　郑　粟　岳宗荣　熊松海　杨士雅　梁秋松　王利兵

二〇一〇年十一月十二日

湖南省开发区协会第一次会议2号公告

湘开协字(2010)006号

各单位会员、个人会员:

湖南省开发区协会于2010年11月12日在长沙召开了第一次会员大会,选举了湖南省开发区协会领导班子成员,现予公告:

会　长:赵淑珍

副会长:唐新华　莫一平　吴京生　刘硕科　巢　亮　罗同乐　吴其龙　方建荣　陶世群　向绪彦　陈海波

秘书长:黄　吉

二〇一〇年十一月十二日

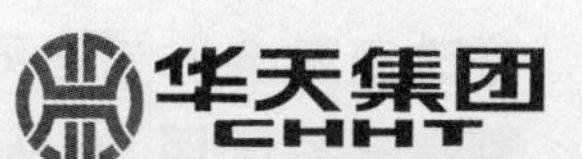

湖南省开发区协会会员单位名单

（排名不分先后）

单位名称	单位代表人	单位名称	单位代表人
长沙高新区	莫一平	安乡工业园	张 猛
长沙经开区	吴京生	汉寿经开区	夏吉平
宁乡经济开发区	陈海波	石门经开区	李金生
长沙国家生物产业基地	张贺文	临澧经开区	刘艺峰
长沙金霞经开区	袁政国	益阳桃江经开区	曾义彬
长沙暮云镇工业园	黄 勇	南县经开区	贺宏瑜
宁乡县金洲新区	刘永红	益阳高新区	陶世群
望城经开区	徐志刚	娄底经开区	方建荣
浏阳现代制造建设投资开发有限公司	寻院豪	涟源经开区	张建中
湖南环保科技产业园	杜旭辉	新化经开区	刘自光
攸县攸州工业园	唐晓明	双峰经开区	屈伟洋
株洲高科集团有限公司	巢 亮	娄底万宝新区	向乾勇
株洲循环经济投资发展有限公司	刘振球	冷水江经开区	康 一
渌口经开区	晏永辉	邵东经开区	谢益林
醴陵陶瓷产业园	付访华	绥宁经开区	李永兴
韶山永泉科技园	李长新	邵阳宝庆科技园	周符波
湘潭高新区	刘硕科	隆回经开区	张晚清
湘潭天易示范区	胡海军	武冈经开区	夏大友
湘潭九华示范区	苏国军	新宁县工业园	蔡年甫
湘乡工业园管委会	刘新平	洞口经开区	周 彦
岳阳经开区	罗同乐	邵阳经开区	尹华凯
岳阳生态工业园	彭浪英	邵阳大祥工业经开区	羊洪亮
汨罗工业园区	付金华	邵阳县工业园	龚拥军
衡阳松木工业园	胡花云	新邵县经开区	周后鹏
衡阳白沙洲工业园	曾义国	城步县经开区	周仲全
耒阳经开区	资春联	湘西吉凤经开区	向顺荣
衡阳高新区	朱玉萍	吉首经开区	易 榕
衡山经开区管委会	曹兰平	永顺经开区	陈利勇
常宁水口山经开区	蒋渝阳	张家界经开区	白开文
祁东县经开区	刘兴中	慈利县工业园	陈金初
衡南县云集经开区	周为民	怀化工业园	杨开凤
衡阳县西渡开发区	肖华东	溆浦县工业园	张晓波
衡东工业园	吴 刚	怀化经开区	李月良
郴州高科技投资控股有限公司	吴其龙	会同县工业园	栗光明
永兴县经开区	邓友荣	怀化市洪江区工业园	印吉成
资兴经开区	胡向军	新晃侗族自治县前锋工业园	姚明泽
桂阳县工业园	邓大梁	中方县工业园	胡诗军
嘉禾县经开区	李资兵	沅陵新能源新材料产业园	舒由华
汝城县经开区	欧小茂	永州凤凰园经开区	苏小康
宜章经开区	黄多跃	江永工业园	张优全
临武工业园	刘久正	宁远工业园	王秋平
郴州经开区	李建军	江华经开区	何 勇
澧县经开区	周昌惠	双牌工业园	廖 杰
常德市德源投资开发有限公司	向绪彦	祁阳工业园	刘晓春
桃源县工业园	李雨初	东安经开区	蒋燕平
鼎城经开区	鲁爱政	零陵工业园	柏文生
常德西洞庭管理区	谭徽立		

转变观念　　强化服务
努力推进全省开发区又好又快发展

——在湖南省开发区协会成立大会上的讲话

湖南省委副书记　梅克保

（2010年11月12日）

同志们：

今天，我们齐聚一堂，隆重举行湖南省开发区协会成立大会。在此，我谨代表湖南省委省政府，对协会的成立表示热烈祝贺，并向长期以来关心支持开发区发展的各位嘉宾、各界朋友，表示衷心感谢！

开发区是推进新型工业化的重要平台，也是工业经济发展水平的集中展示。加快发展开发区，是加速实现富民强省目标的客观要求。省委省政府一直十分重视开发区的建设和发展。一是加强了对开发区的管理。省政府于1994年在省发改委成立了省开发区办公室，负责开发区日常管理工作。明确了开发区管理体制，先后出台了《关于加强开发区建设与管理的通知》、《关于加强开发区机构编制管理的意见》、《关于进一步促进产业园区发展的意见》等政策性文件，并结合新型工业化考核，建立了开发区考核体系，这些举措有效地促进了开发区的规范管理和健康发展。二是加强了规划指导。省政府先后组织开发区编制了“十一五”对开发区的产业布局、发展规划，功能定位等都作了相应的规定和要求，并要求所有的开发区做好发展规划和建设总体规划编制工作。今年，我们又将开发区“十二五”发展规划正式纳入了全省“十二五”国民经济和社会发展规划的专题规划。三是加大了对建设投入。省里在安排高新技术引导资金、技改资金、科技专项资金等方面，都优先考虑了开发区的项目。自2004年起，在推进湘西地区开发过程中，省政府共安排了8亿元产业扶持资金，其中安排了1.58亿元用于湘西地区10个省级开发区基础设施建设贷款贴息，帮助园区争取信贷资金近32亿元。各级政府在每年的财政预算中也都安排了专项资金，支持开发区的基础设施建设。

通过各方面的共同努力，我省开发区从上世纪80年代末90年代初起步，发展到今天，已成为全省经济发展的龙头，成为推进新型工业化、促进产业集群发展的重要平台，成为对外开放、招商引资的主要载体，为全省经济发展做出了重大贡献。2009年，全省开发区实现工业增加值1479亿元，占全省工业增加值的30.7%；完成高新技术增加值920亿元，占全省高新技术增加值的64.5%。我们在看到开发区发展成就的同时，也要清醒地看到，我省开发区在发展中也还存在一些亟需解决的问题，如部分开发区发展思路不清晰，发展方向不明确，主导产业不突出；开发区发展很不平衡，地区之间、园区之间差距较大；各园区作为独立的利益主体，相互之间缺乏正常的沟通协调机制，无序竞争和同质竞争较为严重等。由于开发区和政府主管部门之间，以及开发区相互之间缺乏沟通桥梁，开发区存在的这些问题，难以及时和集中反馈到政府主管部门，没有得到妥善解决。今天，我们成立省开发区协会，就是要打造开发区专业化服务平台，研究和解决开发区发展中存在的热点、难点和重点问题，引导开发区又好又快发展。因此，成立省开发区协会，既是广大开发区的共同呼声，也是开发区又好又快发展的客观要求，具有非常重要的意义。

借此机会，我就开发区协会今后的发展提几点希望。

一是希望各级各类开发区进一步提升加快发展的水平。

我省开发区经过多年的发展，已经初具规模，有一定的基础，但与发达地区相比，我们仍然有很大的差距。因此，各开发区必须进一步解放细想，抢抓机遇，加快发展。要切实抓好开发区品牌建设，立足现有基础，发挥各自优势，走特色化、专业化、集群化、高新化的路子，着力提高开发区品牌化建设水平。要按照政府主导、市场运作的原则，大力推进开发区体制机制创新，进一步提升开发区规范化管理水平。要立足于扩大开放，抢抓新一轮国际国内产业转移机遇，瞄准目标，改革创新，切实提高开发区招商水平。要紧紧围绕“两型社会”建设要求，推进开发区集约发展，加强生态环保建设，缓解资源、环境对开发区发展的制约，提高开发区“两型”化发展水平。要大力优化开发区发展的软硬环境，要高起点规划、高标准建设好开发区。改善基础设施，完善配套功能，同时要切实提高服务水平，完善公共服务平台，加强开发区管理队伍建设。

二是希望各级各部门全力支持开发区和协会工作。

开发区之所以能够取得今天的成就，离不开各级各部门和社会各界的大力支持。我希望各市州政府和相关部门，从全省经济发展大局出发，继续支持全省开发区的发展。要认真落实《关于进一步促进产业园区发展的意见》，努力优化各项政务服务，对开发区充分授权，进一步简化办事程序，共同把开发区打造成为投资环境优越、社会秩序良好的“经济特区”。要进一步加大对开发区的政策支持力度，帮助开发区加快基础设施建设，特别是国家银行，要加强对开发区的金融支持和信贷服务，为推动开发区又好又快发展提供重要支撑。省开发区管理办公室要切实履行好工作职能，加强对开发区的宏观指导，进一步完善开发区管理和考核办法，提高开发区建设和管理水平。同时，希望各级各部门也要大力支持省开发区协会开展各项工作。开发区协会成立后，将承担政府交办的许多具体工作，成为政府指导和管理开发区的得力帮手。但协会作为民间组织，开展工作难度很大。他们虽然有业务内容，但是没有任何职能权力。因此，我希望大家能支持协会工作，共同为全省开发区又好又快发展服好务。特别是各会员单位，既要珍惜这个来之不易的发展机遇，充分利用协会这一平台，为地方经济发展做出更加出色的贡献，也要积极配合协会工作，齐心协力把协会建设好。

三是希望开发区协会要努力为全省开发区的发展服好务。

首先，要增强服务意识，提高服务水平。协会的宗旨是服务，其发展也在于服务。要自觉为政府主管部门服务，加强开发区建设、管理和发展问题的政策理论研究，积极向政府建言献策，努力成为政府的得力助手。要切实为开发区服务，把为开发区排忧解难作为一切工作的出发点，深入开展调查研究，发挥协会的智囊团作用，帮助开发区研究发展大计，规范管理行为；积极为开发区搭建平台，增进开发区之间的合作交流，推广开发区好的做法，组织学习国内外开发区发展的先进经验，帮助开发区取长补短，实现共同发展；适应新形势新要求，帮助开发区开展定期培训，提高开发区干部管理水平和员工素质；发挥协会组织的协调作用，帮助开发区解决发展中遇到的一些困难和问题，并将开发区的合理诉求及时反馈给政府。其次，要切实加强协会自身建设。要认真研究新形势下协会发展的工作思路、措施和办法，依照协会章程确定的职责，健全工作机构，完善规章制度，配强人员力量。协会的同志要加强学习，增强服务意识，提高服务水平。强化服务意识，努力为开发区办好事、办实事。

同志们，开发区发展前景广阔，但也任重道远！希望大家共同努力，为推动开发区又好又快发展，为加速推进湖南“四化两型”建设、加快实现富民强省做出新的重大贡献。

祝湖南省开发区协会成立大会圆满成功！

祝大家身体健康，工作愉快！

谢谢大家！

在湖南省开发区协会成立大会上的讲话

原湖南省计委副主任
原湖南省政府经济研究信息中心党组书记、主任　赵淑珍
湖南省开发区协会会长

（2010年11月12日）

尊敬的各位领导、各位嘉宾、各位会员：

在省委、省政府的领导下，在省发改委、省民政厅的指导下，在各会员单位特别是发起人单位的大力支持下，湖南省开发区协会今天正式成立了。它标志着我省开发区在创新与发展的进程中迈出了里程碑式的新步伐。

今天的大会通过了协会章程，选举产生了协会的执行机构，我有幸得到大家的信任当选为湖南省开发区协会第一任会长。在此，我谨代表协会班子的全体成员感谢大家的信任和支持！感谢省发改委、省民政厅给予的指导！感谢筹备组成员在协会筹备过程中付出的努力！

经过近20年的发展，我省开发区从无到有、从小到大，目前已经成为发展高新技术产业、促进产业集群发展的重要平台，在招商引资、对外开放、发展区域经济中发挥着重要作用。据统计，我省已有各类开发园区141家，其中国家核准开发区69家，国家级的有8家。

2009年园区内规模以上企业已经发展到9108户，实现年销售额5673亿元，工业增加值1497亿元，利税581亿元，实际利用外资75亿美元，出口创汇3.68亿美元。此外，市、县（区）政府自行设立的开发区有64家，也是促进当地经济发展的重要支撑。全省开发园区呈现出良好发展势头。开发园区的发展，大大地活跃了区域经济，为国家民族经济复兴、全面振兴中华，为地方增加财税收入奠定了坚实的基础。

省委、省政府高度重视开发区的发展，2009年1月出台关于促进产业园区发展的意见（湘发[2009]4号）明确提出，“把产业园区建设成为现代制造业、高新技术产业、服务外包产业和地方特色产业的聚集区，集约节约用地和生态环境保护的示范区，体制创新、科技创新和循环经济的先行区”，并要求“建立交流合作平台，加强对产业园区的协调服务，促进产业园区之间的沟通、交流与合作”。这为我们开发区协会指明了未来的工作方向。湖南省开发区协会是由省内各类开发园区和与从事开发区管理工作的个人组成的非赢利性组织，目前已有近80家会员单位和会员，代表了全省广大的开发区和开发区工作者。协会的宗旨是：全心全意为促进开发园区协调发展服务，为湖南经济建设和社会事业发展做贡献。

因此，协会成立后要按照协会宗旨，围绕以下五个方面开展协会工作。

（一）当好参谋助手

针对我省开发区在发展和管理中出现的热点、难点问题，深入开展调研，提出建设性的意见和建议上报主管部门和省政府决策参考，为政府及相关部门当好参谋。同时，针对开发区在执行和落实国家、省、市有关方针、政策的过程中遇到的障碍和难点，超前调研、长远谋划，为修订或制定开发区发展政策提供依据和参考。

（二）搭架桥梁纽带

一方面主动搜集会员单位和个人会员的困难、意见、要求和愿望及时向政府及有关部门反映，一方面向广大会员宣传和解释有关开发园区的法律、法规、政策等，切实做到下情上达和上情下达。同时，协调开发区之间、开发区与政府部门之

间、开发区与企业之间以及开发区发展与环境保护、人口增长、社会发展等各个方面的关系，及时化解矛盾，优化开发区发展环境，促进开发区健康有序发展。

（三）搞好综合服务

加强与开发区管理部门的衔接和联系，从不同职能管理部门取得支持和帮助，湖南开发区协会就是所有会员之家，围绕建立“和谐大家庭”的目标将开发区协会建设成为提供综合服务的系统平台。我们将尽职尽责为大家服务，服好务。一是开展咨询服务，通过密切跟踪及时掌握行业管理规定，为广大会员提供政策指导、业务咨询等服务项目。二是信息发布服务。办好《湖南开发区》刊物，构建信息交流及发布平台，传达国家和省有关开发区发展的方针、政策、法律法规；交流推广建设开发区的先进经验；收集各方面信息资源，通过网络等多种媒介，搭建开发区之间以及开发区和其他社会组织间的信息交流与资源共享平台。三是宣传推介服务。与有影响力的媒体合作，开设一些招商信息专版，定期收集会员单位的招商信息，集中对外发布；创建开发区产业展示窗口，定期举行商务会展和产品促销活动，为湖南开发区产业走出湖南做好窗口展示和宣传工作。

（四）强化激励约束

总体上看，全省开发区发展态势健康有序，但也存在一些重复建设甚至恶性竞争的现象。因此，协会将从全省经济发展的大局出发，配合省发改委制定实施开发区考核评比奖励办法，开展评比调研活动，提出评估考核报告。通过实施奖罚分明的制度，探索建立监督约束机制，逐步形成规范有序的开发区发展格局。

（五）加强队伍建设

队伍力量和人员素质是提高服务水平、发挥协会职能的重要因素。要不断提高自身研究水平和学习能力，增强服务意识，提高服务水平，加强自身建设，建立科学规范、完善健全的运行机制。一是聘请产业方面的经济学家做顾问，加强与相关研究机构的联系和合作，逐步建立专家队伍；二是以会员单位的实际需求为出发点，积极开展考察学习活动；三是定期组织开发区管理工作人员教育培训，并为开发区开展人才中介服务，搜集和推荐高素质人才，为开发区人才发展战略注入新鲜血液。四是继续按照“入会自愿”的原则发展新会员，壮大协会成员组织力量。

协会刚刚成立，组织体系还不够完善，协会未来的发展离不开省发改委、省民政厅和相关省直部门的指导，离不开各位领导和朋友的帮助，更离不开近百家会员单位的支持。我们坚信，有在座各位领导的关心、支持和帮助，有兄弟省市的先进经验，省开发区协会将以和谐凝聚力量，以创新激发活力，以自律促进自强，以务实求得高效，以服务谋求发展，开创协会工作新局面，为全省开发区健康快速发展做出重要贡献。

最后，祝各位身体健康、工作顺利、家庭幸福！

谢谢大家！

华开天下
温馨一家
華天大酒店
HUATIAN HOTEL
订房热线：4008200428
www.ehuatian.com
国家级开发区
华天集团 CHHT 提醒您
来湖南考察、投资、休闲，请进驻——
華天大酒店
HUATIAN HOTEL
地址：中国·湖南长沙市解放东路300号
电话：0731-84442888 www.huatian-hotel.com

长沙高新技术产业开发区

2010年7月20日，省委书记周强一行考察山河科技

长沙高新区创建于1988年，1991年经国务院批准成为首批国家级高新区，由岳麓山高科技园、星沙工业高科技园、隆平农业高科技园、远大高科技园和市内政策区组成。多年来，长沙高新区以做特做专自主创新优势、做大做强高新技术产业为目标，经济总量已跻身全国84个国家级高新区第16位，位列中部六省10个国家级高新区第2位。先后6次被评为全国先进高新区。国家级软件产业基地、新材料成果转化及产业化基地、传感技术产业基地、动漫游戏产业振兴基地、高技术产业基地、高新技术产品出口基地、科技兴贸出口创新基地、住宅产业化示范基地、服务外包城市基地、国家移动电子商务示范区、国家服务外包示范区等一系列国家级基地和品牌都落户园区，2009年，长沙高新区被科技部批准为国家创新型示范园区。

2010年，长沙高新区在省、市党委、政府的正确领导及各级各部门的大力支持下，坚持创新引领、项目带动，着力构建高新技术产业集群，建设麓谷科技产业新城，推进社会和谐发展，圆满完成了全年各项目标任务，综合经济实力和社会发展水平进一步提升。2010年"一区四园"完成技工贸总收入1841亿元，比上年增长23%。完成财政总收入35.46亿元，比上年增长33.7%，财政一般预算收入14.69亿元，比上年增长43.2%。

2010年11月17日，省委副书记、省长徐守盛一行来区调研公租房建设

2010 年 4 月 2 日，湖南省环保产业示范园授牌暨项目签约仪式在高新区举行

2010 年 5 月 31 日，高新区召开工会第一次代表大会

2011 年，我们将继续以国家创新型科技园区建设为主线，率先创新，引领发展，围绕发展壮大产业集群，重点推进战略性新兴产业建设、基础设施建设、城市功能建设、和谐社会建设，为打造中部地区自主创新领航区、"两型社会"建设示范区、区域经济增长极奠定坚实基础。

地址：湖南省长沙市河西麓谷大道 668 号
电话：0731-88995555　88995542
传真：0731-88995617　88995540

2010 年 10 月 11 日 -12 日，2010 中国（长沙）科技成果转化交易会在麓谷会展中心隆重举行

2010 年 11 月 27 日，国家火炬计划软件产业基地 15 周年工作座谈会暨软件产业化创新与合作峰会"在麓谷召开

开放合作之平台　招商引资之窗口　——湖南省委副书记：梅克保 题

国家级长沙经济技术开发区

国家新型工业化（装备制造·工程机械）产业示范基地
湖南省新型工业化先进单位　湖南省千亿产业园区

气势恢弘的长沙经济技术开发区招商服务中心大楼

优雅舒适的人居环境

2010年，长沙经开区坚持以招商引资为中心，以产业服务为重点，以项目建设为载体，全面推进“十百千万”工程，促进了经济社会又好又快发展。2010年园区被授予“国家新型工业化（装备制造·工程机械）产业示范基地”、“湖南省新型工业化先进单位”、“湖南省千亿产业园区”等荣誉称号。

一、经济指标高位增长，产业集聚优势突出。

全年实现工业总产值915.3亿元，同比增长42.2%；实现工商税收50.08亿元，同比增长43.1%，呈现大幅增长、跨越发展的良好态势。主导产业继续引领发展，全年工程机械产业实现产值645.9亿元，同比增长53.69%，占全区工业总产值的70.56%；汽车产业产值首次突破百亿元大关，达到103.8亿元。骨干企业支撑作用增强，园区过亿元企业达46家，过10亿元企业达10家。三一重工、山河智能、中联浦沅、北汽福田、博世汽车等企业继续保持蓬勃的发展势头。

二、招商引资形势喜人，重大项目纷至沓来。

展示开发区风采，发展开发区成果。——湖南省常务副省长 于来山 题

国家级长沙经济技术开发区

国家新型工业化(装备制造·工程机械)产业示范基地

湖南省新型工业化先进单位　湖南省千亿产业园区

地平线上崛起的长沙经济技术开发区

全年完成到位外资1.92亿美元，同比增长9.51%；完成市外境内资金形成固定资产投资19.51亿元，同比增长21.82%。成功引进了5家世界500强企业，园区500强企业达到23家。组织和承办了中国长沙2010汽车零部件合作洽谈会、2010年中国工程机械配套件行业年会、中国湖南国际友好城市经贸交流推介会等大型专题活动，较好地推介了园区投资环境。成功引进了广汽菲亚特零部件产业群、中铁盾构二期、广汽三菱、住友轮胎等一批知名零部件项目。创新了招商项目管理办法，出台了《工业用地地价的暂行规定》，进一步修改了项目准入制度，初步构建了引进项目后评价体系，提高了招商引资管理水平。

三、征地拆迁强力推进，项目建设高潮迭起。

在用地指标严重趋紧、国土报批难度加大的情况下，国土部门积极争取上级支持，全力以赴开展用地报批突击战，全年获批土地7178亩(其中经开区4646亩，星沙产业基地2532亩)，有力保证了重大项目建设用地。打响了拆迁腾地攻坚战，在极短的时间内完成了北汽福田、蓝思科技等项目的拆迁任务，全年共完成拆迁腾地5156亩，拆迁房屋1033栋，拆迁人口3061人，平整土地3050亩。全年新建成工业项目13个。基础建设强力推进，掀起了声势浩大的重点工程建设百日大会战，共投入建设资金18.68亿元（含拆迁资金15.06亿元），建成基础设施项目35个（包括续建），长沙国际学校、榔梨污水处理厂、无线星沙等一批重大项目顺利竣工并投入使用。

四、发展空间稳步拓展，“以区带园”成效显著。

拔地而起的一栋栋高楼

全面启动了规划扩区和"以区带园"托管星沙产业基地的工作，星沙产业基地依托长沙经开区的品牌、产业、资金和管理优势，吸引了山河工业城、住友轮胎、云箭、康宝莱、经沣欧美砖等一大批企业纷纷落户。星沙产业基地各项工作的顺利推进，为"以区带园"模式做出了有益探索，也为经开区拓展空间、辐射产业奠定了基础。

五、低碳园区有序推进，生态环境不断改善。

积极发展低碳经济、绿色经济，制定了《创建低碳园区、发展低碳经济方案》，出台了《节能低碳资金管理办法》。稳步推进"国家生态工业示范园"创建工作，编制了《长沙经开区生态工业园建设规划》和《长沙经开区循环经济发展规划》。建设规划已通过环保部、科技部、商务部组织的评审论证，这标志着我区"国家生态工业示范园"创建进入实施阶段。

三一重工

六、经济环境不断优化，服务水平明显提升。

继续深入开展"两帮两促"和"学习与服务"活动，创造性地开展了"向企业承诺、为企业服务、请企业评价"活动，将该项活动与"创先争优"、优化环境有机结合，管委会面向企业公开承诺，并将企业反映的问题以"交办会"的形式督促职能部门限期解决，获得了企业的广泛好评。面向企业印发了《关于深化行政审批改革，优化办事流程的实施意见》，全面清理、精简审批事项，改进审批方式，优化办事流程，有效提高了工作效率和顾客满意率。由我区率先提出的"宁静日"制度、检查备案制度等经验得到省、市充分肯定，并在全省广泛推广。

七、社会事业全面进步，安全维稳常抓不懈。

全力推进安置区建设、公交车站场建设、公交线路延伸、交通设施建设等工作，加强了园区企业劳动合同签订、工资发放等情况的检查，扩大了园区社保征缴面，年内园区企业社会保险参保率由65%提升到75.9%。加大了人才引进力度，落实引进高层次人才鼓励政策，全年共组织招聘会27场

展示开发区风采，发展开发区成果。——湖南省常务副省长 于来山 题

长沙经济技术开发区园区一角

次，引进人才 9627 人。贯彻落实安全生产责任制，深入推进食品、饮水和特种设备安全检查。积极开展社会治安综合治理，妥善处置各类突发事件和矛盾纠纷，有力地维护了全区大局稳定。

八、管理水平不断提高，机关建设生机焕发。

启动了新一轮 ISO 贯标认证工作，启用和推广了新的形象识别系统，塑造了“中国力量之都”的区域形象，加大了工作督查与协调力度，创造性地试行了重大决策反辩制度，机关车辆改革、食堂改革向纵深推进，机关管理日趋规范化、精细化、科学化。创新了绩效考核办法，修订完善了内部工作绩效考核管理方案，出台了《事业单位岗位设置管理办法》及《鼓励干部职工在职继续学习暂行办法》。启动了聘期届满负责干部任期考核与竞争上岗工作，进一步激发了机关干部的干劲、热情和活力。深入开展“创建学习型机关、争当学习型干部”活动，中心组学习、星沙大讲堂、英语培训、阅览室建设全面推进。“学习与服务”活动持续深入开展，《学习与服务》刊物成功创办。

九、创先争优深入开展，反腐倡廉持续推进。

深入开展创先争优活动，创造性地推出了“机关＋企业”一体化党建工作新模式。认真落实党风廉政建设，积极开展各种形式的廉政教育活动。组织开展建设工程领域突出问题治理，加强了监督审计和资金监管，规范了工程招投标、投资评审制度，招投标平均节约率为 10.76%，投资评审审减率为 22.91%，规范了行政权力运行，提高了财政资金使用效益。

山河智能

招商热线：86-0731-84011108

株洲国家高新技术产业开发区

徐守盛省长视察株洲国家高新技术产业开发区

株洲高新技术产业开发区成立于1992年5月，同年11月经国务院批准为国家级高新技术产业开发区。株洲国家高新区成立以来，秉承"发展高科技、实现产业化"的宗旨，以"再造一座新城"为己任。株洲国家高新区已先后被评为全国优秀科技进步城区、国家知识产权试点示范园区、国家新型工业化示范基地、湖南十大最具投资价值园区。

一、发展现状

2010年末，株洲国家高新区共有各类工业企业447家，其中高新技术企业109家，销售收入过100亿元的企业2家，过50亿元的企业4家，过10亿元的企业13家，过亿元的企业48家。完成工业总产值737.9亿元，其中高新技术产品产值641.4亿元，实现利税58亿元，完成各项固定资产投资达175亿元。全年共引进内外资项目61个，实际到位省外境内资金37.1亿元，实际到位外资1.2亿美元，出让工业用地1685亩，引进5-10亿元以上的项目3个。"十一五"期间，高新技术产品产值由160亿元增长到641亿元，年均增长32%，高新技术产品占工业总产值比重由66.9%提高到87.6%。近年来，株洲国家高新区着力打造成为全省最具投资价值的特色园区，成效显著。

二、新区建设

城市基础建设日趋完善。株洲高新区的城市建成区面积现已达33平方公里，城镇化率达88.4%。"十一五"期间，累计投入80亿元，建设、改造道路30多条，新增道路100公里，拓展城区15平方公里，现有5座跨江大桥、1条城市快速环道贯穿新区，基本形成"六纵四横"、"一环两带"的城区道路骨干网络。此外，已建成的武广高速铁路株洲站也坐落于新区。长株潭城际铁路预计2014年全线通车，开通后将使长株潭三市之间的交通时间缩短为30分钟以内。神农城、栗雨中央商务区、湘水湾等投资过百亿的重点项目正在加速推进。便捷的交通、完善的设施为株洲高新区快速发展提供了坚实的基础。园区建设如火如荼，2010年是株洲市委市政府布置的园区攻坚之年。2010年，园区开发投入资金11.57亿元，完成场平3128亩。引进了中建五局光伏幕墙、湘煤立达、三湘湘雅健康城等一批投资5亿元以上的大项目。北汽集团株

株洲电力机车公司生产大功率交流传动六轴9600千瓦电力机车

株洲国家高新技术产业开发区管理委员会

洲基地一期、时代风电整机、时代电动汽车等39个项目竣工，成为园区新兴产业的主力军。按照“三生协调”的理念规划设计和开发的栗雨工业园在2010年基本完成了工业用地开发和产业布局。以株洲大道为主轴的新马工业园基础设施开发建设全面展开。田心、董家塅、金山三个高科技产业园基础设施建设和项目入园步伐加快，形成了“一区四园多基地”的产业发展格局。

三、科技创新

株洲高新区始终抓住资金、技术、人才三个重点，成功建立了创业孵化、投融资和社会服务“三位一体”的创新创业服务体系，大力建设科技企业孵化器，孵化培育科技型中小企业。株洲高新区先后建成了创业服务中心、留学人员创业园、中小企业促进园、天台金谷、栗雨硬质合金园等企业孵化引擎，正在建设汽车零部件产业园。目前，孵化器面积达到20多万平方米，在孵企业174家，累计为园区输送毕业企业90余家，年工业总产值达6亿元，税收突破5000万元。并专门设立“创新奖”奖项，四年来共对我区100多家企业发放了近1500万元奖金。

四、未来规划

按照株洲市产业发展规划，“十二五”期间株洲高新区着力打造“三城三基地”，即轨道交通城、航空城、汽车城，以及新能源基地、国家有色金属冶炼深加工基地和生物医药、健康食品基地。在打造“三城”方面，我们将进一步做大做强轨道交通装备、航空航天装备、汽车整车及零配件等支柱产业，加快培育一批产值过50亿、过100亿的规模型企业，努力打造这三个行业的千亿产业集群。

地址：株洲大道北1号高新大厦
电话：0731-28665800
网址： http://www.zzty.gov.cn

株洲光伏产业基地奠基典礼

开放合作之平台 招商引资之窗口 ——湖南省委副书记：梅克保 题

国家级开发区

株洲国家高新区董家塅高科技工业园

ZHU ZHOU GUO JIA GAO XIN QU DONG JIA DUAN GAO KE JI GONG YE YUAN

芦淞区委常委、园区党工委书记、主任杨晓江在2010年台湾湖南周暨第六届湘台经贸交流合作论坛上与亲民党主席宋楚瑜先生合影

2010年董家塅高科园全面贯彻落实市委、市政府的工作要求，在区委、区政府的正确领导下，在市园区攻坚指挥部、市园区办及市直各相关部门的指导、支持下，盯准“保二争一”目标，紧扣园区攻坚战，争创省文明标兵单位两主条线，突出筹资融资、征地拆迁、招商引资、基础设施四个主战场，强调园区、项目、品牌、效益、新城、忧患等六种意识，以人为本、狠抓落实，通用机场成功获批，荣膺国家新型工业化产业示范基地、省文明标兵单位、中国服装品牌孵化基地、省服饰产业创业园称号。实现了高效攻坚、和谐攻坚、快乐攻坚的良好效果。

(一)抓落实、勤调度，各项指标快速增长

为确保圆满完成今年各项经济指标任务，年初，我们对照各项指标逐步进行了认真研究、分析和梳理，将目标任务层层分解，真抓实干、狠抓落实，各项经济指标快速增长。完成固定资产投资29.8亿元，同比增长49.2%；技工贸收入125亿元，同比增长42.5%；工业总产值120亿元，同比增长42.2%；工业增加值36.6亿元，同比增长43.1%；高新技术产值68.5亿元，同比增长44.6%；上缴税收2.5亿元，同比增长40.1%。开发建成区达到2.1平方公里，共有企业68家，其中工业企业

2010年7月20日陈君文书记、王群市长带队视察园区项目施工现场

董家塅高科园

市人大主任姜玉泉视察董家塅高科园内的企业南方燃机

市政协主席刘岁文督察航空大道进展情况

各县市区政协来园区考察、调研

61 家，规模企业 50 家。工业土地平均产出达到 90 万元 / 亩，投资强度达到 200 万元 / 亩。

（二）抓投入、攻报批、基础设施稳步推进

基础设施是"一化三基"建设的重要一极，是产业发展、项目落地的前提，在土地指标紧缺、融资政策紧宿的困难下，我们组织业务熟练的人员组成报批小组，加大报批力度，收到良好效果。预计园区今年报批土地 2329.23 亩。共投入资金 4200 多万元，完成创业二路、四路、五路的道路沥青罩面面积约 9850㎡，人行道铺装面积约 3400㎡，行道绿化和侧石安装全部到位。完成航空大道全线地形勘测、道路设计工作、工程施工预算及航空大道创业五路至铁路桥的设计、招标等前期工作；完成航空大道 300 米的道路下水及路基工程和创业二路 400 米道路的下水及路基工程；S211 拓宽完成土方 7.4 万立方米；完成创业二路、航空大道（株百段）路基工程；完成亮点保鲜、欧韩彩印、太平洋服饰项目的土地平整工作。同时启动服饰二路施工建设以及新迈克水泥机械项目、中国服饰成长型品牌（女裤）基地项目、株百物流项目、东航空大道、惠天然城市公园等 10 个项目共计 630 亩的征地拆迁工作。

（三）大招商、招大商，招商引资成果丰硕

项目是园区发展的不竭动力，园区牢牢抓住园区攻坚的良好契机，调整招商思路，积极跟踪"技术新、前景好、税收高"的项目，立足产业定位，大招商、招大商，实现了项目招商"月月红"的目标。园区

2010 年 9 月 25 日，湖南省文明标兵单位检查组一行来到董家塅高科园就省文明标兵单位创建工作进行检查评估

外宾来董家塅高科园考察航空产业

中航湖南通用航空发动机有限公司在长沙签约，正式落户董家塅高科园

航空产业联盟签约

山河智能项目签约

中国成长型品牌基地项目奠基

太平洋服饰顺利奠基

园区十周年座谈会

全年签约项目10个：山河智能通用航空产业基地项目、中航通用航空发动机有限公司项目、台湾祐祥直升机项目、中国服饰成长型品牌基地项目、现代包装彩印织造生产项目、以纯服饰工业园项目项目、秀图服饰工业园项目、株洲人福机车配件制造项目、株洲市达力通机车零部件制造项目、株洲华锐高性能硬质合金数控刀片生产线项目，其中山河智能、中航通用航空发动机有限公司项目两个项目进入省重点项目笼子。跟踪洽谈项目：美旗物流国际采购和区域物流华中基地项目、远大住工项目、南方宇航的南方民品工业园项目、航空展览馆项目等15个。

（四）活机制、优服务，项目建设强力突破

牢固树立“厂房动工才是真动工”的理念，成立企业服务中心，发挥企业联合工会的作用，建立“一对一”的联系制度，健全考核机制，强调部室联动，设立多个项目征地拆迁指挥部，产业公司作为发包人与项目负责人签订委托合同，约定推进时限，提供必要经费，明确奖惩方式，协调村民关系，维护合法权益，有的放矢，良性竞争，加快征地拆迁，全力推动项目开工建设。全年开工建设项目20个，其中亮点保鲜设备制造项目一期、潍柴动力湘火炬机械制造项目、湘宁高中频项目二期、航空大道、枫溪“揽月阁”配套商住项目等12个项目为新开工项目；凯特高新铼业项目、庆云机车配件科研及生产综合楼、精诚硬质合金系列产品及深加工项目、和盛服装厂项目、潍柴动力湘火炬制造项目、以纯服饰工业园项目等11个项目竣工。

（五）克难点、转方式，筹资融资逆势上扬

为保证园区开发建设资金的正常运转和良性循环，园区按市场化运作，努力克服当前政府融资平台收窄等各种困难。同时，转变思维方式，从勇于负债谋发展向敢于让利促发展转变，积极引进外来企业资金。今年以来，园区已获得8.2亿元的项目贷款授信，全年资金流量达6亿多元，其中收入26346万元，支出37223万元，计划融资5亿元，融资到位4亿元，实际到位资金3.6亿元。目前，农行3.5亿元贷款及招商银行1亿元贷款初审资料已在省行进行审批，向株洲县农发行申请的1.5亿新农村建设贷款已报市农发行，计划下月报省农发行。另农行、交通银行、长沙银行的项目贷款资料均在上报。同时园区携手战略投资伙伴，引进中航国际航发投资管理有限公司，目前已就战略合作框架协议达成一致，2011年有望引入一期资金10亿元，有效缓解贷款带来的资金压力。在随后的开发建设中将形成资金流的良性循环，通过合资企业一定比例的分红及入园企业的税收，增强自身“造血”功能。此外，积极向省发改委、省经委、省财政厅等部门申报扶持资金，争取国债指标和各级政府财政收入按一定比例投入园区建设，保证园区建设资金的正常运转。到目前为止，争取科技三项经费到位13万；争取财政贴息到位383万元；争取土地出让金

展示开发区风采，发展开发区成果。——湖南省常务副省长 于来山 题

2010年通用航空商务交流会

返还及挂牌资金返还、收益部分返还等共计258.73万元；按合同收回土地款2355.48万元。

(六)抓学习，促创建，内部管理完善提升

队伍建设方面：打造学习型园区。结合省文明标兵单位创建活动，园区完善建立了创建领导小组即学习领导小组，制定了学习计划，坚持学习制度，保证学习时间，开展多种形式的学习活动，如特别培训制度，周一“8:00-9:00”的部长授课制度，专题讲解和考察培训制度等等，在引导干部职工学好党的基本理论、基本路线特别是科学发展观等重要战略思想的同时，强化了“园区攻坚”战役对每一名园区干部在工作中所必备的工作能力、工作方法，增强了他们对“两型社会”、市场经济、政策信息等多方面知识的把握，激发了他们强烈的求知欲望、昂扬的工作激情，工作效率和服务质量得到明显提高，形成了身在园区想发展，心在园区谋发展的良好局面。今年9月份，在“株洲市芦淞区迎国庆动力港杯机关干部广播体操比赛”中，园区以全场最高分取得比赛一等奖。同时进一步完善内部人事制度改革，与部门签订目标责任状，继续健全和巩固“年目标、月考核、周落实、日督查”的考核机制，进一步优化人才结构，提高办事效率，有效的调动了干部职工的积极性和工作激情。文明创建方面：为做好创建省文明标兵单位迎检工作，成立以园区班子成员为主的创建工作领导小组，统筹安排、细化分工、举措得力开展创建工作，完成大型展览室、图书阅览室、文体活动室、大小会议室等硬件设施的布置装修工作，9月份，园区顺利通过了省、市文明办的验收。财务审计方面：建立了以成本控制为核心的管理体系，严格日常财务审核，对不合格票据，一律不予支出。加强对财务清理移交、收入支出、债权债务、集体资产管理，防止资金流失，确保合理使用资金。全年园区审计部门共完成45个内审项目，内审金额4100万元，审减金额达540多万元；完成预算项目20个，总金额1.8亿元，审核审签经济合同90份，金额达3100余万元。信息宣传方面：上报市政府、市园区办、区政府园区动态236条，在省市报刊上发表《以人为本、提速“园区攻坚”》、《全力二次创业，科学跨越发展》2篇调研论文，编发《园区攻坚战简讯》十五期，编发《航空通讯》7期，在株洲日报、潇湘晨报等平面媒体和红网、株洲政府网、芦淞政府网等网络媒体共发布消息69余条，株洲电视台、株洲新闻广播先后来园区采访报道了37次。党团建设方面：充分发挥党员先锋模范作用，以“创建五型园区”为平台，成立创先争优工作小组，积极组织创先争优活动。认真贯彻落实党风廉政建设责任制，筑牢反腐倡廉防线。根据园区发展实际，认真做好党建带团建工作。通过组织团员积极参加野外拓展、低碳城区环保行等活动，激发了青年干部职工工作热情。今年园区三名党员荣获区“优秀共产党员”称号，两名团员荣获区“优秀共青团员”称号，为园区广大干部职工树立了学习榜样。

园区活动

园区干部职工参加区机关体操比赛

2011年，是中国共产党成立90周年，也是“十二五”时期开局之年，我们将深入贯彻落实科学发展观，以“两型”理念为统领，按照“布局合理、资源集约、产业集聚、突出特色”的总要求，盯准“保二争一”目标，紧扣园区攻坚战，突出发展航空产业，积极发展服饰产业，机械加工和装备制造业，辅以发展健康食品和现代物流业，全面推进航空生态城科学跨越。力争全年园区各项经济指标保持25%以上增长速度，实现“六个突破”，即固定资产投资突破25亿元，招商引资合同资金突破4亿元，筹资融资突破5亿元，税收突破3亿元，土地报批2000亩，土地开发建设面积突破800亩。

地址：湖南省株洲市芦淞区太子路333号
电话：0731-28287828
传真：0731-28250628
E-mail:djd303@163.com

湖南省工业化标志性区域—株洲市石峰区

株洲市石峰区
——株洲高新技术产业开发区轨道科技城(田心高科园)
——株洲清水塘循环经济工业园

株洲市石峰区概况：石峰区成立于1997年10月，总面积91.3平方公里，总人口23.7万，辖5个街道，15个行政村，33个社区居委会，拥有田心高科园、清水塘循环经济工业区两大国家级工业园区。2009年2月成立株洲清水塘循环经济工业区管委会，为市政府驻派机构，与石峰区合署办公。

一区三片

石峰区　清水塘循环经济工业园、轨道科技城（田心高科园）、九郎山旅游风景区

发展战略

工业主导　　城市带动

发展定位

国际一流轨道科技之都

全国示范低碳活力新城

国家循环经济试点园区

国家“两型”社会建设示范区

发展思路

深入贯彻落实科学发展观，紧扣“两型”社会建设主线，按照“南提北拓”的总体思路，大力实施“工业主导”和“城市带动”战略，加速推进新型工业化、新型城市化和新农村建设，切实调整产业结构，优化城区环境，改善群众生活，加快城乡统筹，推进经济社会又好又快发展，全面实现“一年初见成效，三年大见成效，五年再造一个新石峰”的目标。

区政府大楼

交通优势明显

石峰区位于株洲市北部，地处长株潭城市群的核心区域，北接长沙，西连湘潭。境内铁路浙赣线和湘黔线横贯东西，京广线和武广客运专线连通南北，拥有南方地区最大的货运列车编组站株洲北站，铁路专用线通达园区所有大中型企业；107国道、时代大道、京珠高速、上瑞高速穿境而过，长株高速、长株潭城际铁路将城市群紧密联系起来；千吨级船舶经由永利、铜塘湾码头，可直接入湘江、出洞庭、达长江；驱车到长沙黄花国际机场仅25分钟车程，距大托铺货运机场仅30公里路程，形成了通顺畅达的对外立体交通网络，架起了融入长三角、珠三角的快速通道，加速了人流、物流、信息流的大融合。

国家级开发区

唐东开发区的未来，发展开发区的成果。——湖南省常务副省长 于来山 题

区内著名企业

CSR 南车株机	南车株洲电力机车有限公司	CSR 南车时代	南车株洲电力机车研究所有限公司	五矿株冶集团	五矿株洲冶炼集团有限公司
中盐湖南株洲化工集团有限公司	CNSG 中盐株化	中铁株洲桥梁有限公司	CREC 中铁株桥	湖南株洲旗滨玻璃有限公司	旗滨集团 旗滨玻璃
天桥起重 TIANQIAO 天桥起重	株洲天桥起重机股份有限公司	ZHICHENG 柳化智成	柳化集团湖南智成化工有限公司	LINCE	株洲联城集团有限责任公司

工业基础雄厚

石峰区是国家"一五"、"二五"期间重点投资建设的老工业基地，是株洲市的工业"心脏"、湖南省新型工业化标志性区域，是新中国"电力机车的摇篮"和全国著名的冶炼化工基地。新中国第一台电力机车从这里驰向大江南北，第一枚铂金、铱金火花塞在这里诞生，第一批在伦敦金属交易所成功注册的铅锭、锌锭在这里漂洋过海。随着"两型"社会建设的大幕拉开，田心高科园和清水塘循环经济工业区两个国家级工业园区建设的顺利推进，全区工业风生水起，生机勃勃，轨道交通、有色冶炼、精细化工、新型建材四大产业集群效应日益显现，新型工业化的道路越走越宽。

科技实力强劲

石峰区人杰地灵，拥有南车株洲电力机车研究所有限公司、株洲变流技术国家工程研究中心有限公司、中南林业科技大学等一批知名科研院所，各类专业技术人才 3 万余名，研发机构 56 家，各类专利 800 多项，科研成果 500 多个，其中国家级研发中心 2 个，博士后工作站 3 个，包括中国工程院院士、国家有突出贡献专家以及中央各部门跨世纪学术学科带头人等一大批精英团队，科技研发硕果累累，先后两次被评为全国科技进步先进城区。

环境宜业宜居

石峰区依山傍水，风光秀丽，拥有全省市区最大的森林公园 -- 石峰公园，总面积 153. 46 公顷，主峰海拔 167.38 米，相对高度 120 米，园内植被茂盛，生态繁荣，自然景观、园林景观与人文景观相映生辉，被誉为新城"绿宝石"。基础设施日臻完善，通过大力实施"市投区建"、"区投区建"等城市道路建设新模式及城管环卫体制改革，市容市貌干净整洁，城区环境日新月异，城市品位大幅提升，人民生活安居乐业，是置业乐土和安居天堂。先后获得全国社区卫生服务示范区，湖南省文明城区和湖南省十大投资环境诚信区等 10 余项荣誉称号。

石峰区招商局　　联系电话：0731-22629831　　联系人：吴浩谊

株洲电力机车厂生产的中国第一速电力机车

株洲高新技术产业开发区轨道科技城

田心高科园于2000年9月经国家科技部批准成立，是株洲国家高新区"一区三园"的重要组成部分，2008年12月初被省政府授予"湖南省交通电子信息产业园"。拥有中国最大的机车车辆制造企业(南车株洲电力机车有限公司)和中国最大的机车车辆研发中心(南车株洲电力机车研究所有限公司)。为抢抓轨道交通产业发展机遇，加速田心高科园开发建设，2010年3月，石峰区委托中国城市规划设计院对园区规划进行了调整，命名为株洲轨道科技城，园区控规面积由原来的8.8平方公里扩展到31.2平方公里。园区依靠现有的产业优势、科技优势、工业优势，坚持自主开发和技术引进相结合，大力发展轨道交通装备制造、电子信息技术、新材料、新能源和相关高新技术，布局"一廊三带五园三中心"。中部为低碳共享生态廊、东部为健康宜居生活带、西部为千亿轨道产业带、南部为公共活力核心带，拥有整车产业园、变流技产业园、电子产业园、电机产业园、零配件产业园五大产业聚集区及研发中心、商务综合中心、培训中心三大创新、配套、服务中心。

株洲电力机车研究所科研大楼

展示开发区风采，发展开发区成果。——湖南省常务副省长 于来山 题

2010年6月湖南省委书记周强视察轨道科技城

株洲轨道科技城以"规划最规范、土地最集约、投资最集中、环境最优美、人才最密集、配套最齐全"为标准，用造城的方式，着力打造"国际一流的轨道科技之都、全国示范的低碳活力新城"。依托南车株洲电力机车有限公司、南车株洲电力机车研究所有限公司、南车电机、时代电气、联诚集团等核心骨干企业，大力发展轨道交通配套产业和商居、金融、信息、物流等配套服务业，打造轨道交通千亿产业集群。园区已掀起了大开发、大建设、大发展的新高潮，成为推动世界轨道交通发展的中国力量。

定　　位：国际一流的轨道科技之都

全国示范的低碳活力新城

功能结构："一廊三带、五园三中心"

一　　廊：低碳共享生态廊

三　　带：健康宜居生活带（田心大道）

千亿轨道产业带（南车大道）

核心综合服务带（时代大道）

五　　园：整机产业园

变流技术产业园

电子产业园

电机产业园

零部件产业园

三 中 心：研发中心

商务中心

培训中心

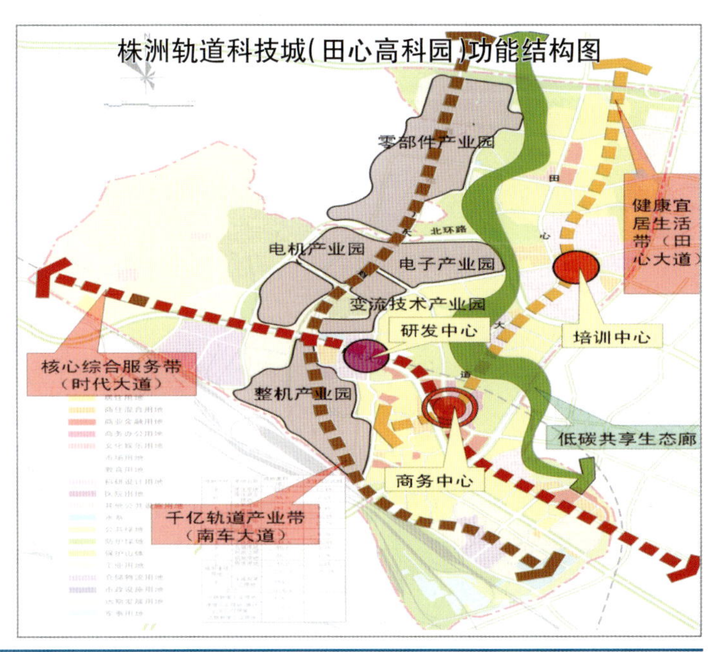

开放合作之平台 招商引资之窗口 ——湖南省委副书记：梅克保 题

国家级开发区

株洲清水塘循环经济工业园

Qingshuitang circular economy industrial park

2010年3月王群市长赴清水塘循环经济工业园现场办公

清水塘循环经济工业区是2007年12月经国家发改委、环保总局、科技部、财政部、商务部、统计局六部委批准设立的国家第二批发展循环经济的试点园区，同时也是长株潭城市群资源节约型和环境友好型社会建设综合配套改革实验区率先启动的五个示范区之一。用“两改四提”的方式，治理、提升清水塘片区，即：用现代园区的方式改造清水塘区域，用高新技术产业改造传统工业，着力提升城市基础设施水平，提升企业工艺装备水平，提升物流组织水平，提升区域环境质量。以环境治理、生态修复、产业结构调整和资源综合利用为重点，推动冶金化工建材等传统产业转型升级，大力发展新能源、环保装备制造和物流等新型产业，努力把清水塘循环经济工业区建设成为全国有较大影响的循环经济发展示范区。

中共株洲市石峰区区委书记 罗伟

株洲市石峰区人民政府区长 冯建湘

国家级开发区

展示开发区风采，发展开发区成果。——湖南省常务副省长 于来山 题

五矿株洲冶炼集团有限公司

中盐湖南株洲化工集团有限公司

湖南株洲旗滨集团股份有限公司

柳化集团湖南智成化工有限公司

定　　位：全国循环经济试点园区
　　　　　国家“两型”社会建设示范区
功能结构：“一心、二轴、三带、四片、六组团”
一　　心：城市次中心（响石广场）
二　　轴：商业经济轴（建设北路）
　　　　　交通发展轴（石峰大道）
三　　带：产业带（铜霞路）
　　　　　湘江物流带（疏港大道）
　　　　　湿地景观带（白石港）
四　　片：清水塘传统产业片
　　　　　新桥新兴产业片
　　　　　铜塘湾物流产业片
　　　　　响石岭旧城改造片
六 组 团：冶炼化工产业组团
　　　　　建材产业组团
　　　　　环保装备产业组团
　　　　　物流产业组团
　　　　　新桥安置组团
　　　　　响石岭商业组团

株洲清水塘重金属污水处理工程开工典礼

株洲清水塘污水处理厂效果图

重点项目简介

序号	项目名称	建设内容	建设周期
1	株洲轨道科技城基础设施建设项目	本项目拟分两期开发、第一期(2009年至2011年)开发6平方公里核心政策区(含现有约1平方公里)，产业主导方向为电力机车机电一体化产业、轨道交通装备电传动及控制系统等产业。第二期开发10平方公里，产业主导方向为新材料产业。项目投资规模约70亿元。	2010-2015年
2	株洲轨道科技城配套设施开发建设项目	拟对轨道交通城控规内的工业生产、商务办公、商业服务、科研设计、居住教育区五大功能区配套设施进行开发建设。 第一期开发土地2000亩，以住宅项目为主开发；第二期开发土地1000亩，以商业项目为主开发。项目投资规模约50亿元。	2010-2015年
3	株洲轨道科技城创业中心项目简介	该项目选址于田心高科技工业园新开发的10平方公里范围内，项目拟占地面积约2000亩，规划总建筑面积1000000平方米标准厂房及配套设施。项目投资规模约20亿元。	2010-2015年
4	株洲电力机车主题公园项目	该项目需占地880亩，以电力机车发展为主线，以一条长3000多米长的环园铁路为连线。公园以电力机车历史为背景，以大型综合游乐项目为内涵，集电力机车文化、科普教育、休闲娱乐、风情歌舞、餐饮服务多功能为一体，为游客提供了一个见证电力机车文化历史、了解电力机车发展历程、舒展身心挑战自我的大众乐园。项目投资规模约6.8亿元。	2010-2015年
5	株洲清水塘循环经济工业园基础设施项目	项目涉地面积约16平方公里，主要包括现有工业企业与居民区的改造区和循环经济拓展区开发建设，其中改造区面积为10.2平方公里，拓展区面积为5.8平方公里，建设内容主要包括：改造区内基础设施的拓改完善整治；拓展区的水、电、路、气的建设及绿化改良；湘江风光带的生态建设及恢复；园区现有居住户的征地拆迁安置及配套开发建设商住用地3000亩。项目投资规模约18亿元。	2010-2015年
6	株洲清水塘国际环保产业园项目	拟对6平方公里重金属污染变性土地进行开发建设，建成湖南省环保产业的核心园区、国家资源综合利用和环保装备制造产业化基地、国际环保技术开发与生态修复实验示范基地。一期开发土地2200亩，基础设施建设投资5亿元，形成产业规模150亿元；二期开发土地2600亩，投入基础设施建设投资5亿元。项目总投资规模约10亿元。	2010-2015年

序号	项目名称	建设内容	建设周期
7	化工类中小企业园项目	项目位于清水塘循环经济工业园，占地 1600 亩，承接区内现有中小企业搬迁、改造、培育、提升、引进无污染、高成长性的中小企业入围，完善延伸循环经济产业链。项目投资规模约 18 亿元。	2011–2013 年
8	铁路枢纽物流中心项目	拟在清水塘循环经济工业区内，依托株洲北站规划建设一个集海陆空联运、仓储、配载、配送信息于一体的大型现代铁路物流园。项目投资规模约 30 亿元。	2010–2013 年
9	谭家山整体开发项目	项目位于响田路旁，石峰区政府斜对面，处于石峰区行政区划的中心位置，北面毗邻响田西路、行政中心石峰区政府，南靠杉木塘商贸腹地，西接建设大道，东联天心立交，占地面积约为 1500 亩，是衔接杉木塘、响石岭、田心三大商业中心的金三角地带。拟进行生态住宅区建设，汽车 4S 店集中区建设和杉木塘商业街改扩建等。项目投资规模约 2.5 亿元。	2011–2013 年
10	汇亚国际博览中心项目	汇亚国际博览中心位于株洲市主干道路建设北路与次干道湘天桥路交汇处，地处清水塘工业区和清石广场、湘天桥商业群区。项目占地面积 47669 平方米，总建筑面积 203880 平方米，2004 年 7 月主体大楼通过竣工验收，目前，大楼外部及一楼 1780 间商铺的装修与消防工程已基本完成，二楼装修完成 30%，项目配套的株洲汽车北站、物流停车场、前广场、消防通道等工程基本完成。项目投资规模约 2.5 亿元。	2010–2012 年
11	九郎山生态风景区开发建设项目	拟修缮九郎庙、洪武寨、双峰寺、上林寺等佛教文化历史景观，完善配套基础设施，开发以佛教文化和生态风景胜地为主的产业，建设相关生态产业，总建设面积 10 平方公里。项目投资规模约 7 亿元。	2010–2012 年
12	石峰公园改建工程项目	拟修缮云峰阁、清心斋、樱花园等公园景点景观，开辟其他新景点，拓宽修缮园内主次道路，完善配套服务设施：在现有的玉兰山庄宾馆基础上，建设五星级园林宾馆、株洲会展中心，占地 150 亩，总建筑面积 25 万平方米，形成株洲市集商务、娱乐、休闲于一体的顶级酒店：建设园内大型主题娱乐公园，占地 50 亩：对公园外围环境整治，建设配套商业设施。项目投资规模约 10.2 亿元。	2011–2013 年
13	白石港湿地公园开发建设项目	白石港湿地公园位于红港路与人民路、公园路、红旗路交汇处，对湘江白石港湿地公园周边进行清淤和生态修复，建成生态湿地体积展示湿地植物的自然生态园，形成主岛与周边地区的绿色生态走廊，在现有滨江公园和绿带的基础上，进行城市滨水景观开发建设。项目投资规模约 30 亿元。	2011–2014 年

活力高新 特色高新

湖南省委书记周强、国家科技部副部长曹健林等领导为5兆瓦永磁直驱海上风力发电机在湘潭高新区下线剪彩

湘潭国家高新区召开“千亿园区”建设动员大会

湘潭高新区铁牛埠港区二期工程开工典礼

湘潭高新技术产业开发区成立于1992年，2009年3月18日，经国务院批准升级为国家高新技术产业开发区。湘潭国家高新区规划面积为45.8平方公里，现有工业企业382家，下辖板塘乡、双马镇。

近年来，湘潭高新区坚持“创新引领、特色发展、重点支撑、赶超跨越”的发展思路，致力发展园区经济，打造了德国工业园、火炬新创业园、双马工业园、新材料工业园等特色园区。目前，科研能力居全国第一的湘电风能、美国《财富》500强企业铁姆肯轴承、全国唯一的风电实验室、国家级风电检测平台、国家能源风力发电研发(实验)中心、院士专家工作站等众多知名企业、科研机构纷纷落户湘潭国家高新区，园区形成了风电装备制造等新能源产业、机电一体化产业、新材料

展示开发区风采，发展开发区成果。——湖南省常务副省长 于来山 题

崛起的湘潭国家高新区

湘潭国家高新产业技术开发区（德国）工业园

产业等三大产业集群。如今，湘潭国家高新区还成为了国家新能源高技术产业基地、国家火炬计划一体化特色产业基地、国家新材料成果转化及产业化示范基地、国家科技兴贸出口创新基地、国家知识产权试点园区、中国产学研合作创新示范基地。

“十二五”期间，湘潭高新区将坚定打造国家创新型特色园区一个方向，全面提升自主创新、产业超常规发展两个能力，重点发展新能源装备高端制造产业、精品钢材深加工产业、现代运输制造产业三大产业，奋力打造“千亿园区”。努力把湘潭高新区建设成为自主创新的核心区、科学发展的示范区、现代产业体系的先导区、国际科技合作的承载区、体制机制创新的先行区。

湘潭高新区党工委书记肖克和（左）与管委会主任刘硕科畅谈发展大计

湘电新能源产业园落户湘潭国家高新区奠基仪式

地　　址：湖南湘潭高新区晓塘路创新大厦
招商热线：0731-58551399
网　　址：www.xtctp.com

开放合作之平台　招商引资之窗口　——湖南省委副书记：梅克保 题

国家级开发区

新能源之都　南方钢铁城

——湘潭国家高新区欢迎您

新能源产业园： 依托湘电等大型国企及其裂变企业等优势资源，在湘潭高新区整体规划4500亩，主要发展包括风电装备制造、光伏产业、物流配送产业等战略型新兴产业。目前，园内已聚集兆瓦级风电机组、5MW海上风机、偏航变桨系统、风电塔筒、风电电线电缆、风电电控部件和控制系统、小风电等风电装备项目，以及轻轨车辆、重型装备、碟式太阳能装备、设备修造、热电联供、模具制造等一批其它新能源装备制造项目。计划到2015年形成400亿元的产业规模，将其打造成全国最大的国家新能源装备制造等特色产业基地之一。

湘潭高新区湘电风能公司总装车间

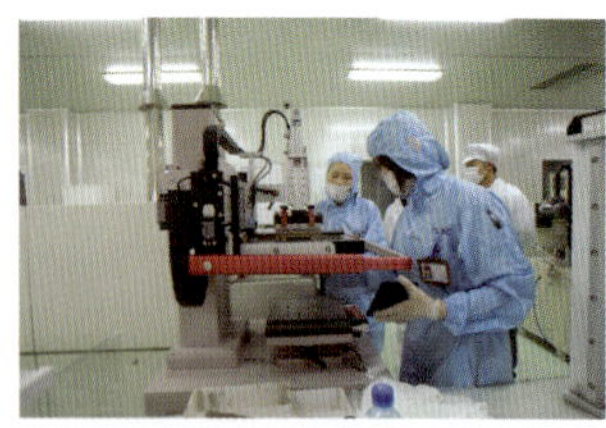
光伏企业天利恩泽有限公司无尘操作间

湘电风能产品在福建某风场运转

铁姆肯生产车间一角

湘电新能源产业园落户湘潭湘潭国家高新区，市委副书记、市长史耀斌、市委常委阳祖耀，高新区党工委书记肖克和、管委会主任刘硕科以及湘电集团负责人出席仪式并为奠基培土。

展示开发区风采，发展开发区成果。——湖南省常务副省长 于来山 题

钢材深加工产业基地：依托湘钢及附近钢企的母材优势和湘潭高新区的区位优势，在湘黔铁路线以南、东二环以西、双马工业园以北区域5000亩范围内建设钢材（金属）深加工产业园。在2010年–2013年期间，总投资50亿元，完成一期开发建设。布局板材、线材加工和商品钢筋深加工等三大类项目，重点推进和建设以管线管、钢结构、紧固件、钢丝及帘线、板卷开平、气保焊丝、汽车配件钢等七大类精加工具体项目，致力打造南方最大的精品钢材深加工特色产业园区。基地规划到2015年实现销售收入过千亿元。

湘钢板材产品生产线

湘江航运内河首座2000吨级码头——湘潭高新区铁牛埠二期港区效果图

钢帘线

湘钢钢材产品

湘钢宽厚板

2010.10.13，湘潭市人民政府与湖南华菱钢铁集团达成全面战略协议，在湘潭高新区设立钢铁（金属）深加工产业园

湘潭（德国）工业园

目前已形成了以湘电风能、铁姆肯、天利恩泽为代表的新能源装备制造产业群，以海诺电梯、威斯特、碧绿环保、远通泵业等企业为代表的环保机电制造产业群。该园被国家环保总局明确为国家环保科技产业园，被国家科技部批准为国际科技合作试点基地、国家火炬计划湘潭机电一体化特色产业基地，被国家发改委批准为国家新能源高技术产业基地。

湖南江南红箭股份有限公司落户湘潭高新区

湖南湘电风能有限公司

铁姆肯湘电（湖南）轴承有限公司

湖南海诺电梯有限公司

湖南华韧钢结构有限公司

湖南湘钢紧固件有限公司

2010.4.30，中共湘潭市委书记陈三新、湘潭市人民政府市长吴奇修等领导出席湘潭高新区产业联盟项目签约仪式

2010.10.18，市领导朱明华（左3）、谈文胜（右4）等为铁姆肯湘电（湖南）轴承公司投产开业剪彩

国家级开发区

展示开发区风采，发展开发区成果。——湖南省常务副省长 于来山 题

湘潭国家火炬创新创业园

- ◆部省市共建的国家级科技孵化器
- ◆中国产学研合作创新示范基地
- ◆湖南(湘潭)大学生科技创业园
- ◆湖南省创业带动就业示范基地
- ◆全省优秀中小企业促进园
- ◆湖南省留学人员创业园

——中南地区首家部、省、市共建的创新平台，是集研发、创新、孵化、中试专业服务和总部运营于一体的产业生态综合体。拥有科技型中小企业 282 家，用有 16 个公共技术平台，12 家投融资机构，38 家中介服务机构，为园区企业保驾护航。

中共湘潭市委书记陈三新与湖南省人力资源和社会保障厅党组书记赵湘平为湖南(湘潭)大学生科技创业园揭牌

湘潭国家高新区双马工业园

双马工业园：位于湘潭国家高新区双马镇，地处长潭高速公路连接线两厢区域，长株潭经济圈中心区，傍依湘江，东通京珠高速、西接市政中心，京广、湘黔铁路纵横成网，107、302国道贯穿境内，交通便捷，区位得天独厚。园区现引进项目70个，开发土地面积近6000亩。天士力民生药业、富兴飞鸽药业等上市公司，崇德科技、迅达集团等众多高新技术企业聚集于此。

天士力民生药业

展示开发区风采，发展开发区成果。——湖南省常务副省长 于来山 题

和谐高新区——协调发展形象展示

湘潭高新区坚持“以人为本、和谐发展”的理念，倾力打造安居工程，高标准建设集中安置区、社区医疗卫生服务中心、学校，开展“订单式”培训，实施就业、再就业工程，率先实现被征地农民养老保险全覆盖，一系列惠民举措实实在在地解决被征地农民的就业、安居、就学、就医等问题，真正实现了科学发展、和谐发展。

“梦想·飞扬”湘潭高新区晋升国家级文艺晚会

美丽家园

湘潭高新区环境优美的安置小区

开放合作之平台 招商引资之窗口 ——湖南省委副书记：梅克保 题

国家级开发区

湖南郴州出口加工区
湖南郴州有色金属产业园区

湖南郴州有色金属产业园区是2003年4月18日经湖南省人民政府批准设立的省级开发园区。郴州出口加工区位于郴州有色金属产业园区内，是2005年6月3日经国务院批准设立的国家级出口加工区，2007年11月正式封关运营。郴州有色金属产业园区重点发展有色金属新材料、电子信息和先进装备制造产业，郴州出口加工区是湖南唯一的国家级出口加工区，实行"区内关外"的管理模式,并叠加了保税物流功能。园区管辖面积100平方公里，其中建设规划面积43平方公里。下辖一个乡镇和一个中等职业学校，常住人口5万余人，其中产业工人近3万人。园区先后被认定为湖南稀贵金属深加工产业基地、湖南数字视讯产业郴州基地、湖南省信息产业郴州基地、湖南省新材料产业郴州基地、湖南省承接产业转移示范园区、湖南十大最具投资价值产业园区等。

园区按照"生态、特色、科技、效益"的建园理念，紧紧围绕打造"千亿园区"和创建国家级园区的目标。抢抓承接产业转移、"高铁经济"和郴州"两城建设"的历史性机遇，坚持以规划为龙头，以招商引资为抓手，以化解融资瓶颈为突破口，以产业建设为中心，推动园区"二次创业"。从2003年建园至今累计完成投资近50亿元，首期开发的5平方公里区域内的"七通一平"等基础设施和海关监管设施建设已基本完成，园区配套设施完备，能充分满足入园企业生产、生活和海关监管之所需。目前，园区共引进入园企业130余家，其中出口加工贸易型企业及配套企业23家。初步形成了以柿竹园、钻石钨、金贵、金旺为龙头的有色金属新材料产业，以台达、华磊、华录、骏峰、海利微电子为龙头的电子信息产业，以香港国民物流、时通物流为龙头的保税物流业，以郴州粮机、台湾捷胜科技为龙头的先进装备制造业。

2010年，完成固定资产投资28.32亿元，完成年任务的135%，同比增长97.09%。实现工业总产值106.82亿元，同比增长105.99%（其中规模工业总产值105.41亿元，同比增长111.43%）；完成工业增加值32.10亿，同比增长106.37%（其中规模工业增加值31.68亿，同比增长111.81%）；完成高新技术产值74.65亿，占规模工业总产值的69.88%，同比增长50.92%，完成年任务的136%。完成进出口总额2.52亿美元，同比

管委会办公大楼
Administration Office Building

出口加工区海关卡口
Customs Checkpoint in the Export Processing Zone

增长 79.18%，完成加工贸易额 7282 万美元。引进项目 31 个，其中投资过 1 亿元的项目 13 个。实际利用外资 6521 万美元，内联引资 17.88 亿元。实现财政总收入 3.23 亿元，同比增长 54.26%。

园区近期目标是创建国家级园区，计划到"十二五"末，挤进湖南省"千亿园区"行列，建成区面积拓展到 40 平方公里，打造成为"基础设施一流、服务管理规范、产业特色鲜明、生态环境优美"的具有国际竞争力的园区。

招商地址:湖南郴州出口加工区管理局

湖南郴州有色金属产业园区管委会

招商电话:0735-2654988　2659718

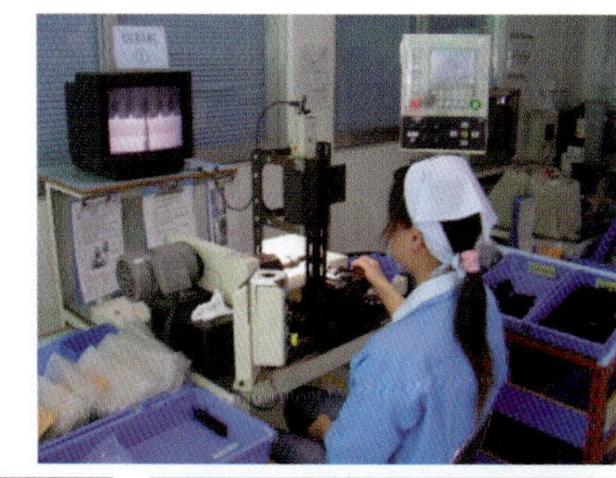

开放合作之平台 招商引资之窗口 ——湖南省委副书记：梅克保 题

国家级开发区

岳阳经济技术开发区

高标准规划　高质量建设　高效能管理　高水平经营

原全国政协副主席毛致用与商务部党组成员、副部长傅自应为岳阳经济技术开发区晋升为国家级揭牌

[经济发展]

岳阳经济技术开发区是沿江开放城市创办的首批开发区，1992年正式开发建设，2010年3月升级为国家级经济技术开发区。2010年，开发区经济稳步增长，速度效益同步提升。全年实现GDP132.71亿元，同比增长16.8%。其中规模工业增加值105.19亿元，增长28.1%；实现规模工业总产值415亿元，增长37%，其中高新技术产业产值164.55亿元，增长41%；完成全社会固定资产投资48.21亿元，增长27.6%；实现财政收入9.06亿元，增长55.7%。

[投资环境]

岳阳开发区位于湖南省岳阳市东部，坐拥中国历史文化名城、中国优秀旅游城市、国家文明卫生城市、中国最适宜发展物流的25个城市之一、中国大陆最佳商业百强城市之一、中国特色魅力城市200强、中国最佳投资城市、十大中部最佳投资城市之一等城市品牌资源。紧邻长江八大良港、湖南唯一国家对外轮开放的一类口岸、海峡两岸直航港口--城陵矶港，通过长江黄金水道通江达海，京珠、杭瑞、宁樟、随岳高速公路、武广高速铁路穿境而过，具有良好的区位优势。

建区以来，已累计投入38亿元，加强水、电、路、气、通讯等基础设施建设，建成了三个工业园共8平方公里、两个物流园和一个5.3平方公里的综合配套服务中心。2010年，岳阳开发区重点基础设施建设步伐加快。污水处理厂一期工程(日处理污水5万吨)投入使用。岳长高速、S301线、市体育中心等一批重点工程稳步推进，御景华都、滨水新城、凯旋城、天邦珍珠湾等8个高档房地产开发项目相继开盘。强势推进1平方公里的电子信息产业园和高新技术产业孵化基地、9平方公里的木里港先进制造基地、8.7平方公里的武广高速铁路岳阳站现代金融商贸区等园区建设。

[招商引资]

2010年，岳阳开发区按照“不污染、占地少、效益高”的招商引资要求，依靠现有产业基础，延长产业链，打造产业集群。新引进项目45个，实际到位内资25.59亿元、外资2583万美元；新开工各类项目50个，实际完成投资16.91亿元；新投产项目39个，实际完成投资19.23亿元。引进的中南科伦生物医药项目总投资8亿元人民币，其中固定资产投资4.5亿元，项目竣工投产后预计年销售收入20亿元人民币，年缴纳税收超过1亿元。还有投资4.51亿元的中科电气新基地项目、投资2.3亿元的吉祥燃烧器项目、投资2.8亿元的桑乐真空管等一批“大、好、高”项目纷纷签约落户，这些项目的引进建设，进一步延伸了产业链条，壮大了园区的新兴产业。支柱产业初具规模，先进制造、生物医药、健康食品、电子光伏等产业产值占工业总产值的75%以上。目前，岳阳开发区规模以上工业企业达到150家，其中产值过亿元的64家，税

上市公司中科电气股份有限公司新基地在机械工业园奠基

岳阳开发区追求卓越，发展开发区成果。——湖南省常务副省长 于来山 题

岳阳市委书记易炼红(左四)在湖南吉祥石化科技股份有限公司新址建设工地上

收过千万的企业达到9家，过百万的企业52家，工业税收占财政总收入的比重达54%以上。

[高新技术产业]

到2010年底，岳阳开发区已认定省级高新技术企业31家，占全市40%以上，创立国家级和省级工程技术中心5个，累计授权专利335个，高新技术产品增加值占规模工业增加值的比重达47.5%。品牌建设成效显著，已有中国驰名商标4件、著名商标9件，省级名牌产品13件，商标和品牌拥有量位居全市第一。岳阳开发区集国家级高新技术创业服务中心、湖南省承接产业转移示范园区、湖南田谷电子信息产业园等一批"金字招牌"于一身。湖南中科电气股份有限公司电磁设备产业化、岳阳国泰机械有公司高速宽幅纸机国产化等一批投资密度大、产出高、能耗低、高科技、高附加值项目发展态势良好。2010年，全区实现高新技术产业产值164.55亿元，同比增长41%。

[发展趋势]

岳阳开发区将紧紧围绕"四化两型"和"五市一极"发展战略，全力打造"产业发展示范区、城市建设样板区、改革创新先行区、投资环境优良区和社会关系和谐区"。着力"实施三大计划、培育三大产业，建设三大基地"，即新兴产业崛起计划、现代服务业集聚计划和传统产业提升计划，重点培育先进制造、生物医药、高端服务三大产业，着力打造全国电磁装备制造、石化装备制造、造纸与环保装备制造三大基地。"十二五"期末，形成3条以上产值过100亿元的特色产业链，培育50个以上产值过10亿元的骨干企业和上市企业；重点建设四大园区，即加速推进木里港工业园、机械材料工业园区、金凤桥现代金融商贸区和洪山物流园建设，以每年2000亩左右的速度，加快征地拆迁和基础设施建设，为产业发展提供优质平台。坚持"高标准规划、高质量建设、高效能管理、高水平经营"，进一步整合优质资源，放大国家级经开区、国家级高新技术创业服务中心、湖南省承接产业转移示范园区、湖南田谷电子信息工业园等"金字招牌"的政策叠加效应，同时努力创建新的国家级平台，不断提升园区品牌形象和综合竞争实力。

湖南桑乐数字化太阳能有限公司生产车间

武广客运专线岳阳东站

地址：岳阳市岳阳大道9号
电话：0730-8720988　传真：8720989
网址：www.yykfq.gov.cn

常德经济技术开发区

常德，桃花源里的城市，自古就是“黔川咽喉，云贵门户”。改革开放三十二年后的今天，地处长株潭城市群、武汉城市圈和成渝经济圈三大国家综合改革实验区交汇点的常德，已经成为“长三角”和“珠三角”向中西部地区进行产业转移的黄金地带。地处常德市城区的沅江南岸，一座充满现代气息与活力的“工业新城、城市新区”—— 常德经济技术开发区正在快速崛起！

2010 年 6 月，国务院批准德山经济开发区升格为国家级经济技术开发区，定名为常德经济技术开发区。“十一五”期间，勤劳智慧的德山人不负使命，书写奇迹。2006 年底起，常德市委、市政府从战略上明确了常德经开区"工业新城、城市新区"的发展定位。经开区围绕"项目立区、产业强区、科技兴区"的工作思路，坚持以"重大项目引进、产业集群发展、专业园区建设"为主攻方向，先后投资 20 多亿元实施基础设施建设，使经开区的面貌发生了巨大的变化。区内道路宽敞平坦，水、电、燃气、通讯等配套完备。目前拥有日供水 60 万吨的自来水厂、年供气 1 亿立方米的管道燃气站和二座 220 千伏、三座 110 千伏的变电站。周边近百万

展示开发区风采，发展开发区成果。——湖南省常务副省长 于来山 题

国家级经济技术开发区

劳务大军及十几所大中专院校，培养了充足的熟练技工和高素质管理人才。2009年5月，常德德山开发区被纳入长株潭“两型”社会建设示范区中的大河西示范区。近年来先后被授予“国家高新技术产业基地园区”、“湖南省承接产业转移示范园区”、“湖南省综合性高新技术产业基地”、“湖南省最具投资价值产业园区”等称号。常德经开区已成为常德市工业的主阵地和经济发展的增长极，现有工业企业400余家，其中规模企业101家，年销售过亿元的企业24家，15家上市公司在此投资。已形成机械装备、电子和新材料、林纸深加工、食品、纺织服装和医药六大产业。

为鼓励和吸引广大投资者前来投资兴业，改善和加强对企业和项目的服务，经开区的政务服务中心对入区项目实行“一站式审批、一个窗口对外、一套班子专抓”的服务体系，正努力将经开区建设成为湘西北政策最优、机制最活、诚信最好、环境最美、回报最快的现代化工业新区。“十一五”期间，经济社会主要指标快速增长，为十二五时期的跨越增长打下了坚实基础。

“十一五”期间主要经济指标对比表

主要指标	年份		年均增速%
	2006年	2010年	
地区生产总值（亿元）	16.4	47.3	37.7
规模工业产值（亿元）	41.9	125.9	40
规模工业增加值（亿元）	10	33.8	47.6
规模工业企业户数（家）	35	101	32.6
固定资产投入（亿元）	5.6	47.8	82.1
基础设施投入（亿元）	2.3	5	23.5
区域税收（亿元）	2	4.7	27
一般预算收入（亿元）	0.37	2.28	88

政务中心办公楼

展示开发区风采，发展开发区成果。——湖南省常务副省长 于来山 题

从开发区成立至今，在不到20年的时间里，常德经开区各项经济指标成几何级快速增长。迎着新一轮推进新型工业化的浪潮，常德经开区人将抓住沿海产业梯度转移、国家实施中部崛起、德山被国务院批准为长株潭“两型社会”建设长沙大河西先导区德山片区、升级为国家级开发区等重大机遇，乘风破浪，快速前进。

为了建设“两型”园区，实现跨越发展，常德经开区将努力提升产业集聚能力和水平，积极发展战略性新兴产业，全面推进“工业新城、城市新区”建设；努力提升开发管理能力和水平，创新体制机制，实行科学管理。常德经开区的发展前景令人期待。一艘投资密集、效益密集的工业航母正在起航；一座规划科学、设施配套的现代新城正在崛起；一个环境优美、生活方便的理想家园已成为现实。

地址：湖南省常德市常德经济技术开发区德山中路

邮编：415001

网址：http://www.dskfq.gov.cn

电话：0736-7302858

传真：0736-7316263

邮箱：deshan2000@126.com

宽阔平坦的常德大道

常德经济技术开发区专业园区简介

中小企业创业园 由湖南德山建设投资股份有限公司投资，主要以满足产业转移和创业型企业对标准工业厂房的需求而建设，一期占地面积120亩，建筑面积12.8万平方米，总投资1.8亿元。目前9栋标准工业厂房和5栋倒班综合楼已完工。园区依托优越的区位优势，完善的配套设施，丰富的人力资源及一系列的优惠政策，努力打造中小企业理想的创业平台和产业转移的承接平台，现有20家企业入驻。

湖南金天钛业科技有限公司

三一常德工业园 由湖南三一重工股份有限公司投资，项目总投资15亿元，规划

中国粮食第一股金健米业

面积550亩。主要生产平地机、沥青搅拌站等大型机械设备。一期工程于2010年5月开工建设，2011年2月投产，目前正在进行二期工程建设。预计全部建成后年销售收入超过25亿元，新增就业岗位1500个。

电子信息产业园 常德市德山电子信息产业园是经湖南省人民政府批准成立的首批省级电子信息产业园，规划面积5平方公里。2010年4月开始动工建设，目前已有4家企业入园。确立的五大发展方向是以光电产业为主的LED光源及应用、平板显示产业、动力电池产业、整机设备及消费电子和新型电子元器件。

机械配套产业园 规划面积1000亩，采取自建厂房或租用厂房，引进中小机械配套企业。目前土地平整已经完成。

湖南云锦集团企业生产车间

湖南恒安纸业生产车间

常德经济技术开发区电子信息产业园

A Brief Introduction to Ningxiang National Economic & Technological Development Zone

国家级宁乡经济技术开发区

国家级宁乡经济技术开发区管委会办公大楼

宁乡经济开发区是2002年11月由湖南省人民政府批准设立，经过近10年的发展，通过全力调整优化产业空间布局，科学制定产业发展规划，明确产业功能定位，逐步构建了园区产业集群发展框架，形成了食品、机电、新材料三大主导产业，园区特色十分明显。2010年，宁乡经开区完成工业总产值230.56亿元，实现财政收入10.7亿元，年出口总额4.88亿美元，累计利用外资10.36亿美元，各项主要经济指标增幅在40%以上。区内有工业企业总数260家，规模企业达233家。开发区先后获得了多项殊荣：2003年成为

中央政治局常委、国务院总理温家宝视察园区企业楚天科技，并与员工合影留念

展示开发区风采，发展开发区成果。——湖南省常务副省长 于来山 题

湖南省委书记周强视察加加集团

园区重大配套企业天宁热电厂投产剪彩仪式

联合利华大中国区副总裁殷德维、曾锡文考察园区

"国家中小企业科技工业园"；2007年8月成为湖南省唯一的"全国模范劳动关系和谐工业园区"；2008年成为湖南省首批"循环经济试点园区"；2009年成为国家农业部首批授予的"农产品加工创业基地"，成为全国唯一的"中小企业信用体系建设示范园区"。2010年成为全国首家"中国食品工业示范园区"，"湖南十大最具投资价值产业园区"。

2010年11月，宁乡经开区获批国家级经济技术开发区。立足国家级崭新发展平台，宁乡经开区将以全面创建"两型"示范园区为方向，当好改革开放先行区、体制机制创新区、现代产业集聚区、先进文化引领区、和谐发展示范区，实现功能的综合化、布局的最优化、发展的内生化，打造开放度高、竞争力强、生态优美、环境和谐、经济发展、科技创新的现代工业新城，到十二五期末实现生产总值1200亿元，财政收入50亿元，力争实现挺进五十强（国家级开发区）的战略目标。

湖南宁乡经济开发区管理委员会
地址：湖南省宁乡县宁乡大道
电话：0731-88981799（办公室）
0731-88981778（招商合作局）
网址：www.nxgyy.com
邮箱：nxgyy@public.cs.hn.cn

长沙国家生物产业基地

CHANGSHA GUOJIA SHENGWU CHANYE JIDI

长沙国家生物产业基地前身浏阳生物医药园，1998 年经省政府批准立项，首期规划面积 13.4 平方公里。园区位于长沙市东郊，距长沙 35 公里、浏阳 25 公里、黄花国际机场 18 公里、京珠高速 20 公里、武广高铁 30 公里，长浏高速、大浏高速、浏醴高速、319 国道和从长沙直达园区的开元东路穿园而过，湖南省城际轻轨也将经过园区并设立站点，东接长三角，南联珠三角，通江达海，交通十分便捷。

长沙国家生物产业基地是我国第一批获批的 7 个国家级生物产业基地之一。园区 2001 年 10 月被联合国工发组织确定为中国唯一国际合作园，2002 年被国家科技部批准为国家火炬计划生物医药基地，2004 年被共青团中央授予全国青年创业实践基地，2005 年被商务部批准为国家医药出口基地，2006 年被国家发改委认定为长沙国家生物产业基地，是中部地区第一个国家级生物产业基地。长沙国家生物产业基地还是湖南省“十二五”规划重点园区、湖南省承接产业转移示范园区。

长沙国家生物产业基地按照高科技、生态型、国际化定位，以生物医药和电子信息为主导产业，是长株潭城市群高科技产业的主要基地。目前共引进工业企业 136 家，配

套科研、服务、商贸企业125家，是全国中小医药企业最集中的区域之一。园区拥有九芝堂斯奇、威尔曼、有色凯铂、绿之韵等生物医药企业，拥有蓝思科技、介面光电、利尔电子等电子信息企业，拥有康师傅、盐津铺子、嗑得响等食品企业，诞生湖南省著名商标14个、中国驰名商标1个。

长沙国家生物产业基地实行封闭式管理、一站式服务，并经人民银行批准设立了一级金库，确保税收地方留成部分及时足额返还和企业优惠政策的兑现。

园区创造性建设科技公共平台，以科技公共平台建设促科技创新，以科技创新提升核心竞争力，从而形成特色，形成完整的产业链条和具有竞争力的集群优势。其主要科技公共平台有：湖南医药科技创业中心（生物医药孵化器）和湖南省实验动物中心（湖南省食品药品安全评价中心）。

园区2010年实现工业总产值171亿元、实现财政税收5.2亿元。园区"十二五"末将实现工业总产值1000亿元，实现财政税收40亿元，其中电子信息产业实现产值500亿元、生物医药产业实现产值300亿元、食品和其他产业实现产值200亿元。园区未来将着力打造世界生物经济社区和临空经济区，使长沙成为高科技产业创业之都。

电话：0731--83219688
传真：0731--83280666
邮编：410331
网址：www.lipip.com

长沙兴嘉生物工程股份有限公司，全国饲料添加剂科技创新优秀企业

湖南安邦制药有限公司，老百姓大药房进入药品生产领域的桥头堡

湖南九芝堂斯奇生物制药有限公司，全国生物制药行业十强企业

湖南春光九汇现代中药有限公司，中药现代化的佼佼者

湖南省动物实验中心，湖南省“十一五”科技基础平台建设重点工程

湖南绿之韵生物工程有限公司，湖南省第一张直销牌从这里诞生

展示开发区风采，发展开发区成果。——湖南省常务副省长 于来山 题

湖南泰尔制药股份有限公司，中国首批 GMP 标准药品和营养食品制造企业

中外合资湘北威尔曼制药有限公司，全国最大抗生素生产企业之一

湖南有色凯铂生物药业有限公司，全国 500 强企业——湖南有色进军生物医药的得意之作

湖南医药科技创业中心，2010 年获批国家级孵化器

蓝思科技(湖南)有限公司，长沙市十大百亿企业，湖南电子信息产业标志性企业

湖南盐津铺子食品有限公司，园区食品企业的领头羊

长沙国家生物产业基地管委会办公楼

长沙国家生物产业基地入园口

花团锦簇的园区专家楼

2007年6月12日，长沙国家生物产业基地授牌

丰富多彩的园区文体活动

华开天下
温馨一家
華天
潇湘華天大酒店
XIAOXIANG HUATIAN HOTEL
订房热线：4008200428
www.ehuatian.com
潇湘華天大酒店
省级开发区、“两型”示范区、特色工业园区
长沙工业园区
华天集团
CHHT
提醒您
来长沙考察、投资、休闲，请进驻——
潇湘華天大酒店
XIAOXIANG HUATIAN HOTEL
地址：中国·湖南长沙市芙蓉中路593号
电话：0731-84660888 www.xxht-hotel.com

长沙理工大学

同升湖别墅群

华雅国际大酒店

湖南环保科技产业园

湖南环保科技产业园是经湖南省人民政府批准成立的省级开发区，由雨花区人民政府投资兴建，规划面积 23 平方公里。湖南环保科技产业园于 2003 年元月正式启动建设，是长沙市“两区九园”中最年轻的园区，同时也是当前长沙市最具潜力和后劲的园区之一。

区位和交通

显著的区域优势：长沙在全国的位置承东启西、联南贯北，在全国 45 个公路主枢纽城市中物流成本排名第九。园区处于长(沙)株(洲)(湘)潭城市群的心脏位置，是三市经济一体化的结合部，是湖南省“一点一线”(一点指长株潭一体，一线指京广线)发展战略的核心发展区域，是南长沙工业化和城市化的前沿阵地。

通达的交通优势：

——城市交通。长沙市南北三条主干道有两条(韶山路、万家丽路)贯穿园区，并经园区环保大道形成回路，园区距黄花国际机场 20 分钟车程，距武广高铁长沙站 10 分钟车程，交通非常便捷。

湖南环保科技产业园区交通区位图

——城际交通。园区所在的长株潭地区是南中国陆路交通的结合部，京广线、浙赣线、湘黔线、湘桂线交汇株洲，京珠高速、上瑞高速、107国道、319国道、320国道交会长沙，园区处在长沙城区路网与全国公路网的接口上，与绕城高速南线互通，园区内任何一个地方上下高速不超过十分钟，出行十分方便。

全国环保科技示范园区

中国环境科学学会

2003 China's International Forum on Sustainable Production and Consumption Patterns & Exposition on Green Consumer Products and Services

生态与环保

可持续发展贡献奖

首届可持续消费与可持续生产国际论坛

暨首届中国绿色产品与技术国际精品展示会组委会

优惠政策

除享受省、市对工业园区普适性优惠政策外，雨花区为促进园区招商引资、鼓励企业做大做强，对园区项目开发实行强有力的优惠政策，如：税收增幅奖、规模奖、新办工业企业税收奖、工业固定资产投入奖、守信用企业奖、信贷扶持奖、技术创新奖、名牌产品奖、人才

湖南省委副书记梅克保视察园区项目

兴业奖等。

2007年，国家批准长株潭城市群为全国资源节约型和环境友好型社会建设综合配套改革试验区，2009年湖南省人民政府长株潭两型社会建设改革试验区领导协调委员会办公室正式成立并入驻我园，这无疑是促进园区做大做强的又一次历史性机遇。

发展现况

截至“十一五”期末，园区共完成固定资产投资60亿元(其中基础建设投入16亿元)，已形成10平方公里的城市基础设施规模，建成“五横五纵”主次路网40多公里。整体实现了北上绕城、南下暮云、东过京珠、西连天心的交通格局，极大地提升了园区的区位优势和交通优势；共完成了土地拆迁约20000亩，在和谐拆迁的前提下，有效控制了拆迁成本，并确保了拆迁速度；园区招商引资额逾250亿元，引进了民族自主品牌比亚迪汽车城项目、利税大户湖南中烟工业有限公司总部项目、国内知名上市公司武汉东湖高新集团工业地产项目、汽车模具专业制造企业晓光模具等各类项目220个，其中比亚迪汽车城项目的引进属于重大战略性突破，作为湖南省建国60年来引进的最大的工业项目，该项目的引进一举奠定了园区作为大型汽车生产基地的地位，使雨花区在长沙工业格局的地位，使长沙和湖南在全国工业的地位将会得到显著的提升；入园企业将近半数已经建成投产，其余都在开工建设，2010年实现94.7

长沙市委书记陈润儿视察园区企业

亿的总产值规模，为“十二五”规划期末年产值过800亿奠定了基础。一个经济密度高、产业特色鲜明的都市型工业园正在成形。

发展思路

“十二五”规划期园区将继续坚持工业新城的整体定位，围绕两条主线开展工作，一条主线为“兴工”，另一条主线为“筑城”。“兴工”的主要任务是在“十二五”规划期末，实现入园企业600家以上，最终形成产值800亿以上的生产规模，将园区建成新兴大型汽车生产基地，而且是一个引领新一轮汽车技术革命的生产基地。“筑城”的主要任务是完成大型购物城项目的建设。在“十二五”规划期末，不仅把园区建成先进制造基地，同时还是汽车时代的区域商业中心。

湖南大学授予园区EMBA实训基地

地　　址：长沙市万家丽南路二段18号
联系方式：0731-85079600　85079666
传　　真：0731-85079679
邮　　编：410116
http://www.hnhky.gov.cn

长沙市市长张剑飞视察园区

开放合作之平台 招商引资之窗口 ——湖南省委副书记：梅克保 题

长沙工业园区

长株潭中小企业基地

园区创业大厦

教育配套——金海中学

湖南中烟工业有限责任公司

湖南中烟工业有限责任公司

展示开发区风采，发展开发区成果。——湖南省常务副省长 于来山 题

比亚迪电动大巴下线仪式

省人大常委会党组书记戚和平视察比亚迪电动大巴

比亚迪大巴组装线

比亚迪汽车城

湖南晓光汽车模具有限公司

新港码头

长沙金霞经济开发区

湖南省委书记周强(中)、铁道部副部长陆东福(右二)、国家发展和改革委员会副主任徐宪平（左二)、长沙市委书记陈润儿(右一)、广州铁路(集团)公司董事长、党委书记何玉华(左一)等领导共同启动开工仪式

一、园区基本情况

长沙金霞经济开发区，是中国最大的专业物流园区和湖南省物流产业核心园区，是国务院批准的长沙市总体规划近期重点开发园区。开发区地处北长沙城北中心地段，总规划面积为52.18平方公里，由金霞、高岭、鹅秀、沙坪4个组团组成，是湖南省唯一集水运、公路、铁路、空运、管道五元化网络交通优势于一体的开发园区。

金霞组团位于开发区核心地段，总规划面积10.87平方公里，是发展现代物流的主体核心区。凭借保税物流中心、铁路货运中心、港口、公路一级口岸、出口加工区和物流信息中心等六大物流平台，成为定位长沙，辐射中部，影响全国的国家

展示开发区风采，发展开发区成果。——湖南省常务副省长 于来山 题

湘江大道

一级物流节点和重要的国际物流转换基地。

沙坪组团总规划面积17.18平方公里。重点发展以物联网专用设备为主的先进制造业和以电子信息产业为主的出口加工业，是推进新型工业化、延伸产业链条、实现建设拓城与产业拓城同步推进的重要载体，致力于打造湖南"两型产业"先导示范平台。

高岭组团总规划面积12.11平方公里。重点发展现代商贸业，形成集仓储、配送、批发、贸易、展览、运输、信息以及其他专业服务为一体的专业市场群。构建一个功能分区明确、配套设施齐全、交通便捷的大型综合性物流贸易基地。

鹅秀组团总规划面积为11.98平方公里。整个区域拥有良好的自然生态环境，湘江区内秀丽的鹅羊山、秀峰山与横卧湘江的月亮岛隔水相望，山水交融、岛山辉映。将建成以生活居住、商贸、办公、休闲旅游等多功能结合的综合型社区。一座城市与产业高度融合的新型城区正在兴起。

二、园区发展情况

"十一五"时期是园区经济社会发展最快，进步跨越最大的五年。五年来，紧紧围绕"实施二次创业，跻身先进园区"的奋斗目标，全面实施"主攻基础设施，推进项目建设，壮大物流产业，造就北部新城"的发展战略，坚持"产业优先，两化并举"的发展路径，在改革

2009年4月省人民政府副省长甘霖和国务院联合验收组组长、海关总署加贸司副司长吕伟红出席保税物流中心验收仪式

2007年，香港特区行政长官曾荫权在园区视察

中求发展，在发展中谋进步，全面超额完成了“十一五”规划确定的目标和任务，开创了园区经济社会又好又快发展的良好格局。

1、综合实力显著增强，园区地位大幅提升。“十一五”期间，园区共完成全社会固定资产投资 135.58 亿元，年均增长 54.7%；规模工业总产值 237.09 亿元，年均增长 43.64%；规模工业增加值 57.34 亿元，年均增长 39.58%；完成物流企业货物吞吐量 1432 万吨，年均增长 72.42%；主营业务收入 144.17 亿元，年均增长 30.72%。2010 年园区荣膺“中国物流示范基地”和“湖南十大最具投资价值产业园区”。

2、基础设施极大改善，城市化进程加快推进。“十一五”期间，园区内总投资 41.2 亿元，新建市政道路 26 条，总里程达 51.1 公里。芙蓉北路、湘江大道、兴联路等城市主次干道相继通车，“五纵七横”的路网骨架全部拉通。同时，秀峰山公园已正式开园，长沙金霞特勤消防站已完成主体工程，湘雅泰和医院综合楼封顶，新港污水处理厂、自来水加压站等公建配套项目启动建设，园区基本实现了基础设施的城市化，新增建成区面积达 10 多平方公里。

3、物流平台日臻完善，比较优势切实涵养。“十一五”期间，园区突出壮大物流产业，努力打造“5+2”物流平台，切实涵养了物流产业竞争优势。长沙新港已完成一、二期工程建设，三期工程正式奠基，港口年货物吞吐量达到 490 万吨，迈上全国内河支线港口领先地位；长沙铁路货运新北站已完成站场建设试运行，并启动长沙金霞铁路现代物流中心项目的筹建工作；长沙金霞海关保税物流中心正式封关运行后，又启动二期项目建设；联运物流中心项目一期全部完工，正努力打造湖南一级公路口岸；长沙综合保税区申报工作正式启动，工作方案基本敲定。湖南金霞现代物流园信息中心一期工程的监控与 OA 系统已投入使用，并启动了长沙大宗商品交易中心建设；园区物流业发展的政策平台基本完善，提升了园区产业发展的比较优势。

4、产业建设全面提速，发展后劲持续聚积。“十一五”期间，园区竣工投产项目 35 个，在建设项目 34 个，即将启动建设项目 21 个。物流项目方面，入园物流企业和项目达 32 家，全省物流行业前十强一半以上落户园区。其中，中石化油品分销中心的成品油销售市场份额占全市四分之三强，湘粮集团牵头打造产值过 100 亿的湖南现代粮食物流园，联运物流、国药控股、畅通物流等已完成一期建设，恩瑞物流、杏林物流一期均已启动建设。工业项目方面，兆山建材、富马科机械、南山乳业等项目已经投产，新亚胜 LED、山河实业标准厂房、长重一期等项目进入全面建设阶段；沙坪工业组团倾力打造“两型”台资工业区，

国家粮食局常务副局长郗建伟等领导亲自揭牌

瑞士战略投资商来园区考察

台湾统一集团董事长林苍生来园区进行投资考察

组团控规和产业规划已通过专家组评审，核心区三路已全面竣工，成功引进了台湾统一、武汉佳海等优质项目。房地产项目方面，入园企业达35家，其中乐江华亭、嘉景阳光、金霞银苑等项目已经建成；大联·山语城、创远·湘江壹号、中欣·极目楚天和双湾国际等项目已分别完成一、二期建设；幸福考拉、北尚阳光、恒鑫·北领等项目正式启动，园区人气商气日益浓厚，产业竞争力逐步增强。

5、改革开放成效明显，发展活力充分释放。在全省园区中率先启动体制和人事改革，通过整合机构、分流人员、下放社会事务，理顺了体制机制，实现了“公司市场化，服务行业化，社会事务社区化”。通过全面推行全员聘任制、上岗竞争制、绩效工资制等制度，团队素质全面提升，形成了身份能官能民、员工能进能出、干部能上能下、薪酬能多能少的长效管理机制，改革经验被省、市推介。对外开放交流步伐加快，累计参加“深洽会”、“港洽会”、“大城北投资推介会”等重大节会活动30余次，主动承办了“现代物流与新型工业化高峰论坛”、“第四届海峡两岸经贸论坛”，并与国开行、农发行、省信托等金融机构以及台办、国资委、工商联、部分商会、协会建立了战略合作关系，园区品牌效应逐步显现，招商质量和形势越来越好。

6、发展环境不断优化，社会大局和谐稳定。金霞片区成为了全省“两型社会”建设五大示范区十八片区之一，并享受与大河西先导区同等的财税优惠政策，为园区发展拓展了政策空间。省优化办在园区设立了“湖南省优化经济发展环境和机关效能行业监测站”，促使影响园区经济发展环境的问题得到了及时妥善处理。严格执行《新型城市化操作细则》，在加快推进城市化进程的同时，始终坚持了资源节约与环境友好。五年来，园区内三镇共征拆土地2.3万余亩，动迁人口9200余人，创造了“零上访”的佳绩，确保了园区大局和谐稳定。

展望未来，在新的“十二五”规划期间，园区将以科学发展观为总揽，贯彻落实区委“巩固一方阵，建设大城北”战略，全面践行“提升综合实力，争创国家园区”的奋斗目标，大力实施“发挥平台优势，壮大物流工业，增强城市功能，建设两型片区”的发展战略，致力兴业，增强优势，为争创国家级园区而努力奋斗。

招商热线：0731-88482588
88482599

长沙货运新北站

码头物流

中石化湖南油品分销中心

保税物流中心

双湾国际

青竹湖高尔夫球场

湖南望城经济开发区 建设现代化工业新城

产业立园 科技强园 生态建园 和谐兴园

湖南望城经开区，一座崛起的现代化工业新城！

湖南望城经济开发区是成立于2000年的省级开发区，全境已纳入长沙“两型社会”建设配套改革试验区的核心区范围，是长沙先导区经济增长极。

十年来，经开区以“建设现代化工业新城”为目标，坚持“产业立园、科技强园、生态建园、和谐兴园”的发展思路，始终按照“专业立园、特色立园”的产业发展理念，突出抓好招商引资和项目建设两大战略重点，先后成功引进了美国、加拿、香港等十几个国家和地区的企业180余家，引进和培育国内外上市公司、世界500强企业12家，初步形成了高科技食品、有色金属新材料精深加工、现代商贸物流三大特色产业群。

2010年是望城经济开发区经济社会发展史上的一个灿烂篇章，浓墨重彩，异彩纷呈。这一年，经开区抢抓攻坚克难，开拓进取，加速推进新型工业化、新型城市化、农业现代化，大力发展各项社会事业，切实加强党的建设，胜利完成“十一五”各项目标任务，实现了经济社会发展的历史性跨越。

一是产业发展登上了新台阶。全年完成工业总产值206.2亿元，同比增长38.8%（以下均为同比增长）；工业增加值60.72亿元，增长27.7%；实现财税收入10.5亿元（其中国税收入完成5.4亿元），增长49.36%。近三年来，经开区工业总产值、财税收入等主要指标年均增长35%以上，可用财力连年翻番，这标志着经开区进入了一个加速发展的新时期，已步入良性发展轨道。同时，经开区工业总产值、国税收入占全县总量的比重逐年增长，在县域经济建设中的主体作用日益彰显。园区经济实力的节节攀升是以三大主导产业的发展壮大为支撑。过去一年，以旺旺食品、亚华乳业、澳优乳业、百威英博等为代表的食品加工产业集群，以中国五矿湖南有色控股、晟通科技、中联重科、金龙铜业、中航飞机起落架等为骨干的有色金属精深加工及先进制

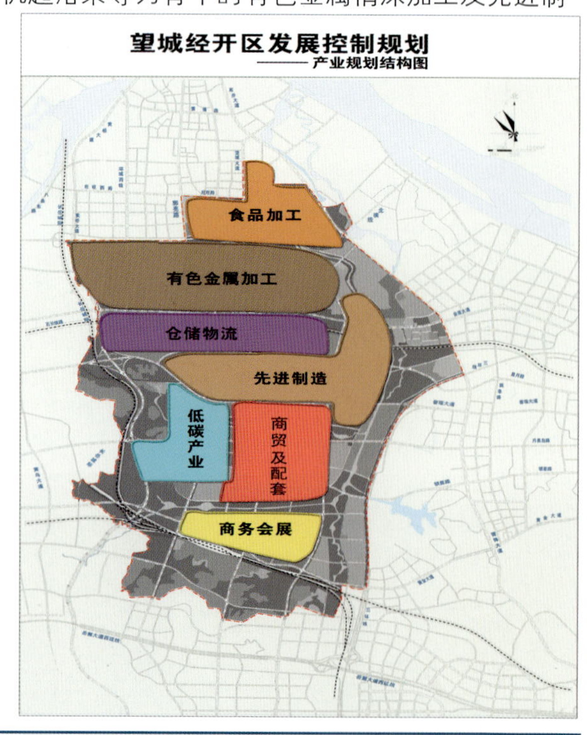

造产业集群，以裕田奥特莱斯、天圆地芳珠宝城、高星钢材物流园、长沙大河西商贸物流城为代表的现代商贸物流产业集群蓬勃发展。以旺旺路为主轴的“十里食城”、以金星西路为主线的“十里金城”、以普瑞两路为轴心的“十里商城”初具雏形。

二是夯实基础体现了新发展。基础设施建设全面铺开，先导区联络线、石长铁路增建二线重点工程进展顺利，望城大道南延线一期、赤岗路竣工通车，马桥河西纳污管道基本竣工。园区石长铁路以南9平方公里区域成为新的发展平台。经开区投资服务中心和企业孵化中心正式投入使用，政务服务平台上了上了新水平。招商引资成效显著，过去一年，经开区新引进旺旺乳品新厂、广发隆平、长缆附件、埃尔凯、中建重机、兰天汽车城、大河西商用汽车城、大河西国际商贸物流城等大型优质项目30个，协议总投资200亿元。成功入选“湖南十大最具投资价值产业园区”，评选为望城十大名片之一，《长沙晚报》年终头版头条予以翔实报道。园区对外影响度、美誉度不断提升。征拆安置稳步推

10月20日，十一届全国人大代表长沙小组在长沙进行“新时代战略性新兴产业发展”专题调研。在长沙市人大常委会主任余合泉的陪同下，代表们视察了坐落于经开区的中航飞机起落架有限责任公司。

12月22日，总政治部原主任助理姜吉初、解放军报社原社长王梦云、西安政治学院院长齐三平、某部宣传品编辑中心主任焦红辉等4位解放军总政全国人大代表组在市政府顾问黄秀娥的陪同下，视察了中航起落架公司。

气势恢弘的长沙航空工业园一角

建设中的天圆地芳珠宝城

进，新增就业安置人口 1400 余人，其中失地少地农民 600 余人，拆违控违成效显著。加大社会综合治理力度，经开区社会稳定和谐。

湖南望城经济开发区投资服务中心暨企业孵化中心

三是队伍壮大呈现了新面貌。按照“逢进必考，逢升必竞”原则，在县委、县政府的领导、支持下，大刀阔斧实行人事制度改革，面向全县公开竞聘 10 名局室班子成员，面向全社会公开招聘 19 名政府雇员，建设了一支精干高效、团结务实的干部队伍。以园区成立十周年十大工程的实施为核心，磨炼作风，攻坚克难，新的队伍很快适应了工作环境，展现了全新活力，同时为园区的跨越发展奠定了坚实的基础。

四是方向明确展示了新蓝图。按照“环境友好、资源节约”的两型要求，将经开区总体发展规划扩充到 60 平方公里，实现与麓谷的无缝对接，为园区的后续发展提供了广阔的发展空间，现代化工业新城的发展蓝图已经绘就；精心编制经开区“十二五”发展总体规划、有色金属精深加工和现代商贸物流两个产业规划，到“十二五”末，一个技工贸收入过千亿元，财税收入过 40 亿元的产业强区将完美呈现；县委八届十三次全体会议上，县委县政府明确提出经开区“创建国家级开发区”的目标，不到一个月的时间，省长徐守盛签发湘政【2011】1 号文件"湖南省人民政府关于湖南望城经济开发区升级为国家级经济技术开发区的请求"呈报国务院。经开区发展思路、发展目标定位更加明确，美好的蓝图鼓舞经开区人奋力前行。

新的一年，望城经开区将继续按照“建设现代化工业新城，打造中部一流经济强区”的总要求，以科学发展为主题，以转型升级为主线，以改革开放为动力，以改善民生为根本，着力打造生态和谐、人民幸福的现代化工业新城！

湖南望城经济开发区管理委员会

县委常委、经开区党工委书记	熊泽南
党工委副书记、管委会主任	徐志刚
党工委委员、管委会副主任	谭平安
党工委委员、纪工委书记	余梅香
党工委委员、管委会副主任	浣望民
党工委委员、总规划师	李彦波

▲ 县委常委、经开区党工委书记 熊泽南

◀ 党工委副书记、管委会主任 徐志刚

湖南望城经济开发区“筑巢引凤”助企业展翅腾飞

——投资服务中心、企业孵化中心落成

2010年7月29日，欣逢长沙大河西先导区成立两周年之际，望城县经开区投资服务中心、企业孵化中心项目落成揭牌仪式隆重举行。市人大常委会主任余合泉，市委常委、宣传部部长陈泽珲，市人大常委会副主任罗购三，市政协副主席龙建强，市人大秘书长办公厅主任柳美景等市领导，县委书记黄佳惠，县长谭小平，县人大常委会主任李雪明，县政协主席杨万平等县领导以及先导区部门领导和望城经开区主要领导出席了活动并为项目揭牌。经开区管委会主任徐志刚主持了仪式。县长谭小平和县委常委、经开区党工委书记熊泽南分别致辞。该项目的竣工为望城投资环境建设翻开了崭新的一页，同时也是经开区发展史上具有里程碑意义的事件。

湖南望城经济开发区投资服务中心、企业孵化中心项目落成，长沙市人大常委会主任余合泉一行参加揭牌仪式。

项目总建筑面积2.05万平方米，总投资6000万元。中心正式投入运营后，将为入园企业提供政务、金融、咨询、技术等全方位、一站式服务，同时为中小企业提供一个良好的创业环境、孵化基地。中心的建设投产将极大地推动望城经开区实现跨越式发展。

熊泽南在仪式上表示，经开区将积极响应市委市政府“建设大河西，打造先导区”的号召，在县委县政府的坚强领导下，进一步用好投资服务中心和企业孵化中心这个平台，继续突出抓好招商引资和项目服务，把望城经开区建设成为大河西产业发展增长极和宜工宜居的现代化工业新城，为望城、长沙乃至全省经济社会发展做出我们应有的贡献。

湖南望城经济开发区管理委员会
地址：湖南望城经济开发区同心路001号
电话：0731-88068798
传真：88079191
网址：www.hnjkq.com
邮箱：hnjkq@126.com

经开区入选“湖南十大最具投资价值产业园区”

徐志刚代表园区领奖并作为获奖代表发言

8月31日，“湖南省十大最具投资价值产业园区”揭晓，望城经济开发区成功入选，名列前茅。颁奖典礼在田汉大剧院隆重举行，经开区管委会主任徐志刚代表园区领奖，并作为获奖代表发言。“投资湖南十大杰出贡献人物”评选也同时揭晓，园区2位企业家获此殊荣，分别是澳优乳品（中国）有限公司首席执行官陈远荣、湖南旺旺食品有限公司副总裁廖清圳。

“最具投资价值的产业园区”，无疑是一块颇具含金量的招商品牌。经开区的入选意味着，园区的品牌建设迈向了新的起点。本次评选活动历经8个多月，省内资深专家、学者组成评委会，通过材料初审、入围候选、媒体公示、调查评估、数据审查、考察评审、公众投票、终审评定、全程公证等评审程序，以影响力、贡献力、发展力等作为评选的重要评价指标。望城经开区最终从30个候选园区中脱颖而出，入选“十大最具投资价值产业园区”。

管委会主任徐志刚作为获奖代表发言，他表示，望城经济开发区将紧紧抓住长株潭“两型社会”建设的有利契机，充分利用经开区独特的区位交通优势，乘着此次评选的强劲东风，以服务长株潭、辐射湘西北、影响中西部为发展目标，大干“十二五”，以培育发展现代商贸物流产业为重点，继续强化食品科技、先进制造及有色金属材料深加工等园区特色产业，打造千亿园区，为推动湖南“三化”建设做出应有的贡献。

省委、省政府高度重视产业园区建设，大力支持园区品牌的打造。此次评选活动由省外商投资企业协会、湖南日报社、湖南人民广播电台、湖南经济电视台、红网、潇湘晨报社、香港大公报社等共同主办。评选活动得到了省发改委、省商务厅、省统计局等部门的大力支持。省委常委、省委统战部部长李微微，省人大常委会党组成员、省政府顾问唐之享，省政协副主席、省工商联主席何报翔等省领导出席了颁奖典礼并为获奖园区和个人颁奖。

世界500强百威英博

长沙工业园区

打造有色金属精深加工产业化“航母”

湖南望城有色金属精深加工高新技术产业化基地正式落户园区

省科技厅副厅长梁秋松（右一）向我县县长谭小平（中）、经开区党工委书记熊泽南（左一）授牌

10 月 12 日，2010 中国（长沙）科交会望城有色专场活动 -- 湖南望城有色金属精深加工高新技术产业化基地暨中国五矿湖南有色高新材料产业园专场推介会在普瑞温泉酒店隆重举行。会上，省科技厅副厅长梁秋松向县长谭小平、经开区党工委书记熊泽南授牌，批准湖南望城经济开发区建立有色金属精深加工高新技术产业化基地。基地吸引了投资总额逾 7 亿元的 9 个有色金属产业化项目现场签约，同时，中国长沙有色金属精深加工产业技术创新战略联盟宣告成立，标志着有色金属精深加工产业化的一艘航空母舰从望城经开区正式启航。

近年来，经开区形成有色金属深加工为主导特色的产业集群，2009 年实现工业产值 67.13 亿元。2009 年底，世界五百强企业中国五矿集团公司对湖南有色控股实施战略重组，更是让位于望城的中国五矿湖南有色高新材料产业园融入中央主动脉，该产业园预计到 2013 年将达到总投资 30 亿，产出 100 亿的规模。

湖南望城有色金属精深加工高新技术产业化基地一成立便显示了强大的聚能优势，活动现场有 9 个有色金属精深加工项目成功签约，包括高纯钼靶材、金属铋深加工、有色工程机械装备制造等有色金属精深加工产业化项目，合同投资金额逾 7 亿元，达产后年产值将达到 40 亿元以上。

据望城经开区主任徐志刚介绍，湖南望城有色金属精深加工高新技术产业化基地的成立，是贯彻落实中央和湖南省委振兴有色金属产业的具体举措。基地规划面积约 10 平方公里，到 2015 年有色金属精深加工产业总产值达到 500 亿元的规模，将在推动湖南有色金属产学研一体化进程，提高有色金属产业自主创新能力，做大做强有色金属产业，推动湖南从有色金属资源大省向产业化强省迈进产生巨大的作用。

市政协副主席谢明德主持专场活动会议，省发改委、工信委、科技厅、商务厅、有色金属管理局、市直相关部门、望城县及中国五矿集团、国内各知名高校、科研院所、有色控股集团及下属企业、投融资机构等单位的领导专家共 260 余人出席专场活动。

晟通科技集团

开放合作之平台 招商引资之窗口 ——湖南省委副书记：梅克保 题

长沙工业园区

经开十年，精彩在望

——望城经开区成立十周年庆典隆重举行

省人大常委会党组成员、省政府顾问唐之享在庆典上致辞

2010年12月29日，望城经开区十周年庆典暨经开区十年“十大突出贡献企业”、“十大突出贡献人物”颁奖典礼在普瑞温泉大酒店多功能厅隆重举行。省人大党组成员、省政府顾问唐之享，省人大原副主任罗海藩等省领导及市委常委、政法委书记张湘涛，市委常委、统战部长虢正贵，副市长、长沙大河西先导区管委会常务副主任赵文彬等市领导出席庆典，全县党政负责人、经开区各企业负责人、社会各界人士与园区人欢聚一堂，喜庆十周年。

9点28分庆典在雄壮的国歌声中拉开帷幕。国歌声刚落，一幕《剑语》出鞘，将在场的嘉宾和观众带入了一个美轮美奂的时空隧道，讲述了一段望城经开区荡气回肠的十年创业故事。望城经开区党工委副书记、管委会主任徐志刚代表园区汇报了望城经开区十年来的奋斗历程、取得的辉煌成果以及“十二五”的规划蓝图。望城经开区成立于2000年7月，从28万元财政借支起家，规划面积不足7平方公里，到如今，规划面积已扩充至60平方公里，园区年工业总产值逾200亿元，财政税收登上10亿元台阶，形成了食品加工、有色金属精深加工及先进制造、现代商贸物流三大主导产业，荣获“湖南十大最具投资价值产业园区”、“望城十大名片”等殊荣。徐志刚主任强调，经开区的十年辉煌将被历史所铭记，精彩在延续，“十二五”期间，望城经开区将充分发挥区位交通、先行先试、产业基础三大优势，全面做大做强三大主导产业，加快推进新型工业化、新型城市化和信息化建设，朝着“打造千亿级、进军国家队”的宏伟目标不懈奋斗。

庆典仪式上，望城县委书记黄佳惠表示支持经开区就是支持新的经济增长极，发展经开区就是发展现代产业，建设经开区就是建设现代化新城区，今天的望城经开区已经聚集起了大量的优质项目和优质资源，规模工业生产总值已经占到了全县的70%以上，为望城跻身“全省三强”、挺进“中部十强”、跨入“全国百强”作出了巨大的贡献。副市长、长沙大河西先导区管委会常务副主任赵文彬在发言中寄语望城经济开发区是＂两型＂社会试验区长沙大河西先导区核心区，经济优势、产业优势、基础配套优势十分明显。希望望城经开区借助全市的经济发展大势，在转变发展方式、调整经济结构、建设＂两型＂社会的实践中发挥示范作用，谋求更大作为，实现更大跨越，打造千亿级园区，早日跻身国家级经济技术开发区行列。省人大党组成员、省政府顾问唐之享代表省政府发表重要讲话，他强调在湖南的“四化”、“两型”建设中，

长沙市政府副市长、先导区管委会常务副主任赵文彬在庆典上致辞

各级开发区是主力，是重要载体。望城经开区位于省会近郊，是主战场。希望望城经开区站在更新更高的起点上，勇于开拓，勇于创新，为湖南经济社会发展不断做出积极贡献。

随后，大型舞蹈《拓城》拉开了文艺表演的序幕，原创音诗画《铸剑》、乐器演奏《奇迹》、杂技《舞动望城》等一曲曲蕴含着园区十年拼搏深意的节目精彩上演。

经开区十年"十大突出贡献人物"、"十大突出贡献企业"颁奖典礼将整个庆典活动推向了高潮，评委会的颁奖辞对获奖的个人和企业做出了精彩的点评，激起了广大园区建设者爱岗敬业、奋发有为的工作激情。庆典活动在大型歌舞《祝福你》的祝福声中圆满落下帷幕。

经开十年，精彩在望。望城经开区成立十周年庆典活动，是一个回顾望城经开区十年历程、展示十年辉煌成果的盛会，是一个讴歌园区人"创业富民、自强不息"精神的盛会，更是一个望城人民欢天喜地、举县同庆的喜庆盛典。历经十年拼搏，望城经开区站在一个崭新的起点上。"十二五"期间，面对"两型"社会试验区长沙大河西先导区建设加快推进的良好机遇，面对望城县委、县政府率领全县人民"打造滨水新城区、建设幸福新望城"的大好形势，望城经开区将全力以赴，"鼎足三湘，争创一流"，朝着"打造千亿园区、进军国家级开发区"的宏伟目标阔步前行！

庆典现场

湖南长沙暮云工业园区

HUNAN CHANGSHA MUYUN GONGYEYUANQU

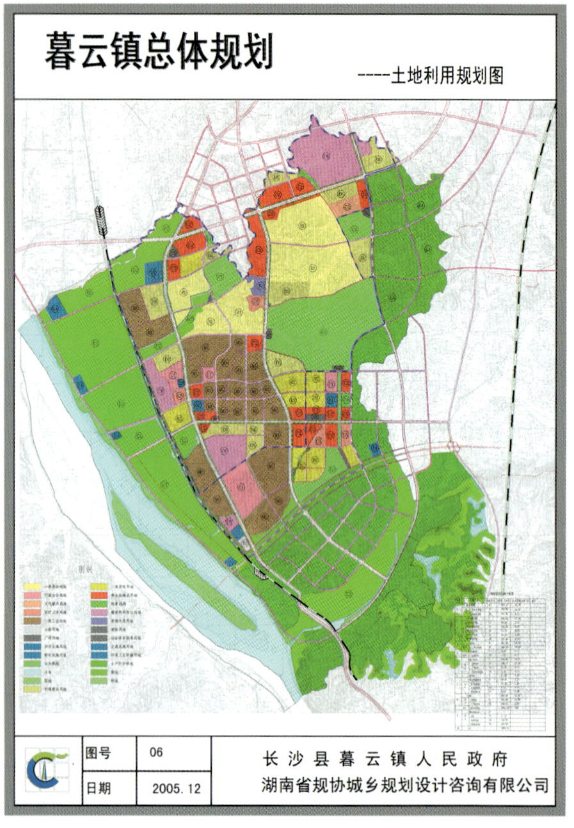

湖南长沙暮云工业园区成立于2001年8月，位于长沙市最南端，地处长株潭三市交汇中心点，扼京广铁路、107国道、京珠高速，踞湘江之滨，素有“融城金三角”之称，园区规划面积8平方千米。2002年园区晋升为“国家级乡镇企业科技园区”，2006年被国家发改委、湖南省人民政府批准为省级开发区，是长沙经济技术开发区“一区带六园”的重点建设范畴，曾多次被长沙市委、市政府授予“示范性园区”和“园区建设管理一等奖”等光荣称号。

经济发展：2010年，园区实现各类企业总产值77.8亿元，其中实现工业总产值36.3亿元，规模工业总产值25.2亿元；完成社会固定资产总投入41亿元，其中完成工业固定资产投入6.6亿元，固定资产技改投资完成7.1亿元。

园区建设：加强基础设施建设，为企业营造优质投资环境，创造良好发展平台。2010年我镇基础设施建设共计投入3个亿，基本完善了暮云新城30万平方公里的路网骨架，完善了给水、供电、通信、燃气、公交等基础配套设施；打通了暮云与城区对接的芙蓉南

路、万家丽路、湘江风光带等城市主干道，全镇基本形成了“四纵一横”的路网格局，为暮云经济和城市发展提供了新平台。

招商引资：2010年我镇共完成合同利用内资26.65亿元，实际到位内资15.03亿元，其中完成到位市外境内资金11.03亿元，合同外资5998万美元，实际到位外资2100万美元，全年共引进项目11个，新注册企业69家，新增规模工业企业4家，全镇规模企业达到33家，规模工业增加值达7.18亿元。

产业定位：园区发展要以产业规划为龙头，淘汰落后产能，提升产业结构，积聚新兴产业、加快技术创新，培育优势企业，积极发展生产性服务业，推进“退二进三”，坚持“技术产业化、产业规模化、投资多元化”的原则，全力打造一个集经济、环境、质优的实力园区。

发展目标：镇党委、政府将按照“两型社会”的发展要求，依托自身良好的区位、交通优势，通过宣传造势、创新机制，吸引更多的投资商聚焦园区，争取更多的资金投入，注重以生态环保为标准，优化产业结构，妥善处理产业发展与保护生态的关系，坚持走新型产业化道路，着力发展高科技、低能耗、“零”污染的高智能项目，致力于把暮云建设成网络健全、配套完善、经济发达、人气旺盛、创业宜居、环境优美的新城区。

地址：湖南省长沙市暮云镇暮云工业园
电话：0731-86901758　86947188

磐吉奥(湖南)工业有限公司

磐吉奥（集团）公司是一家北美外商投资公司，总部位于加拿大，在中国的成员企业有：磐吉奥(湖南)工业有限公司、磐吉奥(湖南)铸造工业有限公司、宁波磐吉奥机械工业有限公司。

磐吉奥（湖南）工业有限公司成立于1998年，是加拿大PANGEO集团在华的独资公司，目前拥有员工约800多人，公司主要集汽车零部件的研制、开发、生产于一体，汽车零件部产品涉及脚踏板系统、驻车锁系统、离合踏板系统、玻璃升降器系统、汽车外把手系统；公司已顺利通过ISO/TS16949：2009汽车行业质量管理体系认证，ISO14001：2004环境管理体系认证，ISO/IEC17025：2005实验室管理体系认可。公司在湖南长沙设有模具和客户自动化设备的专业工厂，对外承接冲压模具、注塑模具、自动化设备的设计和制造业务，属于高新企业。公司目前的客户以北美和欧洲为主要对象，同时考虑加大国内市场的开发力度。

磐吉奥(湖南)铸造工业有限公司2007年成立，是由是加拿大PANGEO集团在华的独资公司，该公司位于湖南宁乡经济开发区，主要从事铝合金铸件的研发、生产、加工及销售，公司已顺利通过ISO/TS16949：2002汽车质量认证方案。

宁波磐吉奥机械工业有限公司2004年成立，位于浙江省慈溪市，是专业生产汽车配件的中外合资企业。公司拥有各种数控机床和自动化生产线等设备620多台，现有员工500余人，产品包括：钢套、滑轮、导螺杆、调节杆、齿轮、轴承、T型螺母、输出轴、拔叉等汽车零部件产品。公司已顺利通过ISO/TS16949：2002汽车质量认证方案。

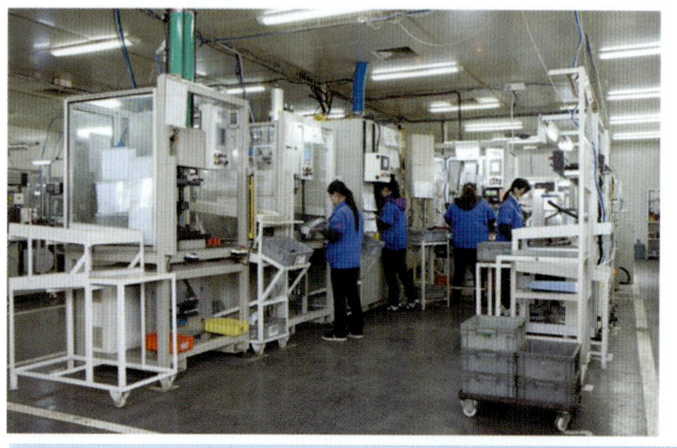
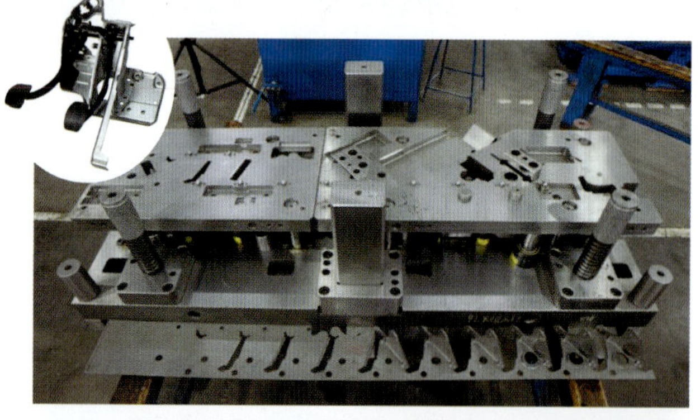

长沙博盛塑胶制品有限公司

长沙博盛塑胶制品有限公司位于湖南省暮云工业园内，地处省会长、株、潭融城中心，毗邻京珠高速、107国道和京广铁路，地理位置优越，交通十分便利。公司创立于2002年，目前总资产达3000多万元，年总产值达8000万元以上。

公司拥有8000平方米的标准厂房，规格齐全的各类注塑成型机、挤塑机、数控雕刻机、塑胶制品喷涂流水线、丝网印刷流水线和模具加工中心等先进生产设备，并配置高精度CR-321测色仪、微电脑测径仪、盐雾测试机等检测仪器和试验手段，严格按照ISO9001(2000版)、欧洲GSQA29002A、TS16949、SA8000等体系进行管理。

公司主要产品包括：挤塑、注塑产品、塑料喷涂产品、丝网印刷产品及模具设计和制造。公司主要客户包括：长沙磐吉奥拉线有限公司、长沙威胜集团、长沙福安工业有限公司、TCL电器有限公司、长沙盼盼门业有限公司等。公司研制开发居国内领先水平的IMD模内覆膜新技术，以及各类非金属材料镜面加工技术，满足了汽车、家电、3C等厂商产品高档化、时尚化的需求，得到广大客户的好评。

公司坚持“精诚合作，互利共赢”的经营方针，秉承“以人为本，务实创新”的经营理念，着力培养高素质的员工队伍，致力于将公司打造成为国内一流的制造业服务供应商，为客户提供优质产品和服务的同时，为社会创造财富。

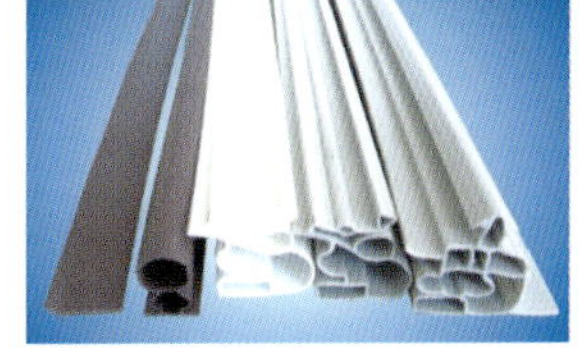
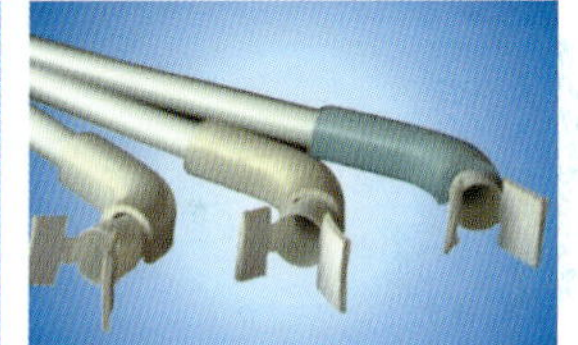

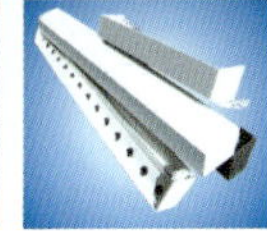

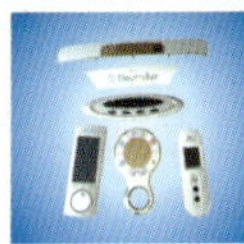
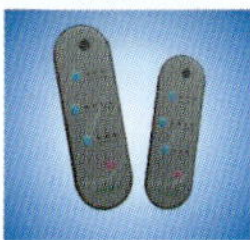

湖南长沙金洲新区

打造“两型工业新城、千亿产业园区”

国务院总理温家宝视察金洲新区三一产业园

2010年7月2日上午10左右，金洲人迎来了一个激动人心的时刻，中共中央政治局常委、国务院总理温家宝视察了落户金洲新区的三一汽车起重机械有限公司和圣得西服饰有限公司，对园区企业发展给予高度肯定。

金洲新区总规划面积55.6平方公里，是宁乡县委、县人民政府为提升区位交通优势，提升产业层级，加快东进融城步伐，在县城东部新建的复合型园区，2008年成为长沙大河西先导区内着力建设的高新产业区。新区从2006年全面启动开发建设四年多来，白手起家，走过了从无到有、从弱到强的历程，已有百余个重点项目落户金洲，400多亿投资资金进入，建成区面积近11平方公里，2010年底园区内完成规模工业产值160亿元、工商税收4.05亿元，税收已连续四年翻番，成为宁乡县域经济发展的主力军。

金洲新区开发建设中按“着力建设高端产业发展载体，大力发展高端产业”的要求，围绕先进装备制造、新材料、光电信息产业招商。前硕果累累，园区拥有一个中国名牌产品、4个中国驰名商标企业、3个国家免检产品，在金洲新区创业的各类高素质人才达1000人以上，其中教授76人、博士87人、硕士600余人。形成了以三一汽车起重机、长高高压电器为代表的先进制造产业集聚区，以红宇耐磨新材料、邦普循环科技、族兴铝颜料为代表的新材料产业集聚区，其中，三一生产的国内首台千吨级全地面起重机正式下线，打破了国外500吨级以上超大吨位起重机的垄断地位；红宇耐磨成为全国行业标准制定者；族兴铝颜料的行

三一千吨级全地面起重机下线

展示开发区风采，发展开发区成果。——湖南省常务副省长 于来山 题

温家宝总理在金洲新区圣得西时尚产业园视察

业领域规模位居亚洲第一，是世界上仅有的五个掌握电镀银技术的企业之一；邦普循环科技作为中国资源综合利用协会常务理事单位，处理回收废旧电池能力居亚洲首位。新区还引进了以碧桂园、澜湾、名嘉集团等集洋房、酒店、学校、商贸于一体的城市综合配套区，为高新产业的各类人才营造了高品质的工作生活环境。

十二五期间，金洲新区围绕建设“两型工业新城，千亿产业园区”总体目标，着力实现招大引强新突破，着力实现项目建设新速度，大力发展战略性新兴产业，加快新型城市化建设步伐，将金洲新区建设成为现代化工业新城。

宁乡县委常委、金洲管委会书记刘永红(左二)帮扶园区企业

金洲新区举办重大项目签约仪式

建设中的安置小区

地址：长沙市宁乡县宁乡大道168号
电话：0731-88981888
传真：0731-87806662
联系人：郭郁姿(招商合作局长)

开放合作之平台　招商引资之窗口　——湖南省委副书记：梅克保 题

铜官循环工业工业基地全貌

湖南望城经济开发区铜官循环经济工业基地

HU NAN WANG CHENG JING JI KAI FA QU TON GUA XUN HUAN JING JI GON YE JI DI

【概 况】

湖南望城经济开发区铜官循环经济工业基地于 2008 年 3 月成立，地跨望城县铜官、东城两镇，处长沙市北郊，西濒湘江，北临湘阴县境，总规划面积 30 km2，主要承接长株潭及沿海地区产业转移，重点发展精细化工、电力极其配套、新型建材、仓储物流、机械再制造、陶瓷等六大产业。铜官基地以先进的理念，科学的规划，完善的配套，便利的交通和丰富的资源等优势吸引着中石油、巨星集团、新雅创业园等大批优质企业竞相落户。

【设 施】

污水处理厂、110KV 变电站、自来水工程、热网工程竣工投产，铜官基地主干道路网工程建设日新月异，为园区迅速增长的物质流、能量流、信息流和人员流提供强大支持。

【交 通】

铁路：通过延伸长沙电厂铁路专用线（连接京广线、石长线），穿越园区至铜官深水码头，形成基地仓储物流铁路专用线。

公路：铜官基地毗邻京珠西线，长沙电厂大道、湘江大道、芙蓉北路、书堂大道等多条道路直通基地，交通非常便捷。

水路：铜官基地紧临湘江深水航道区，拟建设 2000 吨级铜官深水码头，已通过省市专家论证，正在积极实施。

【资 源】

电源丰富：长沙电厂拟向园区企业提供直供电业务。

热能充沛：1.0MPa、310℃蒸汽已投产投运。

原料充足：电厂炉渣、脱硫石膏，湘江河沙为企业提供大量建材原料。

燃气便捷：长常天然气管道横穿园区，并预留接口，已向园区企业供气。

【联系方法】

地 址：湖南.望城县铜官镇长沙电厂大道
邮 编：410203
电 话：0731-88207777
传 真：0731-88207888
网 址：http://www.wcxhjd.cn

污水处理厂日景鸟瞰图

园区主干道采用风光互补路灯系统

长沙工业园区

展示开发区风采，发展开发区成果。——湖南省常务副省长 于来山 题

湖南望城经济开发区铜官循环经济工业基地

HU NAN WANG CHENG JING JI KAI FA QU TON GUA XUN HUAN JING JI GON YE JI DI

【2010年工作概况】

2010年，铜官基地全体干部职工精诚团结，锐意进取，顽强拼搏，扎实苦干，各项事业蓬勃开展，呈现出大提速、大发展、大跨越宏大局面。

基础设施建设取得重大突破。入园连接线、铜官大道、白杨路竣工通车，京珠西线辅线、黄龙路、花果路、花实路等启动建设，园区路网主干道日趋完善；自来水工程、热网工程投产投运，污水处理厂一期建设顺利完工，110KV变电站即将建成，铜官深水码头已通过专家论证，正抓紧选址。

招商引资取得重大突破。2010年全年引进中石油、巨星集团、新雅置业等8家大优企业，共占地1648亩，投资额共计20.8亿元，其中，望城首家产权式工业地产项目新雅创业园落户基地，实现土地集约式开发；40万立方米中石油长沙油库入驻，从根本上改变湖南省成品油资源不足和望城燃气指标不足的局面。目前，共有18家企业入驻园区，投资额计30亿元，年产值破百亿，年税收达3亿元，创造就业岗位20000余个。中石油、鸿胜化工、热网工程、望城石油、坪塘线路等5家企业启动建设，三环颜料、金鼎管业、归一建材、热网工程、自来水工程。

融资工作取得重大突破。全年实现银行融资与争取上等5个项目实现投产投运。级专项资金等各类资金总计2.73亿元，超额完成工作任务，为基地招商引资、基础设施建设等各项事业大发展奠定坚实基础。其中，开望城融资先例，与长沙银行合作，成功发行集合委托贷款1.6亿元；争取工业扶持、节能环保改造等专项资金1948万元。

用地报批取得重大突破。全年批回先征后转用地1231亩，融资用地304亩，并成为湖南仅有的两家“先征后转”用地试点地区之一。同时，另有1117亩项目用地即将获得省厅审批。

中石油商务协议签约

2011年是铜官基地“十二五”开局之年，站在新起点，面对新机遇，园区人将以开阔的眼界、豪迈的激情，围绕“打造全省循环经济生态工业示范园”的战略目标，奋勇前行，再创辉煌！

日新月异、朝气蓬勃的铜官循环经济工业基地欢迎您来投资！

地 址：湖南.望城县铜官镇长沙电厂大道

邮 编：410203

电 话：0731-88207777

传 真：0731-88207888

网 址：http://www.wcxhjd.cn

湖南望城经济开发区铜官循环经济工业基地控制性详细规划

——重大设施布局图

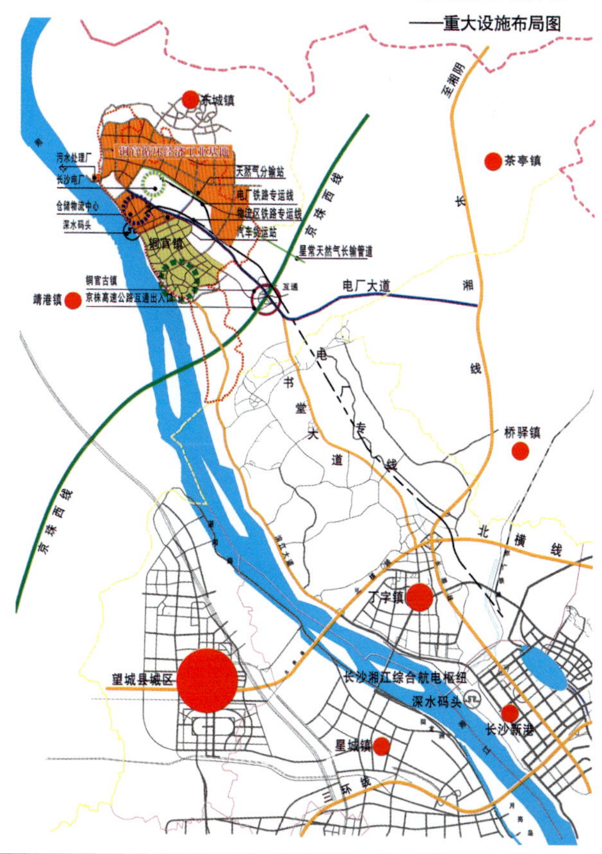

湖南浏阳制造产业基地

Hunan Liuyang Manufacture Industrial Base

省委常委、长沙市委书记陈润儿（中）率长沙市四大家主要领导来我园视察工作

湖南浏阳制造产业基地距国际航空港——长沙黄花机场仅 8km，半个小时内可达京珠高速、长沙火车站、长沙霞凝港、武广与沪昆客运专线交汇点长沙火车南站，长永高速、开元大道、319 国道穿境而过，是十二五期间长沙市城市发展和工业建设重点区域。在基地设站的长浏轻轨即将开建，过境的岳汝（与京珠高速平行）、长浏（长沙至浏阳）两条高速即将通车，从地缘上看，基地虽居于珠江和长江流域的腹地，却能尽快通江达海，与珠三角、长三角直接展开对接。

基地是全国机电产品再制造集聚试点园区，是长沙打造东部工业新城的核心版块。核心区规划为 30 平方公里，目前已开发 9 平方公里，形成了以工程机械整机、汽车零配件、再制造产业和家具产业的特色产业体系，集聚了一大批以中国汽车零部件自主创新十佳品牌的青特驱动车桥为代表的汽车零部件企业，以中铁五新重工为代表的工程机械企业，以华恒自动焊接、宇环数控

长沙市委副书记、市长张剑飞（左）在浏阳市委常委、基地党工委书记黄阳陪同下视察基地企业

国家工信部环资司司长周长益（右二）、湖南省经信委主任谢超英（左二）来基地调研再制造产业发展情况

中国工程院院士，装甲兵工程学院教授，再制造技术国家重点实验室主任徐滨士少将率国家发改委专家组来基地调研再制造产业

机床为代表的先进装备制造和再制造企业。到2010年底，基地规模企业总数达125家，产值过亿元企业总数达25家，高新企业总数达15家，是长沙市加速推进新型工业化红旗单位。

经过多年的发展，基地现已形成区位、品牌、政策和企业服务四大明显优势，打造了“全国再制造产业领头雁”、“工程机械制造业新洼地”、“中部汽车零部件供应地”、“中南家具产业集聚地”四大特色品牌，外界对基地的关注度和基地对外知名度、美誉度和吸引力快速攀升，目前正信心百倍地朝着“打造省内汽车及工程机械配套功能最强的专业园区和国家级机电产品再制造产业示范基地，到‘十二五’末实现工业总产值350亿元以上、财政收入22亿元以上、固定资产投入50亿元以上、规模企业数达到300家、亿元企业数达到100家的发展规模”宏伟目标奋进。

地址：湖南省浏阳市永安镇北辅路1号

Add:NO.1Beifu Boad,Yongan Town,Liuyang City,Hunan province

电话（Tel）：0731-83208555

传真（Fax）：0731-83208123

网址（Web）：www.lyzzjd.com

邮编（P.C）：410323

E-mail:Abc3208555@163.com

长沙青竹湖生态科技(产业)园

长沙青竹湖生态科技(产业)园地处长沙大城北的核心区，东倚我国首座山地挑战型环湖高尔夫球场；西靠千吨级深水码头长沙新港和长沙金霞海关保税物流中心；南临绕城高速公路，长沙火车货运新站；北至开福区边界。整体规划53平方公里，已列为湖南省"两型社会示范镇"、"湖南省服务外包示范区"、"全国环境优美镇"。

园区于2003年成立，通过几年的开发建设，园区内市政基础建设已初具规模，道路交通、给水、排水、天然气、电力、电讯、公交、网络等已基本配套，学校、医院、影剧院、图书馆、派出所、森林公园等城市公共设施日趋完善。优越的区位、良好的生态环境、高起点的规划定位吸引了海内外众多投资商的目光。园区已完成投资100个亿，引进项目30余个，打造了以"湖南省首座山地挑战型环湖高尔夫球场"为龙头的体育休闲业，打造了以国内顶级豪宅"绿城·青竹园"为代表的高端地产业，引进了以全国100强成长型企业青苹果数据中心为代表的服务外包产业，正逐步发展成为一座"环境友好、科技进步、产业聚集"的现代化生态新城。

青竹湖服务外包示范区

青竹湖服务外包示范区位于青竹湖生态科技(产业)园核心区。2009年获批为"湖南省服务外包示范区"，委托国家知名的新加坡裕廊集团编制了服务外包产业规划，规划面积为4.9平方公里，分三期三片开发，重点发展文化创意、电子商务、数据中心三大核心产业，逐步发展动漫、嵌入式软件等外围产业。

示范区成立1年多以来，先后引进了印度凯安富、青苹果数据中心、安博牛耳、金谷国际等多家国内外知名的技术先进型服务外包企业。企业在园区的迅速发展，引起了温家宝、李长春、周强等中央、省、市各级领导的高度关注，多次莅临视察。目前示范区正启动一期1.5平方公里中心片区的建设。并即将打造一个集创业大厦、五星级酒店、高级公寓于一体的创业服务基地，为企业提供更加完善的城市配套，建成国际化的服务外包示范区。

联系人：邓小姐、衣小姐

联系电话：0731-84871168

E-mail：zshz99@yahoo.com.cn

株洲工业园区

展示开发区风采，发展开发区成果。——湖南省常务副省长 于来山 题

湖南株洲渌口经济开发区

湖南株洲渌口经济开发区是1994年由湖南省人民政府批准设立的省级开发区，由湾塘工业区和南洲新区组成。毗邻株洲市区，滨临湘江，京广铁路纵贯全区，与武广客运专线、京珠高速公路、上瑞高速公路、浙赣铁路相距不足15公里，规划中的星渌大道和上瑞高速公路南线从区内经过，距长沙黄花国际机场仅40多分钟车程，交通区位条件十分优越，是长株潭“两型社会”核心区内的产业配套基地。

湾塘工业区规划面积3.5平方公里，经过近几年的发展，已成为株洲市机械装备产业配套基地。

南洲新区是湖南株洲渌口经济开发区扩规发展的新区，新区规划面积15平方公里，其中工业区面积7平方公里，重点发展装备制造、电子信息、精品服饰和农产品加工四大主导产业。

渌口经济开发区区位优越、政策优惠、服务优质，欢迎广大投资者前来投资兴业！

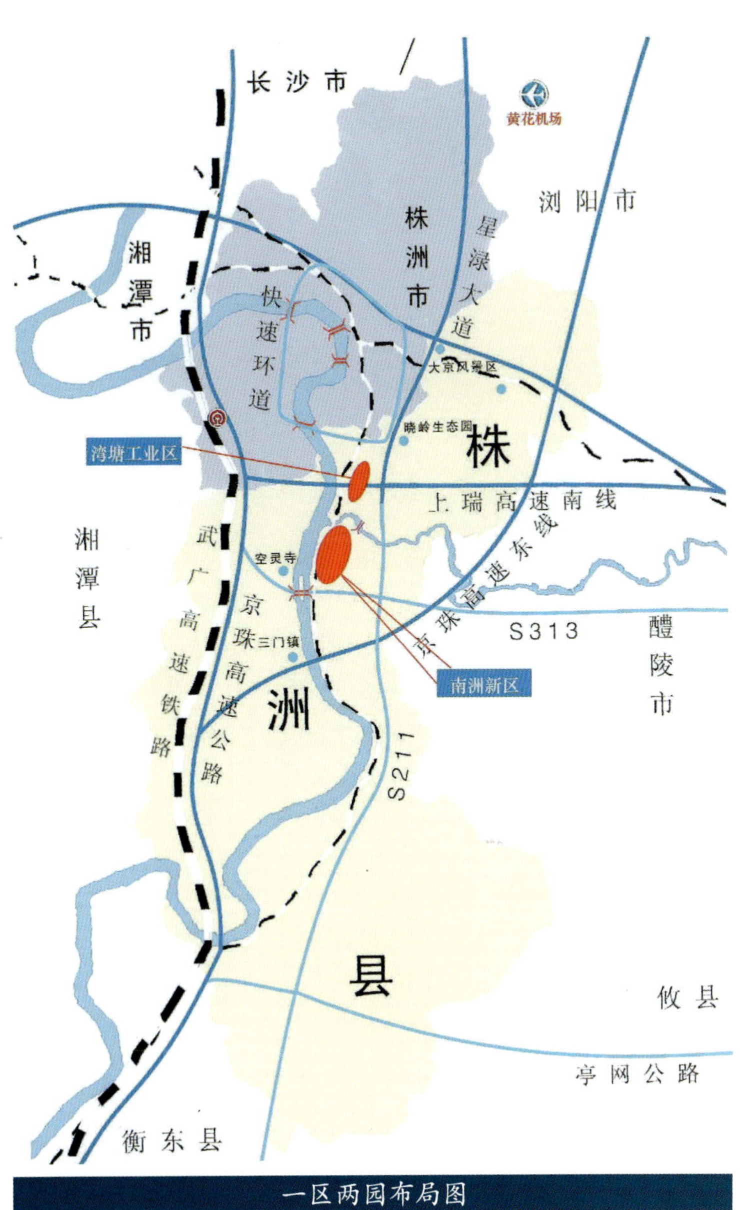

一区两园布局图

地址：湖南株洲渌口经济开发区
电话：0731-27625522　联系人：曹先生

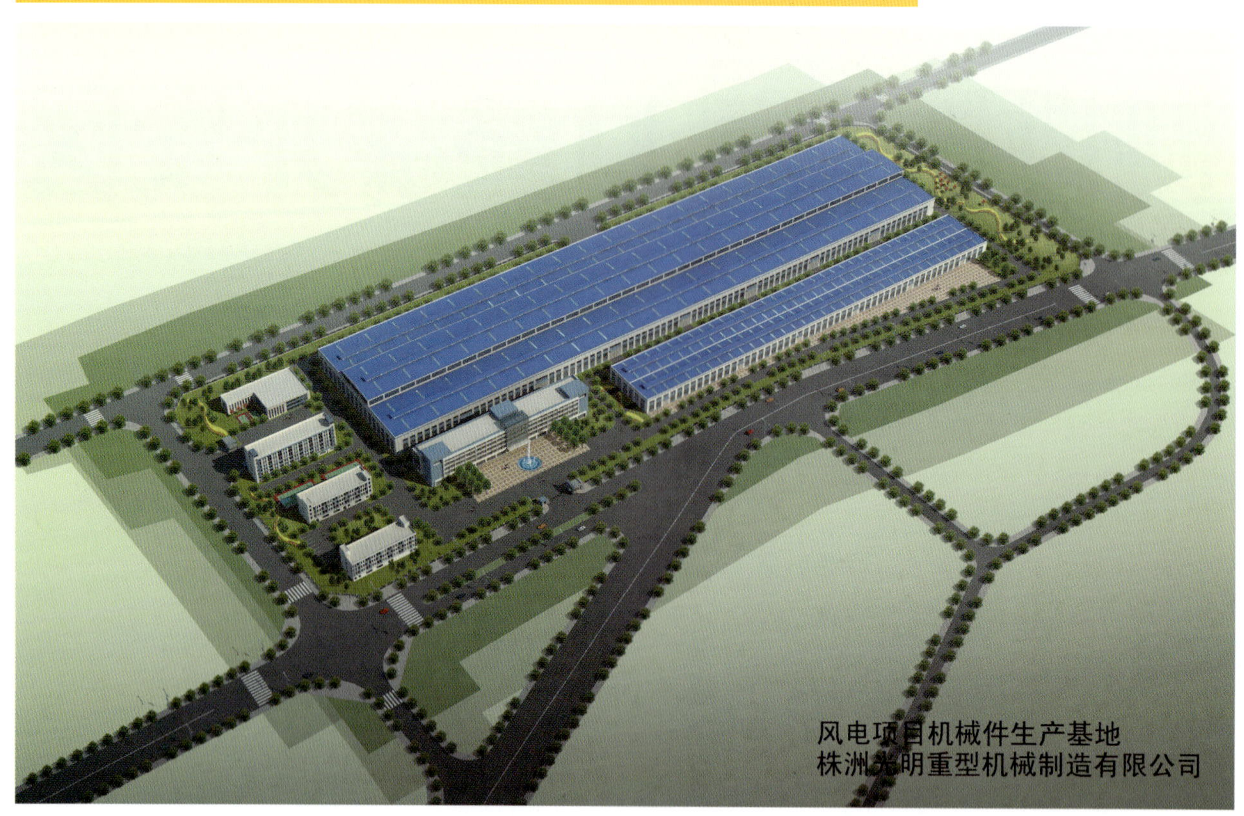

湾塘工业区

湾塘工业区规划面积3.5平方公里，其中工业区面积2.96平方公里，配套商住用地面积0.54平方公里。毗邻株洲市区，交通区位条件十分优越。

区内现有工业企业48家，2010年技工贸收入近30亿元，已成为株洲市轨道交通装备产业和汽车产业配套基地。

展示开发区风采，发展开发区成果。——湖南省常务副省长 于来山 题

南洲新区

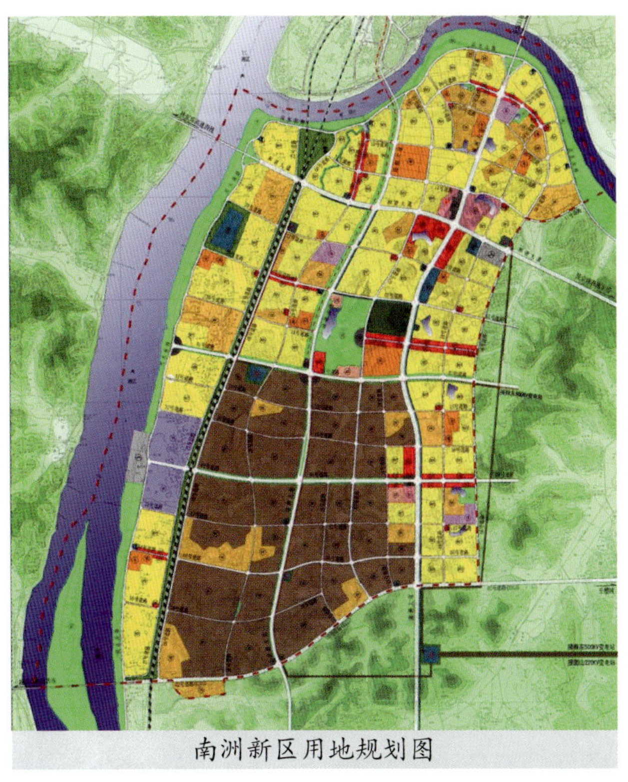
南洲新区用地规划图

南洲新区位于长株潭"两型社会"核心区内，是湖南株洲渌口经济开发区扩规发展的新区，是"以园建城、以城促园、园城共建"，实现县城提质扩容的重大举措。新区规划面积15平方公里，其中工业区面积7平方公里，重点发展装备制造、电子信息、精品服饰和农产品加工四大主导产业。项目进区要求为：环保节能，投资规模不低于2000万元，亩均投资额不低于100万元，亩均税收不低于5万元。

2010年4月，新区产业区建设正式启动，入区企业7家，其中一家已于2010年底竣工投产。2011年，新区将报批土地800亩，主干路网建设将全面启动，基础设施日益完善，项目承载能力不断增强。

丰达电气装备公司厂区效果图

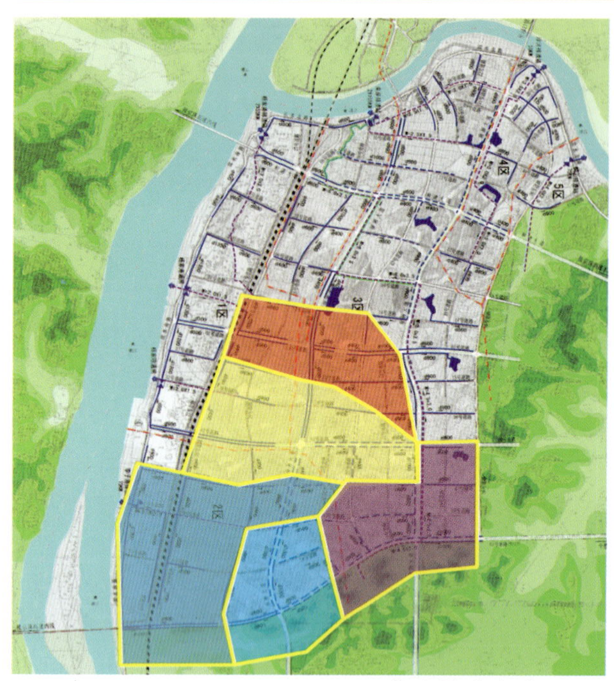

产业区块分布

主导产业

机械装备制造产业

利用原有的机电、机械产业基础，进一步增强产业配套能力，延伸机械制造的产业链，增强为电机、电气、制动、冷却、电子控制等五个配件生产区域配套的能力，构建上下联动的产业链。

电子信息产业

根据区域经济特点和优势，大力推进电子信息产业化，以市场为导向、以资本为纽带，加大企业结构、技术结构、产品结构的调整力度，促进株洲电子信息产业向集约化、规模化、产业化方向发展。

服装加工产业

建立服装加工基地，立足产业基础，培植情侣、女装品牌，进一步完善市场体系，大力发展相关配套产业，延伸产业链条。

食品加工业

株洲县土壤肥沃，气候温暖湿润，适宜农作物生长，是株洲市重要的农产品供应基地。重点引进和发展深加工、精加工、高科技含量、高附加值的农副产品加工业，提升农副产品的商业价值，使食品工业成为区域经济发展新的增长点。

株洲工业园区

展示开发区风采，发展开发区成果。——湖南省常务副省长 于来山 题

湖南茶陵经济开发区

陶瓷产业带　商贸物流园　电子电器园　中小企业创业园　综合服务区

省委副书记梅克保视察开发区贵派电器公司

2010年，茶陵经济开发区遵照市委、市政府“园区攻坚”总体部署，弘扬“坚韧务实、创新争先”的创业精神，狠抓“搭平台、抓项目、优服务、强管理”四个工作环节，突出“陶瓷产业带、商贸物流园、电子电器园、中小企业创业园、综合服务区”五大工作重点，着重打造发展“123”六种产业，以项目建设、园区招商、优化环境、作风建设为抓手，坚持大手笔建设，多渠道融资，盯产业招商，大理念服务，掀起了“园区攻坚”高潮，取得了攻坚战役全面胜利。荣获中国建筑陶瓷协会授予的“建筑陶瓷产业承接示范基地”称号，被评为市双文明建设红旗单位，市产业承接先进园区。

一、园区经济稳步增长。

“一区五园”63家企业完成技工贸收入26亿元，工业增加值9.05亿元，固定资产投资7.67亿元，税金0.75亿元，招商引资到位资金6.2亿元，高新技术产值1.56亿元，全面超额完成市对县考核指标。

二、项目建设全面铺开。

全年共实施项目建设47个，完成固定资产投资近10亿元，其中完成了陶瓷园征地1500亩，平地600余亩；启动开发区综合服务中心建设；4栋4层标准化厂房竣工；完成园区主干道水泥硬化、弱电入园和10KV高压线路延伸工程。投资3.8亿元的华盛、光华陶瓷完成主体厂房建设，正在安装生产设备；投资10亿元的德安居陶瓷完成项目建设前期准备工作；物流园和烟草仓储库完成建设选址、立项等；阳光药业、华锋钢构竣工投产。同时，湖南有色加大了对湘东钨业投入力度，采选工业园税收突破千万元大关。2010年，建筑陶瓷产业项目挤进省“十二五”发展规划重点项目笼子。

省政协副主席何报翔，市委常委、副市长龚凤翔视察开发区

市委书记陈君文视察开发区

株洲市委副书记、市长王群视察茶陵开发区

县委书记毛朝晖到开发区调研

三、招商融资再创纪录。

全年有签约项目18个，签约资金21.9亿元。5·13"湖南·株洲（佛山）建材产业暨旅游招商推介会"，首次成功引进投资过10亿元的德安居陶瓷项目落户园区，被中国建筑陶瓷协会授予"建筑陶瓷产业转移承接示范基地"称号。包装茶陵大道两厢土地储备开发融资贷款项目，对接省市农发行融资1.5亿元，年初资金可到位；启动面向社会融资建设标准化厂房工作，尝试多元化投资主体合力加快园区基础建设。贵派电器、古城香业成功创建"中国驰名商标"，贵派电器、群利化工获省科协"高新技术企业"认证。

四、发展环境逐步优化。

茶陵创造了众多的优化环境株洲第一。一是首创园区优化环境监测室，由县纪委派员常驻开发区上班，对职能部门优化园区环境、支持园区建设进行效能监察；二是首建园区企业服务中心，明确专人全程代理、限时办结企业项目入园行政审批手续，协调解决企业矛盾纠纷困难；三是首次出台园区建设规范文件，以县委、政府文件出台《关于进一步加快开发区建设的意见》，作为园区攻坚及今后加快开发区建设发展的行动指南；四是首定园区特派员工作制度，明确园区建设相关职能单位的党组书记作为派驻开发区的工作特派员，代表本单位履行服务好园区攻坚和企业提出需求，获得了企业客商好评。

地址：湖南茶陵经济开发区管委会
办公室：0731-25254166
招商电话：0731-25250333
电子邮箱：yunyangkaifaqu@sina.com

产业承接园鸟瞰图

株洲工业园区

展示开发区风采，发展开发区成果。——湖南省常务副省长 于来山 题

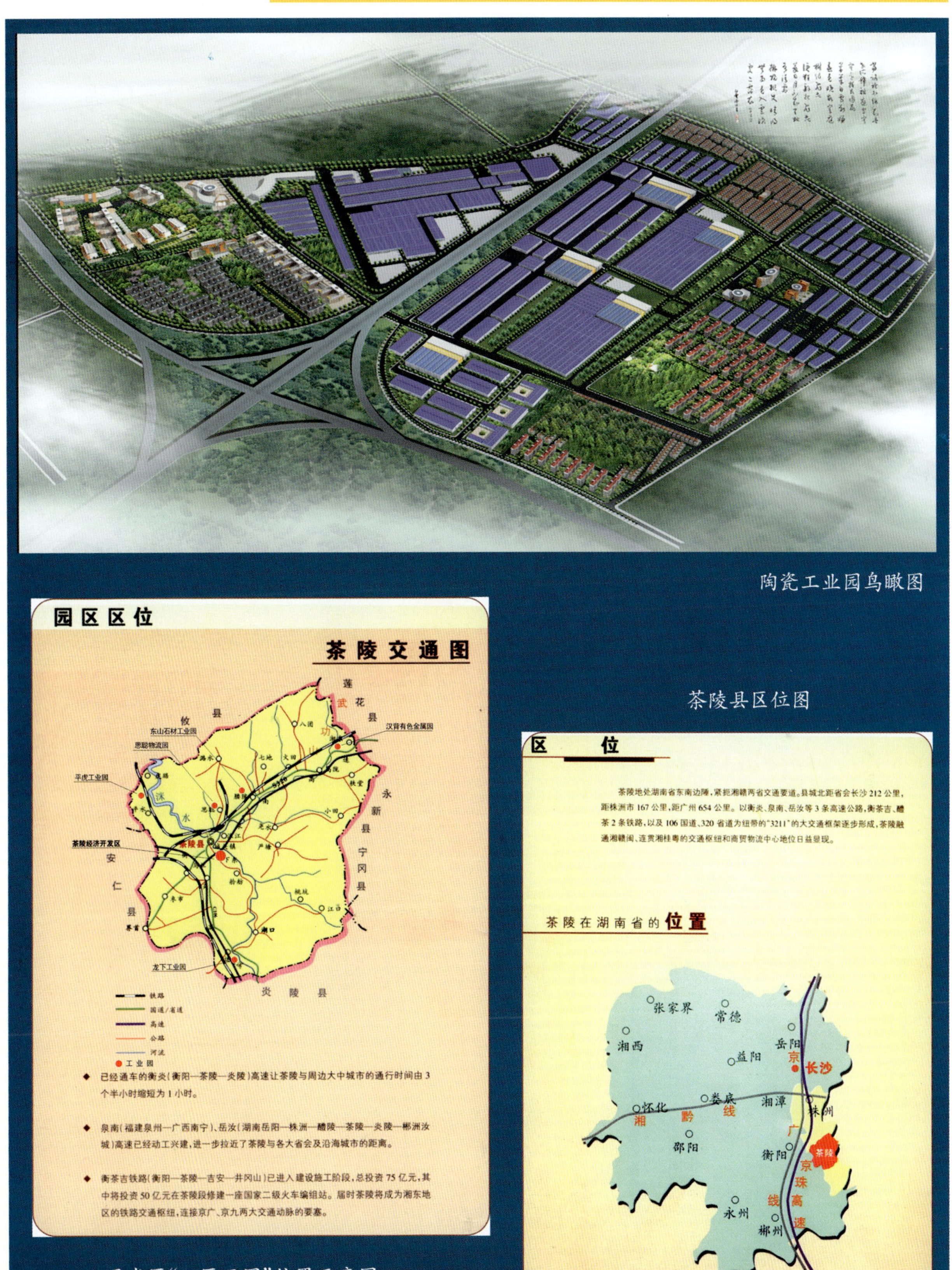

陶瓷工业园鸟瞰图

茶陵县区位图

开发区"一区五园"位置示意图

开放合作之平台　招商引资之窗口 ——湖南省委副书记：梅克保 题

株洲工业园区

华盛陶瓷建设工地

建设中的腰陂石材工业园

投资10亿元的德安居陶瓷项目签约仪式

红星油茶项目签约

广东佛山招商会

开发区产业承接园奠基

陶瓷工业园奠基剪彩

贵派电器十五周年庆典

贵派电器科研楼

开发区农副产品加工龙头企业九鼎集团

平虎工业园的湘南皮革公司

粤港针织

株洲工业园区

湖南醴陵陶瓷产业园区

省委副书记梅克保到醴视察陶瓷产业　郭开朗副省长到醴陵视察陶瓷产业　熊清泉到醴陵视察陶瓷产业

一、园区概况

湖南醴陵陶瓷产业园区属省级高新技术开发区，控规面积14平方公里，详规面积5.24平方公里。园区地处醴陵"北大门"位置，紧临320国道，沪昆高速和在建的岳汝高速并互通，距株洲、长沙分别只有40公里和70公里，是醴陵对外交通的主要出口，已纳入长株潭"两型社会"改革试验区的核心区。

园区主要依托高新技术改造提升醴陵传统陶瓷产业，拟建成为中国陶瓷科技创新基地和国际陶瓷制造基地。园区于2003年底动工建设，到2010年底累计完成投资42亿元，建成面积3千余亩，已构建出方便快捷的交通网络，水、电、气、通讯等基础设施基本到位。截止目前，入园企业共达54家，其中投产企业45家。

2010年，园区紧紧围绕"工业新城、城市新区"的发展定位和"百亿园区、千亿产业"的发展目标，全面打响园区攻坚战。快速推进了"中国醴陵釉下五彩艺术陶瓷园"、"电瓷电器产业园"，"汽车零配件及汽车用品产业园"项目建设，抓紧启动"建筑陶瓷园"等项目，各项经济指标实现快速增长。全年累计完成固定资产投资20.2亿元，同比增长190.21%；技工贸总收入63.15亿元，同比增长63.1%；工业增加值15.65亿元，同比增长50.4%；高新技术产值15.18亿元，同比增长72.72%；招商引资到位资金6.8亿元，同比增长83.8%；税金总额2.8亿元，同比增长47.4%；园区劳动力达到23253人。通过有效运作醴陵市高新技术产业发展有限公司和园区发展有限公司，园区目前已储备国有土地3390亩。

二、规划建设

2010年，园区为拓展发展空间，科学合理地调整总体规划，进一步完善了功能分区。在此基础上，积极破解征地拆迁、资金短缺、用地紧张等难点，高质量、高效率地推进了基础设施建设。为构建园区交通网络，7月份全面启动了凤凰大道对接工程；配合政府加快了沪昆高速互通、岳汝高速互通、国瓷路互通等工程建设；对建成区的主次干道进行了绿化、亮化，提升了整体形象。加快了与三产业配套的集中安置区建设，确保了园区征地拆迁工作的顺利推进。做好了"西气东输"二线工程的配合协调工作，确保全市天然气能及时足量供应。完成了园区污水处理厂一期工程，加快了"环境友好"型园区的构建。启动了600毫米自来水管网建设和22万伏变电站建设，为园区的后续发展提供了一个充足的供给保障。

三、项目建设

加快了四个特色产业园项目的打造：

一是"釉下五彩艺术陶瓷园"项目。该项目是株洲市和醴陵市两级党委、政府高度关注和重视的一个大型产业发展项目，园区始终在为打造好这张产业名片而努力。在去年完成了项目总体规划设计及一期用地"三通一平"工程的基础上，今年成功引进华泽集团这一战略合作伙伴，于3月26日签定合作框架协议。到年底，该项目已累计完成投资1.8亿元。华泽集团在协议签定后进驻园区，按"国内第一，世界一流"的标准先后聘请深圳市社会科学院、香港求是图设计公司、东南大学建筑设计院等知名设计单位对项目进行了详细规划设计，于今年8月最终敲定投资1700万元，由意大利阿克雅建筑设计公司完成最终设计成果，现已进入完善阶段。与此同时，园区认真做好了奠基动工的各项准备工作。顺利完成了项目新增用地的腾地任务；就李铎艺术馆的建设与李铎将军进行了多次面谈和沟通，基本达成共识；进一步展开了宣传推介工作，营造出釉下五彩陶瓷企业踊跃入园的良好氛围，多家企业动工的准备工作已经就绪。通过刚刚在醴陵结束的第二届中国陶瓷艺术大师评审活动，醴陵获评13名国家级大师，更增添了园区将该项目打造成功的信心，计划在2011年初启动项目的主体工程建设。

二是"电瓷电器产业园"项目。该项目主要为醴陵电瓷电器产业创建一个崭新的发展平台，加快醴陵陶瓷产业形成核心竞争力。去年下半年，该项目全面完成选址规划、征地拆迁和一期用地平基，今年1月成功引进华联火炬电瓷入园并全面开工建设，到年底已累计完成投资9900万元。华联火炬已经完成项目的二次平基，进入主体车间施工阶段。同时，园区正在抓紧编制项目的二期用地规划，致力引进更多电瓷电器核心企业入园。

三是"汽车零配件及汽车用品产业园"项目。该项目是醴陵市委、市政府今年确立的一个新型产业项目。项目以长株潭振兴和发展汽车制造业为契机，拟建成一个以汽车零配件、汽车用品生产为主导，兼汽车物流、汽车商贸、汽车维修、售后服务、远期汽车整车制造为一体的的汽车产业特色园。园区于今年7月份启动该项目一期用地1000亩的征地腾地工作，到年底已完成投资5100万元，完成了土地规划调整和用地资料的上报，正在快速平稳地推进征地拆迁平基等基础性工作。目前，征拆协议已全部签订，已拆迁房屋43栋，启动了两个安置区小区建设，并成功引进广州全盛汽车配件有限公司、湖南元创机械有限公司、湖南坊丰精密金属有限公司、湖南信诚有限公司、湖南震源橡塑有限公司、湖南大华工装设备自动化有限

开放合作之平台 招商引资之窗口 ——湖南省委副书记：梅克保 题

株洲工业园区

市委常委、园区党工委书记：杨龙

园区管委会主任：付访华

中国醴陵釉下五彩艺术陶瓷园规划效果图

园区与沪昆高速对接互通

电瓷电器产业园建设工地

汽车零部件产业园建设工地

华联溢佰利

时代金属

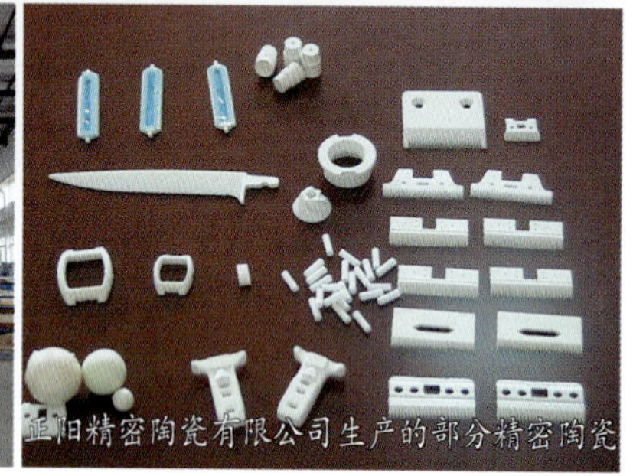
正阳精密陶瓷有限公司生产的部分精密陶瓷

公司六家汽车配件生产企业入园。六家企业计划投资5.7亿元，用地380亩。通过进一步招商推介，现阶段又有多家汽配企业达成入园意向。

四是"建筑陶瓷园"项目。为承接沿海产业梯度转移，尽快接好醴陵市建筑陶瓷这条"短腿"，加快醴陵千亿陶瓷产业目标的实现，园区作出了该项目的建设计划。目前已初步完成项目6500亩用地的规划选址工作，对项目内水、电、路、气、市政管网的设计已接近尾声，即将启动项目前期用地的腾地平基等工作，力争在两年时间内引进建筑陶瓷生产企业5家以上。通过10月份广交会期间组织赴广东进行招商推介，与佛山居道陶瓷有限公司等多家建陶企业达成投资意向。

与此同时，园区今年开工建设项目奇亮磨具等顺利竣工投产，泉湘陶瓷、一骏瓷业、鑫联康科技等企业施工顺利，将于近期陆续投产。

四、招商引资

成功引进华联火炬建设"电瓷电器产业园"，合同引资2.6亿元；引进华泽集团建设"釉下五彩园"，合同引资10亿元；引进六家汽车零配件生产企业，合同引资5.7亿元；引进杰伟国际鞋业有限公司，合同引资1000万美元，引进12家釉下五彩艺术陶瓷企业，合同引资1.5亿元。年底，又与多家企业达成了投资意向。

五、融资开发

对园区发展公司和园区托管的市高新公司进行了有效运作，已融资1.7亿元，储备国有土地3390亩，耗资3000余万元将历年来农民因征地款未到位而上访不断的现象平息。目前正在通过土地抵押、股本改良等形式，与多家金融机构及信托投资公司拉手，达成融资合作意向。与此同时，园区制定了商业用地开发方案，拟通过高新公司这个载体，通过商业用地开发，聚人气，造商机，打造醴陵城北商务中心，加快园区"工业新城、城市新区"总体目标的实现。

六、园区管理

2010年，园区认真贯彻上级关于园区建设和发展的各项指示精神，加快对省委、省政府《关于进一步促进产业园区发展的意见》(湘发[2009]4号)及株洲市政府《关于推进产业园区"千百十"工程的实施意见》文件精神的落实，进一步明确了园区的指导思想、发展目标，制定出园区机制创新、加快建设和发展的政策和保障措施。

一方面，理顺了与办事处及村组的关系。采取了由办事处托管承担基础项目建设的建设模式，以及由"村为主"打包完成征地动迁、土地平整的供地模式，有效缓解了园地矛盾，提高了工程建设进度。继续实施了向60岁以上失地农民发放生活补助的惠民政策。营造出全民支持园区建设的和谐氛围。另一方面，加强了对园区的服务和管理。进一步健全了"一站式"服务机制，完善了入园协议并强化了履约保证措施，对入园企业进行了全面的履约情况清查，促进了企业管理高效化、科学化、规范化。对园区规划范围内违法违规建设进行了及时整顿，确保了园区正常的建设秩序。加强了机关内部管理。园区内部机构按照"精简、务实、高效、科学"的原则逐步完善，工作机制不断创新，队伍素质不断提高，管理制度不断完善。同时，国土、规划、公安等驻园单位调整充实了力量，机构进一步健全。

招商地址：湖南醴陵陶瓷产业园区
电　　话：0731-23252788

株洲工业园区

攸县攸州工业园

YOU XIAN YOU ZHOU GONG YE YUAN

2010 年湖南攸州工业园(深圳)投资洽谈会

攸州工业园 2001 年开始筹建，2003 年破土动工，是以工业开发为主体，集办公、商贸、金融，居住、生态休闲等多功能于一体的第四代复合型工业园区。系湖南省“省级综合性高技术产业基地”。园区位于县城西部，北至攸衡路、南达工业路、东起内环路、西接外环路，横跨 3 个乡镇、6 个村、37 个村民小组，规划控制总面积 8.8 平方公里，已纳入攸县县城城市总体规划和土地利用总体规划。

攸州工业园开园至今，累计投入园区建设资金过 10 亿元。修筑了 16.95 公里园区主干道，架设了 16.49 公里 10kv 输电线路，铺设了 15.82 公里 ¢ 300mm 南北双线自来水管网和 14.83 公里 ¢ 1000mm 排污管道，兴建了中小企业孵化园

园区驻深圳招商联络处挂牌

标准化厂房

园区企业一角

园区企业生产线

20000 平方米标准厂房，启动了 3 个安置小区建设，开通了电信、移动、联通 3 座通信基站，宽带光纤、数字电视、邮政投递等相继入园。目前，园区 3.45 平方公里首期工程初具规模，"三纵三横"道路骨架基本成型，配套设施日臻完善，为外来投资者入园创业搭建了良好平台。园区现有 30 余家企业入驻，职工 5000 余人。

2010 年技工贸总收入 280908 万元；工业增加值 101155 万元；固定资产投资 79600 万元；高新技术值 50516 万元；招商引资 92500 万元；上缴税收 9831 万元。引进企业 12 家，其中过亿元企业 6 家。

展望 2011，攸州工业园将以"强基础、争项目、创一流"为工作主题，立足于"好"，提升运行质量；着眼于"快"，提升发展速度。聚焦大招商、大服务、大建设，实现管理体制再创新、基础设施再完善、征地拆迁再加快、招商引资再突破、发展环境再优化。全年预计技工贸总收入达到 30 亿元；固定资产投资达到 10 亿元；合同引资额达到 10 亿元；上缴税收 1 亿元。

地　　址：湖南省攸县城关镇新城路
办公室电话：0731-24255895
招商热线：0731-24258815
传　　真：0731-24255895
邮　　编：412300
网　　址：http://www.yzgyy168.com

Yanling County, Zhuzhou City Economic and Technological Development Zone, Kowloon

株洲市炎陵县九龙经济技术开发区

九龙经济技术开发区按照构建“特色立区、项目兴区”的发展战略、“生态型、规范化、花园式”的发展目标以及“低碳经济示范区、特色产业品牌区、科技孵化创业区”的发展目标，产业导向定位有地域比较优势的三大类产业：纺织、材料、农林产品加工三大产业集群。

一、机构及管理

炎陵县九龙经济技术开发区原名炎陵县九龙工业园，工业园系根据炎陵县委、县人民政府炎发(2000)15号文件精神，于2000年11月开始筹建，2003年，湖南省乡镇企业局以湘乡镇函(2003)32号、46号文件确认将九龙工业园纳入省级工业园管理并进行调度。根据2006年5月省人民政府召开的“抓住中部崛起机遇，加速推进新型工业化”座谈会精神及省九次党代会精神，按照株发(2005)6号文件要求，株编委(2007)2号文件批复同意九龙工业园为副县级事业单位，履行九龙工业园日常事务及管理职能。2010年更名为炎陵县九龙经济技术开发区，下辖九龙工业园和中小企业创业园。

九龙大道

二、产业定位及产业发展状况

九龙经济技术开发区按照构建“特色立区、项目兴区”的发展战略、“生态型、规范化、花园式”的发展目标以及“低碳经济示范区、特色产业品牌区、科技孵化创业区”的发展目标，产业导向定位有地域比较优势的三大类产业：纺织、材料、农林产品加工三大产业集群。

湖南省政协主席胡彪、市委书记陈君文在九龙经开区视察工作

十年来，以经济技术开发区(工业园)为平台，大力推进新型工业化进程，积极对外招商引资，努力承接大中城市及沿海地区产业转移。目前为止，共引进入区项目76家，其中纺织产业13家，材料产业47家，农林产品加工4家，其他类产业12

家，合同引资30亿元。2010年，九龙经济技术开发区完成工业总产值22.98亿元，同比增长52.5%，工业增加值完成7.69亿元，增长50.6%；上缴税收4162万元，同比增长25.6%；固定资产投资完成9.09亿元，同比增长50.7%，招商引资到位资金完成6.09亿元，同比增长101.9%。年末从业人员7089人，比年初净增2000人。

三、土地利用规划情况

炎陵县人民政府炎政函（2003)39号批复同意《九龙工业园控制性总体规划》，并于2006年6月完善和完成了九龙工业园一期4平方公里总体规划的修编工作，规划的九龙工业园东园区地理位置于炎陵县三河镇深坑、石鼓、石潮村。由于东园区用地已基本饱和，九龙经济技术开发区于2009年启动了二期6平方公里的西园区规划建设，对西起衡炎高速公路互通口，东至炎帝陵牌坊的地区进行详细规划。新规划的九龙经济技术开发区四至范围：东起晏公潭，西至衡炎高速公路互通口，南以河漠水为界，北止山脚。总控制面积10平方公里，其中一期控规4.0平方公里，二期控规6.0平方公里。

四、规划发展目标

九龙经济技术开发区按照“特色立区、项目兴区”的发展战略和“生态型、规范化、花园式”的发展要求以及"低碳经济示范区、特色产业品牌区、科技孵化创业区"的发展目标，规划至2012年，建设成为生产要素的聚集地、投资环境的示范区、县域经济的增长极、县城拓展的新城区。

开发区产业发展目标为：一是纺织产业。计划至2012年建成全省最大的县级纺织基地，生产规模达到60万锭，年产值10亿元，安排就业人员10000人；二是材料工业。计划至2012年，建成全省最大的有色金属材料生产基地和县级中无碱玻纤生产基地，年工业产值10亿元，安排就业4000人；三是农林产品加工产业。计划至2012年，建成年耗楠竹400万根，竹木地板300万平方米，产值5亿元的农副产品加工基地。入区项目达产后，将形成规模以上企业80家以上，产值过亿元企业5家以上，年可实现工业总产值25亿元，是上交税收0.8亿元，安排就业1.5万人。

湖南省炎陵县九龙经济技术开发区领导人名单

饶祥明：县委常委、开发区党工委书记
谭新林：县人民政府党组成员、开发区管委会主任
沈新文：开发区党工委委员、开发区管委会副主任
谭楚建：开发区党工委委员、开发区管委会副主任
唐松华：开发区党工委委员、纪工委书记

株洲工业园区

展示开发区风采，发展开发区成果。——湖南省常务副省长 于来山 题

株洲市炎陵县九龙经济技术开发区

重点招商引资项目推介

主要产业集群简介：

1 纺织服装类产业集群

九龙经济技术开发区有纺织类企业13家，目前是湖南省棉纺织产业基地、湖南省承接产业转移特色基地，年产纯棉纱、混面纱18万锭，可为织布、服装等下游产业提供优质、充足的材料，已形成比较完善的纺织产业链。

2 材料类产业集群

九龙经济技术开发区良好的自然生态环境，为材料类加工企业提供了得天独厚的生产条件，是材料类加工企业的首选地区。目前已有材料加工企业47家，有钽、铌、钨、钼、锌等金属材料及硬质合金加工、石墨等非金属材料加工，引进了先进的钽粉、铌丝生产线设备和技术。其中精成钨业、恒源硬质合金是全国循环经济硬质合金五强企业，具有较完善的产业配套及项目优势。

3 农林产品深加工产业集群

炎陵森林覆盖面为83.7%，具有独特的天然木材资源优势，目前炎陵具有竹林30万亩,竹子5000万根以上,年销售200多万根，具有得天独厚的资源优势。中国最大的三层齿接板生产基地、湖南省林业产业龙头企业江陵木业有限公司和湖南省农业产业化龙头企业湖南福来喜鹅业有限公司为农林产品加工生产项目奠定良好的现实基础，开发前景十分可观。

4 电子类产业集群

利用开发区已经具有一定基础的电子产业，在西园区建立电子产业转移示园区，引进规模电子企业10家以上，年产值过10亿。税收为0.1亿元，用工为3500人左右。

5 汽车零配件制造产业集群

九龙经济技术开发区目前有由湖南省中机铸造高科有限公司投资兴建的中机铸造时代高科有限公司，总投资30000万元，产品主要为铸件、机械加工、结构件等重型机械配套产品，生产规模年产铸铁（钢）件10万吨、结构件5万吨，产品销售至三一重工、中联重科、山河智能等大型企业。还有由香港银丰（国际）投资贸易有限公司投资兴建的总投资达2亿的炎陵九龙汽车配件有限公司。

联系领导：沈新文：13017332225　张嵩：15074106312

地　址：湖南省炎陵县西城区九龙经济技术开发区　　邮　编：412500

联系电话：0731-26290629　26297711　传真：0731-26290909　E-mail:jlgyy888@163.com

开放合作之平台 招商引资之窗口 ——湖南省委副书记：梅克保 题

株洲工业园区

株洲市炎陵县九龙经济技术开发区

投资置业优势

炎陵县九龙经济技术开发区地处中部六省，属长株潭“两型社会”建设试验区，系老、少、边地区，享有中部崛起优惠政策、“两型社会”优惠政策，比照享受振兴东北老工业基地优惠政策及循环经济、高新技术产业优惠政策。

1 优惠政策

地价每亩3万元，使用时间50年，开发区负责“五通一平”；电价每度0.348元，另加基本电费；投资企业投产后，入库税金增幅30%以上的企业，返还当年入库税金比上年增长部分的地方所得的50%给企业，用于支持企业扩大再生产。

2 交通优势

衡炎高速、衡茶吉铁路、106国道贯通开发区，炎汝高速、炎睦高速即将建成通车。（炎陵至衡阳140公里、炎陵至郴州170公里、炎陵至株洲220公里、炎陵至长沙270公里、炎陵至广州520公里）

3 基础设施

九龙经济技术开发区狠抓基础设施建设，进一步优化园区软、硬环境，开发区水、电、交通等基础设施进一步完善，增强了园区承载力。

4 服务收费

九龙经济技术开发区实行“一站式”服务，由专人及专门机构负责投资企业的各项证照手续代办，开发区实行“无费区”、“封闭式”管理，实行县级行政事业性收费全免，凡进入企业检查需通过开发区管委会许可。

5 重点倾斜

九龙经济技术开发区对企业投资过亿元、对县域经济拉动能力强的项目，按照“一企一策”、“一事一议”、“特事特办”的原则给予更大的优惠。

炎陵县九龙经济技术开发区实景模型

株洲工业园区

辰示开发区风采，发展开发区成果。——湖南省常务副省长 于来山 题

株洲市炎陵县九龙经济技术开发区

重点企业简介

株洲江钨博大硬面材料有限公司

该公司为江钨集团与原株洲博大硬面材料有限公司合股投资组建，该项目占地 18 亩，注册资本金 3287 万元。2007 年 8 月正式建成投产，其产品主要应用于航空航天、石油钻探、矿山挖掘、机械工具、海洋设施等多方面领域，产品出口欧美。今年 8 月 2 日，株洲江钨博大硬面材料有限公司顺利通过“湖南省 2010 年首批高新技术企业认定”公示，成为炎陵县首家高新技术企业。

湖南东信集团炎陵纺织有限公司

湖南东信集团于 2004 年月 12 月签订招商引资合同，合同引资人民币 1.8 亿元，注册资本金 5000 万元，占地 103 亩。东信棉业于 2009 年 5 月底正式投产，生产的主要产品为精梳纯棉纱、普梳纱、线等，其产品技术含量高，远销国、内外，深受新、老客户的青睐。

东信棉业是目前炎陵县注册资本金最大企业，也是目前纺织行业技术含量最高企业，该企业生产设备从意大利、瑞士进口，主要设备的装备水平达到世界领先水平。2010 年，东信棉业年产值可望超 1 亿元，预计 2011 年可接近 3 亿元。东信目前员工有 760 多人，为炎陵县解决了一大批劳动力的再就业，也为炎陵和株洲的经济腾飞作出了重大贡献。

株洲光大服饰有限公司

株洲光大服饰有限公司是炎陵县九龙经济技术开发区引进的首家服装生产企业，该公司由广东佛山光大服装有限公司投资兴建，第一期项目于2009年5月签订投资合同，合同引资人民币1.6亿元，占地150亩。该企业于2010年4月1日正式投产，其产品以出口为主，主要销往美国、加拿大和韩国等地。光大服饰项目的引进，形成了园区"棉花进、成衣出"的产业环，为完善园区纺织产业链实现了里程碑式的突破。

省委常委、省纪委书记许云昭视察株洲光大服饰有限公司

湖南福来喜鹅业有限责任公司

湖南福来喜鹅业有限责任公司是一家集炎陵白鹅保种开发、鹅苗繁育、饲料生产、白鹅屠宰及深加工于一体的省级农业产业化龙头企业。公司始创于2007年，注册资本1000万元。公司现有总资产6500多万元，其中固定资产3600多万元，该公司主要生产肉及肉制品、熟肉制品、预制肉品、畜、禽用饮料和鹅苗。多次被市、县政府评为"经济工作先进单位"、"文明建设先进单位"、"诚信私营企业"、"信贷诚信单位"并成为湖南省养殖协会理事单位。

炎陵江陵木业有限公司

炎陵江陵木业有限公司于2009年7月建成投产，公司总投资4500万元，其中固定资产3000万元。该企业主要项目系农林产品深加工项目，利用农林三剩物生产家私装饰用产品，主要产品为环保型细木工板、刨花板，生产能力为50000M³/年。被株洲市农业产业化龙头企业评为湖南省林业产业龙头企业、湖南省守合同重信用单位、湖南省质量信用A级企业。炎陵江陵木业有限公司正式投产，使我县成为中国最大的三层齿接板生产基地。

开放合作之平台　招商引资之窗口 ——湖南省委副书记：梅克保 题

湘潭九华示范区

工业为根本，项目是生命，服务无止境、客商是帝王。

湘潭九华示范区始建于2003年底，是长株潭城市群国家资源节约型、环境友好型社会建设综合配套改革试验区的示范区，是省政府批准设立的省级台商投资区，也是省委、省政府重点规划建设的"千亿园区"。

九华示范区地处长株潭核心区域，南距湘潭市中心5公里，北距长沙市中心27公里，总面积138平方公里，总人口13.2万人；境内上瑞高速贯穿东西，长潭西线高速连接南北，湘江黄金水道通江达海，距黄花国际机场半小时车程，还有湘黔铁路、湘江生态经济风光带和建设中的沪昆高铁，区位优势得天独厚。示范区由具有国际一流水准的新加坡裕廊国际工程有限公司，编制138平方公里的总体规划和产业发展规划。总体规划将九华示范区划分为三个组团，即产业新区40平方公里，滨江新城60平方公里，生态环境保护区38平方公里；确定了汽车及零部件制造、电子信息、先进装备制造为三大主导产业。2010年，园区实现工业总产值161.3亿元，增长98.1%；财税收入7亿元，增长40.1%。规划到2015年，实现工业总产值1000亿元，财政收入60亿元。

目前，示范区已开发建成面积15平方公里，入区企业176家，总投资830亿元，已投产企业96家，其中有法国佛吉亚、德国西门子、日本美达王、韩国三星、台湾联电等世界500强企业和吉利控股集团、中冶京诚等国内500强企业。2010年完成工业总产值160亿元，财政收入7亿元。

九华示范区的建设与发展得到了各级领导和社会各界的高度关注。温家宝、贾庆林、李长春、李克强、王岐山等党和国家领导人先后视察九华示范区，充分肯定了园区发展所取得的成绩；宋楚瑜、江丙坤、郁慕明等台湾重要人士先后考察园区，对园区发展给予了高度评价。

九华示范区管理委员会办公综合大楼

学府路鸟瞰图

地址：湖南省湘潭市九华示范区富洲路98号
电话：0731-57511456
传真：0731-57511456

九华示范区一角

展示开发区风采，发展开发区成果。——湖南省常务副省长 于来山 题

汽车产业集群

吉利汽车总装装配生产线

汽车产业集群：建设好30万台整车、30万台发动机、30万台自动变速箱的吉利汽车生产基地，同时，力争再引进1～2家国内外知名整车生产企业；加快汽车产业集群发展步伐，紧盯长沙、株洲整车企业的发展，在九华打造湖南汽车零部件主要生产基地，为吉利、广汽长丰、菲亚特、比亚迪、北汽等整车企业提供零部件；加快汽车物流中心、汽车4S店、汽车运动等项目建设。预计2011年工业总产值超过140亿元，到2015年，实现工业产值500亿元。

规划年产20万辆整车，30万台自动变速箱，30万台发动机的九华吉利汽车生产基地

装备和制造产业集群

湖南恒润高科有限公司

江麓重工科技有限公司

装备和制造产业集群：壮大中冶京诚、江麓科技、新天和、三峰数控、宏大真空、恒润高科等骨干企业，引进高端装备制造企业，打造九华冶金装备、工程机械、矿山机械、特种车辆（高速公路养护车、特种消防车）制造基地。预计2011年工业总产值超过60亿元，到2015年，实现工业产值300亿元以上。

年产值可达100亿元——中冶京诚（湘潭）重工设备有限公司

电子信息产业集群

年产值可达50亿元的中国兴业太阳能湖南产业园

韩国三星湘潭爱铭数码电子有限公司生产车间

电子信息产业集群：壮大三星爱铭数码、全创科技、时代软件等核心骨干企业，经过2～3年的培育，在九华形成笔记本电脑、DVD整机生产基地。同时，紧盯国内外电子信息产业的500强企业，力争1～2家整机企业落户九华。预计2011年工业总产值超过50亿元，到2015年，实现工业产值200亿元以上。

年产值可达30亿元的台资企业——全创科技有限公司

奋进中的湘潭天易示范区

创新服务基地、生态工业新区、中部地区县域经济发展的示范区

湘潭天易示范区新貌

湘潭天易示范区成立于2009年6月8日，是国家长株潭城市群“两型社会”建设综合配套改革试验区五大示范区之一，国家实施中部崛起及西部大开发的战略要地，总规划面积99平方公里，功能定位为“创新服务基地、生态工业新区、中部地区县域经济发展的示范区”。

湘潭天易示范区成立以来，特别是2010年7月新班子到位后，坚持解放思想、负重奋进，加快发展，以行动、以激情、以智慧、以诚信、以责任，赢得了社会各界的广泛认同和赞誉。项目建设热火朝天，创业大厦、天易大道Ⅰ标、凤凰东路等50余个基础设施项目快速完成，瑞泰科技、敏锐机车、众为兴等16个工业项目先后建成投产；招商引资纷至沓来，雨润集团生猪加工项目、碧桂园集团高端房地产项目、中国太平洋建设集团等重大项目成功引进。机制体制大刀阔斧，快速完成了大部制改革、全员竞聘上岗，建立健全了40余项新的内部管理制度，示范区文化核心体系框架基本形成；环境塑造耳目一新，示范区领导联产业、联项目制度成效显著，着力解决企业、群众的现实利益问题，建设投资者、创业者、劳动者和居民的美好家园。目前，入园企业150余家，其中规模企业60多家，国家级高新技术企业9家，先进制造业、现代服务业和精深加工三大产业发展势头强劲。2010年，湘潭天易示范区

一轴一带四基地产业布局图

湘潭工业园区

展示开发区风采，发展开发区成果。——湖南省常务副省长 于来山 题

湘潭天易示范区新貌

完成技工贸总收入131亿元，增长37.43%；工业总产值110.5亿元，增长44.6%，其中规模工业产值72亿元，增长27.8%；完成高新技术产值30亿元，增长80.5%；完成财税总收入3.5亿元，增长40%。

新天易，新征程，新绽放。湘潭天易示范区将继续秉承“敢为人先，追求卓越”的精神理念，按照“一体两翼”、“南拓、北提、东进、西联”的空间发展思路，积极实施“产业兴区、项目强区、人才壮区、文化凝区”发展战略，重点培育先进装备制造、现代服务和农产品精深加工三大主导产业及新材料与节能环保两大战略性新兴产业，加快推进新型工业化、新型城市化和管理现代化，在生态工业建设、城乡统筹建设、体制机制创新等方面积极探索，全力打造“一流园区，两型典范”。

联 系 人：邱女士 吴先生
电话传真：0731-57575007（办公室）
0731-57575799（招商）
联系地址：湖南省湘潭易俗河天易大道8号
网 址：www.xttydz.gov.cn
邮 箱：tyzs618@sina.com

领导班子合影（左起党工委委员、纪工委书记赵国政，党工委委员、管委会副主任杨欣荣，县委副书记、示范区党工委委员、管委会常务副主任胡海军，副厅级干部、县委书记、示范区党工委书记陈忠红，县委副书记、县长、示范区党工委委员、管委会主任谢振华，党工委委员、管委会副主任唐向前）

领袖故里 创业摇篮

湖南韶山永泉科技园

2010年是韶山永泉科技园产业发展年。全年完成固定资产投资8.4亿元，实现工业总产值21.3亿元，实现财税收入8000万元，实现税收6018万元，同比分别增长68%、136%、33%、34%。

创业平台更加夯实

累计完成固定资产投资16亿元。三纵三横道路骨架形成，通车里程突破10公里；供水、供电、排水、排污、电信、电视、天然气等配套设施齐全，1.6平方公里范围内实现"七通一平"。二期开发全面启动，土地储备充足，5万平方米标准化厂房交付使用，物流、星级酒店、公共租赁住房、安置房等综合服务设施日趋完善，项目承载能力日益加强。

招商引资卓有成效

园区坚持发展高新技术，培育战略性新兴产业项目，按照"资源节约、环境友好、技术含量高、经济效益好"四条标准选大项目、好项目。全年引进了博云兴达、四棱数控、广诚工程等8家规模企业，合同引资突破15亿元。入园企业32家，投产企业25家，光电信息、先进制造、生物医药成为主导产业。

湘潭市委书记陈三新视察园区企业

创新能力不断增强

入园企业拥有自主知识产权145项。恒欣实业拥有自主知识产权41项，其煤矿架空乘人装置液压驱动系统领先国际先进水平；新韶光电器拥有中国驰名商标；韶山大北农“卫康消毒剂”获国家发明专利。华中科技大学与恒欣实业签订协议，联合生产防爆变频器，园内企业自主创新能力明显增强。光电信息成为全省首批承接产业转移特色基地，生物医药产业特色基地7月经省科技厅鉴定，获得高度肯定。

“共建园区”服务优化

市委、市政府以打造新型工业化核心平台，打造园区经济核心增长极为重点，提出“办园区就是办特区”，“发展园区经济就是发展韶山经济”的响亮口号，继续推行“共建园区”协作机制，整合资源，充分发挥伟人故里的政治优势，捆绑经营，形成合力，争取国家政策、项目支持。并着力推行“一站式”、“保姆式”服务。各职能部门为入园企业、项目建设简化审批手续，简化办事程序，提供快速、敏捷、温馨服务，得到入园企业老板的高度赞赏。

展望未来　充满信心

“十二五”期间，韶山园区将乘势而上，抢抓机遇，按照“文化立市、产业强市、生态靓市”发展思路，全面启动二期开发，坚持“科学发展，创新跨越”发展战略，以建设“创新型、生态型、人文型”园区为发展目标，突出产业发展与土地经营两个重点；实施科技创新、可持续发展、人才兴园三大战略；打造创业、招商、服务、投融资四大平台；以完善共建园区机制、提升政策支持力度、创优服务环境、加大财政投入、加强宣传推介五大保障措施，创新工作思路，转变经济发展方式，实现跨越发展，力争到“十二五”末园内实现工业总产值100亿元，实现财税收入3.5亿元，实现税收3亿元。

长足发展　隆重招商

一、产业项目：

1、文化创意产业园项目：总投资5亿元人民币。用地规模120亩，位置为韶峰大道以南，富园南路以西；挖掘、开发利用悠久的韶山文化和独特

正在建设中的产业项目

湘潭市委副书记、市长史耀斌视察园区企业

的伟人文化，以弘扬伟人文化为主题，打造集旅游、渡假、饮食、娱乐、购物、实景演出、影视制作、文化产业流通等为一体的生态文化主题园区。

2、总部经济区开发项目：总投资5亿元人民币，规划用地面积1000亩；加快信息服务业、金融服务业、现代物流业等新型服务业的发展，大力引进科研机构、企业技术中心、大型国内外企业总部入驻，实现总部经济总产值28个亿以上。

3、光电信息产业：重点发展光电产业的中下游应用产品制造业，积极发展配套产业和设备制造业，有限发展光电材料产业，形成以电池及组件、光电应用产品为主体，以光电材料及设备制造为补充的光电产业集群。重点发展采用电子信息技术制造的电子通信产品、计算机产品、电子测量仪器产品、变频调速产品、电器控制产品、电子元器件产品、电子应用产品、电子材料产品等产品及其配件。规划面积约1000亩，投资约15亿元，到2015年，光电信息产业工业总产值达到30亿元，其中高新技术产品产值达到20亿元，工业增加值12亿元，税收达到3亿元。光电产业及相关配套企业15家，其中过亿元企业达到10家。

4、先进装备制造产业：围绕汽车制造、工程机械制造、轨道交通装备制造等产业的发展，重点发展矿山机械、精密制造、大型工程机械、保温材料设备、汽车制动、风机制动、汽车电器、电子仪器仪表、电机系统、控制系统、汽车模具等，规划面积约1500亩，投资约22.5亿元，到2015年，装备制造产业工业总产值达到45亿元，其中高新技术产品产值达到30亿元，工业增加值18亿元，税收达到3亿元。装备制造产业及相关配套企业20家，其中过亿元企业达到10家。

二、园区基础设施建设项目：

1、员工住宅小区建设项目：总投资5亿元，规划用地120亩，建筑面积20万平方米。用地位置为韶峰大道以南，物流服务中心以西，莲花路以东。

2、商贸中心建设项目：总投资5亿元，规划用地150亩。用地位置为韶山大道以南，湘宁线以东，与园区生产区地块连接，距韶山景区4km、城区1km，建设20万平方米的商贸、金融、住宅、休闲、物流等配套服务区，为园区企业及周边提供综合配套服务。

3、园区二期路网建设项目：总投资9800万元，主要有枫木路西段、莲花路南段、永义路西段。

我们热忱欢迎有识之士来伟人故里投资创业，发财致富。

招商服务热线：0731-55671002　55671000
传　　　　真：0731-55671000
网　　　　址：http://www.ssyq.gov.cn

正在建设中的星级酒店

昭山·中国 两型社会示范区

昭山示范区于2009年6月8日正式挂牌成立，前身是昭山旅游经贸开发区。辖昭山乡、易家湾镇、昭山旅游经贸开发总公司、昭山风景名胜区管理处四个单位，共有20个行政村和4个社区，人口5万余人，其中流动人口2万余人。全区总面积68平方公里，其中现有耕地21300亩，园地850亩，林地51511.5亩，森林覆盖率达50.53%，其他农用地10900亩；城乡建设用地11700亩，交通水利用地4500亩，未利用土地4500亩。

一、发展中的昭山示范区优势明显

1、拥有世界上独一无二、不可再生的战略生态资源。

昭山"绿心"区域内丘陵与平地交错，田园与湖泊、青山交织，多样性植物丰富、水土保持良好、水源涵养好，对品字状分布的城市群而言，是一个自然的生态隔离屏障，具有极大的保护性开发价值。

2、位居三市区位条件独特、产业基础良好的价值洼地。

一是地理条件优越。地处长株潭三市中心，离三市均为25公里左右。二是交通优势明显。形成了四通八达的交通网络，铁路、公路、高速公路、水路，路路相通。三是湖南经济发展的几何中心点。该地区的周边城市有良好的经济基础。四是人口相对稀少。68平方公里范围仅3万多人，拆迁任务不重。五是新上项目少，几乎属于零开发地

展示开发区风采，发展开发区成果。——湖南省常务副省长 于来山 题

2010 年 10 月 19 日至 20 日，由湘潭市委书记陈三新率领，湘潭市委常委、副市长周放良，湘潭市委常委、政法委书记廖国锋参加的考察团赴深圳华南城考察，昭山示范区党工委书记杨英杰，党工委副书记、管委会主任赵新文，党工委委员、管委会副主任陈智勇陪同考察。考察团成员与华南城控股有限公司总裁梁满林先生合影。

区，开发建设成本低。

3、昭山示范区是满足一体化发展、“两型社会”示范的空间载体。

目前，长株潭工业能耗较高，污染较严重，粗放的发展模式与“两型”要求相差甚远。昭山示范区无疑将在“两型社会”建设中扮演重要角色，是满足一体化发展、实现结构升级和功能提升、未来城市群由产业城向生态城转变的空间载体。

二、2010 年重点工作亮点纷呈

2010 年，全区完成地方生产总值 10.8 亿元，同比增长 18.6%；完成财政收入 1.2 亿元；完成固定资产投资 19.5 亿元，同比增长 49.8%。全区上下“两型社会”建设的信心和决心更加坚定，干事创业的激情和氛围更加浓厚。

1、坚持规划先行，科学编制规划体系。

该区始终坚持规划先行，通过高起点、高规格规划，来体现定位，明确产业，形成蓝图。经正式授权后，委托中国城市规划设计研究院进行《昭山示范区湘潭易家湾昭山片区总体规划(2010-2030)》(以下简称总规)编制工作，报省政府审批。《总体规划》按照“生态绿谷、创意之都”，打造具有国际品质的生态新城的发展定位，规划面积 68 平方千米，规划总人口 19 万人。功能定位为：中部地区的生态休闲度假中心；长株潭城市群重要的生态特色功能区——三个城市的公共“客厅”；中部地区的低碳经济示范区。产业定位为：积极构筑都市休闲产业、湖湘文化创意产业、绿色科技商务产业等三大低碳主导产业。总体布局为：“一核、两轴、双组团、多公园”。“一核”指昭山文化景观核。“两轴”指芙蓉大道综合发展主轴和昭云景观路旅游发展轴。“双组团”指昭云景观路以南、虎形山以北的北部组团和仰天湖为中心的南部组团。“多公园”指依托良好的生态环境与优美的自然景观资源，建设服务长株潭

湘潭市人民政府副市长谈文胜与江苏国信集团副总经理、党委委员蒋旭升签订百合生态旅游项目合作协议。

城市群的多个生态休闲公园。同时组织编制了区经济社会发展"十二五"规划纲要、路网及市政专项规划、土地利用规划等专项规划和仰天湖重点地段控规、白合地段控规等控制性规划。

2、突出招商选资，强力推进项目建设。2010年是昭山示范区新班子到位的第一年。在百废待兴的情况下，该区把招商选资作为"第一菜单"，把项目建设作为"第一抓手"，充分发挥生态资源优势、区位优势和政策优势，加强项目策划、包装、储备与推介，紧紧围绕战略投资者，主动对接，积极跟进，优化服务，在引进"两型"战略项目上取得了重大成果，和中建集团、江苏国信集团、连捷投资集团、华南城控股有限公司等战略投资商签订9个战略投资合作框架协议。尤其是投资约200亿元的昭山·中建健康养生示范城和投资约150亿元昭山晴岚项目引进取得重要进展。对在建项目建立了"一个项目、一名领导、一套班子、一个方案、一抓到底"的项目建设推进机制，实行"日报告、周调度、月讲评"，全面加强项目建设环境整治和政务环境优化，强力推进项目建设进度。长株潭城际铁路昭山段项目、兰州－郑州－长沙成品油管道湘潭支线工程项目和西气东输二期工程项目前期工作基本完成；山那边休闲山庄一期工程完工，进入试营业；马鞍现代农业示范园、防洪景观大道、赶鹿坡休闲山庄二期等重点项目顺利推进；昭山安置区、白合大道、易家湾安置区项目启动建设。

3、优先夯实基础，狠抓基础设施建设。基础设施落后是制约昭山发展的重要因素。该区下定决心，克服困难，创新融资方式，积极推进基础设施建设，为昭山的长远发展打下基础。2010年，通过土地置换和发行信托产品等方式，完成融资额1.35亿元。湘江防洪景观道路昭山段、株易路口高速公路互通、芙蓉大道扫尾项目等交通项目加快推进。全区对外开放、对内通畅的交通网络逐步形成。

4、规范内部管理，激发干部队伍活力。出台和完善了《人员分类管理办法》、《管理人员与职员绩效考核办法》、《综合问责办法》等一系列规章管理制度，严格以制度管人管事。建立了决策机制。对会议议事范围、程序都进行明确规定。大力推行绩效考核和综合问责，完善执行机制，以激励约束机制推动工作落实，确保全区政务服务高效有序。把选拔使用干部和干部绩效挂钩，树立凭实绩用干部的正确导向，健全干部能上能下，能进能出的灵活用人机制，加大干部交流力度，激发了全区干部队伍活力，形成了浓厚的干事创业氛围。同时，大力推进节约集约用地，提高资源利用效率，坚持“统一规划、成片开发”的城市建设开发示范、“先安置，后拆迁”和谐征拆示范。以“区统筹、乡镇为主”模式，重点推进了林权、土地、生态环保建设、民生等一系列“两型”示范改革。

今后一个时期是该区科学赶超、跨越发展的战略机遇期，全区上下将紧紧围绕“一年有变化、三年大变化、五年焕然一新”的发展思路，创优“两型社会”建设环境，拓宽现代服务业发展领域，努力做大做强一批有影响力的低碳产业集群，围绕加快打造“生态绿谷、创意之都”，构筑“绿色、休闲、高端、创新”低碳产业体系，力争在2015年完成地区生产总值100亿元以上，实现财政收入10亿元以上，都市生态休闲、文化创意、高端绿色科技商务等3大低碳产业集群得到充分发展，服务业地区生产总值快速上升，固定资产投资成倍增长。全区交通路网、市政设施等的建设紧跟发展要求，为建设具有国际品质的生态新城提供有力保障。

地址：湘潭市株易路口昭山示范区
电话 / 传真：0731-53583891
网址：http://www.hnzhaoshan.com
邮箱：zssfqxx@163.com

发达的航运交通

岳阳華天大酒
YUEYANG HUATIAN HOTEL

订房热线：400820042
www.ehuatian.co

来岳阳考察、投资、休闲，请进驻——

地址：中国·湖南岳阳市南湖大道587号
电话：0730-8885888 8885999

展示开发区风采，发展开发区成果。——湖南省常务副省长 于来山 题

湖南城陵矶临港产业新区

HUNAN CHENGLINGJI LINGANG CHANYE XINQU

湖南城陵矶临港产业新区位于湖南省岳阳市东北部，规划控制区面积100平方公里，规划建设区面积69平方公里，是国家长株潭城市群“两型社会”综合配套改革试验区滨湖示范区核心区域。湖南城陵矶临港产业新区党工委、管委会正式组建于2009年12月，是岳阳市委、市政府的派出机构，下设综合管理部、国土规划建设部、财政金融部、招商联络部和开发投资有限公司（均为副县级）。

临港产业新区发展优势明显。物流通关便捷。城陵矶港是国家对外贸易一类开放港口，全国28个内河主枢纽港口之一，湖南省唯一通江达海的长江深水港口，首批获准与台湾直航15个内河港口之一。万吨海轮在长江枯水季节可直达城陵矶港。2009年，城陵矶国际集装箱码头一期工程开港运营，年吞吐能力30万标箱。2010年，港口集装箱吞吐量和进出口货物总量，分别达到12.37万标箱和1080万吨。开通了岳阳至日本、韩国、香港、台湾等国家和地区航线，实现了“江海联运”，建立了“属地申报，口岸验放”的大通关机制，通关时间大为减少，通关成本大为降低。区位优势明显。位于洞庭湖与长江交汇的三江口南岸、长株潭城市群和武汉城市圈两个“两型社会”试验区的中间部位，是湘、鄂、赣三省通衢要津。纵有京广铁路、107国道、随岳高速公路和武广高铁；横有长江黄金水道通江达海，杭瑞高速沟通云贵浙苏。区内有长江大道和云港路为

周强书记视察临港产业新区

主轴的"四纵四横"道路网络，内外交通十分便捷。项目承载力强。区内规划了港口航运物流区、先进装备制造区、新材料产业区、低碳新兴产业区和港口贸易服务区；沿长江30公里地段分布着长岭炼化、巴陵石化、泰格林纸、华能电力、湖南精细化工园等一批中央省属大型企业和特色园区，是中南地区重要的石油炼化基地、电力能源基地、现代造纸工业基地，是湖南千亿化工产业基地。机制灵活高效。里享有长株潭"两型社会"试验区滨湖示范区的先行先试政策，省政府专门出台了支持城陵矶临港产业新区加快发展的23条政策。岳阳市政府下放了65项市级经济审批权，事权集中、管理统一、运转高效的管理体制和运行机制正在形成。生态环境优美。依长江、抱洞庭，境内山水环绕，环境优美。在美丽的格石岭山和芭蕉湖周边，我们引进了投资35亿元的澳门名嘉商业综合体，打造高端的产业配套商贸区和休闲区，为投资者创造良好的居住、休闲环境。

2010年，湖南城陵矶临港产业新区按照"建成湖南推行新型工业化的战略要地、加速'两型社会'建设的先行基地和对外开放的前沿阵地"的发展要求，瞄准打造"现代新港、产业新区、滨江新城、岳阳新的经济增长极和长江中游区域性航运物流中心"的发展目标，大力实施"以港兴业、以业强区、以区拓城"的发展战略和"低碳化、市场化、生态化、高效化"的发展模式，强力推进大建设、大招商、大融资、大宣传"四大行动"，在时间短、困难多、压力大的情况下，实现了六个重大突破。一是港口物流实现重大突破。长江干线武汉至城陵矶河段海轮航道正式开通，长江海轮航线内陆延伸了228公里，城陵矶港正式成为湖南唯一的"海港"。2010年，港口集装箱吞吐量达到12.37万标箱，进出口货物总量达到1080万吨，分别比2009年增长31%和15.7%。二是

繁忙的集装箱码头

项目建设实现重大突破。基础项目、产业项目、配套项目整体推进，恒阳化工等8个项目全面开工建设；"三纵三横"主干路网建设累计完成投资4.5亿元；科技创业服务中心5万平米的标准化厂房、凌泊湖安置小区500套廉租房全面开工建设；先后与上海硅峰新能源环保电动车等34个重大项目成功签约，签约资金突破100亿元。三是争资融资实现重大突破。在国家清理整顿政府融资平台的大背景下，争取到银行贷款12.3亿元；争取省财政调度资金2亿元；立项争资到位资金9660万元；引进中建股份公司、二十三冶建设集团有限公司等企业采取BT模式参与港区基础设施建设，协议总投资金额达70亿元；港建投债券融资工作已进入实质性操作阶段，启动设立临港新区创业投资基金。四是征地拆迁实现重大突破。全年征用土地近5000亩，平整土地3500亩；拆迁房屋286栋。五是争取支持实现重大突破。湖南省人民政府办公厅下发了《关于支持湖南城陵矶临港产业新区加快发展的意见》，岳阳市委市政府以2010年1号文件下发了《关于支持湖南城陵矶临港产业新区加快发展的意见》，成立了湖南城陵矶临港产业新区专家委员会，形成了强有力的政策支持和工作支持合力。六是机制运行实现重大突破。在机构设置、人员选聘、财政运转、内部管理等方面积极创新，制订出台了一系列管理制度，努力探索多元化的用人机制、精细化的内部管理机制、市场化的投融资机制和法规化的征地拆迁机制，新区班子和干部队伍建设充满生机活力。

地址：湖南岳阳城陵矶
电话：0730-8422222（招商电话）
传真：0730-3199999（办公室）
网址：http://www.cljgq.com
邮箱：gqgwh@163.com

签约项目开工

徐守盛省长视察临港新区

梅克保副书记视察临港新区

展示开发区风采，发展开发区成果。——湖南省常务副省长 于来山 题

湖南汨罗工业园区

HUNAN MILUO GONGYEYUANQU

湖南汨罗工业园区成立于2003年，是经省人民政府批准的省级工业园区。园区位于汨罗市东部的汨罗江畔，规划面积18平方千米，107国道、武广高速铁路纵贯南北，是湖南省唯一一个在县级设立高铁客运火车站的园区。S308线，汨罗江横穿东西，西邻京广铁路，东靠京珠高速，比邻在建的2000吨营田码头，水陆交通十分便捷。2005年10月，被定为国家首批循环经济试点单位，2006年被评为湖南省劳动和谐关系示范区，2007年被纳入长株潭"两型"社会建设政策核心区。

建园以来，按照"高起点规划、高质量建设、高标准管理、高效益经营"的建园理念，根据生活科研区、绿色环保过渡区、产业加工示范区的功能区划，坚持"产业兴园、特色立园，科技强园"的发展方向，计划投资80亿元，规划建设污水分流、固废集中处理、垃圾无害化处理等环保设施的同时，建设市场回收和金属非金属加工基地，打造18平方公里的特色园区。

2010年8月，汨罗被确定为国家首批"城市矿产"示范基地。在第一批所申报的项目中，汨罗工业园区有12个项目进入了范畴，获得了中央财政2.89亿元的资金支持，其中2.4775亿元已拨付到项目专控帐户。园区有再生塑料制品制造、耐热不锈钢纤维系列产品、废铝预处理、再生资源集散市场、再生资源产业信息中心、物流园、再生资源工程技术研发中心、重金属污水处理厂、泡沫铝合金板材、饮料罐带坯、水箱铜铂等12个项目被列入国家"城市矿产"示范基地建设重点项目，总投资250364.49万元。2010年，园区累计完成投资67521.65万元，占总投资的26.9%。其中：再生塑料制品制造项目，已完成投资4556.92万元，占总投资的30.6%；耐热不锈钢纤维系列产品项目已完成投资6887.6万元，占总投资的76.5%；再生资源产业信息中心已完成投资3998.2万元，占总投资的79.9%；再生资源集散市场已完成投资27600.33元，占总投资的32.2%；废铝预处理项目已完成投资8732.58万元，占总投资的58%；物流园项目已完成投资6000万元，占总投资的22%；园区再生资源加工利用技术研发中心项目已完成投资1246万元，占总投资10.9%；重金属污水处理中心项目已完成投资1000万元，占总投资的10.4%。

汨罗工业园区管委会主任：许德煌
联系电话：0730-5613028
网址：www.csrrn.com
邮箱：hnmlgyyq@126.com
邮编：414400

湖南汨罗再生资源回收利用市场和加工示范基地项目

——湖南省同力循环经济发展有限公司

2011年3月18日国家发改委副主任解振华在湖南省委副书记、省长徐守盛，岳阳市委书记易练红的陪同下视察园区

湖南省同力循环经济发展有限公司于2008年6月20日在湖南省工商行政管理局注册成立，注册资本人民币5000万元，办公场所位于汨罗市汨新路16号。公司经营范围为循环经济基础设施投资；再生资源项目投资；回收、加工、利用生产性和非生产性废旧物质。

公司建设的“湖南汨罗再生资源回收利用市场与加工示范基地项目即中国湖南汨罗循环经济再生资源生态工业园”列入了国家“十一五”规划纲要，是国家首批循环经济试点项目。今年列入十二五国家开展“城市矿产”示范基地建设首批试点单位。根据国家“十一五”规划，国家第一批循环经济试点及长株潭“两型”社会建设的工作要求，按照公司规划，本项目将以汨罗十八平方公里工业园为平台，以4000亩的本项为核心，通过建设一个市场网络体系（再生资源回收利用交易拆解市场体系）建立两个中心（再生资源现代物流中心和再生资源信息中心）发展三个示范区（报废汽车及装备回收拆解再制造示范区、电子废弃物加工处理示范区、国外废七类物资进口定点加工拆解示范区）创立四个平台（公共服务平台、公共环境保护平台、高新技术应用、研发、孵化平台和金融服务平台）寻求五个创新（体制创新、机制创新、金融产品创新、科技创新、服务管理创新）实现一园（汨罗循环经济再生资源生态工业园）一所（中国再生资源交易所）八个精深加工工业区（有色金属精深加工区，不锈钢精深加工区，橡胶、塑料、纸精深加工区，稀贵金属回收精深加工区，电子废弃物处理加工示范区，报废汽车及装备拆解再制造示范区，新材料生产加工和高新技术应用孵化区，国外废七类、废十类物资进口加工拆解区）在10年左右打造回收、加工再生资源年经营300万—400万吨，再生资源回收交易规模300亿元以上，精深加工工业产值300亿元以上，再生资源交易所现货、期货交易规模在500亿元以上，总目标为1000亿元产值的完整的再生资源产业链和产业集群。

项目核心区总体规划为4000亩地，总投资16.5亿元，建设期为十年，分二期实施，一期工程占地2000亩，总投资8.5亿元，截止2010年11月底已完成投资29100万元。年回收拆解加工能力为150万吨，二期占地2000亩，整个园区回收、加工能力（含进口七类、十类）增加到300万吨，基本满足湖南省工业产业对再生资源的需求，对中部崛起和湖南“两型社会”建设及汨罗经济发展具有重要的推动意义。

我公司致力于循环经济项目的建设和发展，汨罗再生资源回收利用市场和加工示范基地的成功建设及运营，将为我国再生资源产业发展提供良好的示范。我公司争取通过5-8年的时间，发展成为国内一流的国家级循环经济产业示范园区经营性基础设施运营商，并以公司为载体，根据现有产业资源，进行产业组团设计及链条规划，对其进行有效整合，充分利用资本市场和各种金融资本工具，使之进入国内外资本市场，使公司和项目迈入可持续发展的良性循环状态。

地址：汨罗市工业园区汨新路16号
招商热线：0730-5618888 2933167（办公室）

汨罗市鑫祥碳素制品有限公司

MILUOSHI XINXIANG TANSU ZHIPIN YOUXIAN GONGSI

汨罗市鑫祥碳素制品有限公司，位于端午源头龙舟故里，美丽的洞庭湖畔，湖南汨罗工业园内，公司依托308省道和107国道，紧临京珠高速公路，距武广高铁汨罗东站3公里，“长株潭”一小时经济圈内，地理位置得天独厚。

公司成立于2004年，注册资本2302万元，总资产2.2亿元，占地面积323亩，现有员工260余人，高级技术人才30多人。公司创始人黎应和先生为岳阳市优秀企业家、中共党员，汨罗市人大代表、汨罗市政协常委，全国碳素行业协会副会长，现任公司董事长、总经理。

公司主要采用“城市矿产”市场的高硫重油焦渣为原料，利用自主知识产权的科技成果生产经营高品质石墨增碳剂、锂离子电池石墨负极材料的生产和销售；石墨异型制品、中低档增碳剂的加工和销售；废旧石墨回收和销售及连续石墨化生产工艺与设备的研发和推广。其中，高品质石墨增碳剂为特钢冶炼、铝工业、人造金刚石、新能源电池、核工业、航空航天工业不可或缺的关键助剂，市场需求巨大。目前产品覆盖全国二十多个省市自治区并远销美国、印度、越南、伊朗、以色列、土耳其、马来西亚等国家，深受用户好评。此外，公司依托现有技术优势并不断进行技术创新，研发出了石墨化石油焦锂离子电池石墨负极材料，产品广泛应用于电动车辆、航空航天、航海及电站蓄能等领域，市场潜力巨大。

公司为中国碳素行业常务理事单位，国家高新技术企业，2009年获ISO9001-2008国际质量管理体系认证，2006年获中国企业国际信用AAA证书，2006年公司与湖南大学“产学研”合作，联合研发的连续石墨化石油焦增碳剂生产工艺和设备，通过中国碳素行业协会组织、国家工程院学部常委李正邦院士主持的国家级科技成果鉴定，成果处国际领先水平。2010年该技术先后纳入国家发改委“节能减排”扶持项目、工信部“重大科技成果转化”扶持项目、科技部“科技创新基金”扶持项目，并列入国家2010年“火炬计划”项目、国家“中小企业科技创新基金立项示范”项目、中国2010年“最具投资价值专利”项目。目前，公司正进一步主持修订碳素行业相关国家标准，申请美国国际专利并列入湖南省重点后备上市企业。

较传统“艾奇逊”炉生产工艺，公司科技成果产业化能极大地降低生产能耗，并有效治理保护环境，加快行业传统工艺的技术升级并带动相关产业技术进步，对推动国家“节能减排”、促进湖南“两型社会”建设都具有重大意义。公司目前正投资1.86亿元新建10条连续石墨化增碳剂生产线，5条石墨化石油焦锂离子电池石墨负极材料生产线，以满足市场需求。

我们坚信，只要以市场为导向，以创新为动力，以质量求生存，以管理求效益，以发展求壮大，就一定会赢得更好的明天！

地址：湖南省汨罗市工业园

电话：0730-5111119 传真：0730-5112355

网址：www.zxtsjt.com 邮箱：mlzxts@163.com

湖南五祥新材料科技有限公司

湖南五祥新材料科技有限公司由湖南平桂制塑科技实业有限公司与成都高洪塑胶有限公司合资兴建，成立于2010年8月，法人代表许平桂，注册资金6000万元，占地面积165亩，新上生产线128条，主要生产"五强"牌PE供水管、PE新型防水卷材、HDPE双壁波纹管、PE碳素波纹管、PVC波纹管、桥梁金属预应力管等10个系列28种产品，是中南地区最大的新材料生产基地之一。五祥科技公司总投资1.5亿元，年生产能力17万吨，预计年产值可达12亿元，可新增税收4500万元，并新增1500个就业岗位，以点带动面，助推了湖南再生资源产业深化升级。

2010年11月五祥科技公司成功收购湖南五强产业集团股份有限公司新型材料分公司，使公司的生产规模位居湖南前列。

"先国家环保之忧而忧，后百姓安居之乐而乐"为企业精髓，公司将以"永续经营"为发展宗旨，以领先新材料产业为目标，打造国际品牌，争创驰名商标，崇尚科技、珍惜人才、追求创新，不懈不怠，努力提升企业核心竞争力，为中国新型绿色环保高品质材料行业的发展增砖添瓦。

地　址：汨罗市工业园区
销售热线：0730-5630222
办 公 室：0730-5630920

 展示开发区风采，发展开发区成果。——湖南省常务副省长 于来山 题

湖南宏拓铝业有限公司

湖南宏拓铝业有限公司位于汨罗市工业园龙舟南路，公司成立于2009年10月，是汨罗市再生资源行业规模较大的，利用废杂铝进行加工生产的再生合金铝锭熔炼企业。公司法人代表朱振斌，注册资本2000万元，公司占地面积50亩，现有职工160余人，年生产合金铝锭3万多吨，年产值达5亿元。公司距107国道2公里，距武广高铁汨罗东站1公里，距京珠高速8公里，具有十分优越的交通区位优势。

地址：湖南省汨罗市工业园龙舟南路
电话\传真：0730-5612932
网址：www. hnhongtuo.com
邮箱：hnhongtuo@163.com

目前，公司新建有办公楼1栋，大小车间4栋，分为熔炼车间、压铸车间和分拣车间等。熔炼和压铸车间引进国内高科技先进合金铝锭生产设备，可生产各种牌号的合金铝锭。整条生产线具备自动化控制水平高，金属烧损率低，坯、锭成品率高等特点。

目前，公司已进入规模化发展的轨道，产品销浙江、江苏、上海、广东等地。2010年3月，公司通过了ISO9001:2008国际质量管理体系认证。经过几年的打拼，公司已成为汨罗市工业园再生资源行业一家实力强劲、贡献突出的重点龙头企业。

汨罗市双兴高温耐火材料有限公司

双兴 SUN SHINE

汨罗市双兴高温耐火材料有限公司董事长徐加兴先生

汨罗市双兴高温耐火材料有限公司成立于2009年，位于“国家循环经济试点城市、城市矿产示范基地”汨罗市工业园区。占地面积5万多平方米，总建筑面积约3.6万平方米，概算投资2.68亿元。

汨罗市双兴高温耐火材料有限公司项目是双兴集团抢抓机遇，做强做优做大集团高温熔抽耐热钢纤维产业、超高纯铝加工而作出的重大投资举措。湖南双兴集团的核心控股公司湖南双兴钢纤维有限责任公司成立于2000年，是中国目前生产规模最大、产品技术最先进、工艺设计独特最专业的钢纤维生产企业，是全球最大耐热不锈钢纤维生产基地。公司实际控制人也是公司创始人法人代表为徐加兴先生，其公司旗下包括有汨罗市双兴高温耐火材料有限公司在内等6家全资控股企业（双兴集团公司正在申报中）。双兴集团在再生有色金属资源加工行业拥有丰富的经验，生产设备工艺先进，“双兴”牌钢纤维在2000年即通过了ISO9001：2000质量管理体系认证，2005年获得钢纤维CE认证，产品畅销国内外市场，“双兴”牌商标驰名中外，双兴集团实力雄厚。

该项目建设坚持节能、环保、生态友好的理念，本着高起点定位、高标准设计、高质量建设、高效率运营的原则和国内领先、国际一流的标准，发展绿色高新耐材、创新开发高精尖新材料。

汨罗市双兴高温耐火材料有限公司主要为冶金、有色、建材、石化、环保（垃圾焚烧）等高温工业；道路桥梁、隧道建设施工等相关行业；低温电工、电子工业及电子计算机、天文望远镜、原子能、雷达、航天航空、电动汽车和半导体等工业；提供高品质熔抽耐热钢纤维系列产品、不定型浇注料系列产品、冷拉剪切钢纤维系列产品、超高纯铝四大系列40余种产品的使用和最完善的服务。

汨罗双兴将秉承双兴企业集团的企业精神和核心价值观，始终坚持在高温耐火材料、道路桥梁、隧道建设施工、电工电子、石油化工、航天航空等相关行业中用高质量和不断创新的新颖的产品来满足市场需求；始终坚持在不断提高加强自身技术水平及研发创新能力的前提下提供高于行业平均水平的技术和顾客服务；始终坚持认真做好财务控制和现金流量计划。

汨罗双兴还是一个相当年轻的公司，但将依托双兴集团强大而坚实的平台，力图在高温耐火材料行业、高精尖端有色金属新材料行业找到自己恰当的位置，并将不断开拓创新，从龙舟之城走向辉煌。

地址：汨罗工业园区
龙舟南路
办公室：0730-5600666

展示开发区风采，发展开发区成果。——湖南省常务副省长 于来山 题

湖南平江工业园区

湖南平江工业园区是2002年2月经湖南省人民政府批准设立的省级工业园区，下辖伍市工业区、寺前工业区、天岳工业区。伍市工业区规划总面积10平方公里，完成首期3平方公里的开发后，又规划建设了汽车机械制造及零部件生产基地和民爆器材产业园。寺前工业区是面积为2平方公里的食品产业园。天岳工业区规划面积9.8平方公里，正在筹备开园建设。园区现有入园企业66家，正式投产企业41家，2010年完成工业总产值63.5亿元，完成税收4390万元。园区先后获评“中国最具发展潜力工业园区”、“中国最佳投资环境工业园区”、“湖南最具投资潜力园区”、“湖南最受公众关注产业园区”等称号。

团结奋进的领导班子成员

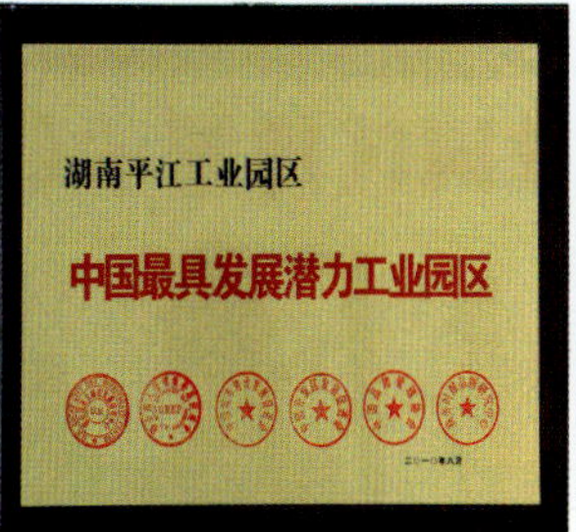

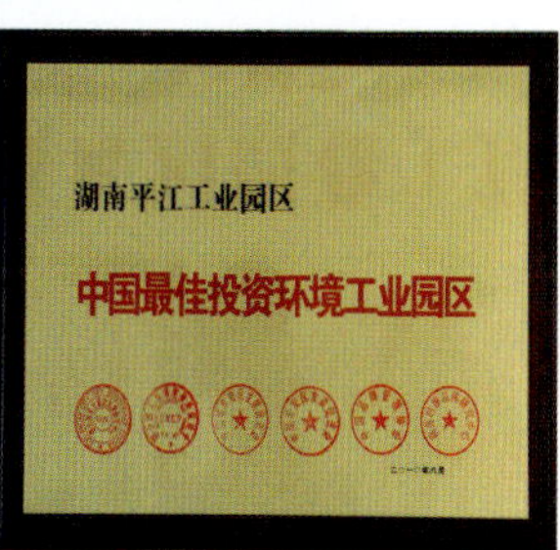

建设平江工业园区是中共平江县委、平江县人民政府调整县域经济结构，实行“基础先行，工业主导，旅游活县，产业富民，打造实力平江，建设魅力家园”战略的重大举措。建园以来，园区坚持“产业立园、创新兴园、科技强园、依法治园”的办园方针，加速推进新型工业化，九年来园区从无到有、从小到大、从梦想到规划到现实、从荒坡到厂房到城镇，迅速发展壮大，园区经济社会呈现出良好的发展态势。

配套设施加快完善，具有较强的项目承载能力

伍市工业区2002年开园建设，已累计投入3.7亿元修通硬化道路19.5公里，建成日供水1万吨的自来水厂、110KV变电站、日处理污水10000吨的污水处理厂，绿化面积达到3.2万平方米，全面完成了首期开发范围内的水、电、路、网络通讯、广播电视、排水排污等配套设施建设。以平安大酒店为中心的商业服务区，普庆、秀水、公合生活区，金广贸易物流、第三人民医院、平江县第五中学，共同构成运转高效、功能齐全的基础设施网络。动态储备土地500亩。寺前工业区和天岳工业区共享县城完善的基础设施和商业服务。

主导产业逐步形成，具有较强的企业聚集效应

根据区位、资源优势和国际国内产业转移趋势，以及和周边县市的关联，园区确定以机电轻工、民爆器材、食品加工等为主导产业，把机电和民爆发展成为在全省乃至全国具有影响力的强势产业。

（一）机电轻工

园区现有机电轻工企业15家，特别是湖南福坤汽车科技产业园占地1500亩，总投资13.32亿元，预计年工业总产值34亿元以上，年税收1.02亿元以上。十二五期间，将以福坤汽车产业园为依托，全方位对接长株潭，以商招商，实行项目组团发展，打造机械制造及零部件100亿产业基地。投资1亿元的深圳方正达LED电子项目，主要生产应用于汽车车灯、显示屏、电子手表等各类电子器械的PCB和FPC电路板，日销售额达88万元。恒基粉末项目与中南大学粉末冶金研究院采用校企合作的方式开拓金属粉末新材料，采用气雾化法生产，技术达到世界先进水平。长荣电子、港成电子、鑫之森电子等企业聚集发展。钰林服饰、彩星鞋业、中南鞋胶与中国中部鞋城形成了产业链，产品远销欧美。

工业园鸟瞰图

(二)民爆器材

根据湖南军民结合产业发展规划，南岭民爆公司和岳阳神斧集团一起命名为岳阳民爆产业园，作为全省十大军民融合产业园之一，挂靠平江工业园。南岭民爆公司平江一期项目总投资6亿元人民币，征地491.42亩，总建筑面积23604平方米。主要生产国内紧缺的高中端导爆管、雷管和反性能型料导爆管，设计年产雷管4000万发，年产导爆管1.5亿米。南岭民爆公司平江分公司二期投资1.1亿元，占地232.3亩，项目建成两条全自动生产线，采用南京理工大学最先进的设备，年生产膨化硝铵炸药12000吨，乳化炸药15000吨。民爆产业园到2015年将投资50亿元，建设24个相关项目。

(三)食品加工

熟食是平江传统产业，以麻辣食品、酱干为主的熟食产品畅销全国各地。无公害优质大米、茶油已形成规模。园区共有食品企业27家，全部通过了国家QS认证，机械化程度达到了70%，省市名优品牌10余个。其中伍市工业区食品加工企业达到18家，寺前工业区食品加工企业5家，食品机械企业3家，食品包装企业1家，已形成完整产业链条。全国民营500强企业今麦郎2003年落户园区，年工业生产总值达到6亿元，成为引领园区食品产业发展的龙头企业。湖南玉峰、旺辉、翔宇、山润茶油等全省农业产业化龙头企业，采取校企合作的方式，创新技术，对传统食品加工进行改造升级，不断研发新产品，成为全国的知名品牌，主要产品参展上海世博会。

园企效益提速增长，具有较强的区域经济辐射

2009年招商引资额8.06亿元，实现工业总产值35亿元，税收达3220万元，安排劳动力累计达到10000余人，发放劳动力工资超过1.6亿元。2010年，完成工业总产值63.5亿元，上缴税收4300万元，新增劳动力就业1200人。园区周边建材、餐饮、住宿、物流等第三产业迅猛发展。豆制品、茶油等企业以公司加农户的形式带动了全县油茶产业和种植业的成片开发，农民收入增长加快。据不完全统计，园区周边农民平均纯收入从2001年的1950元，提高到了2010年的9600元。

【招商引资】

平江工业园2010年有13个项目签约入园，引进资金8.35亿元，其中投资1亿元以上的项目有湖南福坤汽车科技产业园、深圳方正达电子科技有限公司，投资5000万元以上的项目有宁乡市银桥化工有限公司。长江连心食品有限公司、深圳市鑫之森电子科技有限公司、平江县赛雅特鞋业有限公司、平江县三力竹胶板厂、平江县深农发展有限公司等项目落户园区。

【项目建设】

平江工业园全年投入1.6亿元完善基础设施，优化硬件环境。投资3600万元建成日处理污水10000吨的污水处理厂；投入1100万元，新修长980米，宽38米的迎宾路，贯通汽车产业园；对平伍公路园区段进行了升级改造和沥青铺洒，并同步进行了亮化、绿化。平整企业用地1800亩，为福坤汽车产业园、LED电子、银桥化工等项目提供用地800亩，完成土地储备1000亩。

全年共有15个招商项目开工建设，福坤汽车产业园平整土地687亩，5座山峰夷为平地，挖除土石方265万立方，建成30000□的油缸项目厂房；全年建成投产的项目有翔宇食品、港盛针织、恒基粉末、彩美油墨、旺辉二期、国富硒业、聚财食品等。

主要负责人：
常务副县长、工委书记(兼)：黎耀辉　0730-2935688
工委副书记、管委会主任：李员明　0730-2935777
办 公 室：0730-2935688　传真：0730-2935699
电子邮箱：pjgyyq@163.com

展示开发区风采，发展开发区成果。——湖南省常务副省长 于来山 题

湖南湘阴工业园区

HUNAN XIANGYIN GONGYEYUANQU

湖南湘阴工业园区创办于2003年4月，2006年经国家四部委审核、省人民政府批准为省级工业园区。园区位于长株潭全国两型社会综合配套改革实验区之滨湖示范区，规划总面积26.3平方公里。园区选址在湘阴县城以南，依芙蓉北路和湘江而建园，南距长沙40公里，北临全省地理条件最优越的县级港口——漕溪港，园区交通便捷、区位优势明显。规划范围内具有地域宽阔、地势平缓、地质优良、耕地少、人口密度小、房屋拆迁少、建设成本低等许多有利条件，是极为理想的工业用地。2009年6月30日市发改委湘发改函[2009]141号批复将园区的主导产业调整为机械制造、电子信息与食品加工产业。按产业分区规划园区东部为食品加工区；西部为传统产业区；中部为电子信息产业区；南部为机械制造产业区；北部为综合服务区。中国（湖南）轻工产业园位于园区第二期规划范围内。

园区立足于“高起点规划、高标准建设、高效能管理”的指导思想，强力实施“工业强县”、“项目带动”、“环境兴县”三大战略，实行“工业经济园区化、园区经济特色化”和“工业向园区集中、产业向龙头集聚、企业集群式发展”的新型工业化发展模式，依托优势资源、土地征用、税费征收、项目建设、管理服务等方面制定了一系列的优惠政策，迅速吸引了众多的有识之士前来投资建设，使园区工业发展突飞猛进。

经过八年发展，园区的规划设计已全面完成，水、电、路、通讯等基础设施建设实现了配套完善，基础设施建设累计投入资金达5亿余元，拉通了园区内的主干道，形成了“五纵四横”的道路交通

湖南省委书记周强视察湖南湘阴工业园区

格局，并完成了主干道的路面硬化、绿化、亮化及排水、排污系统工程，园区内兴建了一座日供水4万吨的工业用水厂和一座日供水1.5万吨的生活用水厂，一座11万伏输变电站和一座22万伏输变电站，供水和电力管线已铺设到位，为招商引资项目入园奠定了坚实的基础。

园区在进行基础设施建设的同时，大力招商引资。到目前为止共引进规模企业60家，项目总投资达30亿元。园区基本形成了以电子信息、机械制造、食品加工为主导产业。如项目全部建成投产后，年产值可突破35亿元，实现税收1亿元以上，新增就业岗位9000余个。

工业园区紧紧抓住湘阴是“长株潭”城市群全国“两型社会”建设实验区五大示范区之一的滨湖示范区、湖南省承接产业转移试点县、湖南省五个“最具投资吸引力县”之一的有利契机，着力引进一批科技含量高、产业带动能力强、投资密度大、税收回报率高、环境污染小的大项目、好项目，着力营造一种“亲商”、“安商”、“富商”的良好投资环境，吸纳广大客商前来投资兴业，实现园区的滚动开发，力争达到全省乃至全国工业园区的先进水平。

湖南湘阴工业园区
招 商 局：0730-2260988
办 公 室：0730-2264358
传　　真：0730-2264358
电子邮箱：xygyy@126.com

岳阳市英波达时装有限公司

湖南大金钢结构工程有限公司

湖南湖湘木业有限公司

中国(湖南)轻工产业园奠基暨入园项目签约庆典仪式

紧张有序的企业生产车间

湖南华容工业园

原湖南省委书记张春贤视察园区

华容县工业园管委会主任：陈金生

华容工业园由石伏工业小区、三封工业小区和洪山头工业小区组成，总体规划面积15平方公里，首期开发面积4.3平方公里。建园以来，华容工业园坚持“产业立园、创新兴园、科技强园”的发展方向，不断创新发展思路，破解发展难题，从一片连绵起伏的山峦起步，由小到大，已成为湘北地区发展速度快、竞争力强的园区，是我县对外开放的重要窗口，招商引资的主要载体，推进新型工业化的最优平台。近年来，华容工业园不仅开发建设了高标准的基础设施，营造了一流的投资环境，集聚了数十家投资企业，而且园区经济社会始终保持又好又快的发展势头，主要经济指标平均增幅达20%以上。

区位优越　交通便捷

长江黄金水道通江达海，高等级省道306线、202线、正在建设中的杭瑞高速和荆岳铁路交汇于此，距京广铁路、京珠高速和5000吨级城陵矶外贸码头仅50公里，已形成到岳阳"1小时交通圈"和到长沙、武汉"2-3小时交通圈"，基本形成了对接五湖四海、连通千家万户、快捷便利的水陆一体化现代化大交通格局。

设施齐备　配套齐全

按照"高起点规划、大力度投入、快速度建设"的发展思路，实现了道路、供水、供电、排污、通讯、有线电视、宽带和土地平整等"七通一平"同步跟进，建好了行政服务中心，建成了集标准化厂房、员工公寓于一体的孵化中心，启动了污水处理厂和垃圾处理厂等配套建设，着力打造了一流的园区平台。

环境宽松　服务优质

园区的行政审批规范有序，以政务公开中心为载体，形成了"三统"（统一受理、审批以及收费标准）、"两限"（限权运行、限时办结）、"一优"（优质服务）的新机制。同时建立完善了以招商引资项目代办制、非税收入统收制、行政处罚公开听证制、重点企业和重点工程派出所长挂牌服务制、优化环境民主考评制、行政执法单位一般性检查接待日制为主体的优化环境制度体系。

产业配套　集群推进

按照"一园三区"规划布局，充分发挥园区聚集效应，逐步形成了"专业突出、产业集群、特色鲜明、集约经营"的园区经济，机械制造、光伏电子、酒类食品、生态纺织、医药卫材、新型建材等六大主导产业已然成形。石伏工业小区

湖南华容工业园行政服务中心

聚集了华青纺织、华宾纺织、丰盛纺织、华昌纺织、宝丽纺织、东华棉业等纺织企业数十家，纺纱规模达58万锭。三封工业小区大力发展医药卫材、光伏电子和机械制造产业。随着赛隆药业、福尔康医用卫材、海济药业等一批高新生物医药项目相继落户，一个以生物医药研发、生产和销售为主的生命科学的绿色港湾雏形正加速形成。润华新能源、龙华电子、华忆电子是国家重点扶持发展的光伏电子产业生产企业，这些高新技术项目的快速发展，使华容县一举跨入了全省光伏产业的第一方阵。依托华容特有的资源优势，园区做大做强酒类食品产业，通过鼓励雪花啤酒、摩闪威士吉洋酒、铭泰米业、华威油脂、何强面业等企业扩大生产规模，新上先进设备，开发新品种，实现了整个行业生产能力和技术水平的提升。园区在发展传统产业的同时，把发展机械制造等优势产业放在首要位置，引进了奥迪斯电梯、山拓机械等新型工业项目，实现了机械制造业零的突破。洪山头工业小区作为园区承接沿海及发达地区产业转移的核心平台，2009年被湖南省环境资源保护厅确定为全省承接产业转移基地之一，主要以对接电子电路板和化工等项目为主。

园区部分企业介绍

华润雪花啤酒（湖南）有限公司是由香港华润集团收购原湖南兴华啤酒有限责任公司股权后组建的一家啤酒生产企业。华润雪花集团收购原湖南兴华啤酒有限责任公司后，投资1.5亿元进行再次扩改，使企业年生产能力达到20万吨，可年创产值4亿元，创税收6000万元。公司所产“雪花”牌啤酒畅销全国，新开发研制的勇闯天涯系列品牌已登上央视广告，产品的知名度和美誉度得到了进一步提升。

湖南海济药业有限公司是一家从事生化原料、化学药物制剂、药用原辅料和保健食品等产品研发、生产和销售的高新企业，占地面积80亩，总投资1.8亿元，拥有“小容量注射剂”、“冻干粉针剂”、“胶囊剂”、“片剂”、“颗粒剂”和“口服液”等13条生产线，可实现年销售收入3亿元，创税收3000万元，新增就业岗位200个。

湖南华忆电子科技发展有限公司是由深圳市恒金投资发展有限公司和昆山勤联电子科技有限公司合资兴建的一家高科技企业，占地35亩，总投资5000万元，主要从事液晶电视、DVD、液晶显示器、电脑配套设备和LED节能灯具等产品研发、生产和销售，可年创产值3亿元，创税收3000万元。公司为三星、索尼等多个知名品牌进行配套生产，产品远销日本等多个国家。

华容县华青纺织有限公司是一家集棉花收购、轧花、棉短绒深加工和气流纺织于一体的现代化纺织企业，占地90亩，总投资1.5亿元，纺纱规模达10万锭，可年创产值4.5亿元，上缴税收1200万元。该公司装备先进，所有设备从瑞士引进，全部实行电脑控制，技术水平国际一流。市场竞争力强，全部采用气流纺，可生产5支到60支的纱线，生产成本较其他企业每吨低800元，具有较强的市场竞争力。

湖南奥迪斯电梯有限公司是由香港三洋机电设备有限公司投资兴建的一家集电梯研发、生产和销售于一体的高科技企业，占地面积30亩，总投资5000万元，可年产电梯5000台，创产值5亿元，创税收3000万元。公司的制造设备、技术力量在全省同行业中均处于领先地位，特别是拥有生产电梯核心部件的知识产权，可以自行组织生产电梯的90%以上的零部件。

华容县工业园管理委员会

地址：湖南华容工业园三封工业小区
电话：0730-4132679
0730-4562155
传真：0730-4132679
邮箱：gyy4132679@163.com
邮编：414200

岳阳县生态工业园

布局合理　功能齐全　环境优雅　产业协调

岳阳县生态工业园一期

岳阳县生态工业园始建于2001年，位于岳阳市城区南侧，地处武汉城市圈与长株潭城市群叠加区，交通发达，区位优越。东距京珠高速公路8公里，西至洞庭湖鹿角新港区12公里，南临已开工修建的京港澳高速复线（岳长高速公路）仅400m，北靠岳阳市区，京广铁路、武广高速铁路穿园而过，铁路货运站、300吨级水运码头毗邻园区。园区聘请天津大学城市规划设计研究院对园区的整体规划和远景进行了高标准、前瞻性的规划设计，园区设计控制性规划面积19.25平方公里，其中核心区规划面积2.93平方公里。

近年来，生态工业园实现了“从小到大、从弱到强、从粗到精”的转变，发展成为“布局合理、功能齐全、环境优雅、产业协调”的生态园区。园区绿化率过半，2010年园区完成工业产值22.3亿元，工业增加值6.8亿元，上缴入库税金10203.9万元。

为了提升园区产业集聚功能和承载力，工业园始终将基础设施建设作为园区发展的第一要务。迄今为止，以县城主干道荣新公路为轴心，与京珠复线连接线、工业大道、林冲路、金诚路等一级公路构成了两纵三横的路网格局，为企业的发展创造了良好的物流交通环境。6.5公里长的日供

2009年4月10日，省委副书记梅克保在市委书记易炼红、市委副书记彭国甫的陪同下来县生态工业园调研新型工业化工作

开放合作之平台 招商引资之窗口 ——湖南省委副书记：梅克保 题

岳阳工业园区

省委常委、省纪委书记许云昭在易炼红、彭国甫等领导陪同下来园区企业调研

省政协党组成员王汀明在县长黎四清等县领导的陪同下来园区调研新型工业化工作

水能力1.2万吨的园区专用供水管道铺设完成，分水管接入各企业红线范围内；7.9公里万伏双回电网主干线已架设完成并投入使用；10公里长的园区排水、排污管道工程已竣工并入污水处理厂管网对接使用；沿荣新路两侧高标准建设了宽30米、长3公里的绿化观光带；年供气量3亿立方的天然气门站位于园区一角；3万门电信模块局铺建完成，宽带信息网络和有线电视信号覆盖园区，园区“八通一平”工作全面到位。

创新发展理念，营造稳定、和谐、高效的发展环境。深化行政审批制度改革，简化行政审批手续，实行“一站式”式服务，为入园企业提供及时、便捷、周到的服务，积极营造亲商、安商、富商的良好氛围，强力打造服务型园区；建立健全项目建设和企业发展协调机制，全力推行免费全程代办制、县级主要领导联点企业制和“挂号销号”制，严格执行企业检查审批等相关制度，为企业发展营造了良好的政策环境和社会环境，受到了广大客商的一致好评。

变招商引资为“招商选资”。建立健全项目评审筛选机制，注重项目的投资规模、科技含量、产出效益和生态影响，战略性引进高附加值、高科技含量、高税收回报、低能耗、低污染、低排放的环保型项目。目前，已引进科伦药业、颐通管业、海立重工等20多家优秀企业，形成了以生物医药、机械制造和新型材料为主导的产业集群，项目总投资35亿元。

今后，我园将继续秉承生态环保、高新节能的发展理念，致力于打造项目集聚、资金集流、产业集群的新型工业化发展平台，热忱迎接五湖四海的客商来我园投资兴业，携手共创美好明天。

地址：湖南岳阳县天鹅中路14号
招商服务电话：0730-7642463
电子邮箱：yyxgyy@126.com

岳阳县生态工业园二期

岳阳工业园区

展示开发区风采，发展开发区成果。——湖南省常务副省长 于来山 题

岳阳南湖风景区

2010年7月6日 市委书记易炼红在实地考察后对南湖风景区治理蓝藻保护南湖水环境的工作给予了高度评价

市委书记易炼红高度关注南湖的保护和发展 2010年多次实地调研南湖水环境综合治理情况和项目建设进程

岳阳南湖风景区是1992年10月经湖南省人民政府批准建立的全省首家省级旅游度假区。位于岳阳市城区南部，西傍浩瀚洞庭，东依京珠高速，北连中心城区，南面青山逶迤，总体规划面积35平方公里。区工委和管委会作为中共岳阳市委、市政府派出机构，对全区实施统一有效地"准政府"管理体制，单独设置一级财政，参照行政县(市、区)进行管理。市国土、规划、房产、环保、税务、公安、工商等职能部门在风景区均设置了分局和派出机构。

在市委、市政府的高度重视和社会各界的关心支持下，在团结的工委、管委会班子领导下，南湖风景区坚持以科学发展观统领经济社会发展全局，深入贯彻党的十七大精神和中央、省委、市委的决策部署，认真落实民本岳阳执政与发展理念，按照建设"风景名胜之区、产业兴旺之区、安居乐业之区、旅游度假之区"的发展目标，以城市南延为契机，扩大开放，改善民生，经济建设和社会事业和谐稳定发展，呈现出跨越式前进的好势头。

经过多年的发展与建设，南湖已经拥有非常过硬的基础设施，洞庭湖国际公馆五星级园林式度假宾馆和大型城市生态体育休闲公园已经启动建设，南湖走廊也即将和岳阳楼沿湖风光带形成一体，一批旅游硬件设施正在不断完善，加上南湖连续10多年举办了有世界级影响国际龙舟赛事，积极举办元宵烟花节、端午龙舟节、湖鲜美食节等活动，形成了具有岳阳特色的旅游文化。目前，南湖风景区正在加快科学转型、全面发展，奋力创建国家级旅游度假区。

南湖风景区举行建党89周年大会并对创先争优活动进行阶段性表彰

2010年10月 南湖风景区成功举办了第三届金秋美食节，美食产业日益兴旺

2010年 中国端午龙舟展演赛在南湖举行

地址：湖南省岳阳市南湖游路6号 邮编：414000
网址：www.yynanhu.gov.cn 邮箱：yynhfjq@163.com
联系电话：(0730)8843779 8605998(传真)
招商热线：(0730)8850668 8852323

岳阳南湖风景区

概况 南湖风景区在市委、市政府的正确领导下，以邓小平理论和"三个代表"重要思想为指导，深入贯彻科学发展观，围绕"提速、升级、增效、惠民"和"更高标准、更严要求、更具公信力"的总体要求，进一步解放思想、转变观念，抢抓城市南延机遇，做大做强旅游休闲度假等三产业，奋力争创国家级旅游度假区，以再创业的精神推动南湖又好又快发展。

2010年是"十一五"的最后一年，也是全区经济社会发展最辉煌的一年。全区实现地区生产总值17.29亿元，同比增长12%，其中三产业增加值12.6亿元，同比增长13.7%，占GDP总量的72.9%；全区实现全社会固定资产投资12.27亿元，同比增长13.4%；社会消费品零售总额9.07亿元，同比增长20.9%；实现财政收入1.18亿元，同比增长25.9%。各行各业都取得了很好的成绩。

(一)经济环境不断优化，项目建设进展快

南湖风景区把优化经济环境作为推动项目建设的主要抓手。2010年，全区共有项目32个，区工委采取项目挂牌保护、定期组织对项目开展督查讲评和实现领导包干服务等措施，确保各项目建设顺利进行。经市优化办抽查，南湖风景区优化经济发展环境指数排名全市第一。2010年，全区计划完成项目投资5亿元，实际完成5.6亿元。重点项目进展顺利：

洞庭湖国际公馆抓紧建设。项目已累计完成投资2.4亿元，第一期度假酒店、房产及商业区前期土方工程已完工，体育休闲公园初具雏形。

园艺路建设稳步推进。项目总投资1.51亿元，2010年9月12日开工建设，已完成投资9000多万元。征地拆迁全部完工，道路和开挖涵路基已基本完成，下穿铁路框架涵顶进工程已完工。

南湖旅游走廊续建工程已开工建设。续建工程东起天灯映月景点向西延伸至南津港大堤，包括旅游走廊、九孔桥及南津新渡广场三部分，已投入7500万元，即将进入路面、绿化及亮化施工阶段。

岳州帝苑来势看好。2010年已完成投资1.95亿元，基础建设全部完工，已完成7栋多层、7栋别墅、2栋高层的主体建设，共计11万平方米。

圣安广场建设初步建成。项目总投资2600万元，2010年，已完成11万立方土石方建筑、主油路、排水、中心广场铺装等施工任务，完成投资1900万元。正在进行游路、绿化、停车场、亮化等施工。

南津港大道路面改造紧张施工。项目总投资2600万元，已完成路基压浆、加固、排水、道路垫层等工程，完成投资1200万元。

湖滨大道提质改造完工。湖滨大道提质改造项目，总投资2000万元，于2010年1月启动，7月底已完工，道路亮化、绿化、管网工程全部改造一新，升级为城市Ⅱ级主干道。另外，美食街提质改造、云梦新城规划建设等项目正顺利推进。

(二)控建拆违成绩突出，五创提质推进快

根据市委、市政府统一部署，南湖风景区结合自身实际，重点突出控建拆违，确保南湖作为岳阳城市的亮点。**一是大力开展街巷整治，改善城区市容市貌。重点"抓保护、抓规范、抓整治、抓美化"。**2010年，全区共投入600多万元，全面开展五创提质。组织了户外广告整治、直排南湖三产门店集中整治、城市疮疤整治、城区环境卫生集中整治、城区绿化提质整治、街巷"牛皮癣"整治、南湖水环境综合整治、"五小"门店分类整治、集贸市场改造提质等十大专项整治行动，共出动人员1320人次，拆除86处违规棚亭、80处违规广告、20处小型临时建筑。同时还在南湖广场举行了"树文明新风、做文明市民"的万人签名活动，专门汇编了《文明创建市民手册》和《治安信访宣传手册》，通过各钟方式提升市民的五创意识。**二是强化控建拆违，提升创建效果。**依照私房建设零审批、干部违法建设零发生、严控区内违法建设零形成、违法建设处理零遗漏、合法解决居民住房实际困难的"四零一解决"的综合目标和考核体系，进一步健全了防控网络，加强了对违章建筑的查处力度。全年共组织控建拆违行动45次，拆除违章建筑117处，共计4409平方米。**三是启动天灯整体改造，提升城市形象。**2010年9月，南湖风景区正式启动了天灯咀"城中村"改造工程。天灯社区1400余户、近4000居民于2011年6月30日前基本完成整体搬迁，这将是岳阳市城市规模最大的一次整体搬迁，有利于进一步改善城市环境，提高居民生活质量。

(三)南湖治理继续深入，生态环境好转快

南湖是广大市民和外来游客休闲观光之地，南湖风景区将保南湖一方碧水蓝天和清新空气作为首要职责，2010年，全区投入1000多万元确保南湖水环境治理工作常态化。**一是倾全区之力做好治藻工作。**面对盛夏高温季节南湖出现蓝藻现象，区领导迅速启动治理蓝藻应急预案，带头取消周末休假和八小时工作制，实行领导值班制，保证每天有两名区级领导在一线值班。同时在一线增加了10名工作人员，实施全天候24小时打捞和抽排工作，累计出动打捞船300余次、打捞人员800人次，共计打捞漂浮物20多吨(漂浮物已全部交环卫部门统一处理)。**二是进一步加大南湖综合治理力度。**在原有基础上，增加了生物制剂投放量、区域、次数，累计投入治理资金521万元，共投放108吨净水宝、595吨生物质底改素、各类水质改良菌147吨。通过几个月的辛勤努力，南湖水质明显好转，空气质量明显改善。

(四)节会活动积极创新，文化品牌发展快

南湖风景区坚持以文化节会活动为载体，不断打造旅游文化品牌，通过办好元宵焰火晚会、端午龙舟节、金秋美食节，拓展了南湖特色旅游文化，促进了区域经济繁荣。端午龙舟节精彩纷呈。6月12日至14日，南湖风景区成功举办了岳阳端午旅游文化节暨首届"颐通管业"杯湘鄂名楼名湖龙舟争霸赛。开展了包括大型水上开幕式、民间龙舟展演赛、名楼名湖龙舟争霸赛、趣味生肖龙舟赛、端午粽文化演绎和旅游文化产品展销等系列活动，为广大市民在端午佳节提供了丰富的精神文化大餐。特别是成功申报了大世界吉尼斯的"最多粽子组成的造型——岳阳楼"景观，得到了广大市民、游客的高度赞许和评价。金秋美食节形式多样。10月9日至20日，第三届湖鲜美食旅游文化节在南湖美食街举办，全市12个县(市)区都积极参会参赛参展并给予了人力、物力上的大力支持。为丰富此次美食节内容，美食节组委会有序组织了"巴陵十二鲜"评选、洞庭三王争霸赛、十二市县区主题日等一系列活动。岳阳特色美食及农产品展示活动的举办，充分印证了"天下湖鲜处洞庭，湖鲜美味在岳阳"的科学论断，充分体现了本届美食节"展绿色生态、品湖鲜美味"的主题，扩大了有浓厚湖湘文化底蕴的岳阳湖鲜美食的影响力。

(五)民生实事全面落实，和谐稳定促进快

按照以人为本、统筹协调的总体要求，本着为老百姓多办实事的原则，2010年，南湖风景区进一步加大惠民利民实事的投入力度。主要开展了以下几方面的工作：**一是千方百计增加就业。**强化创业和就业培训，帮助下岗职工、失地农民就业，重点开展了"上门走访、送就业政策、送就业岗位、送职业指导、送培训信息、送困难补助"的"一走五送"再就业援助月活动，"民营企业招聘周"活动和春风送岗位进社区专场招聘会。全年新增城镇就业人员858人、下岗失业人员再就业552人、新增转移农村富余劳动力1615人，各项指标基本提前完成全年目标任务。**二是加大教育卫生投入。**围绕继续改善办学条件，南湖风景区计划投入2000万元，建设金鹗学校二期，修建科教楼、运动场以及其他配套设施，前期各项准备工作现已完成，即将启动建设，湖滨学校的校安工程建设前期准备也已完成。同时还进一步加强了爱国卫生、疾控防疫、食品卫生方面的投入。三是积极抓好信访维稳工作。全年共接待群众上访1060人次，区领导直接接待群众来访27批200多人次，为上访群众解决实际问题94件。全年共排查发现各类重大矛盾纠纷75件，已调处72件，防止矛盾纠纷激化事件7件，切实加强了社会治安综合治理，有效的维护了社会稳定。

(六)社区建设得到加强，创先争优行动快

2010年，区工委重点加强了社区党建基础工作。按照"三室三中心"的标准对8个社区的办公服务用房改扩建或新建，现11个社区居委会共有办公服务用房3581平方米，其中办公用房面积2825平方米，一站式服务大厅面积220平方米。在全区党员干部中积极开展了创先争优。统一制作了共产党员示范岗位牌276块，发挥党员的先锋模范作用。加强机关作风督查考评，重点加强了机关出勤、项目建设、控建拆违和城市管理提质升级的督查力度。以加强组织建设为重点，提升干部素质。实行干部交流制度，共交流干部10人，其中2人到宁波东钱湖挂职锻炼。实行了区工委就调整任职和提拔使用对象进行无记名票决的制度，进一步提高了选人用人的公信度。

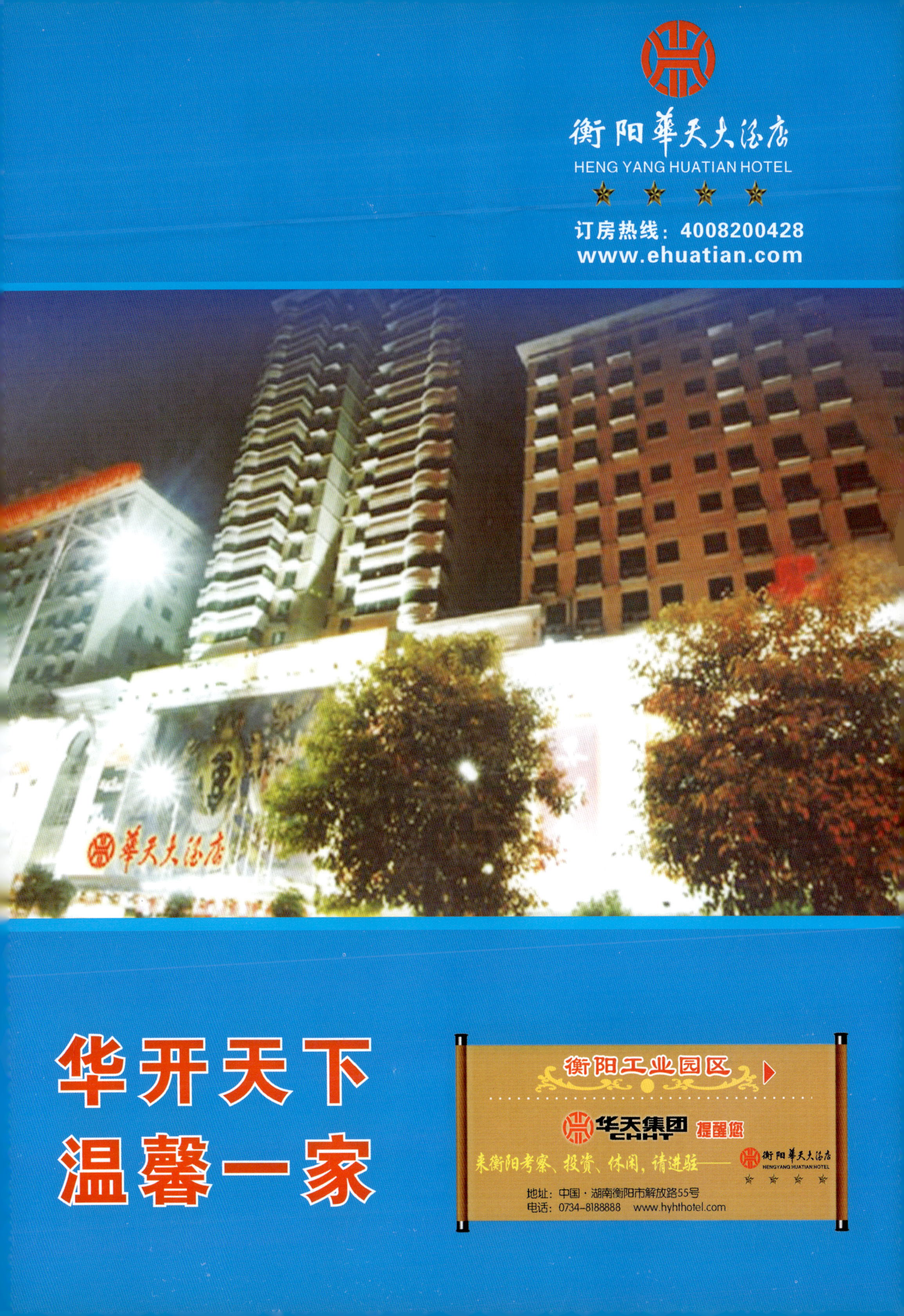

衡阳華天大酒店
HENG YANG HUATIAN HOTEL
订房热线：4008200428
www.ehuatian.com
華天大酒店
华开天下
温馨一家
衡阳工业园区
华天集团 CHHT 提醒您
来衡阳考察、投资、休闲，请进驻——
衡阳華天大酒店
HENGYANG HUATIAN HOTEL
地址：中国·湖南衡阳市解放路55号
电话：0734-8188888 www.hyhthotel.com

衡阳市高新技术产业开发区

衡阳高新技术产业开发区（以下简称衡阳高新区）位于衡阳市区西南部，是1992年6月8日经湖南省人民政府批准成立的省级高新区。2006年1月，通过国家发改委等部门对开发区的审核，审核公示面积6平方公里，基础设施辐射范围38.6平方公里，是湘南地区依靠科技创新，获得科学发展和跨越式发展的重要示范区域，拥有"国家火炬计划衡阳输变电装备产业基地"、"国家级新型工业化产业示范基地"等荣誉。

区位优势明显

高新区位于衡阳市西郊长湖乡内，东起外环一路，南临湘桂铁路，西北均以蒸水河为界，紧倚中心城区而建，具有良好的区位优势，蒸水河从境边流过，湘桂铁路、潭衡西高速、322国道穿境而行；长途汽车站、华新客运站建在区内，距衡阳火车站8公里，分别驱车10分钟可上京珠、衡大、衡昆、衡炎、衡岳五条高速，2小时可抵达长沙黄花国际机场。

衡阳市高新技术产业开发区管理委员会

配套功能完善

目前，园区基础设施累计完成投资51亿元，形成总长48.5公里的"四横九纵"道路网络，累计建设标准厂房75万平方米，通讯、供电、供气、给排水等基础设施配套齐全。高新区拥有包括招商、民生、中信、交通、广发、光大等6家股份制银行衡阳总部和2家三甲医院、1所省重点中学、5所小学、10余所幼儿园、1个五星级宾馆等在内的较为完备的公共服务体系。2010年，共完成基础设施实际投资额4.33亿元。完成长丰大道、蒸水大道、长湖街提质改造（油化）工程；完成船山西路（高新区段）扩宽提质改造和沥青工程；潭衡西连接线（高新区段）工程建成正式通车；完成祝融路等区内道路建设1.68公里；区内新增乔木2.6万株，新增绿地面积16.2万□；年内新建两所小学，其中蒸水小学已于9月1日前竣工并对外招生，祝融小学完成

衡阳工业园区

主体建筑建设；新建村民安置房 2.1 万 M^2。

经济快速发展

衡阳高新区着力加大经济结构调整力度，全面推进体制创新、机制创新和科技创新，高新技术产业发展规模、效益和市场竞争力逐步提高，进入快速发展阶段。目前，区内现有高新技术企业 37 家，创新型企业 4 家，高新技术产品 463 个，高新技术产业销售收入占工业销售收入的比例超过 90%。初步形成了能源和新能源装备制造、生物制药、军事通讯及电子信息、汽车关键零部件及特种车辆、金属材料及新材料五大高新技术产业集群。2010 年，区内共有风顺车桥变分器项目、一互电器 1-66KV 呈容性互感器项目、紫光古汉衡阳科技园一期等 9 个项目落地，计划总投资达 15.5 亿元，其中投资上亿元的项目 5 个，投资上 5000 万元项目 4 个。2010 年，高新区实现技工贸总收入 561 亿元，实现高新技术产值 232 亿元，占全市的 43.5%；实现高新技术产业增加值 74 亿元，占全市的 50.7%；实现高新技术产业利税 37.5 亿元，占全市的 59.6%。

太阳广场

平湖公园夜景

地址：衡阳市解放大道 11 号
电话：0734-8851661
网址：www.hygx.gov.cn

开放合作之平台　招商引资之窗口　——湖南省委副书记：梅克保 题

衡阳工业园区

投资兴业首选地——衡阳松木工业园区

湖南衡阳松木工业园区是经省人民政府批准成立的省级开发区，先后被评定为"国家高技术产业基地"、湖南省"最具产业影响力产业园区"、"盐卤化工特色产业基地"、"中小企业创业基地"、"博士后流动工作站协作研发中心"。经过近几年的艰苦创业，松木工业园区的发展优势日益突现，逐渐成为广大客商投资兴业的首选地。

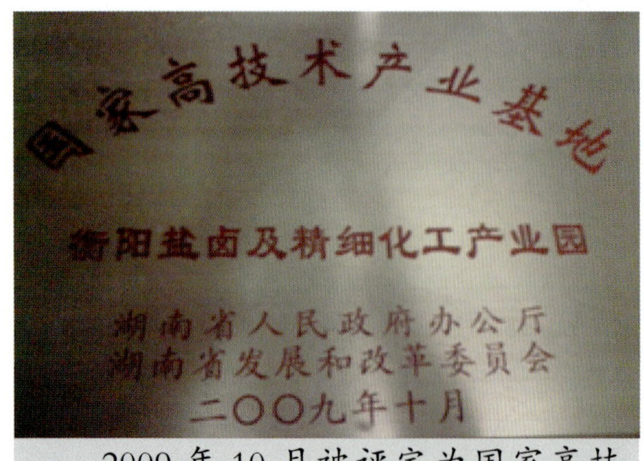

2009年10月被评定为国家高技术产业基地

2006年11月被评定为衡阳盐卤化工特色产业基地

一、产业定位明确

为了充分发挥园区的矿产资源、交通区位和产业基础等优势，松木工业园区的定位是努力发展新能源、新材料、盐卤化工及精细化工等三大产业，着力打造资源节约型、环境友好型的综合性新兴产业园区，全力建设衡阳北部的工业新城、新能源产业示范园区、国家级循环经济示范园区。

二、矿产资源丰富

松木工业园区及周边地区蕴藏着非常丰富的矿产资源，园区所在地已经探明的岩盐资源储量达140亿吨，芒硝可利用资源储量达4.4亿吨，是长江以南最大、湖南省唯一的岩盐、芒硝资源基地。园区周边不足1小时车程以内的区域里，已详细查明的有色金属矿产资源有：铅锌、金、银、硫铁矿、锡等50余种，其中，铁、金、银等7种矿产居全省第一位，铅、锌、锡等7种矿产居全省第二位，矿产资源潜在价值达4000亿元。非金属矿产资源有华南地区最大、开采远景最好的片状高岭土（瓷泥）资源，有亚洲储量最大的高品味钠长石矿，储量居全国首位的萤石矿（氟石）资源，石英石储量大、品位高、矿床浅，易露天和浅井开采；衡阳市煤炭资源丰富，煤炭地质储量居全省第三位；硼的储量101万吨，是江南唯一的矿产地。

三、区位交通优越

松木工业园区拥有良好的区位交通，京广铁路、武广高铁、湘桂铁路连通四方，衡邵怀铁路在松木工业园区设立客货两用站，吉邵高速穿园而过，107国道和在建的衡岳高速傍园而行，通过东、西外环与京珠高速、衡枣高速、322国道链接成一小时经济圈，两千吨级轮船可通江达海，园区距长沙黄花国际机场仅1.5小时车程。而且，衡阳市委、市政府已经开始打造"1189"交通立体发展格局，即建设一个飞机场、一条千吨级航道、8条高速公路、9条铁路，这一建设计划成功实施后，园区的区位交通优势将更加明显。放眼全国，像松木工业园区这样既有丰富的矿产资源，又有良好区位交通的园区寥寥无几。

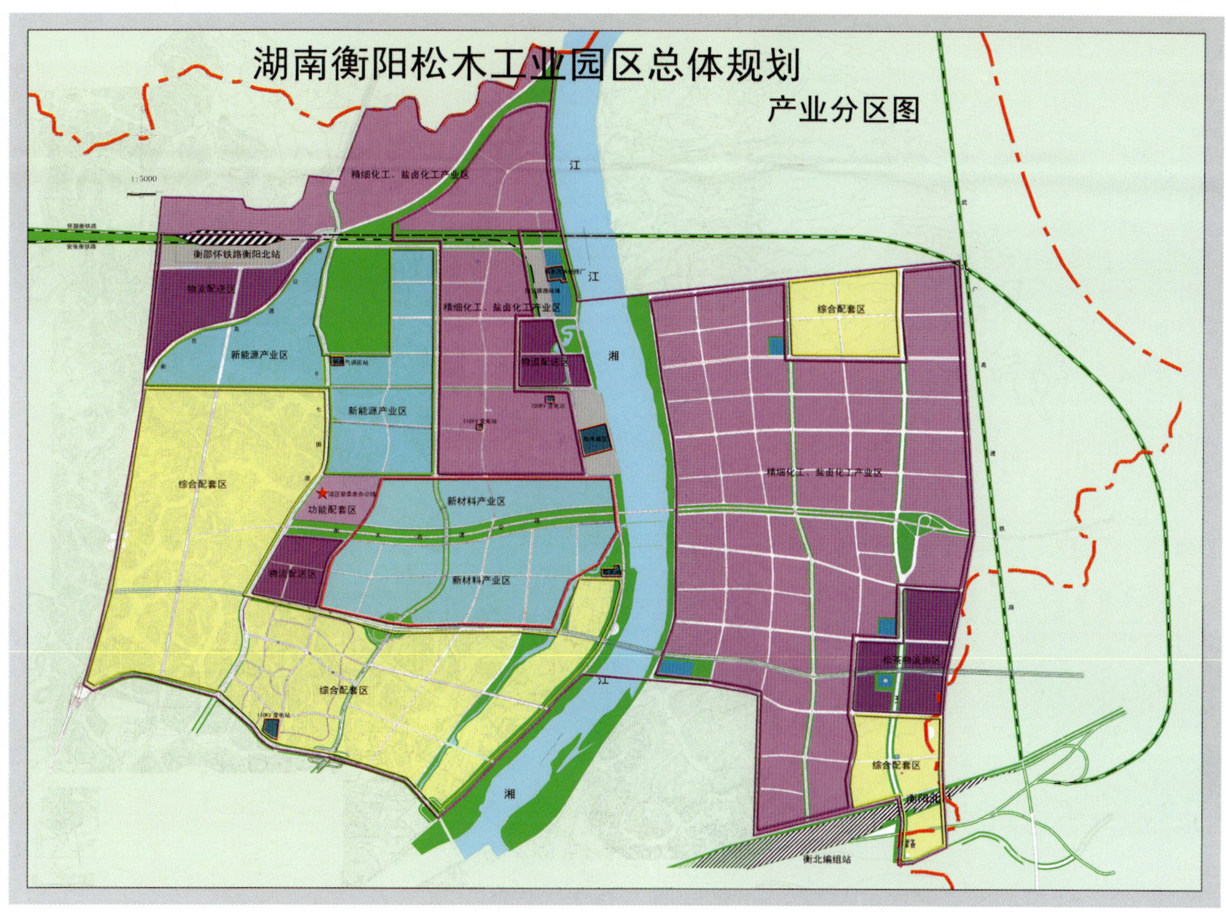

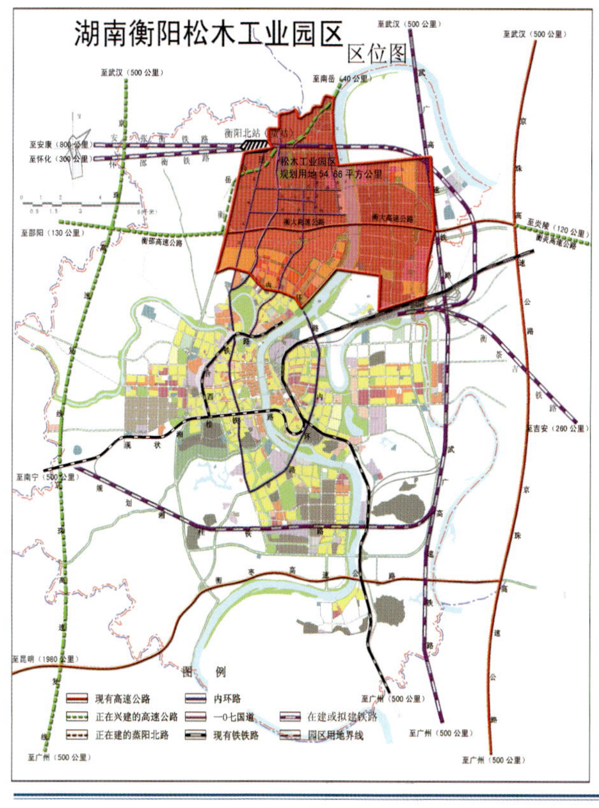

四、政策环境优良

在松木工业园区投资，可以享受“振兴东北地区等老工业基地”相同的优惠政策，可以享受国务院关于促进中部地区崛起若干优惠政策。园区实行“封闭管理、独立运行”的体制，实行“无费工业区”管理模式，任何单位和部门不得向入园企业收取各项费用。对于能够增强园区发展后劲，有效调整产业结构，经济效益和社会效益显著的重点工业项目，园区将采取“一事一议”的形式，全力支持企业发展壮大。

五、配套设施完善

为了“筑巢引凤”，园区积极筹措建设资金，一方面争取开发银行贷款和国家专项资金的支持；另一方面创新融资方式，鼓励社会各界人士投资参与园区建设，有力地推动了园区开发建设进程。截止 2010 年底，已累计完成基础设施投资 13 亿元，成片开发 5.2 平方公里，修建了主干道路 17.6

中共湖南省委书记、省人大常委会主任周强，中建材集团副总经理、党委委员刘宝瑛、湖南省人民政府副省长陈肇雄、中共衡阳市委书记张文雄等领导为中建材衡阳新能源产业基地培土奠基

公里，供水能力为3万吨/日的松木水厂一期工程，处理能力为1万吨/日的松木污水处理厂一期工程已经投入运营，110KV三角塘变电站、220KV建滔变电站、110KV松木变电站已经投入使用，园区中小企业创业基地现已建成标准厂房二期12万平方米，入驻即可实现生产经营，2010年又启动建设了标准厂房三期15万平方米。园区基础设施日臻完善，具备了承接大型企业和大项目入园投资建设的条件。

六、产业集聚集群

随着入园企业的不断增多，产业链逐步延伸，产品更加丰富，能够为新建项目提供大量的原材料，为新能源、新材料、盐卤化工及精细化工等产业集聚集群发展奠定了坚实的基础。2010年，园区实现工业总产值35.5亿元，实现规模工业增加值10.65亿元，实现工业税收1.66亿元。

陈肇雄副省长莅临松木工业园区视察指导

展示开发区风采，发展开发区成果。——湖南省常务副省长 于来山 题

省委副书记梅克保、省人大常委会副主任谢勇莅临松木工业园区视察指导

一是新能源产业发展集群集聚。

我市拥有丰富的铅、锌、硅等资源，为了提高产品附加值，将资源优势转变为经济优势，园区将新能源产业摆在优先发展的地位，重点围绕新能源产业链开展招商引资。目前，新能源产业已经引进了中建材、瑞达电源、电科电源、理昂电力等项目，与至德集团签订了框架合作协议。其中：**中建材**投资50亿元在园区建设新能源产业基地，现已动工建设一条生产线。整个项目投产后，年销售收入可达到100亿元以上。**中国瑞达**电源有限公司投资8亿元人民币，建设电源生产基地。一期项目已于正式投产，项目二期正在进行厂房装修及设备安装。项目一、二期全面投产后，产值将突破20亿元人民币，安排就业2000多人。项目三期主要围绕产业链做文章，在松木工业园区建成一个以铅酸电池为基础的新能源生产基地。**电科电源**总投资5.6亿元在园区建设锂电和镍氢充电电池产业化基地项目，其中，一期项目于2010年8月份开工建设，项目达产后可实现产值8亿元，实现税金4000万元以上。**湖南理昂**再生能源电力有限公司总投资2亿元，建设衡阳理昂生物质发电厂，投

韩永文副省长莅临松木工业园区视察指导

中共衡阳市委书记张文雄，市委常委副市长段志刚莅临松木工业区园区视察指导

节能的生产工艺和装置，对原衡阳烧碱厂进行了提质改造，废水、废气、余热全部得到回收利用，综合能耗在同行业中做到了最低。目前，建滔化工主要产品的年生产规模为：22 万吨（折百）烧碱、12 万吨聚氯乙烯、19.5 万吨双氧水、12 万吨液氯、12 万吨盐酸。2010 年又启动建设了建滔四期项目，投资 10 亿元新建年产 20 万吨离子膜烧碱等项目，该项目投产后，烧碱产能可达到 40 多万吨，成为华南地区最大的烧碱生产企业。**新澧化工**总投资 5.2 亿元，建设年产 80 万吨元明粉项目，该项目已于 2010 年元月正式投产运行，达产后可实现年销售收入 6 亿元，上缴税费 4000 万元。

产后每年可实现年发电量 2.2 亿度，为当地农民增收 9600 万元，减少二氧化硫排放量 900 吨，减少碳排放量 18 万吨，同时还可为园区企业集中供热、供蒸汽，社会效益和经济效益较为显著。**中国至德**集团拟投资 20 亿元，在园区建设年产 10 万辆新能源汽车生产项目、金属燃料电池生产项目以及 A 级低碳现代物流驿站等相关配套项目。

二是新材料产业发展来势良好。

为了充分发挥我市高岭土、钠长石、石英等非金属矿产资源优势，园区大力发展新材料产业，引进了金山建材、大为建材、博深实业、华砷科技、中泰钛业等企业。其中：湖南**金山水泥**有限公司投资 4.1 亿元建设日产 4500 吨新型干法水泥项目，一期工程 2010 年 10 月份正式竣工投产，达产后可实现年产值 3.1 亿元，年税金 5000 万元；湖南**博深实业**有限公司在园区投资 5 亿元，新建我国最大的光电磁性材料研发、生产中心，项目全部投产后，可实现年产值 20 亿元。

三是盐卤化工及精细化工产业发展基础雄厚。

园区拥有丰富的岩盐、芒硝等矿产资源，发展盐卤化工及精细化工产业基础雄厚。盐卤化工产业以建滔化工为龙头企业，带动了新澧化工、骏杰化工、锦轩化工等一批下游企业的发展。其中：**建滔化工**累计完成投资 14.5 亿元，选用最先进、最

精细化工产业引入了恒光化工、建衡实业、鑫丽达涂料等一批项目。其中，恒光化工投资 5.98 亿元，新建年产 30 万吨硫酸、5 万吨超细白炭黑、2 万吨氟钛酸钠等项目，整个项目达产后可实现年产值 15 亿元，实现税金 8150 万元。年产 30 万吨硫酸项目现已投产，该项目采用国内技术最先进、规模最大的硫铁矿制酸装置，同时建设热电联产项目，通过利用中低温回收技术为园区企业提供蒸汽，每年可节约标准煤 40 万吨，实现节能减排和综合利用。

中共衡阳市委副书记、市长张自银，市委常委副市长段志刚莅临松木工业区园区视察指导

展示开发区风采，发展开发区成果。——湖南省常务副省长 于来山 题

湖南衡阳松木工业园区

2011年重大招商引资项目

序号	项目名称	总投资（万元）	效益分析
1	年产2万吨绿色制冷剂项目	19000	项目投产后预计年销售收入74000万元，年利税6000万元
2	年产5万辆新能源汽车项目	80000	项目投产后预计可实现收入200多亿元，利税8亿元以上
3	年产10万吨铅酸蓄电池铅极板项目	15000	总投资约15000万元，年销售收入12000万元，利润2500万元，税金1750万元
4	年产20万吨洗衣粉项目	40000	项目投产后预计：1、年销售收入：10000万元；2、年利润总额：3500万元；3、投资回收期：3.8年（含建设期1年）
5	年产40万吨氯碱项目	150000	项目投产后预计：1、年销售收入：15亿元；2、利税4.5亿元；3、利润2.2亿元
6	年产50万m^2太阳能光伏幕墙生产线项目	17000	总投资约17000万元，年销售55000万元，年利税总额16700万元，投资利税率98.23%
7	年产200MW薄膜太阳能电池板生产线项目	220000	总投资约220000万元，年销售300000万元，年利税总额120000万元，投资利税率60%
8	年产200吨六氟磷酸锂项目	8000	项目投产后预计年销售收入2.4亿元、利润0.36亿元、税金0.24亿元
9	年产250万m^2薄膜太阳能电池用TCO玻璃基板生产线项目	30000	总投资约30000万元，年销售46000万元，年利税总额16000万元，投资利税率40.28%
10	年产4000吨氟橡胶项目	18000	项目投产后预计年销售收入36000万元，年利税8290万元
招商热线：0734-8191989　8196446			

开放合作之平台　招商引资之窗口 ——湖南省委副书记：梅克保 题

湖南衡东工业园区

工业立区　　项目兴区

庙东开发区风采，发展开发区成果。——湖南省常务副省长 于来山 题

衡东县县委常委、统战部长、衡东工业园党工委书记谭向勤

衡东工业园管理委员会主任吴刚

湖南衡东工业园区是2006年国家发改委审核通过的省级工业园，座落在衡东县大浦镇，是衡阳市“西南云大半时经济圈”重要的组成部分。规划面积19.82平方公里。京珠、炎邵、衡枣、衡大高速公路和S315交汇于此，湘江千吨级船舶可直达上海，京广铁路、武广高速铁路在园区周边都设有客运和货运站。园区地势平坦，人居稀少，地类绝大部分为林地，适宜发展工业企业。园区自创办以来，依托衡东县招商引资的优惠政策以及得天独厚的交通优势和地理条件，聚集效应日益明显，已成为衡东县招商引资和发展工业经济的重要平台。目前区内已初步形成以化工、冶炼、机械制造为主导的产业发展格局。2010年园区共完成工业总产值51.8亿元，完成工业增加值9.6亿元，实现税收2.06亿元。园区呈现加速发展的良好态势。

一、基础设施建设情况

工业园现已开发4.6平方公里。建成区内基础设施完善。道路方面，形成了宁国路、浦宁路、永旺路、旺园路等主干道为骨架的道路交通网络。供水方面，区内日供水能力达2.5万吨，区内完成铺设自来水主水管4695米；电力方面，区内新建的11万伏变电站已投入使用，近两年完成了园区2620米1万伏线路改造，新建3.5万伏双回和二条一万伏供电线路已基本完成施工，可保证园区生产、生活用电。从2010年开始，园区基础设施建设投入进入井喷期。一是投入1.154亿元综合开发8公里园区工业大道；二是投入0.7亿建设日处理1万吨污水处理厂一座；三是投入0.92亿元建设10万平方米标准厂房及附属设施。

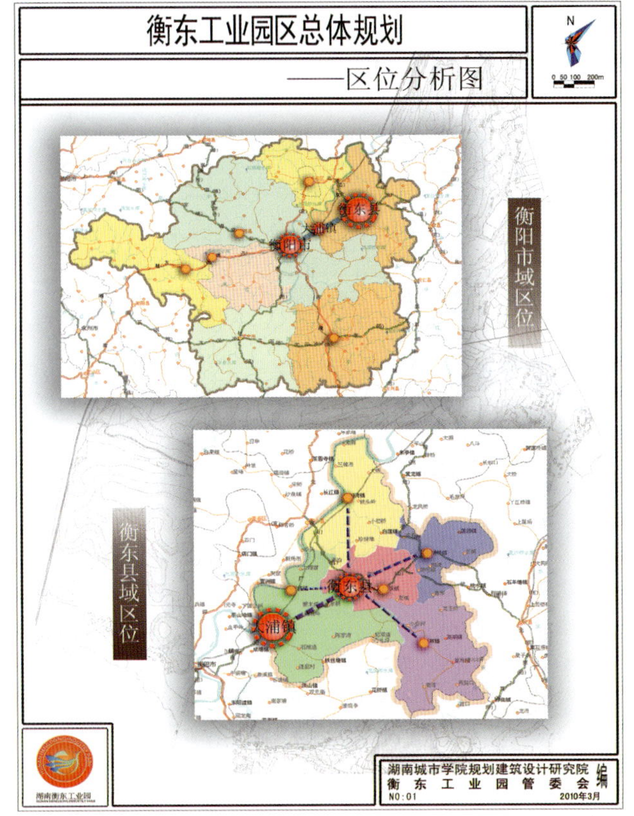

湖南有色
衡东氟化学有限公司

二、产业建设情况

近年园区乘势而为，重点打造机械制造、冶炼、化工三大支柱产业。目前园区现有机械制造企业9家，主要以朝阳重工科技集团有限公司，力源动力机械制造有限公司为龙头。冶炼加工业共有规模以上企业15家，2010年冶炼加工企业创产值36.3亿元，创税收1.33亿元。从加工原料上看，主要涉及钨、镍、铜、铅、锌五大类。其中金宇铜业、金虎铜业、合林铜业、领欣铜业四家企业，已形成年产阳极铜板25万吨的生产能力。2010年园区大力进行南区开发，抓基础、调结构，促转型，机电等新兴产业获得了长足进展。

创大集团

湖南省朝阳重工科技集团有限公司

三、招商引资情况

工业园成立以来，始终坚持"工业立区、项目兴区"的招商理念，合同引资46亿元，实际到位资金21亿元。引进项目38个，已建成投产的35个，正在建设的3个。2010年园区新引进项目7个，总投资8.86亿元。其中广东佛山唯盈股份有限公司年产8万吨预应力钢绞、钢帘线生产项目，占地80000平方米，总投资8000万元。湖南华途科技有限公司建设年产2400根无屈曲消能钢支撑构件生产项目，总投资1亿元。湖南金虎有色集团准备在园区新上再生资源集散市场、电解铜、家电回收拆解三个项目，项目总投资5亿元多元，该集团三个项目的建成，年产值将达100多亿元，税收5亿元以上，预计2011年6月底整个项目可竣工投产。

四、发展目标

通过近年的艰苦奋斗，衡东工业园已奠定了向上发展的基础。我们将坚持产业招商，壮大有色金属冶炼、机械制造、化工、机电等产业集群，形成产业链，提高企业核心竞争力。到2015年使入园企业达100家，完成工业总产值200亿元，上交税金8亿元。

电话：0734-5377708
传真：0734-5377708
地址：湖南省衡东县大浦镇
邮箱：hddpgyy@163.com

湖南衡山经济开发区

湖南衡山经济开发区位于五岳独秀的衡山县城北郊，107国道、3141省道穿境而过，湘江傍区而行，千吨级码头位于园区东侧。开发区距G4京珠高速出口、京广铁路衡山站仅3公里，距武广高铁衡山西站7公里，距潭衡西京珠复线高速公路西线约35公里。

授予：湖南衡山经济开发区
100
全国百佳科学发展示范园区

衡山经济开发区为省级经济开发区。园区规划面积14.68平方公里。经过5年的建设发展，开发区已经成长为一座工业新城，园区现有企业65家，其中规模以上企业34家，企业从业人员9000余人。开发区连续4年被衡阳市委、市政府评为先进园区。2009年被国家发改委、中国产业集群研究院评为"全国百佳科学发展示范园区"。

基础设施完备

开发区坚持高起点规划，高标准建设。目前，已完成基础设施投资6亿元，形成了通畅的路、水、电、气、讯等网络布局。建有千吨级码头一座；日产3万吨的工业水厂一座；县城日产3万吨的自来水厂供水管道已埋设环线回路；35KV、110KV变电站各1处，220KV变电站已向园区送电；专门通信基站、燃气门站，燃气主管道等已埋设到开发区核心区。

投资环境宽松

衡山经济开发区内企业均可享受"一费制"等待遇，所有投资商均可享受本县"绿卡"特殊保护。土地等优惠可根据企业投资规模、利税状况实行"一事一议"。园区建设开发坚持"既要金山银山，又要青山绿水"的环保理念，新项目入园在环保上实行一票否决制，保持原生态，确保园区和谐可持续发展。

发展后劲十足

园区是县域经济发展的第一平台，招商引资是第一抓手。衡山经济开发区着力引进科技含量高，经济效益好，产业关联大的大项目、好项目，实现了从招商引资到招商选资的转变，增强了开发区的发展后劲。2010年签约入园项目14个，其中开工项目11个，签约资金额407860万元；实现规模工业总产值30亿元，实现工业增长值达11亿元，实现税收1亿元。

展示开发区风采，发展开发区成果。——湖南省常务副省长 于来山 题

产业项目集聚 四大支柱产业

再生纸制造业

以世界500强的玖龙纸业为龙头，包含有宇科罗伯特纸业、鸿城纸业、湘江纸业的产业群。

2010年5月，玖龙纸业董事长张茵在衡山签约

机械制造业

以衡山专汽为龙头，包含有衡山齿轮公司、得鑫泰机械等。

矿产品深加工业

利用衡山县丰富的钠长石和瓷泥优势，集聚了港大陶瓷和皕成灰石等企业。

招商热线：0734－5828268

主要负责人：

开发区主任　曹兰平

招商负责人：

招商局局长　肖宁旗

网址：www.kfq.hengshan.gov.cn

地址：衡山县麇城路45号

邮编：421300

服装和制鞋业

以卓盈服装为龙头，丰泰鞋业、华升服饰、九众服装。

突出特色产业　打造特色园区

——常宁市水口山经济开发区

党工委书记、管委会主任：蒋渝阳

常宁市水口山经济开发区位于常宁市北部，座落在全省百强镇，全省小城镇示范镇之一的常宁市松柏镇内。开发区区位优越，北至衡阳市39公里，南到常宁市区36公里，东临京广线瓦园车站20公里；水陆交通便利，省道S214线穿境而过，往北上衡枣高速公路24公里，正在建设中的京珠复线从开发区的西部通过，湘江航运可直达长江；自然资源丰富，有铅、锌、金、银、硫、铁等矿产资源十余种；产业聚集明显。近几年来，我们牢固树立抓园区就是抓新型工业化、抓园区就是抓核心增长极的理念，抢抓机遇，开拓创新，奋斗拼搏，充分发挥园区的资源优势，重点发展铅锌冶化与新型材料循环经济产业，努力打造具有特色的园区。

近几年来，我区累计投入6.61亿元用于道路、给排水、供电、通信及园区绿化等基础设施建设。基础设施投入不断增加，园区承载能力进一步提升；常宁市委、市政府就把园区招商引资工作，当作是全市重中之重工作，举全市之力组织和参与招商。招商引资，成绩明显，产业群集初具雏形；至2010年末，区内累计规模工业企业户数达36家，企业完成产值56.76亿元，比2005年增长410%，完成规模工业增加值27.64亿元，比2005年增长450%，完成税收3.67亿元，比2005年增长6.5倍。区内发展速度较快，发展态势强劲。

华新冶化

志辉冶化

地址：湖南省常宁市松柏镇大桥路68号
电话：0734-7511407　传真：0734-7514878

常宁市水口山经济开发区

指导思想　基本原则　发展目标

(一)指导思想

坚持以邓小平理论和"三个代表"重要思想为指导，全面落实科学发展观，发展循环经济。遵循国家产业政策要求，按技术先进、产中适销、环境友好、资源节约、循环利用的原则，优化产业结构，彰显特色。牢牢抓住"湘南大开发"的重大机遇，按照"布局合理、用地集约、产业集聚、生态环保、社会和谐"的总体要求，突出抓好发展方式转变、产业集群、科技创新、招商引资、土地集约、环境建设，努力把开发区建设成为落实科学发展观的示范区，东部沿海地区产业转移、研发基地转移和服务外包的承接区，高新技术产业、现代制造业、铅锌铜冶化和新材料特色产业的聚集区，土地集约利用和生态环境保护的引领区，体制创新、产学研和铅锌循环经济发展的先行区。为推进常宁市新型工业化和新型城镇化的发展，为常宁市迈进全省十强提供强大支撑。

(二)基本原则

"十二五"常宁市水口山经济开发区着重把握好以下七个基本原则：

1、发展原则：以循环经济和生态工业理念为指导，以政府为引导，以企业为主体、以市场为导向、以技术创新为动力、以实现产业化为目标，选择典型企业带动型发展模式，整合科技资源，构筑高新技术研发平台，完善创新机制，培植骨干企业，延伸产业链，建成布局合理、产业特色鲜明、对全国相关产业具有重要影响和带动作用的铅锌铜冶化及新材料产业基地和技术成果转化基地。

2、项目带动原则：通过实施一批投资规模大、关联度强、科技含量高、环境污染少、资源消耗低、经济效益好的重大项目，带动园区经济快速发展、工业结构调整和产业升级。

3、优势优先原则：以市场为导向、企业为主体，政府加强引导，整合各类资源向优势产业、优势企业、优势区域集中，尽快形成经济优势，增强"两园"(松柏工业园、宜阳工业园)的聚合辐射能力。

4、创新发展原则：强化企业自主创新主体，加大创新投入，在园区与衡阳师院产学研基地的基础上，大力推行与其他高等院校产学研的战略联盟，提高自主创新和引进消化吸收再创新能力，加快科研成果产业化，抢占产业发展制高点。

5、集群发展原则：集中力量培育一批核心竞争力强、规模大、能参与国内外产业分工的产业群体，以中国五矿为产业龙头企业的发展带动中小企业发展，以完善产业园区功能、提高园区聚集度，调整优化产业布局。

6、开放发展原则：积极承接国内外产业、资本、技术转移，加强与中国五矿和境外大公司的战略合作，鼓励企业积极拓展资源和市场空间。

7、可持续发展原则：重点抓好进入省铅锌循环经济试点，强化能源资源节约和生态环境保护，不断提高工业发展质量和效益。

(三)主要目标

"十二五"期间，常宁水口山经济开发区发展的主要目标是：

1、总体建设目标：一是至2015年末松柏工业园建成4.2平方公里的铅锌循环经济产业园；二是至2015年末宜阳工业园建成4平方公里，主导产业为机械加工、农副产品加工和轻工业产品加工。

2、经济发展目标：到2015年，园区其工贸总收入500个亿，年平均增加达到54%；工业增加值力争达到80亿元，年增长30%；上交税金12亿元，年增长45%。

3、土地开发目标：以国家宏观政策为依据，合理规划园区土地供应量，遵循开发与节约并重的原则，提高土地的使用效率，实现土地经济效益、生态效益、社会效益的协调发展。为此，根据《园区总体规划》土地利用情况，规划"十二五"期间，将新增规划面积4.75平方公里，至2020年末规划总面积达到15平方公里，四至范围为东临康家湾矿以水松2#公路为界，南以大康路为界，西临大渔湾以新洲路为界，北接老城区以冶金路和常松路为界，其中铅锌循环产业园4.2平方公里，并严格按照省市有关文件规定，明确工业用地比重达到65%以上，投资强度为2000万元/公顷以上。远期规划至2020年规划总面积为15平方公里。

4、招商引资目标：抓招商引资工作，实行全方位、高水平地开展招商引资工作，力求在"十二五"期间，累计到位省外境内资金200亿元，引进工业项目40个，其他项目15个，其中投资过50亿的项目1个，投资过5亿的项目5个，投资过亿项目的10个，努力打造铅锌循环经济产业基地。

5、节能减排目标：单位GDP能耗下降15%，化学需氧量排放总量下降8%，二氧化硫排放总量下降8%，城市污水集中处理率100%，工业固体废物综合利用率95%，城镇生活垃圾无害化处理率100%。

6、高新技术目标：实施"科技兴区"战略，把发展高新技术产业作为提高开发区的经济质量、经济效益和可持续发展能力的重要工作来抓；重点抓好铅锌循环经济试点工作和产学研重点基地工作，依托中国五矿40万吨金铜项目之机会，注重对区内传统冶炼、化工产业的技术改造，提高产品的附加值和技术含量，延长产业链；加强高新技术项目的引进，促进区内产业技术升级。到2015年，力争实现高新技术工业产值100亿元，占区内工业总产值20%。

7、环境保护目标：一是大气环境质量控制标准：规划生活居住、商业办公区、一类工业区达到《环境质量空气标准》(GB3095-1996)二级标准，二类工业区、三类工业区、仓储物流区达到国家三级标准。
二是水环境质量控制标准：生活污水及工业废水必须进入污水处理厂，经处理达标后方可排入湘江，且必须保证该段湘江水质达到《地表水环境质量标准》(GB3838-2002)Ⅲ类标准。

开放合作之平台 招商引资之窗口 ——湖南省委副书记：梅克保 题

衡阳工业园区

湖南祁东经济开发区

布局合理、功能完备、特色鲜明、经济发达、环境幽雅

祁东经济开发区成立于1992年，2000年经省人民政府批准为省级开发区，2005年，经省编制委员会批准为副处级机构。一期规划面积8.6平方公里，已建成5.41平方公里，其中工业园区2.3平方公里，二期规划修编规模扩大到21.66平方公里，其中工业园区11.7平方公里,为适应用水大户企业引进，另规划归阳工业集聚区3.6平方公里。

该区按照“布局合理、功能完备、特色鲜明、经济发达、环境幽雅”的总体原则，以园林城市环境形象为主要标志，完成了祁丰新区2.89平方公里的开发建设，形成区内永昌大道、曙光路、莲花路、竹苑路等“八纵五横”的道路骨架，祁丰新区已成为全县政治、经济、文化中心。区内家具制造、糖果副食、塑胶彩印等传统支柱产业不断发展，机械、电子、纸箱包装、农业精加工等新兴优势产业异军突起。现已落户企业42家，规模企业8家，凯迪生物质发电厂投资5亿元，占地面积248亩，第一台机组已并网发电；开福国际家具城总投资2亿元，建筑面积12万平方米，成为湘南地区家具展销中。氧化铁球团生产线落户园区，年产量达120万吨。

祁东经济开发区在新一届班子带领下，在逆境中崛起，发展势头更加强劲。今年，投资5亿元占地1190亩的衡缘物流配送中心成功落户；归阳工业集聚区50000平方米的标准厂房竣工待租；有祁东南大门、交通大动脉之称的曙光路全线贯通；原新闻出版署署长龙新民为之题词、湘南地区一流的永安商业步行街开街在即；遗留问题均得妥善解决；区内所有断头路全部拉通，路网已经形成；《关于玉合农产品批发市场建设的报告》鲜活出炉。

祁东经济开发区坚持走城市建设与产业发展

玉合广场

祁东经济开发区管委会办公大楼　湖南祁东开福国际家具城

原中央委员、新闻出版署署长龙新民为永安商业步行街题词

祁东县委常委 刘兴中 主持开发区全面工作

并举的道路，将紧紧抓住中部崛起和沿海产业梯度转移的机遇，以修建高速公路连接线、火车站南移、铁矿开采为契机，持续西扩南拓，加大基础设施建设投入，不断完善城市功能，提升城市品位。按照功能分区，走“工贸立区、产业兴区、效益强区、自我发展”之路，把开发区打造成为最适宜聚集人才、资金、技术，最适宜投资创业，最适宜居住的生态型新城区。

地址：祁东县永昌大道

电话：0734-6264886　6295813

开发区新一届领导班子

永安商业步行街

开放合作之平台 招商引资之窗口 ——湖南省委副书记：梅克保 题

衡阳工业园区

湖南耒阳经济开发区

文明立区 工业强区 开放活区

耒阳经济开发区成立于1992年，并经湖南省人民政府批准为省级开发区，2003年增设省级工业园——耒阳东江工业园，2005年底，市经济开发区和东江工业园区整合为耒阳经济开发区，经国家发改委审核总体规划面积8.86平方公里。2009年，全区完成技工贸总收入47.9亿元，比上年同期增长30%。完成工业总产值28亿元，其中规模工业总产值27.9亿元，比上年同期增长14%，规模工业增加值10.7亿元，比上年同期增长14%，实现利润9.5亿元，比上年同期增长30%。完成工业税收9047万元，比上年同期增长34%。

{区位优势}

耒阳是世界最伟大的造纸术发明家蔡伦的故乡，素有"荆楚名区"、"湖广要冲"的美誉，耒阳经济开发区位于耒阳市城北，是耒阳市"北移东扩"和湖南省"一点一线"发展战略区域。北距衡阳50公里，南临广东，是湖南省经济战略重点"五区一廊"的南大门，是内陆地区主动接受粤、港、澳经济辐射、积极承接珠三角产业转移的前沿地。改革开放以来特别是近几年，耒阳经济开发区坚持以发展为第一要务，着力优化经济发展环境，大力实施开放带动战略，致力打造"三湘明珠"，社会、经济已进入发展的快车道。

{交通优势}

耒阳经济开发区交通区位优越，京广线、107国道、京珠高速公路、1817省道、武广高速铁路交织成网；耒水、春陵江四季通航，船运容量达500吨；园区位于中部四小时经济圈，东至南昌，西到桂林，南下广州，北上武汉，均可朝发夕返，人畅其行、物畅其流，特别是已经建成通车的武广高速铁路(350公里/小时)，从耒阳站出发至广州仅需一个半小时，至武汉仅需两个小时，是湖南乃至中部地区货物出境距离最短、最方便快捷、运输成本最低的集中地，有着不可比拟的交通优势。区内交通发达，建成道路30余公里，构筑了"四纵四横"高标准的路网。

{产业优势}

近年来，园区按照耒阳市委、市政府提出"工业兴市、园区兴工、项目兴园"的基本思路，坚持把工业园区作为招商引资的主要平台来建设，作为引领经济发展增长极来打造，推动了园区经济快速发展。初步形成了制鞋、机械制造、食品加工、电子、电力等主导产业。2009年主导产业实现工业产值达27.9亿元，占全区工业产值的99%，荣获湖南省承接产业转移示范园区和湖南省综合性高技术产业基地称号。

{资源优势}

耒阳是湖南省最大的县级能源基地，水电火电并举(大唐耒阳电厂、韶能耒杨综合利用发电厂、韶能遥田水电站、耒中水电站等)，国网地网并用，地方电力充足，电价低廉（地方电网价格约0.4元/KWH)。耒阳又是全国产煤百强重点县(市)之一，煤炭已探明地质储量达4.5亿吨，另有预测储量5.6亿吨，二者共计10亿吨。

{环境优势}

耒阳经济开发区建区18年来，始终坚持"文明立区、工业强区、开放活区"的战略，坚持"一个合同入区、一站式审批、一条龙服务"的办事原则，实行"对内全封闭、对外全开放"的管理模式，为投资者创造了良好的投资环境。区内以发展工业为核心，配套发展商贸、服务等第三产业，按照统一规划、配套建设、基础设施先行的原则，高起点规划、高标准建设、高质量管理，开发一片，建设一片。目前正在建设中的中小企业创业园标准厂房项目，总投资4.5亿元，总面积39万平方米，项目预计今年年底建成，将为园区招商引资提供一个全新的平台。

耒阳经济开发区诚挚欢迎海内外客商前来携手共赢、共同发展、共创未来！

地　　址：湖南省耒阳市东二路1号
联系电话：0734-4318567

衡阳工业园区

正在崛起的现代化工业新城

——衡阳市白沙洲工业园区

省委书记周强视察白沙洲工业园区，在参观园区布局模型时高兴地说："再过几年，这个地方了不得"

衡阳市白沙洲工业园区位于衡阳市城区南部，2006年开园建设，规划面积21.69平方公里，产业定位为先进制造业、光伏电子信息产业和现代物流业，与"湖南衡阳深圳工业园"、"湖南衡阳台湾工业园"、"湖南衡阳电子信息产业园"、"湖南两型社会建设示范区"实行"多块牌子，一套人马"运作。园区是国家科技部授牌的"国家火炬计划输变电装备产业基地"。2010年分别被国家商务部、湖南省政府授牌为"国家级承接产业转移基地"、"湖南十大最具投资价值产业园区"。

2010年，园区在省委、省政府，市委、市政府的坚强领导和省市直相关职能部门的大力支持下，以体制和区划调整为契机，以项目建设为核心，加快推进"四化两型"和现代工业新城建设，积极落实"工业倍增"计划，园区开发建设出现新的快速发展态势。

一、基础设施建设项目多投入大

全年完成基础设施建设投资85524万元。续建项目不断完善。电子信息创业园4600平方米食堂、14200平方米员工宿舍、6700余平方米研发中心大楼均交付使用，水、电、气、讯、宽带、道路等配套到位。中航路一期竣工通车。金龙花园安置小区12栋安置房和11栋廉租房投入使用。金叶花

客商在参观白沙洲工业园区的布局模型

园安置小区 33 栋安置房主体工程竣工。工业大道三期、中航路二期、富园路正在抓紧建设，铜桥路工程已完成招标，即将开工。第二创业园 6 万平方米标准厂房建成，第三创业园 15 万平方米标准厂房已完成工程招标。

二、大项目好项目招商引资有新突破

全年洽谈项目 40 个，新签入园合同项目 15 个，即：日本欧姆龙手机背光板、富士康(衡阳)工业新城、钢材物流、上海汉钢实业冶金矿山设备制造、湖南云锦高档紧密纺精梳牛仔竹节纱及高端精梳混纺纱生产线、兰州兰量工具数控刀具研发制造、深圳联得液晶显示器和电容屏专业设备生产、香港阳光精密塑胶模具制造及精密塑胶制品成型生产、深圳欧宇精密模具与电子/信息消费品外壳制造、深圳业际光电触摸屏、意创力平板电脑及 GPS 导航仪生产、广州京裕电子 QJY8 轮胎

2009 年 11 月 6 日，省委副书记、省长周强在市委书记张文雄、白沙洲工业园区管委会主任曾义国的陪同下，兴高采烈地步入衡阳台湾工业园授牌奠基暨 12 个项目开工庆典现场

展示开发区风采，发展开发区成果。——湖南省常务副省长 于来山 题

起重机及200万台汽车零部件、香港允强高档自行车生产、国家输变电产品监督检测衡阳中心、台湾罗源投资建设的五星级酒店及休闲会所等，总投资47.3778亿元(未含富士康项目)。富士康首期进驻创业园标准厂房启用。这些项目入园建成达产后，将进一步改善衡阳产业结构。随着欧姆龙、富士康的落户，海尔集团等知名企业纷纷前来洽谈合作，各大商业银行及电信、移动、联通等部门也主动加强了与园区的联系，寻求合作空间。

徐守盛省长视察白沙洲工业园区富士康(衡阳)工业新城

全年新开工建设项目8个：安徽华菱重卡、华南制造、日本欧姆龙、燕京啤酒40万吨啤酒技改扩能、天锦纺织、上海汉钢、富士康、衡阳公路口岸。新增规模工业企业6个：欧姆龙精密电子(衡阳)有限公司、湖南长宏锅炉有限公司、衡阳市金则利特种合金有限公司、湖南精工运输设备制造有限公司、衡阳恒泰电气有限公司、衡阳雁腾钢结构有限公司。

三、入园项目建设形象进度明显加快

加大在建项目建设调度，28个入园在建项目共完成投资16.77亿元。欧姆龙手机背光板项目5

衡阳市委书记张文雄(中)在白沙洲工业园区调研

月初签订入园合同,8 月初投产,创造了入园项目建设的奇迹。全省八大物流园区之一的白沙物流园已完成项目规划编制,平整土地 500 亩,入园的恒大物流、衡阳星沙物流、福建金属材料物流等项目即将开工。

四、工业经济运行情况良好

全年实现规模工业总产值 37.4 亿元,工业增加值 11.35 亿元,销售收入 31.3 亿元,上缴税收 3 亿元。骨干企业发挥了主力军作用。亚新科、星马重汽、燕京啤酒三家企业共完成工业总产值 23.4 亿元,占 62.56%。燕京啤酒实现税收 5636 万元,成为园区的第一纳税大户。雁能电工、森源电力、雁能配电工业总产值突破 3.49 亿元。

五、征地拆迁和西部成片开发快速推进

2010 年,园区实施征地拆迁的项目多达 18 个。全年完成征地 3738 亩,拆迁房屋 896 户、27 万平方米,平整土地 2578 亩。

"两违"整治成效显著。全年共拆除"两违"建筑 75122.62 平方米,其中自拆 41348.92 平方米、助拆 23562.44 平方米、强拆 4018 平方米、签订承诺 6193.26 平方米;2 月 1 日以来无一处新建成的违章建筑。

白沙洲工业园区党工委书记、管委会主任 曾义国

曾义国主任(前排右二)在"努力弘扬园区文化,强力推进园区发展"动员会上作主题发言

衡阳市白沙洲工业园区管理委员会

地址:衡阳市白沙洲工业园区工业大道九号

邮编:421007

招商分管领导:陈建华 13875648253

甘 华 13786401131

招商局负责人:刘林生局长

电话:0734-8998088 15973413603

传真:0734-8998098

衡阳工业园区

展示开发区风采，发展开发区成果。——湖南省常务副省长 于来山 题

衡南县云集工业园区

依城建园　以园兴城　工业强县

徐明华副省长视察衡南工业园

湖南省衡南县云集工业园区于2005年成立，位于衡南新县城西岸，总体规划面积23平方公里，首期开发6平方公里。衡南县云集工业园定位为现代化生态工业园，致力发展IT电子、皮具轻工、机械制造、汽车配件、文化、家具六大产业集群。衡南云集工业园区具备承接沿海地区产业转移的独特优势：

交通优势非常明显

衡昆高速公路、京珠高速公路、京广铁路、武广高速铁路紧邻园区，湘江绕园而过，四季通航，千吨级码头位于园区北端。拟建的衡阳南岳机场位于园区规划区内，连接市区与机场的衡云快速干线穿园而过，园区距衡阳市区仅12分钟车程，距广州1.5小时车程。水陆空立体交通网络初步形成。

扶持政策非常优惠

园区实行封闭式管理，开放式经营，全程代理代办，全方位优质服务。县委、县政府2008年出台了《关于明确客商来云集工业园兴办企业收费标准》文件，从用地出让、计划立项、工商注册，到建设报批费用实行最大优惠，最大限度减少客商与政府打交道的成本。自成立以来，园区紧紧围绕“依城建园、以园兴城、工业强县”的目标，始终坚持“政府引导、市场运作、滚动开发”的运作模式，园区建设形势看好。

配套设施不断完善

园区首期开发骨架全面拉通，已形成“三纵三横”的路网格局。水、电、路、气、讯等各类管网同步铺设到位，基本实现了“七通一平”。目前已架通2条22万伏供配电专线，4条1万伏供配电专线。园区现已建成标准厂房23栋，建设总面积20万平方米，厂房均为框架结构，已建成的厂区分为生产区和生活区两个功能。现已有多家企业与园区签订了入驻合同，其中得意精密电子有限公司、韶关旭日玩具有限公司、真美服饰有限公司、江门量子高科等四家国际化上市公司作为第一批入驻企业已在园区投产。其余签约入驻单位均为电子、服装行业等相关企业。园区建设资金累计投入已达9.8亿元，政府投入配套资金2.3亿元。

综合成本相对低廉

在衡南投资兴业的综合成本较低，衡南人口超过100万人，有职业技术学院5所，每年毕业生在1万人以上。管理人员、技术人员和一般劳动力工资成本也明显低于广东地区；一般工业用电价格在0.5元/度左右，工业用水价格在1.2元/吨左右，这些都只相当于广东的2/3；废弃物处理费用也只相当于广东地区的1/3，这些都为客商来云集兴业降低了投资资本。

招商引资来势喜人

园区目前已引进项目150余家，引进国内知名企业5家，合同引资额56亿元，吸纳劳动力就业20000人，年税收超过4000万元。工业园区初步形成了以天津大桥、瑞通机械为代表的机械制造业；以得意精密电子、神舟科技为代表的IT电子业；以锐奇皮具、阔展鞋业为代表的皮具加工业；以特斯克汽配等为代表的汽车零配件业。今年，园区特分别置地1000亩，用以建设文化产业园和家具产业园。

我们竭诚欢迎国内外投资商来衡南工业园考察洽谈、投资兴业，我们将竭尽全力为您提供最优质的服务！

全国500强企业，天津大桥焊材集团衡南分公司成立庆典

招商电话：0734-8550813 8550823
主任办公室电话：0734-8550833

展示开发区风采，发展开发区成果。——湖南省常务副省长 于来山 题

郴州经济开发区是1988年经省人民政府批准成立的省级开发区，规划面积22.1平方公里，位于郴州城南新区，是郴州改革开放的前沿阵地，是市委、市政府"南延东进"城市发展战略的主战场。郴州经济开发区党委、管委是市委、市政府的派出机构，代表市委、市政府在开发区规划范围内行使市级综合经济管理权限，管委会内设13个科室(办)，下属6个二级机构，另有财政分局、工商分局、国土资源分局、国税分局、地税分局、地税涉外分局、公安派出所、规划办和法庭等市派出机构。郴州经济开发区现已开发建设8平方公里，区内共有各类企业726家，其中规模以上工业企业82家，初步形成了生物医药、电子信息、新材料以及机械制造等主导产业，武广高铁郴州站位于开发区内，与之配套的武广新区规划面积约5平方公里，规划建设高水准的城市新区。区内现有郴州科技工业园、湘南高新园两个工业园区，郴州科技工业园是全市的高科技产业中心，现已开发建设2平方公里，入园企业14家，总投资8亿元；湘南高新园于2009年动工兴建，规划面积2.6平方公里，已建标准厂房31万平方米，系以发展节能环保型产业为主的高新技术产业园区。

2010年，开发区按照"以产业兴区为导向，以高新园建设为平台，以工业招商为抓手，以创新融资为突破，以项目推进为关键，勇于先行先试，开拓创新，努力把开发区打造成全市承接产业的聚集区、改革开放的先行区、自主创新的示范区、和谐文明的新城区"的工作思路，全区经济继续保持平稳快速增长，全年实现国内生产总值25亿元，同比增长26%；实现工业总产值30.86亿元，同比增长53%；实现财政总收入2.85亿元，同比增长42.8%。项目建设来势喜人，安排主要建设项目41个，年度计划投资22.78亿元。年内累计完成投资23.92亿元，同比增长59%，完成年度目标计划的105%；年内新建标准厂房17万平方米，同比增长240%。三九南开技改扩建工程、伟晟电子二期等一批重大项目相继建成投产；五岭大道、冲口大道西路、新园路、科园路等一批城市基础设施配套项目相继完工。招商引资成果丰硕。全年实际利用外资5300万美元，同比增长43%；实际到位内资15.5亿元，同比增长44%；累计引进内外资企业120家，其中投资过2000万美元的工业企业8家，包括奥美森高端机械制造、湘工新型焊料等项目，累计引进工业投资总额18亿元。

2011年，开发区经济工作的总体思路是：认真落实中央和省委、市委经济工作会议精神，以科学发展观为总揽，以调结构、转方式为主线，以对接高铁经济为契机，以工业项目建设大会战活动为总抓手，着力化解土地、资本、人才要素瓶颈，全面提升城市建设管理水平，为开发区"十二五"发展开好局起好步。

地址：湖南省郴州市五岭大道73号 423000
招商电话：0735-2188076 0735-2188472

湖南嘉禾经济开发区

HUNAN JIAHE JINGJI KAIFAQU

湖南嘉禾经济开发区辖“一园五区”，规划面积30平方公里。核心区域坦塘（铸造）工业园规划18.99平方公里，行廊、坦坪、袁家、塘村、龙潭等5个项目区规划11平方公里。开发区南距厦蓉高速1公里，北离京珠复线1公里，是嘉禾县推进新型工业化和实施“城乡

湖南省委书记周强视察湖南嘉禾经济开发区

一体化”发展战略的工业板块。近年来，开发区始终坚持特色办园、产业兴园，大力度推进开发建设，全方位承接产业转移，实现了园区又好又快、高速高效发展。由于园区独具的产业特色及传统铸锻造产业的迅速提档升级，2008 年我县被省政府确定为“湖南省铸造产业基地”，2009 年被中国铸协确定为“中国铸造产业集群试点县”，2011 年 1 月被确定为“全国铸锻造产业发展示范县”。

“十一五”期间，开发区完成开发面积 3 平方公里，累计完成固定资产投资 19 亿元。园区引进县外境内资金 22.9 亿元，引进入园企业近 300 家，其中坦塘（铸造）工业园引进入园企业 70 家，已建成投产的 52 家。2010 年，园区经济总量占全县经济总量的比重由 2005 年的 15% 提高到 40%，规模以上企业占全县规模以上企业总数的一半，实现税收占全县总税收的四分之一，安排劳动力就业近 6000 人。

“十二五”期间，园区将以科学发展的理念为指引，

嘉禾县县域产业园布局规划图

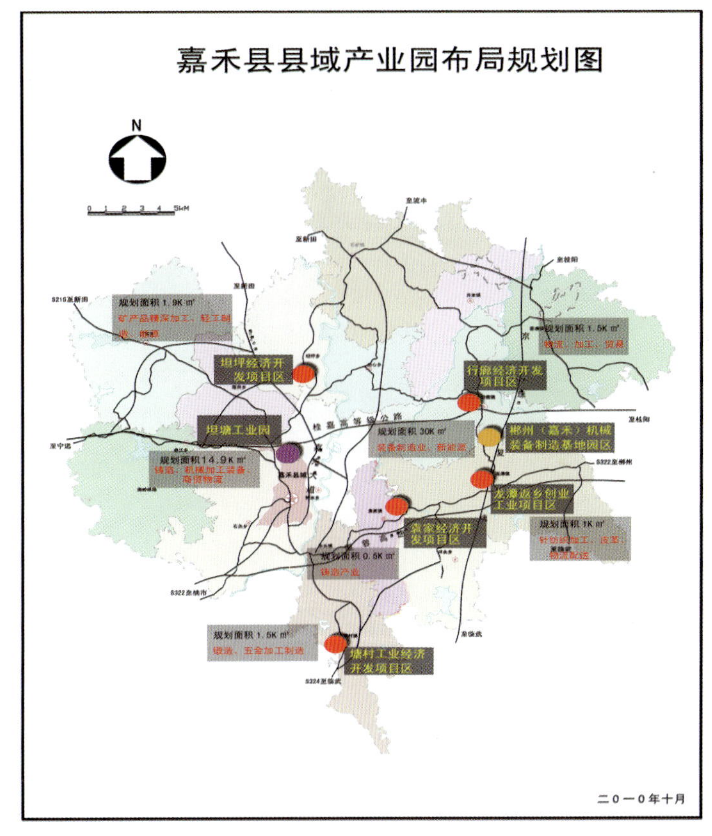

郴州市委书记戴道晋视察园区企业

雄建机床有限公司消失模自动化生产线

以先行先试的勇气求突破，锐意进取、奋发向上，把工业园区建设成为全国知名的铸造工业园，并逐步向机械装备制造园方向发展。“十二五”末，园区内落户规模铸造企业可达 120 家以上，年产铸件 100 万吨，铸造业年产值突破 100 亿元，实现税收 10 亿；培育规模机械制造加工企业 20 家，年产各类机械产品 6 万台以上，实现机械生产产值 50 亿元，税收 5 亿元；整个园区新增就业人员达 1 万人以上。到 2015 年和 2020 年，园区主导产业产值将分别达到 150 亿元、500 亿元，财政税收分别达到 15 亿元、50 亿元。

地址：郴州市嘉禾县城关镇晋屏大道 1 号
湖南嘉禾经济开发区管理委员会
联系人：李晓华
联系电话：0735—6625156
传真：0735—6623869
招商热线：0735—6625506
网址：WWW.hnjhkfq.com
邮箱：jhjjkfqgwh@163.com

湖南嘉禾经济开发区一角

展示开发区风采，发展开发区成果。——湖南省常务副省长 于来山 题

郴州市长向力力视察园区企业

湖南湘南铸业有限公司

巨人数控机床有限公司第一台数控机床下线

红德机电有限公司自动化铸件生产线

开放合作之平台　招商引资之窗口 ——湖南省委副书记：梅克保 题

郴州工业园区

湖南桂阳工业园区

区区有规划　区区路相连　区区上项目　区区大发展

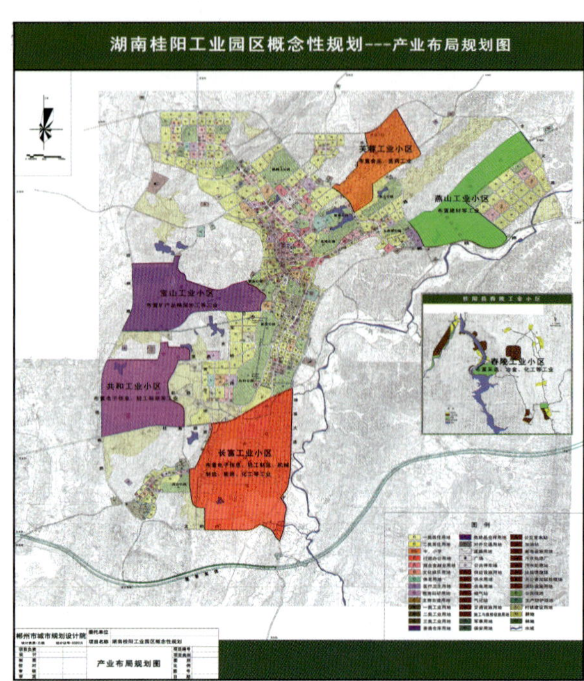

湖南桂阳工业园区为省级工业园区，位于县城以南1公里处，桂嘉高等级公路，省道S322、S214横贯其中，距厦蓉高速互通口2公里，30分钟可上武广高铁、京珠高速及京广铁路，地理位置十分优越。2010年，桂阳工业园区已全面落实科学发展观，紧紧围绕县委、县政府“二四三”发展战略和“追赶长浏望，领跑大湘南”奋斗目标，继续建“一园六区”的大园区发展道路，按照打造实力园区和实力企业的发展思路，着力完善基础设施，大力建设标准厂房，全力推进项目建设，取得可喜成绩。全年完成技工贸总收入88.9亿元，同比增长99.2%；工业总产值71.1亿元，同比增长92%；完成固定资产投资总额16亿元，同比增长72%。园区建设呈现出投入力度加大、工业项目增多、园区贡献提高的良好态势，被评为“全省最受公众关注产业园区”。

省委常委、常务副省长于来山视察园区企业

郴州工业园区

展示开发区风采，发展开发区成果。——湖南省常务副省长 于来山 题

省委常委、统战部长李薇薇视察园区企业

2010年，桂阳工业园区主要做了以下几个方面工作：

一、完善园区基础设施。

全年共启动基础设施项目10项，总投资达1亿元，新建和扩建园区道路10公里，绿化和亮化园区道路5公里，启动了园区管委会大楼和宝山广场建设。园区建成面积达5平方公里。

二、狠抓工业项目落户。

2010年工业园突出招商引资工作，新建项目达30个，项目数量之多，固定资产投资额度之大均为桂阳历史之最。经济新型工业化进一步提速，轻工业在全县工业经济所占比重首次超过重工业。工业园区落户工业项目已突破70家。

三、抢抓标准厂房建设。

在去年完成13万平方米标准厂房的基础上，乘势而，发动县直机关党委招商建设标准厂房，全年完成26万平方米标准厂房建设任务。发展加工贸易产业平台得到了进一步夯实。

四、优化园区经济环境。

一是园区实施落户企业相关手续全程代办，加快企业落户和投产速度。二是实施“企业服务年”活动，成立专门班子，解决企业碰到的各种困难。三是搭建好银企合作的桥梁，多次组织金融部门和园区企业良性互动，解决金融部门放款难和园区企业的贷款难等相关问题。

市委书记戴道晋出席建材项目区南方水泥竣工投产仪式

食品加工区紫宇面业竣工投产

食品加工区瑞丰米业竣工投产

长富项目区鑫通石墨工业公司竣工投产

招商地址：湖南省桂阳县城郊乡柏树村
电话：0735-4480807

湖南永兴经济开发区

永兴经济开发区于 1992 年 12 月经省人民政府批准成立，规划面积为 2 平方公里。经过 10 多年的发展与调整，目前总体控规面积已达 20 平方公里，形成“一区三园”的发展格局，即永兴经济开发区，县示范园，湘阴渡工业园，太和乡工业园。“一区三园”分五大功能区构成。即县示范园的精深加工区、产业转移承接区及服务平台区，位于碧塘乡与城关镇交汇处，与县城相连，控规面积 10 平方公里。太和乡工业园的综合回收利用区，位于太和乡与柏林镇的交汇处，控规面积 4 平方公里。湘阴渡镇工业园的高新产业及新能源区位于湘阴渡镇京珠高速永兴出口处，控规面积 6 平方公里。目前园区内现有生产企业 52 家，其中规模以上生产企业 30 个，在建企业 14 家。

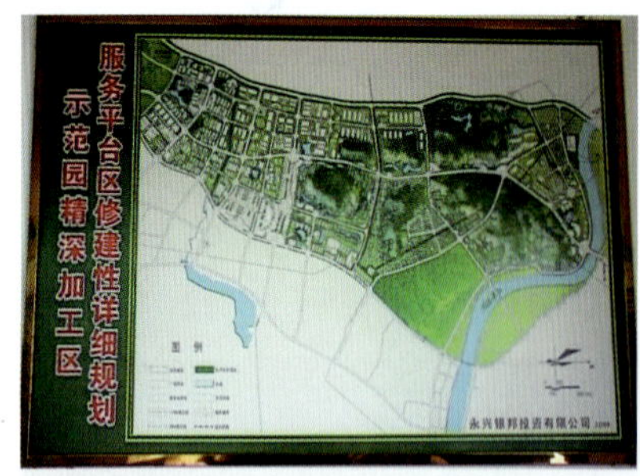

示范园规划图

意水集团

湖南省金邦投资有限公司

展示开发区风采，发展开发区成果。——湖南省常务副省长 于来山 题

2010年项目建设情况表

单位名称：永兴县国家循环经济示范园　　单位：万元

项目名称	是否是新建项目	总投资额	年内完成投资额	资金来源	项目引进性质	为项目建设所做工作
示范园一期基础设施项目	是	5000	4000	企业自筹	本地资金	征地拆迁已完成
示范园生活服务中心一期	是	2500	2500	企业自筹	本地资金	征地拆迁已完成
华创产业园	是	20000	15000	企业自筹	招商引资项目	征地拆迁已完成
元泰二期工程	否	13000	5570	企业自筹	招商引资项目	征地拆迁已完成
湖南华意储运股份有限公司	是	5000	3000	企业自筹	本地资金	征地拆迁已完成
惠友新材料公司	是	2000	2000	企业自筹	招商引资项目	征地拆迁已完成
拓鑫电子有限公司	是	5000	3000	企业自筹	招商引资项目	征地拆迁、办证
麦香全食品有限公司	是	700	700	企业自筹	招商引资项目	征地拆迁已完成
润兴服装有限公司	是	7000	1000	企业自筹	招商引资项目	征地拆迁、办证
示范园生活服务中心二期	是	3100	500	企业自筹	本地资金	征地拆迁已完成
昱炫高科电子有限公司	是	4000	3000	企业自筹	招商引资项目	征地拆迁、办证
永兴正道锰业有限公司	是	1000	1000	企业自筹	招商引资项目	征地拆迁、办证
郴州晶讯光电有限公司	是	50000	6000	企业自筹	招商引资项目	征地拆迁、办证
香港龙达产业园	是	200000	350	企业自筹	招商引资项目	征地拆迁已完成
郴州华大礼品公司	否	12000	3160	企业自筹	招商引资项目	征地拆迁已完成

荣裕大酒店---全县唯一的五星级大酒店

鑫达银业白银电铸生产线车间

鑫达银工艺品车间

金河铭庄---高档次房地产开发小区

晶讯光电厂房施工现场

兴建中的华创产业

开放合作之平台 招商引资之窗口 ——湖南省委副书记:梅克保 题

郴州工业园区

湖南宜章经济开发区

区位交通优越 投资环境优良 招商政策优惠

2009年11月27日上午,省委常委、省纪委书记许云昭一行视察了县经济开发区产业承接园。

一、宜章经济开发区概述

湖南宜章经济开发区创建于1992年,前身叫南京洞开发区,2009年宜章县委、县政府明确提出把宜章经济开发区打造成为“经济特区”,重新定位“一区三园”,下辖产业承接园、白石渡氟化学循环工业园、玉溪工业园三个产业园区,总规划面积10.72平方公里。合理化的产业定位,让宜章经济开发区在科学跨越富民强县的进程中担负起县域经济增长极、先行先试试验区、新兴产业承接地、城市发展新载体的重任,园区掀起了新一轮的建设热潮,焕发出勃勃生机。2010年6月被授予湖南省承接产业转移发展加工贸易特色园区、最佳服务环境产业园区称号。

区位交通优越。宜章自古称“楚粤之孔道”,是内陆对接沿海地区的前沿阵地,沟通“泛珠三角”经济区的重要节点,是珠三角产业转移的重要承接地。京珠高速、宜凤高速、107国道、324省道、京广铁路、武广高铁构成纵横交错的交通网,园区距广州310公里,距长沙340公里,距高铁郴州西站50公里,是郴州乃至整个湖南省货物出境距离最短、运输成本最低的园区之一。

投资环境优良。宜章经济开发区先后建设了各类标准厂房10万平方米,员工宿舍1万平方米,配套设施3万平方米,完善了园区水、电、路、讯等管网设施,园区基础配套日臻完善。建立完善了园区投资、园区内管理、园区外服务、效能监督等管理制度。对落户园区的企业实行封闭式管理,推行一站式审批和保姆式服务,为企业提供一个公开透明的政务环境、规范有序的公共事务环境。

招商政策优惠。宜章县委、县政府为鼓励外来投资者到开发区投资兴业,先后出台了《关于加快承接产业转移先行先试的意见》、《关于加快把宜章经济开发区建设成为经济特区的决定》、《关于加快引进战略投资者的若干意见》等一系列政策措施,在建设用地、环保审批、财政扶持、金融服务、园区建设、劳动用工等十一个方面明确了优惠政策。

湖南宜章经济开发区产业承接园

宜章经济开发区产业承接园位于宜章县城东面,园区距县城2公里,园区规划面积2.65平方公里,概算总投资4.02亿元,分三期开发,重点发展现代机械制造、电子信息、生物医药三大主导产业,未来将把园区打造成产业转移的首选基地。近年来先后投入2.82亿元建设了标准厂房10万平方米,员工宿舍1万平方米,配套设施3万平方米,兴建完善了园区供水、供电及道路硬化、绿化、亮化等基础设施。现已落户富士电梯、欣□鞋业、万旭电子、怡景制衣、凯威服装、中瑞科技、骏兴鞋业、通达挂车、德宝科技、君悦物流、东方饰品等11家企业。产业承接园二期基础设施项目于2010年12月开工建设,占地面积620亩,总投资8000万元,工程建设主要包括新建5条总长3100米的园区道路,平整土地,配套建设市政管网设施,绿化、美化、亮

2009年2月19日至20日,省委副书记梅克保率省委副秘书长肖冬生、省经委副主任卓群、省劳动保障厅副厅长刘正华、省国土资源厅副厅长颜学毛等到我县视察了产业承接园。

2009年11月25日下午，副省长甘霖考察县经济开发区产业承接园标准厂房、富士电梯、南方资源建设项目、恒维电子有限公司、俊丰印染厂。

化工程等，预计2011年10月可以全部完工。

湖南宜章经济开发区
白石渡氟化学循环工业园

白石渡氟化学循环工业园位于宜章县白石渡镇北面，创办于2006年，规划面积1.96平方公里。园内有一条1.79公里铁路专用线与京广铁路连接，324省道环园而过，距京珠高速宜章互通口8公里。园区依托宜章丰富的萤石资源，集中发展以氟化工为主导产业的循环经济，2006年引进湖南铸万有实业有限公司投资建设弘源化工项目，2008年6月，年产30万吨萤石粉烘干生产线建成投产。2010年通过以商招商，成功引进世界500强企业中化的全资子公司中化蓝天控股鑫源矿业和弘源化工。2011年3月18日，工作组已正式进驻园区，目前正进行氟化学循环工业园入园道路及办公生活用地征地拆迁、入园道路规划设计、地勘等前期工作。

湖南宜章经济开发区玉溪工业园

玉溪工业园位于宜章县城西面省道S324线与宜章大道接口处，距107国道3公里，距京珠高速宜章互通口4公里，距京广铁路白石渡货运站14公里，距武广高铁郴州站50公里。园区规划总面积5.33平方公里，基础设施建设概算总投资14亿元。首期开发320公顷，基础设施建设投资5.2亿元。园区将依托宜章的农业优势，集中发展现代农业、物流配送、轻工制造三大主导产业。目前园区正抓紧编制控制性详细规划，积极做好前期工作。

二、2010年经济社会发展情况

2010年，宜章经济开发区把促进园区经济又好又快发展作为第一要务，通过培育新的经济增长点，大力扶持原有企业提质扩能，园区经济实现了快速健康发展。2010年，宜章经济开发区完成技工贸收入360996万元，同比增长167.7%；完成规模工业增加值65751万元，同比增长113.2%；园区工业总产值226061万元，同比增长131.8%（其中园区规模以上工业增加值206547万元，同比增长120.4%）；园区主导产业工业总产值完成225541万元，同比增长131.8%；完成国税、地税收入7661万元，同比增长102.4%。园区当年固定资产投资101586万元，同比增长458.1%（其中工业固定资产投资总额61428万元，同比增长397.8%）。全年实际到位外资3866万美元，同比增长280.9%；实际到位内资97052万元，同比增长176.9%。园区规模工业研发经费支出5289万元，同比增长183.4%；园区高新技术产品产值70771万元，同比增长50.7%。园区万元规模工业增加值能耗降低51%；完成园区环境基础设施建设8项，同比增长300%。

2009年7月21日，副省长陈肇雄率省直各相关部门负责人来到我县，就加速推进新型工业化、安全生产两项工作进行调研。陈肇雄一行先后考察了宜章产业承接示范园标准厂房建设项目及我县白石渡氟化学循环利用示范工程项目。

2011年3月10日，市委书记戴道晋，市长向力力，市委副书记、县委书记向曙光到白石渡氟化学循环工业园进行项目调度

欣錩鞋业有限公司生产车间

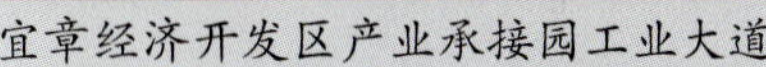
宜章经济开发区产业承接园工业大道

郴州万旭电子有限公司车间

电话：0735-3723767　传真：0735-3723767
邮箱：hnyzjjkfq@163.com

湖南资兴经济开发区

HUNAN ZIXING JINGJI KAIFAQU

资兴是湖南省新兴工业城市和中国优秀旅游城市，资兴经济开发区是资兴市工业化和城市化的主阵地，总规划面积15.3平方公里，2009年园区实现工业生产总值74.4亿元，实现财政收入3.5亿元。竭诚欢迎各方有识之士来这片热土考察投资兴业。

区位优势

资兴经济开发区是资兴市的门户，北上长少约300千米，南下广州约400千米。

交通优势

资兴经济开发区距郴州火车站不到30分钟路程，距京珠高速不到20分钟路程，郴资高等级公路连通其间，京广铁路支线绕城而过，区内交通发达，路网完善，基础设施完备。

产业优势

目前园区已初步形成外贸出口加工、食品加工、有色金属加工、新型材料制造、电了信息产品制造、林产品加工、电力等七大产业集群。一是以郴丰鞋业、天洋制衣为代表的外贸出口加工产业，二是以青岛啤酒、斯美特方便面、东江湖鱼、金浩茶油、东江湖酒业、狗脑贡茶为代表的食品加工产业，三是以华信有色、展泰冶炼、丰越冶炼为代表的有色金属深加工产业。四是以杉杉材料、华康新材料、鑫阁铝业为代表的新型材料制造业，五是以苏米特(光电)、盈达电子、和顺打印耗材、宇昌科技为代表的电子科技产品制造产业，六是以创兴人造板、恒盛木业为代表的林产品加工产业，七是以湖南东江水电发电厂、华润电力为代表的电力产业。

现场为入园项目择址

环境优势

资兴素有林海、水乡、电城、煤都、基因库、游乐园、建材基地之美称，其中以电力和水资源最为丰富，贯穿开发区的东江河水质达到国家一级饮用水标准；资兴市投资环境优良，投资项目报批报建全程代办，为落户项目提供贴心服务，投资商省钱、省力、省心，投资环境有口皆碑。

湘南黄金地，欢迎您考察。

地　址：湖南资兴经济开发区东江迎宾路
招商热线：0735-3353988、3354168
联 系 人：曾艳江　李 霞

展示开发区风采，发展开发区成果。——湖南省常务副省长 于来山 题

湖南汝城经济开发区

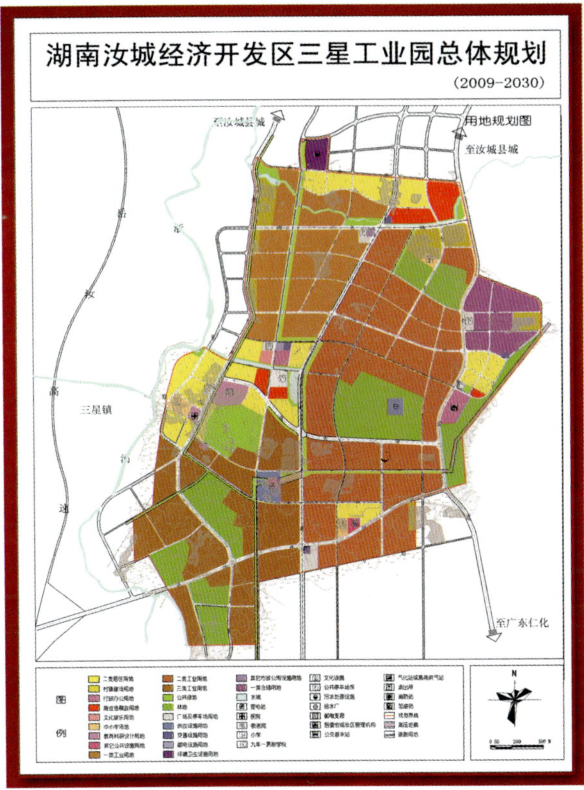

汝城经济开发区是省级经济开发区，现辖三星、三江口两个工业园区，规划扩展土桥工业园、园艺场工业园，总规划面积19.2平方公里。在产业布局上，三星工业园以矿产精深加工、精细化工、食品药品加工为主导产业，努力打造成为产业链完整、技术优势明显、基础配套完善的新型工业基地；三江口工业园以旅游产品加工为主导产业，努力建设成为旅游配套基地；土桥工业园集中发展以物流配送为主导产业，努力打造成为现代物流基地；园艺场工业园以农副产品加工为主导产业，努力打造成汝城的现代农业基地。现有企业68家，其中投资过亿元的企业4家、过5000万元的企业6家。2010年全区实现技工贸总收入190287万元，同比增长69.42%；工业总产值180418万元、同比增长70.75%，其中规模工业总产值125479万元、同比增长60.1%；完成固定资产投资30817万元、同比增长52.06%；实现税收10096万元；福海矿业、中国镁业等投资过2亿元的战略项目先后落户开发区。“十二五”期间，计划投入10.43亿元，全力推进路网、标准厂房、职工住房等配套配套设施，到“十二五”期末，全区可实现技工贸总收入60亿元、工业总产值50亿元、税收4亿元。

一、区位优势。地处郴州、韶关、赣州“红三角”一小时经济圈中心，有“一国一省两高速”（G106国道、S324省道、在建的厦蓉和湘深高速）贯穿全境，特别是湘深高速井坡互通口距三星工业园不足900米，是“一分钟上高速的工业园区”。

二、环境优势。区内建有35千伏安、110千伏安变电站两座，建成标准厂房10万平方米、职工住房4万平方米、主干道路7公里，供水、供电、三网等基础配套功能完善。适用国扶县、革命老区县、西部开发重点县、加工贸易转移基地县、“先行先试”等优惠政策。推行“全程跟进”的政务服务模式，做到“厂内的事企业管，厂外的事我们办”，为投资商提供全方位的发展服务。

三、资源优势。区域内矿产、水电、劳动力等资源丰富。汝城是有名的“有色金属之乡”，矿藏30多种，储量丰富的有铁（约1.8亿吨）、钨（约100万吨）、化工钾长石（约200万吨）、萤石矿（约120万吨）、优质花岗石（约10亿立方米），铜、钼、稀土、粘土、高岭土储量也很丰富，钨矿年交易量占全国1/6以上，是全国最大的钨矿集散地。电力充沛，境内电力总装机28万KW以上，是全国小水电装机容量最大的县，全国小水电开发示范县。同时，有郴电国际和湘南电力公司供电，电价低廉，具有保障。开发区建有自流式自来水供水系统，供水足、水价低。劳动力资源丰富。全县拥有富余劳动力9.6万人。

诚信天下，共创双赢。热情欢迎各方人士前来考察洽谈、投资兴业。

汝城经济开发区管委会办公大楼

汝城经济开发区标准厂房

区位优势

开发区管委会主任：欧小茂　党委书记：钟晓星
办公地址：湖南汝城经济开发区三星工业园
办公/传真：0735-8584555

开放合作之平台 招商引资之窗口 ——湖南省委副书记：梅克保 题

郴州工业园区

湘南国际物流园

联系地址：湖南郴州市国庆南路 89 号 邮编：423000
联系电话：0735-2175668 网址：http://www.xnwly.com

湖南省供港澳及出口农产品集中验放场

湘南国际物流园（原为 2002 年设立的郴州北湖工业园），于 2008 年 11 月经郴州市人民政府批准成立，2009 年被省委、省政府列为“湖南省八大重点物流园”，物流园管委会于 2010 年 10 月经省编委批复为郴州市北湖区人民政府直属副处级全额拨款事业单位。湘南国际物流园位于湖南省郴州市城区东南部，北接京珠高速公路出口 1 公里，南抵厦蓉高速出口 15 公里，背倚生态公园王仙岭，怀揽玉带秀水郴江河，横跨京广铁路京珠高速，环抱广铁郴州货运站，毗邻武广高速铁路，郴资桂快速干道傍园而过，具有得天独厚的区位交通优势。现园区规划面积 6 平方公里，计划投资 58 亿元，已开发约 1.5 平方公里，完成基础设施投入 2.3 亿元。现有入园企业 35 家，合同投资总额约达 35 亿元。得益于湘南国际物流园得天独厚的区位优势和良好的投资环境，园区建设并拥有了几大物流平台：已正式开放的湖南省第一家二类公路口岸，亿达国际快件快递暨香港直通车货物配送中心，正在建设当中的湖南省唯一的供港澳及出口农产品集中验放场，年吞吐量达 1100 万吨的广铁集团货物运输战略装车点 ---- 郴州货运南站及铁海联运项目将把园区打造成名符其实的无水港。园区初步形成了一个立足郴州、连接长株潭与珠三角城市群、辐射海外的集物流仓储、商品配送、海关监管、集装箱中转、保税业务等多功能于一体的物流业示范基地。

郴州货运南站及铁海联运项目

郴州公路口岸

华开天下
温馨一家
常德華天大酒店
CHANGDE HUATIAN HOTEL
订房热线：4008200428
www.ehuatian.com
常德工业园区
华天集团
CHHT
提醒您
来常德考察、投资、休闲，请进驻——
常德華天大酒店
CHANGDE HUATIAN HOTEL
地 址：中国·湖南常德市武陵大道南段
电话：0736-7258888

开放合作之平台 招商引资之窗口 ——湖南省委副书记：梅克保 题

湖南临澧经济开发区

湖南临澧经济开发区是经国家发改委审批的省级开发区，也是湖南省最早建立的经济开发区之一，现辖太平工业园和安福工业园，规划总面积10.68平方公里，已建成面积5平方公里。近年来，湖南临澧经济开发区依托县内资源、工业基础和交通优势，突出现有产业的横向配套和纵向延伸，紧盯沿海产业转移抢抓引进机遇，集中力量抓好了高新材料、化纤纺织、能源电力、机械制造、建筑材料、食品包装等支柱产业建设，入园企业61家，已有45家建成投产，从业人员7500人。2010年，开发区规模以上企业共完成工业产值26.6亿元、实现销售收入24.1亿元、入库税收5177万元，同比分别增长60%、63%、58%；新增投产企业15家，完成固定资产投入15亿元；新引进落户工业项目18个，其中过亿元项目10个，合同总投资38.4亿元。

临澧境内，207国道纵穿南北，304省道横贯东西，枝柳铁路、石长铁路、洛湛铁路、东常高速穿境而过，澧水、道水通江达海。湖南临澧经济开发区距年装卸能力300万吨的铁道部战略装卸点——石长铁路临澧站只有3公里，距澧水500吨级码头仅20公里，距常德桃花源机场不到60公里，水陆空交通运输方便快捷。特别是临澧地处湘鄂走廊、洞庭之滨，南、北、西、东可承接“长株潭一体化”城市圈、湖北长江经济带、张家界旅游经济区、环洞庭湖经济圈，区位十分优越，市场空间巨大。

临澧矿产丰富，已知矿点94处，矿种23个，石膏、硅砂、膨润土储量居全国前列，石灰石、陶土、原煤等矿藏数量非常可观，具有极高的开采利用价值。特别是石膏探明储量21亿吨，远景储量50亿吨，位居全省第1位，名列全国前茅，素有"非金属矿之都"的美誉。临澧林茂粮丰，森林覆盖率38%，是国家商品粮棉油基地县、湖南省绿色食品基地示范县、全国无公害农产品基地县，享有“绿色食品之乡”的美誉。丰饶的产业资源，可为落户企业和项目提供充足、优质的原材料。

湖南临澧经济开发区建成区内，主次干道纵横交错，标准厂房鳞次栉比，水、电等设施同步配套，绿化、亮化、美化、净化水平不断提升，医院、学校、电信、有线电视、物流仓储、银行、保险、职工培训基地、商业写字楼等公共服务设施日臻完善。区内路网四通八达，，电力供应充足，供排水设施完善。园区建有日供气能力达40万立方米的天然气储气站，占地100亩、建筑面积5.6万平方米的中小企业创业园，能够承接不同规模的中小企业入园创业。

“十二五”期间，湖南临澧经济开发区将积极推进“四高”园区建设，争创“百亿园区”，致力实施“三百”工程，即到2015年开发区年工业产值突破100亿元，完成固定资产投入累计达到100亿元，入园企业在100家以上。化纤纺织、能源电力、机械铸造造、食品包装等优势产业地位将进一步凸显，高新技术产业快速发展，现代服务业体系更加完善。基础设施、市场体系、体制机制等将与沿海地区全面对接，形成全方位对外开放格局。

地　址：湖南省临澧县
联系人：刘艺峰　郭菊红　王焕安
电　话：0736-5898060　0736-5588888

常德工业园区

湖南中泰特种装备有限责任公司

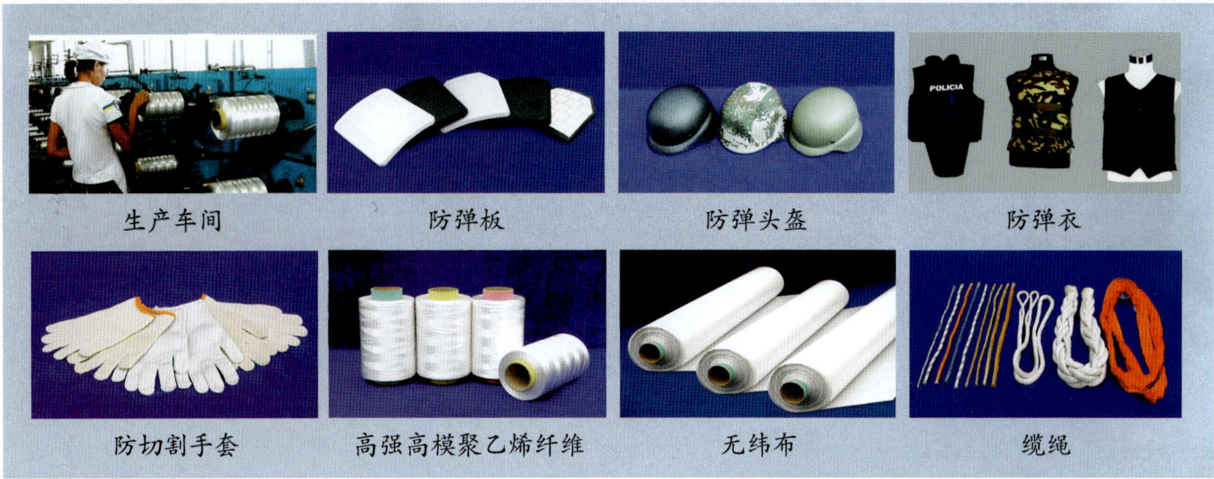

生产车间　防弹板　防弹头盔　防弹衣
防切割手套　高强高模聚乙烯纤维　无纬布　缆绳

湖南中泰特种装备有限责任公司位于湖南临澧经济开发区太平工业园，占地面积469亩，资产总额1.9亿元，是一家新成长起来的国家火炬计划重点高新技术企业，主要从事世界上三大高科技纤维之一的高强高模聚乙烯纤维及其系列产品的研制、开发、生产和销售。现拥有员工1000多人，专业技术人员180人，专家38人。公司建有科研所和经人事部批准的湖南省民营企业第一批博士后科研工作站，拥有一个专、兼职相结合的强大研发团队。目前公司高强高模聚乙烯纤维与无纬布各形成了年产1500吨的生产规模，建成了年产防弹衣、防刺衣60万件、防弹板30万块、防弹头盔10万顶的产业化生产线，实现了从纤维到无纬布到系列制品防弹衣、防弹防刺服、防弹板、防弹头盔、防切割手套、缆绳等的产业化。

公司走产学研相结合、自主创新、与国际先进技术竞争之路，开发的高强高模聚乙烯纤维、连续式宽幅无纬布(UD)及其系列制品拥有完全自主知识产权，结束了少数西方国家在高强高模聚乙烯纤维材料领域对我国实行技术封锁的历史，结束了我国军警用防弹材料较长时期内依赖进口的历史。高强高模聚乙烯纤维及无纬布产品质量已达到国际先进水平，先后被国家科技部等五部局确定为国家重点新产品。公司先后被解放军总后勤部军需装备研究所定为科研实验生产基地和公安部定为警用防弹衣生产企业。

公司目前拥有专利50多件，被湖南省知识产权局定为"知识产权优势培育企业"。中泰高强高模聚乙烯纤维系列产品已成为我国军警指定采购的材料，且出口到美国、欧洲、以色列、斯里兰卡、韩国等国家和地区。公司2010年完成产值4亿元，实现销售收入3.3亿元，入库税收1387万元，是临澧县乃至常德市的优秀高新企业之一。"十二五"期间，公司将继续以高强高模聚乙烯纤维研发为基础，集中投入，重点开发，快速推进，将产能扩大至5000吨/年，建成国内最完整的高强高模聚乙烯纤维及其系列产品的高技术产业化示范工程，在先进复合材料领域争创国际一流品牌。

地　址:湖南省临澧县经济开发区太平工业园
联系人:高　波　　　电　话:0736-5586888

湖南凯元纺织有限公司

Hunan Kaiyuan Textile Co., Ltd

湖南凯元纺织有限公司位于临澧经济开发区安福工业园内，于2009年11月注册成立，占地面积120亩。项目分三期建设，一期年产3万锭环锭纺生产线于2009年9月动工建设，2010年3月建成投产，完成投资1.57亿元，建筑面积2.1万平方米；二期2万锭气流纺生产线、三期3万锭环锭纺生产线计划2011年动工建设。

公司主要从事棉花收购、棉纺生产和销售，主要产品有10支、21支、25支、32支、45支、60支、80支等各类中、低、高档纯棉、混纺棉纱和各种规格的新型紧密纺、赛络纺竹节纱。

特别是竹节纱的生产销售为该公司创始人周献群先生最早在湖南省纺织行业引进，具有较高的知名度和庞大的市场网络。公司生产工艺一流，设备先进，拥有全新的一机一仓一线12组清梳联设备3套、并条机12套、粗纱机15台、细纱机62台、络筒机8台，具有生产效率高、产品质量稳定、生产品种可选性强的优点。尤其是竹节纱系列产品因其特有的纺纱风格与产品多样性，形成了立体、透气、变化多端的布面风格，用竹节纱线生产的布及服装已成为国际市场的行销产品，特别是机织牛仔布的应用量从2004年前的20%上升到2007年的90%，同时机织、家纺、纺织业用竹节纱的用量也大量增加，竹节纱产品市场前景广阔。

公司所在地临澧县，是国家粮、棉、油基地县，周边县市均有很好的棉花种植传统，棉花产量充足，加上临澧县人力资源相对丰富，企业发展后劲较强。自2010年3月投产以来，到年底公司共完成产值9239万元，实现销售收入8396万元，入库税金62万元，安置就业人员456人。公司二、三期全部建成达产后可实现年产值5.7亿元、年利税2000万元以上，安置就业人员2000多人。

地 址：湖南省临澧县经济开发区安福工业园
联系人：周献群 何铁安 廖罗生
电 话：0736-5820298

湖南欧亚碳纤维复合材料有限公司

Hunan Eurasia carbon fiber composite material Co., Ltd.

湖南欧亚碳纤维复合材料有限公司位于临澧经济开发区安福工业园内，于2009年4月注册成立，是深圳内迁湖南的企业，占地面积50亩。项目分两期建设，一期于2010年5月建成投产，完成投资3100万元，现有员工100人。二期将于2011年年初动工建设，预计年底可投入使用。整个项目年设计生产能力为2亿元，力争在2013年底达产。

湖南欧亚碳纤维复合材料有限公司是碳纤维复合材料领域的专业化、高科技公司，与清华大学、北京大学、北京化工大学国家碳纤维工程技术研究中心等科研院所建立了产学研联盟，致力于高性能纤维(包括碳纤维、芳纶纤维、超高分子量聚乙烯纤维、玻璃纤维等)复合材料制品的应用开发和生产。碳纤维复合材料具有轻质，高强度，高刚度，优良的减振性，耐疲劳和耐腐蚀等优异性能，且加工性能好，因此具有良好的使用前景，特别是在节能减排方面具有无可比拟的优势。国外高档汽车、飞机大量使用碳纤维复合材料。实践证明，使用碳纤维复合材料17%的汽车，重量可以减轻30%，每辆车1年二氧化碳排放可减少0.5吨。轻量化材料在新能源汽车和现有的燃油汽车领域的应用都可降低油耗和减少排放，是国内外汽车材料发展的方向。

湖南欧亚碳纤维复合材料有限公司已通过了ISO9000认证，具有自营进出口权，2010年度获得了湖南省科技厅工业支撑项目拨款和中小企业创新基金。公司具备雄厚的技术实力和一流的技术团队，拥有先进的缠绕、拉挤、RTM注胶、真空成型生产线设备和专业的科研机构，公司投资转化了国家“十五”和“十一五”863项目、国家支撑计划和国际合作项目等，形成了自有知识产权的专利技术和专有技术数项。生产的先进树脂基复合材料制品，已经广泛用于航空、汽车、摩托车、家具、核电、电力等多个领域。其产品主要有国外摩托车、摩托艇的覆盖件、结构件；壳体、地板、车门、前端板、扰流板等汽车车身及车身部件；前后保险杠、仪表板等汽车悬挂部件，传动轴、导流罩、发动机外壳等汽车动力部件，门内饰板、车门把手、仪表盘等车内装饰部件；小型游艇、豪华家俬等。销售市场已覆盖54个国家和地区，其中70%集中在欧洲，其余的以美国、日本、澳大利亚等国家和地区为主。目前，公司已与日本本田公司达成合作意向，并正在与美国一家飞机制造企业商谈小型商用飞机的座舱、机翼生产，2011年公司的市场前景将更加广阔。

“十二五”期间，公司将持续加大技改投入，不断加强技术研发强度，通过已经立项的科技项目，力争取得2-3项发明专利。不断拓展国际、国内市场，实现销售收入每年翻一番的目标。

地 址：湖南省临澧县经济开发区安福工业园
联系人：杨虎平 周宇君
电 话：0736-5899758

开放合作之平台 招商引资之窗口 ——湖南省委副书记：梅克保 题

常德工业园区

湖南石门经济开发区

高起点规划 高标准建设 高水平管理 高速度发展

石门经济开发区自1994年经省人民政府批准创建以来，坚持高起点规划、高标准建设、高水平管理、高速度发展。至2009年底，已开发面积4.15平方公里，入园企业230个，其中规模企业40个，形成了宝峰创业园、兆恒科技工业园、海螺建材工业园和化工工业园等四个工业园，成为澧水流域经济发展的新的增长点。石门经济开发区初步建成一个生态园区、科技园区、魅力园区。

经济实力显著增强

2009年，石门经济开发区完成技工贸总收入40.46亿元，年均增速47.94%；工业增加值19.7亿元，同比增长52.7%；入库税金2.04亿元，同比28.6%。

园区发展初具规模

石门经济开发区依托资源优势，对接大型企业；依托大型项目，配套园区建设；依托园区发展，促进产业聚集；依托服务创新，增强发展优势；形成了"一区四园"的新型工业发展格局，基本实现了水、电、路、通讯、宽带畅通，投资载体功能得到进一步提升。

招商引资效果明显

至2009年底，开发区引进项目46个，引进总投资126亿元，实际到位资金80亿元。主要引进了安徽海螺集团、香港兆恒集团、香港世运针织、上海莱士公司、湖南盛节节高等一批优势企业，形成了能源、建材、科技化工、食品加工、机械制造、轻纺针织等主导产业的工业格局。

投资环境不断优化

石门县委、县政府出台了加快开发区发展优惠政策，项目审查等一系列文件，使开发区

展示开发区风采，发展开发区成果。——湖南省常务副省长 于来山 题

湖南石门经济开发区

高起点规划 高标准建设 高水平管理 高速度发展

各项工作有章可循;对开发区实行封闭式管理，努力营造安商环境;加大环境整治力度，形成富商氛围;为投资商提供“一条龙，全天候”、“保姆、保安、保全”三保式服务，确保投资者引得进、留得住、能发展。

园区管理得到加强

至今，石门经济开发区组织机构健全，工作班子齐备，管理体制和运行机制理顺，政策保障体制完善，各项社会工作稳步推进。

地　　址:湖南石门经济开发区
电　　话:0736-5156177
传　　真:0736-5223618
招商热线:0736-5223205

茁壮成长的朝阳产业区
——石门经济开发区食品工业小区

石门经济开发区食品工业小区依托石门农业资源优势而建，占地面积300亩。2007年以来，完成基础设施投资1000多万元，至今已有6家投资2000万元以上的食品工业企业在小区建成，总投资2.5亿元，主要有湖南盛节节高股份有限公司、石门夹山酒业有限公司、湖南九品福绿色食品有限公司、石门山寨旺苦荞麦有限公司、石门大臣食品开发有限公司、石门二都柑桔合作社等。2009年，食品工业小区创产值2.8亿元，实现税收1000多万元，解决就业5800多人。目前，南京雨润集团、哈尔滨哈达集团、浙江诸暨茶业集团、广东杨氏果业集团等一批在全国有影响的食品加工企业正在洽谈论证，可望落户食品小区。预计"十二五"期间，石门经济开发区食品工业小区将成为湘西北最大的食品加工基地。

石门经济开发区中小企业创业园

该园位于石门经济开发区宝峰创业园中心地带，占地面积500亩，自2008年创建以来，完成基础设施投资2.3亿元，水、电、路等设施完善。至今，入园企业137家，其中规上企业18家，是一个集包装、医药、食品、化工、机械制造于一体的综合性工业区，2009年，创业园实现产值5.6亿元，利税6000多万元。

石门经济开发区规模工业企业情况一览表

序号	企业名称	法人代表	经营方向	占地面积	投资(万元)	产值(万元)	电 话
1	大唐石门发电有限责任公司	彭洪涛(办主任)	火电	1956	273000	60753	5162241
2	湖南华电石门发电有限公司	肖秋发(办主任)	火电	594	249000	78111	5163232
3	石门县中美矽砂矿	吕 郑	硅砂	16.39	6200	4756	5156378
4	石门县利安达矽砂矿	向 勇	硅砂	15.34	2700	2388	5341588
5	石门县三环硅砂有限公司	贺碧波	硅砂	13.9	2400	2248	5158835
6	石门县中天矿业有限责任公司	廖宗太	硅砂	12.32	2500	2292	5224641
7	石门县三利硅砂有限公司	吕 郑	硅砂	14.92	3100	3516	5156378
8	石门金航硅砂有限公司	贺碧波	硅砂	15	2300	2710	5158835
9	湖南双佳农牧科技有限公司	邢卫民	养殖饲料	73.8	13000	50771	5223888
10	石门野源马头羊开发有限责任公司	陈明媚	食品	12	2100	913	5224057
11	石门敦成农产品有限公司	郑慧珠	农产品	16	2600	5284	5223451
12	湖南盛节节高食品股份有限公司	叶 臻	食品	89.79	12300	20209	5223936
13	石门夹山酒业开发有限公司	杨红荣	白酒	30	2300	2671	5154822
14	石门县夹山寺长松酒业有限责任公司	汪长松	白酒	17	2350	3160	5011821
15	石门天顺茶业有限公司	尹南权	茶叶	21	2100	1129	2522323
16	常德石门世运针织有限责任公司	曾国慧	针织品	29.2	5000	26567	5159982
17	常德新达鞋业有限公司	曾召涛	制鞋	12	4100	8343	5222980
18	石门森源木业有限责任公司	王良松	木制品	16.3	2700	1340	5159001
19	石门鸿源包装有限公司	黎思源	包装品	11.93	2500	3189	5223399
20	石门世佳包装有限责任公司	谌友志	包装品	12.43	3200	1479	5223777
21	石门大成彩印包装有限责任公司	盛大成	包装品	18	2100	1767	5222027
22	石门成功高分子材料制造有限公司	唐秋明	炸药添加剂	18.14	2500	3521	5222598
23	石门宜仁堂中药饮片有限责任公司	印洛平	中药饮片	14.79	2300	2597	5224198
24	石门莱士单采血浆站有限公司	盛克政	血浆	10.62	3800	8109	5016340
25	石门县万顺包装有限公司	池万金	包装品	31	2500	10002	5322404
26	石门海螺水泥有限责任公司	傅永志	水泥	928.6	120000	77122	5320698
27	湖南省石门登峰建材有限公司	傅天材	建材	50.5	2700	1201	5162242
28	石门鑫泰玻纤有限责任公司	张健松	玻纤	23.06	2900	1507	5324805
29	石门楚晶新材料有限责任公司	胡 平	碳粉	13.7	2300	4353	5341088
30	石门县金利碳素材料有限公司	刘家平	碳粉	11.5	2100	3659	5341933
31	湖南航天磁电三江磁材有限责任公司	闫官清	磁电磁材	49	3700	2480	5334779
32	石门隆威工业制造有限公司	易先辉	机械铸品	10	3100	2821	5320597
33	兆恒威勒(石门)钨业有限公司	袁克艳	钨锭	21	3600	3069	5341902
34	石门宝丰机械制造有限公司	廖和明	机械制造	23	2700	723	5159848
35	石门裕华铸业科技有限公司	葛毓成	铸造	17	2300	893	5335631
36	湖南三江电力有限责任公司	朱 宏	水电	175.19	14950	4668	5340038
37	湖南兆恒水电有限公司	朱 宏	水电	175.27	5000	2546	5340023
38	石门县冠一颜料有限公司	刘圣军	铁系列颜料	80	12000	13000	5156655
39	石门县鸿科建材有限公司	王海军	建材	20.4	2500	1500	5231222
40	石门县利通工贸有限公司	皮胜利	塑料筐	10	2500	1100	5223322

湖南澧县经济开发区

湖南澧县经济开发区是省政府2003年3月批准的省级开发区。2006年7月，由国家发改委公示。开发区位于县城规划区的西侧，规划面积624.15公顷，现有规模企业33家，初步形成了食品、医药医械、轻纺、电子和建材等主导产业。2010年，我们开发区一班人倾力贯彻落实县委经济工作会议精神，狠抓基础设施，改善园区形象；狠抓工业项目，增强园区实力；狠抓优质服务，化解企业困难。园区规模企业实现产值48.36亿元，同比增长35.29%；实现税收入库6381万元，同比增长26.08%。

2010年在基础建设方面，主要抓了道路建设、安置小区、管网配套等3个方面的建设，累计完成投资9336万元。一是路网建设。关心中路基本完成人行道板、路灯等配套工程；洗墨池路西段完成了路面硬化煞尾及道路配套工程；群星南路工程完成水泥硬化工程。二是安置小区。今年关心安置小区续建了3栋96套12625平方米；新建了5栋132套17665平方米。三是管网建设。电力、自来水等管线单位今年加大了对开发区的投资力度，同时，我们千方百计自筹资金为企业、小区进行了水、电、气、通讯等管网的配套；我们对天圣制药、运达机电、银盛纺织、益翔实业等工业项目配套解决了道路、排水设施。在工业项目建设方面，全年新签约引进亚瑞特服装、天圣制药、重庆啤酒技改项目、金源化工技改、新鹏陶瓷二期、标准厂房、益翔实业等7个工业项目，合同投资额达9.1亿元；续建银盛纺织、盈成油脂二期、运达机电等3个续建项目；前期开发天源纺织扩建、电工电器等2个项目；按照县委、县政府的总体部署，我们组建了招商引资小分队，多次赴珠三角驻点招商，已选定了招商引资小分队办公地点，与一批知名企业建立了联系。

地址：湖南省澧县澧阳镇工业大道
电话：0736-3242905
传真：0736-3242905
联系人：金永锋

澧县经济开发区2010年工业企业情况一览表

序号	企业名称	企业负责人	经营方向	占地(亩)	投资(万元)	产值(万元)
1	常德艳洲水电实业有限公司	余章贵	电	1987.3	28000	3800
2	澧县自来水公司	邹　清	水	60	3800	1200
3	澧县千诺拉油脂有限责任公司	章宏国	油脂	66	1280	8000
4	湖南盈成油脂工业有限公司	彭　华	油脂	300	19800	120000
5	湖南重庆啤酒国人有限责任公司	李开喜	啤酒	203	19200	50000
6	湖南运达绿色包装股份有限公司	马念军	各类纸包装箱及用品	122	29800	15000
7	澧县祥龙彩印包装有限公司	徐春生	印刷、彩印	10	1800	2000
8	澧县金源化工有限责任公司	陈祖海	农用肥料	650	5100	10000
9	湖南嘉利塑业有限公司	杨德笋	彩印编织袋	50	2000	2700
10	湖南平安医用器材有限公司	郑大田	一次性医疗器材	136.8	8600	30000
11	湖南湘珠湘北化工有限公司	郭友云	农用肥料	32	1700	2000
12	湖南天源纺织有限责任公司	姚明铎	纯棉纱线、纯棉竹节纱线、赛络纺、混纺纱、涤纶纱线	154.1	8000	18000
13	澧县鑫丰材料有限公司	张业俊	非金属材料	5	1000	2000
14	澧县大信通用器材厂	高大材	通信电缆	10	500	1800
15	常德诺雅蚕丝制品有限公司	陈春生	蚕丝及其系列制品、纺织制成品、纺织服装的制造与销售	50	1500	5000
16	澧县新鹏陶瓷股份有限公司	施宇峰	高档釉面砖	300	12000	20000
17	澧县星光人造金刚石实业有限公司	龙　蓉	高纯石墨	19	600	500
18	澧县晶源新材料有限公司	余以兵	高纯石墨	10	800	800
19	乔家河电力有限公司	余章贵	电	7	13500	2000
20	湖南嘉业达电子有限公司	施小罗	压电陶瓷滤波器、陷波器等频率电子元器件	42	5000	5000
21	澧县津溥包装制品有限责任公司	刘东升	纸塑制品	23	2100	3000
22	澧县鹏颖无机材料有限责任公司	黄道平	陶瓷色釉料	10	1700	2000
23	澧县荣友建筑制品有限责任公司	李志荣	水泥制品制造销售	18.5	3500	3000
24	湖南亚瑞特运动用品股份有限公司	陈守忠	运动制品	51	11000	5000
25	常德远超塑料制品有限公司	杨明秋	塑料制品	10	1800	1500
26	湖南运达机械制造有限公司	高云安	汽车制动器	127	15000	30000
27	常德银盛纺织有限公司	吴传文	各类纯棉纱线	30.9	3500	15000
28	澧县归一环保建材科技有限公司	皮世琳	环保砖	50	2000	8000

开放合作之平台 招商引资之窗口 ——湖南省委副书记：梅克保 题

常德工业园区

湖南汉寿经济开发区

HUNAN HANSHOU JINGJI KAIFAQU

湖南汉寿经济开发区自1992年5月成立以来，一直租借场地办公，没有自己固定的办公场所，影响了日常工作的连续性。尤其是对建设项目和投产企业的管理与服务不能有效到位，造成了工作上的被动。

2007年以来，县委、县政府紧扣"项目立县、工业强县、品牌兴县"这一主战略，对开发区的建设投入进一步加大。为使开发区的服务与管理职能得到强化，开发区的行政中心建设问题引起了县委、县政府的高度重视。随着新一届县委、县政府领导班子的上任，开发区行政中心建设也提上了重要议事日程。2007年底，经县委、县政府研究，决定着手修建汉寿经济开发区行政中心。

湖南汉寿经济开发区行政中心占地面积30亩，建筑面积1800平米，设计高程21.8米，总投资350万元。于2008年5月20日奠基，2009年2月2日竣工投入使用。行政中心上下共分五层（不含车库），一楼设计为"一站式"行政审批中心服务大厅；二至三楼为办公室；四楼为办公室和一个小会议室；五楼为规划展览室和大会议室。

湖南汉寿经济开发区行政中心

中联重科汉寿工业园

中联重科汉寿工业园项目于2009年7月正式签约落户汉寿经济开发区，项目总用地面积1080亩，总投资15.3亿元，于2009年9月15日经湖南省发改委审查备案（湘发改工[2009]1029号）。主要用于中联专车公司起重运输车辆、高空作业类车辆等产品的加工制造以及混凝土搅拌站的研发生产。

汉寿工业园规划用地范围内包括专用车生产区、混凝土搅拌站生产区、生活区、会议中心四个部分，其中生产区厂房建筑面积11万平方米，投产后可年生产随车起重机1万台，高空作业车5千台，混凝土搅拌站1500套，规划年销售收入80亿元。工业园首期投资3.9亿元，主要针对专用车生产区、混凝土搅拌站生产区和生活区三部分开工建设。其中专用车分公司联合主厂房于2010年4月16日开工，混凝土分公司联合主厂房于2010年6月4日开工，目前我司混凝土公司联合厂房建设今年3月底基本完成，已开始进行设备安装，预计今年6月底进入正常生产阶段。专用车分公司联合厂房预计今年5月底完成，已开始进行设备安装。园区其他配套工程道路完成约85%，调试坪、发货坪等已完成，宿舍、食堂等预计今年6月底全面投入使用。今年年内产值可达30亿元，完成税收3000万元。

中联重科汉寿工业园鸟瞰图　中联厂房　中联车间　中联调试坪

后续二期工程主要是新建专用车整机涂装车间、试验场、停车坪，目前地质勘探已经完成，正在进行设计，预计2011年7月开工。公司会议中心等已进入功能方案规划阶段。目前各项建设正如火如荼进行，整个汉寿工业园项目有望于2015年全面使用投产。

中联安置小区

中联安置小区位于汉寿经济开发区东北部，西临省道S205，北抵常长高速公路，与中联重科汉寿工业园近在咫尺，地理位置优越，环境优美。

小区由长沙中建建筑设计院设计，于2009年7月开始动工建设，总用地面积98亩，分为别墅区和商用旺铺区，设计安置拆迁户108户。小区建设充分从方便居民、服务居民考虑，公共绿地、菜地、花坛、休闲亭等错落有致，各项配套设施完善。今后还将规划建设超市、医院、学校等公共服务设施，着力打造园区内最具商住价值、最具生活质量的精品安置小区。中联安置小区的建成将大大提升汉寿经济开发区的居住建筑品位，为园区居民提供一个高标准、高品质的居住环境。

湖南中建钢结构公司

湖南中建钢结构工程有限公司坐落在汉寿经济开发区，长常高速相依，交通便利，环境优美。公司占地65258平方米，总资产8千万元，是由湖南建工集团总公司和湖南宇龙钢结构工程有限公司投资组建。该公司主要从事钢结构、轻钢厂房、钢结构别墅、非标钢构件、天车、天桥、高速公路防护栏和电力塔等设计制作和安装于一体的钢结构工程企业；是湖南省目前设计能力最强，制作施工能力最具规模的大型专业钢结构公司；是一个工程质量、检验手段齐全、设备精良、技术力量雄厚和综合实力强的中型企业。

公司总部位于长沙市芙蓉南路建工大厦，生产制造基地位于汉寿经济开发区，公司将严格遵循"一流超越，精作奉献"的质量方针，以高标准的管理，专业的制造和规范的施工，为广大客户提供最优质的钢结构产品和安装配套服务。

湖南东永化工有限责任公司

湖南东永化工有限责任公司前身为湖南东永实业下属企业。公司创建于1992年，原属全民所有制国有企业，2006年通过产权置换，改制为股份制企业，是国家发改委农药生产定点单位。主要生产各类粉剂、乳油等高效低毒低残留农药产品，无原药生产和化学合成工艺过程。为满足市场需求，加快公司发展，公司决定整体搬迁至汉寿经济开发区化工建材工业园，投资建设生物农药生产基地。于2008年3月4日与县人民政府签订"关于投资建设生物农药产品生产项目合同书"，配套厂房设备，进行高效低毒生物农药产品生产。项目占地面积30亩，总投资2800万元，分二期建设完成。全部工程竣工投产后，年生产能力可以过亿元，年可实现销售收入6000万元，年可上缴税金400万元。工厂建筑面积达7600多平方米，拥有乳剂、粉剂等生产线多条。湖南东永化工有限责任公司本着立足"三农"、服务"三农"的宗旨，"诚信、和谐、高效、创新"的企业精神，采用国内先进成熟的生产工艺和技术，做到技术先进，管理到位，与时俱进，就像东方初升的太阳永具活力，永远绽放耀眼的光芒。

湖南金能科技实业有限公司

湖南金能科技股份有限公司隶属长沙矿冶研究院，是经国务院国有资产监督管理委员会审查批准的一家专门从事精细化工品生产的现代化高新技术企业，是我国一流的民爆器材科研机构。该公司依托长沙矿冶研究院雄厚的科研技术优势，独立承担国防科工委定点生产军、民用爆破材料，为主研发、生产、经营高爆炸药添加剂等专利产品。主要产品有：SPAN系列乳化剂AE-HLC型专用配方复合乳化剂AE-HLC型乳化专用化学复合油相、物理复合油相4号岩石粉状油相等。该公司为了进一步做大做强，于2006年3月与县人民政府签订投资生产精细化工产品项目合同，决定在湖南汉寿经济开发区投建立湖南金能科技实业有限公司。总投资6000万元人民币，占地100亩，分二期建设完成。全部工程竣工后，年可实现产值2亿元，年实现利税600万元以上。

第一期投资已于2007年6月底前完成，7月12日投产。在金能创业和发展的几年里，我们用真诚和努力在民用爆破领域取得了很大成绩。这些成绩的取得，是金能人付出无尽的精力与智慧的结果，更因为省、市政府和汉寿县政府给我们企业创造了一个良好的发展环境，使企业能如鱼得水，事业臻臻日上。

康普药业股份有限公司

康普药业股份有限公司原名湖南康普制药有限公司，成立于1991年，现已发展成为集科研、生产、销售于一体的密集型、高科技现代化中西医药生产企业。康普药业股份有限公司汉寿分公司成立于2001年，是总公司西药生产基地，占地170亩，总投资9700万元。目前，该企业年生产能力为胶囊5亿粒、片剂20亿片、冻干粉针剂3000万支、小容量水针剂5000万支。现已发展成为资产2亿多元，年销售1亿多元，利税3000多万元的综合性制药企业。主要产品有"康普"牌奥美拉唑胶囊、保圣康片、复方氨酚烷胺胶囊、肝炎灵注射液、吉非罗齐胶囊、非诺洛芬钙片等。新一代胃溃疡用药——康普奥美拉唑胶囊系公司的拳头产品，被列入高新技术项目，适用于胃溃疡、十二指肠溃疡、应激性溃疡、反流性食管炎和卓-艾综合征，治疗效果良好，在全国消化道溃疡药品的销量排行榜一直排名前列。公司三期冻干粉针生产线已于2010年8月通过认证，相关产品也通过药品类GMP认证，并进行了试生产。公司的未来战略是：完善公司管理结构，建立中西并重、适应未来城乡医疗体制改革要求的生产经营体系，进一步扩大经营规模，3年内将公司发展为资产过5亿元、净销售过3亿元、利税过亿元，在全国制药行业具有重要影响的上市企业。

开放合作之平台　招商引资之窗口　——湖南省委副书记：梅克保 题

常德工业园区

津市经济开发区

津市经济开发区行政服务中心

津市经济开发区位于津市城市南部，澧水河畔，规划面积12平方公里。自2005年年底启动建设以来，津市经济开发区始终坚持“高起点规划、高标准建设、高水平管理、高速度发展”的建设方针，积极营造“亲商、富商、尊商、安商”的发展环境，经济运行的质量不断提高，综合实力不断增强。2007年至2010年连续四年被评为“常德市园区建设先进单位”。

空间布局合理

津市经济开发区规划形成“一心两轴三片”的功能结构，即以长山湖为商业服务中心，两轴即以孟姜女大道为生活配套发展轴、以二广高速津市接线为工业生产轴，以及北部、中部、南部三个工业片区。坚持空间布局与产业布局相结合，规划设计了汽配、盐化工、纺织、纸业、食品五个专业园区和中小企业孵化园。

交通运输便捷

津市经济开发区紧邻二广高速津市互通出口，慈安高速、常岳高速分别从西侧、南侧掠过，与石长铁路、枝柳铁路和京广铁路相连；离常德机场仅80公里，可飞抵京、沪、闽、粤等地的重要城市。傍市而过的澧水东入洞庭，直通长江，常年可通航500吨级船只，是湖南6大良港之一。

基础设施完备

目前，津市经济开发区已开发面积达5平方公里，区内基础设施齐全，通车里程达6公里，实现了供水、供电、道路、信息网络、邮电通讯、有线电视、热气管网和土地平整等“七通一平”，工商、金融等支撑服务体系健全。

产业特色明显

目前，津市经济开发区已入驻企业50余家，其中规模企业41家，主要企业有中联车桥、天盛电化、娄星纺织、中意食品、雪丽造纸等，初步形成了机电、盐化工、纺织、造纸、食品五大产业集群。园区企业经济运行状态良好，2006年至2009年园区规模企业工业总产值及入库税收均以40%以上的增幅增长，2010年1-11月，园区规模企业工业总产值达50亿元，实现入库税收7500万元。

投资环境优越

经济开发区管委会受津市市人民政府委托，在园区内行使统一的行政管理权，实行“封闭式”管理，推行委托授权，实行全程代办。落户企业不出园区就可以享受全套服务，办理完一切相关手续。同时建立了“领导一抓到底、部门一包到底、机制一管到底”的服务机制。实行市委常委和副市长联系产业、部门服务企业，采取“帮”、“给”、“争”等形式，着力解决企业融资和用工瓶颈，扶持企业做大做强。

2009年3月，省委副书记、省长周强视察津市开发区吹填工程

2009年10月，常德市委书记卿建伟视察津市开发区项目建设情况

地址：湖南省津市经济开发区龙岗大道001号
招商热线：0736-4201318　传真：0736-4201228

展示开发区风采，发展开发区成果。——湖南省常务副省长 于来山 题

湖南中联重科车桥有限公司

湖南中联重科车桥有限公司由长沙中联重工科技发展股份有限公司和东风汽车公司投资设立，注册资本2.13亿元。其中，长沙中联重工科技发展股份有限公司出资比例为84.9%，东风汽车公司出资比例为15.1%。企业现拥有总资产8.7亿元，占地面积50多万平方米，拥有8个生产车间，5家全资或控股子公司，各类设备约2000台套。企业员工2475多人，其中工程技术人员260多人。在"十二五"期间，公司力争达到车桥产销100万根，汽车底盘（含工程车底盘）及整车2万辆，实现销售收入40亿元，利润3亿元，把新公司建设成在国际国内具有重大影响力和辐射力的"车桥巨人"。

湖南津市市娄星纺织有限公司

湖南娄星纺织有限公司是是津市经济开发区首家入园企业，多次被评为湖南省"重合同守信用企业"、农发行"3A"信用等级企业、"常德市十佳优秀企业"、"常德市农业产业化龙头企业"，是我省特种纺纱企业的领头羊。企公司主要生产"娄星"牌牛仔布用系列竹节纱和各种花色纱，现有生产规模5万纱锭，年产棉纱15000多吨，拥有1000多家稳定客户，年销售收入4亿多元。

常德天盛电化有限公司

常德天盛电化有限公司是温州天盛电化有限公司出资控股的中型氯碱企业，以生产基本化工原料为主，采用全卤制碱新工艺，以食盐水溶液经直流电电解，制得烧碱和氯气及氢气，再经加工处理得到多种化工产品。目前生产规模为年产烧碱6万吨（折100%计），液氯4.5万吨、盐酸10000吨、漂白液和次氯酸钠3万吨。公司寻求战略合作伙伴共同投资新增10万吨/年离子膜烧碱装置一套，再建产能10万吨/年的PVC项目，并争取上马2~3个科技含量、附加值高以及市场前景好的精细化工产品。

湖南中意食品集团

湖南中意食品集团系湖南省最大的糖果生产企业，其"中意"商标获中国驰名商标称号。公司于2008年底在津市开发区征地150亩，投资1.2亿元，建设年产5万吨糖果、果冻项目生产线，工程于2009年初动工，当年既完成6条果冻生产线项目建设并投产。为了充分发挥"中意"中国驰名商标的品牌效应，2010年下半年，公司在开发区又征地50亩，投资5000万元，进行"中意"食品工业园及其配套产业的项目建设，项目全部竣工后，产值可达10亿元。

开放合作之平台 招商引资之窗口 ——湖南省委副书记：梅克保 题

常德工业园区

湖南雪丽造纸有限公司

湖南雪丽造纸有限公司是湖南省第二大制浆造纸企业，公司现有员工 1200 人，其中工程术人员 120 人，预计 2010 年产量可达 8.5 万吨，销售收入 4 亿元，入库税金 1800 万元，公司产能将达到 15 万吨。

公司多年来坚持多元化和名牌战略。目前，主要产品包括雪丽牌中、高档静电复印纸、复印原纸、双胶纸、铝箔衬纸、双面涂塑原纸、电脑打印纸等系列产品。雪丽牌商标被评为湖南省著名商标，雪丽牌复印纸荣获省名牌产品称号产品畅销湖南、湖北、广东、上海、北京、江浙等十多个省市，在市场上享有盛誉。

津市朝宏油泵有限公司

湖南朝宏特种电机制造有限公司是一家股份制企业，于 2007 年入园建设，公司占地面积 43000 平方米，建筑面积 24000 平方米。企业通过了 ISO9001:2008 质量管理体系认证，专业生产各类特种电机和电泵，产品通过了国家强制性产品(3C)认证，欧盟(CE)认证，并获得产品自营出口权，畅销国内并配套出口欧美及东南亚地区。

湖南友联纺织有限公司

友联纺织有限公司于 2007 年 3 月签订入园投资协议，在园区征地 66 亩，投资 3500 万元，建设 30000 锭棉纺项目。该工程于 2007 年 5 月动工兴建，2008 年 2 月投产试运行并加入规模企业，当年实现工业总产值 9000 万元，创利税 50 余万元。预计 2010 年可实现年产值 2.5 亿元。

湖南宏力纺织有限公司

湖南宏力纺织有限公司属常德市农业产业化龙头企业，目前具有 3 万锭棉纺生产经营规模，预计国际纺织新潮流的 2 万锭“紧密纺”设备生产线竣工后，可实现产值 4 亿元，创利税 2000 万元。公司在纺织企业中，率先倡导将“竹节纱”引进牛仔行业，董事长黄健先生被同行誉为“竹节纱之父”。现正研发“多彩间变纱”，已完成“多彩间变纱生产技术可行性研究”，申请了“国家科技支持计划课题任务书”，并报常德科技局备案，有望在 2011 年底完成各项技术指标的重大突破，引发一场牛仔布面料新一轮革新。

津市坝道水泥有限公司

津市坝道水泥有限公司于2008年入园建设，2009年3月正式投产。公司采用当今水泥行业最先进的生产工艺，年生产普通和高标号水泥60万吨，主要产品“壩道”牌P.C32.5、P.O42.5，兼营P.O52.5和中、低热大坝水泥、抗硫酸盐和油井水泥，是民用建筑、市政工程、高层建筑、道路、桥梁等工程十分信赖的产品，应用实例主要有三峡工程、常张高速、常吉高速、常德沅水特大桥等。

常德宏森钢构有限公司

宏森钢结构有限公司是一家专业从事轻、金刚结构厂房生产制作和安装的专业公司，该公司于2008年10月在津市开发区征地40亩，投资3500万元，建设年加工能力1万吨的钢结构加工项目，现已建成投产。目前年加工产能达到1万吨，创产值过亿元。

湖南阿斯达生化科技有限公司

湖南阿斯达生化科技有限公司成立于2006年9月，是集研发、生产和经营为一体，专业从事医药、农药、香精香料等高端精细化学品的高科技民营股份制企业。公司总占地面积13340平方米，投资2000万元，具有先进的实验室和分析测试中心，生产控制过程大部分采用PLC程序控制，成品包装为10万级无尘车间。目前公司已拥有国家专利四项，其中国际PCT发明专利1项，主要产品有乙基香兰素、甲基二磺酸等，主要销往美国、欧盟及东南亚等各国。

湖南泰安锻造有限公司

津市市泰安锻造有限公司地处津市经济开发区，主要从事锻造专业，生产汽车配件、农机柴油机配件，具有年产各种大小锻件六十万件以上，年产锻件吨位3000吨的生产能力。其生产的汽车配件有转向垂臂四十多种、十字轴、突缘近二十种，农机配件有各种水、风冷式柴油机曲轴、凸轮轴、连杆等三十多个品种，产品销往湖南、湖北、广西等各地。

开放合作之平台　招商引资之窗口 ——湖南省委副书记：梅克保 题

常德工业园区

湖南安乡经济开发区

湖南安乡经济开发区座落在美丽的淞滋河畔，自2001年创建以来，县委县政府按照“高起点规划，高标准建设，高水平管理，高速度发展”的要求，累计投入近2亿元，建成了“四纵三横”的路网框架，初步形成了“一区两片”（河东片、河西片）的总体格局。园区规划面积22平方公里，完成控制性详规6平方公里，建成达4平方公里。截止2010年底，园区规模以上工业企业34家，初步形成了机械制造、电子信息、纺织、造纸纸品、化工、医药、建材、饲料加工、食品加工等产业雏形，规模工业产值、增加值、税收在全县工业经济中的比重占六成以上。2010年，园区规模以上企业共完成产值31.6亿元，实现增加值8.5亿元，上缴税收2400万元，创造就业岗位5000个。

湖南安乡经济开发区平面规划图

安乡县委、县政府以构建“实力园区、活力园区、魅力园区”为目标，积极参与“百亿园区”大竞赛活动，突出抓好项目引进，不断优化投资环境，积极推进功能配套，努力把工业园区打造成为县域经济发展的增长极和湘北地区创业创富的新高地。

招商热线：0736-4330003
服务单位：安乡县工业园管理委员会
地　　址：安乡经济开发区中小企业创业园内
服务电话：0736-4330003

湖南凯斯机械股份有限公司

湖南凯斯机械股份有限公司总部坐落在安乡经济开发区，在安乡有四个生产区，占地面积共12.7万平方米，厂房、办公用房建筑面积5.12万平方米；公司拥有三个子公司（其中一个在浙江宁波）、一个分公司、三个事业部与一个技术中心。公司现有员工800多人，其中，具有大专以上学历和中级职称以上员工100多人。公司每年投入2,000万左右资金添置高精度数控设备，现有日本、台湾和国产的各类卧式、立式加工中心、数控铣床及其它配套设备800多台，基本实现了生产加工的数控化；公司有美国、德国产三坐标测量机3台、瑞士测高仪以及粗糙度检查仪等先进检测设备，使本公司检测手段接近国际水平。公司在国内同行业中率先实行了ERP信息化管理。公司为国内沿海、台湾、日本 、欧洲的先进企业提供机械零部件加工服务，工业缝纫机畅销二十多个国家和地区，并与多家全球性跨国公司建立了稳定的业务关系。2010年，公司共完成产值1.83亿元，缴纳税收1080万元，实现利润2300万元。

常德柏力科技园暨常德毅力能源项目

2007年，安乡县委、县政府抢抓沿海产业转移机遇，引进香港柏力集团，在县经济开发区内建设“常德柏力科技园”，以锂离子电池及其衍生产品生产为主发展电子产业。科技园规划占地2000亩、投资总额30亿元以上，所有投资在2016年底前完成。“常德毅力能源”项目是科技园区的第一个项目，于2008年3月启动建设，2011年元月建成投产，占地91亩，固定资产投资1.8亿元。

常德毅力能源项目的发展方向是以圆柱型锂电池为核心，发展笔记本电脑电池、便捷式数码产品电池及电动产品专用高倍率放电电池。项目全面投产后，年产值可达5.4亿元，年税收可达1600万元，提供就业岗位1500个以上。

益阳工业园区
华天集团
CHHT
提醒您
来益阳考察、投资、休闲，请进驻——
益阳華天大酒店
YIYANG HUATIAN HOTEL
地 址：中国·湖南益阳市康富北路2号
电话：0737-4228888
www.yyhthotel.com

生机勃发的益阳高新区

2010年，在市委、市政府的正确领导下，高新区以科学发展观为指导，牢牢抓住"招商引资、项目建设、企业服务"这个核心，全力突出"提速度、扩总量、优结构、重民生、保稳定"五项重点工作，转变园区建设模式，创新园区内部管理，经济社会发展实现新的跨越。招商引资、立项争资、新型工业化、园区建设、东部新区建设、筹资融资、安全生产、创建创卫、查违拆违、为民办实事等工作较好的实现了年初目标，综合治理工作再次被评为全省"平安县市区"，计划生育实现了保先目标。

一、招商引资成果丰硕。

立足于招大商、引强商，逐步实现了由招商引资到挑商选资的重大转变。对每一个入园项目的现有状况、发展前景、环保等进行实地考查，确保项目真实性、可靠性及成长性，全年新签约项目46个，区域招商效果明显。强化区域功能，突出特色招商，围绕东部新区汽车零配件开展重大区域招商活动，成功引进汽车零配件项目26个，合同引资11.16亿元。专业招商扎实开展。以承接沿海发达地区产业转移为重点，创新招商引资方式，围绕汽车零配件产业园、电子信息产业园、食品工业园等专业园区开展招商，先后赴北京、浙江、上海、广东等地举办各类专业招商推介会、项目洽谈会10余场，走访企业120余家，邀请客商来区考察500余人次，汽车零配件园成功引进相关项目27家。

二、项目建设强力推进。

工业企业健康发展。新增规模企业20家，全区规模企业达到93家，高新技术企业22家，产值过亿元企业20家，税收过千万元企业3家。凯迪生物质热电厂、大森林饮品、浩森胶业、汽缸垫等项目建成投产；湘投金天新材料、金山电线电缆、白云电器、力峰机械、盛强工贸等项目厂房建设竣工，实现试生产；面中面面业、宇鑫高分子、达普林、新华美机电等项目完成项目厂房主体工程建设；科力远三期、汇盛科技园、警用装备、汽车物流园、惠同新材料正在进行项目用地的房屋拆迁、场地平整等工作；钢材物流园、益阳信息港等项目正在进行项目规划设计等各项前期准备工作。基础建设步伐加快。一是发展平台不断完善。园区是产业聚集的载体和平台。2010年，我们坚持以城镇扩容提质为抓手，加大基础设施投入，构筑园区发展新平台。本部全年完成基础设施建设项目22个，启动在建项目23个，累计完成工程投资1.26亿元。海棠路、江海路提质改造已经竣工；春晓路、智园路、怡园路、董家路、汽车南站街坊路正进行路基施工；鹿角园西路3200平方米人行道板和梓山湖排污干管管道铺设即将完成；创业园综合服务楼2层主体工程、益阳会龙电子信息产业园标准厂房主体工程已竣工。二是省市重点项目顺利推进。扎实开展"三项行动"竞赛活动，基本完成汽车南站建设项目主站房72万土石方的场平任务；梓山湖项目补充协议的修订取得实质性进展，4个梓山湖公益项目审计全部完成。钢材物流园、汽车物流园规划已完成，启动了征地拆迁、"三通一平"及基础设施建设，并成功组织拍卖3块土地，已引进3家4S店。

三、筹资融资成绩斐然。

增资立项成效显著，通过研究政策、包装项目，全年共争取各类项目资金1.5亿元，增长83%；特别是现代物流园项目，位列全省前五位上报财政部，共争取资金800万元。筹资融资取得突破。加大存量土地清理，盘活土地资源，拓展融资渠道，主动与省国家开发银行、省交通银行、市工行、市农行、市农发行、市建行、市工行、债券融资机构进行对接，实现银行贷款8亿元；强化资金管理，及时催收各类应收款项及其它委托项目建设资金，实现到位资金3.08亿元。

四、城区品位得到提升。

创建工作顺利推进。全面完成创建省级文明城市的各项目标任务。全年召开3次全区性专题会议，悬挂宣传标语80余条，发放宣传资料13.6万份。江金社区、梓山湖社区、海棠社区兴办了市民学校、科普活动室、市民健身室，市民素

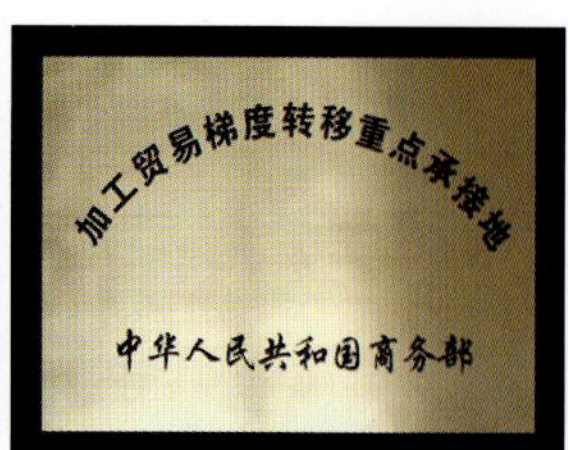

益阳工业园区

徐守盛省长视察高新区

质得到明显提升。创卫工作全面铺开。江海路、海棠路绿化提质改造完成；修缮人行道1200平方米，更新雨水、污水井盖60多个；天星嘉园廉租房第2、3栋主体工程已经竣工；龙洲南路、康富南路、金山南路绿化提质和奥林匹克公园东北角山体亮化已经完成；1600多户被拆迁农民的集中安置区建设已全面铺开，投入加大，进度加快。海棠路和迎宾路新建2个站厕，4个农贸市场改造任务全部完成，综合排名全市第一，其经验在全市进行推广。生态环境质量改善。工业企业污染有效控制，全年依法办理项目环评审批28项，已向60家企业发放排污许可证，对重点污染源企业坚持每月巡查制度；农村环保工作逐步推进，绿色种养全面推行，垃圾污染整治分步实施，全区环境质量得到改善提升。

五、发展环境逐步优化。

征地拆迁扎实推进。通过加大宣传、强化措施，全区共完成50个项目的征地，774栋房屋、1564户的拆迁工作。加大安置力度，认真开展全区安置资格的审查和过渡费清理，启动了29个安置基地建设，妥善安置拆迁户1066户，切实做好拆迁安置的信访接待，并积极处理玉鹿市场、罗溪渠安置基地等遗留问题，为项目加快启动创造了有利条件。

国土规划工作得到加强。全年共批回建设用地3985亩，其中本部1238亩，东部新区2747亩，基本保证了园区项目建设用地的需要；严格落实园区项目规划选址、审批和行政许可，切实审查和调整区内重大项目规划方案；以超常规举措和铁的手腕，加大查违拆违综合执法力度，全区共组织大规模拆违行动24次，拆除违章建筑41000多平方米。服务企业效果明显。全年共为30个入园企业全程代办了国土、工商、水电开户等手续；区内相关部门积极开展"春风行动招聘月"活动，并组织远赴贵州、慈利等地进行劳务洽谈，多种措施帮助区内60家企业招聘劳务人员2000多名；搭建银企对接平台，为瑞亚高科等4家企业融资3000多万元；开展全区项目工程施工环境集中整治行动，严厉打击强行参工参运、无理阻工闹事的违法行为，现场调处群众阻工事件140次，召开项目开工协调会议45次，2010年上半年，集中力量，严厉打击了楠木塘村多次无理阻工闹事事件，为园区企业营造良好发展环境。创业园管理力度加大。生产服务设施逐渐完善，切实帮助园内企业解决安全生产、房屋维修、企业用工等突出问题，赢得企业广泛好评。市场监管不断强化。积极维护经营者和消费的合法权益，积极推进"六大服务"，认真开展传销打击和"红盾护农"工作，积极推进企业著名商标申报，全力服务园区经济。

六、城乡统筹稳步推进。

文化旅游业蓬勃发展。大力加强山乡巨变第一村景区建设，全年接待游客51.6万人，形成旅游产值6000万元，成功举办"当代著名书法家走进山乡巨变第一村"活动，清溪村成功入选2010年度"中国特色村"、"中国幸福村"；奥林匹克公园加大了恒温游泳馆等项目的改造，合理利用现有场馆设施积极举行赛事活动，全年举办各类赛事活动15余次，完成收入265万元。乡镇（办事处）工作扎实开展。村级班子得到加强，以"创先争优"活动开展为契机，加强村级班子建设，严格管理考核，村级班子凝聚力、向心力、战斗力

2009年2月26日，省委副书记梅克保、副省长甘霖视察益阳高新区

湖南梓山湖国际高尔夫球场一角

常务副省长于来山视察高新区

得到加强。发展环境不断优化，及时完成省市区相关建设项目的拆迁工作，查违拆违有力推进，综合治理成效显著，创建创卫全面开展，环境整治强力推进，发展环境不断优化。谢林港镇全年实现地区生产总值4.03亿元，同比增长15.3%，完成固定资产投资7230万元，同比增长33.9%，工业总产值3.38亿元，同比增长30%；完成立项争资2500万元，招商引资2045万元；实现农业产值3.11万元，同比增长11.2%。三农工作全面加强。农村清洁工程建设有序推进，农业面源污染得到有效控制，农村生产生活条件进一步改善；农村土地流转深入推进，农业规模化、集约化、现代化经营取得成效；农村低保、新农合医保、家电下乡等政策落到实处，农民收入逐步增加。

七、社会事业协调发展。

我们坚持把保障和改善民生作为发展的根本出发点，着力民生、着力民心，惠民措施落实到位，全面完成省、市下达我区的12项为民办实事目标任务。教育体制改革步伐加快。辖区内9所义务教育学校管理顺利移交赫山。社会和民政保障不断完善。全区参加新型农村社会养老保险人数38982人，享受城市低保对象3264人，农村低保对象1841人。社会保险待遇提高，全区住院补偿金额达到539.81万元，普通门诊补偿金额达到64.44万元。全年新增就业1453人，下岗失业人员实现再就业522人，农村富余劳动力转移742人，“零就业”家庭动态就业援助率达100%，完成各类就业培训3856人。全面改建了谢林港镇敬老院，为60户农村困难户进行了危房改造。卫生和计生事业得到发展。公共卫生工作有序开展，居民健康档案建档率达70%，卫生基础网络建设已具雏形，新建5个社区卫生服务中心站和30个村保健站。计生工作实现“保先进位”，符合政策生育率为92.8%，社会抚养费征收任务超目标完成，农村计划生育家庭奖励资金100%发放到位。高质量完成了第六次人口普查工作。

八、社会大局平稳有序。

不断加大维稳工作力度，经济社会发展大环境保持和谐稳定。安全生产工作进入全市第一方阵，社会综合治理进入全省第一方阵，再次获得全省“平安县（市）区”称号，园区大局和谐稳定。扎实开展平安乡镇建设。谢林港镇着力打造“平安谢林港”，把完善群防群治与开展矛盾纠纷排查调处相结合，保证了世博会、亚运会、“两会一节”等重大节庆日的社会稳定。重点做好了非法集资的防范与打击，全年累计发放宣传资料千余份，签订承诺书6000余份。有效化解信访矛盾。创新工作方法，成立了区机关、朝阳办事处、谢林港镇三个矛盾纠纷调处现场处置中心，处理各类信访积案18起。严厉打击违法犯罪。认真开展“冬季行动”，逮捕直诉劳教89人，强制戒毒、行政拘留125人，关停“四小”场所152

益阳市政府

绿色环保的风光互补路灯

益阳工业园区

东部新区办公楼

个，三项指标排名全市第一，综合排名居全市前列。全面落实消防安全责任。扎实开展“平安使命”行动，排查社会单位204家，发现火灾隐患266处，整改245处。认真组织开展社会单位标准化管理工作。继续加强安全生产。全面开展“安全生产年”活动，强化日常监管、跟踪监管、精细化监管，重点搞好隐患排查，突出特种设备使用、建筑施工工地、交通运输、危险化学品经营等单位，出动安全生产隐患排查500余人次，排查单位185家。

九、内部管理不断加强。

创先争优深入开展。组织全区72个基层党组织，2488名党员深入开展“创先争优”活动，结合中心工作，创新活动载体，开展“项目攻坚”、“五比五创”等活动，进一步凝聚了干群思想，强化了各级党员队伍建设，为经济社会健康发展提供了坚强保障。制度建设不断完善。进一步健全完善了工委、管委会总公司董事会三位一体会议制度、招商引资项目例会审查制度、总公司投资项目计划审批、工程招投标、审计监察系列配套制度等，扩大了决策知情权、参与权、监督权，增强了决策的民主性、科学性，规范了班子成员、机关干部和项目参与方的工作行为，提高了工作的透明度、公正度，有效防止了不正之风的发生。人事改革不断创新。积极探索全市竞争性人才选拔试点工作，对管委会内设机构31个正、副科级领导职位、6个科级非领导职位、东部新区3个副科级领导职位实行了集中式竞争上岗。加大了干部交流力度，对21个部门单位131个岗位的工作人员实行了双向选择，进一步优化了各部门的人员结构。加大了人才引进力度，面向全市公开考选、选调了2名科级领导干部和2名工作人员，公开招聘21名专业技术人员。投资计划和审计监督扎实开展。投资监管到位。全年完成投资计划申报9批，申报项目149个，组织小型工程非招标发包10次，组织公开招投标13次。审计监督有力。全面完成工程预算审计项目101个，审减金额778万元；完成工程决算审计项目126个，审减工程造价1288万元；完成财务收支审计项目7个，审计收缴31万元，参与了征地拆迁及其他经济项目资金的监管。党风廉政建设不断强化。加强了党员领导干部的廉政教育。全区全年受理信访举报线索24条，立案调查8起，办结案件7起，给予14人党纪政纪处分，其中，开除党籍处分4人，移交司法机关处理1人，解除劳动聘用关系1人。强化了农村基层党风廉政建设。全面实施“村账乡代理”、“村账乡监督中介组织代理”的村级财务监督管理模式；任命配备了村级纪检委员，进一步规范村级账目审核、工程招投标、集体资产处置等活动，将纪检监察职能向基层延伸。办公室服务水平逐步提高。规范了办文办会程序，提高了政务接待水准，增强了机关后勤保障，扩大了对外宣传力度，加大了工作调研和工作督查，强化了热线值班和应急工作责任，更新了高新区网站，积极探索了以精细化管理为核心的即时即效管理。年内共印发各类文件332篇，编印会议纪要100余期；起草各类报告、讲话材料60余篇，在市级以上报纸、刊物等新上宣传稿件30余篇；承办和协办人大代表建议、政协委员提案12件，开展各类工作专项督查7次，接待各类客商3200余人次。

十、东部新区建设加快。

基础设施日趋完善。完成政府直接投资6.07亿元，起步区内已形成“四纵四横”的道路格局，7条续建道路全面完成并实现通车，新修的迎春路也已投入使用。综合服务楼已交付使用，商业铺面已全面竣工并开始营业，园区水、电、气配套建设基本到位。污水处理厂完成了进场道路80%的砼路面硬化，另外，还完成了1000亩入园项目的场平工程，为入园企业快速启动建设和尽快投产创造了条件。产业招商卓有成效。东部新区被认定为“湖南益阳汽车零部件特色产业基地”。全年共引进工业企业36家，合同引资40.96亿元，新动工企业17家，新投产企业5家，实际到位内外资4.59亿元，完成企业固定资产投资4.19亿元。征拆安置有序推进。全年共完成征地1308亩，拆迁房屋160栋，迁坟1516座，完成了起步区12个村民小组1360名被征地农民的参保审查工作，已有332人参加了社保，成功推荐村民就业1000余人次。全面完成了迎春庄园和迎新庄园首期共164户群众的安置房分配工作，如期完成如舟庄园337户群众的安置工作。土地报批进展顺利。全年拿回用地批单2747.73亩，五个安置庄园共390.76亩土地办理了农用地转建设用地手续。

地　址：益阳市梓山路1号（益阳高新区管委会）
电　话：0737-6204888　6204886（传真）
网　址：www.yygxq.gov.cn
联系人：邱波（区管委会办公室）

开放合作之平台 招商引资之窗口 ——湖南省委副书记：梅克保 题

益阳工业园区

益阳高新区东部新区

地址：益阳市高新大道南侧东部新区综合服务楼（高新区东部新区管委会）
电话：0737-4726888 4726000（传真） 联系人：周爱益

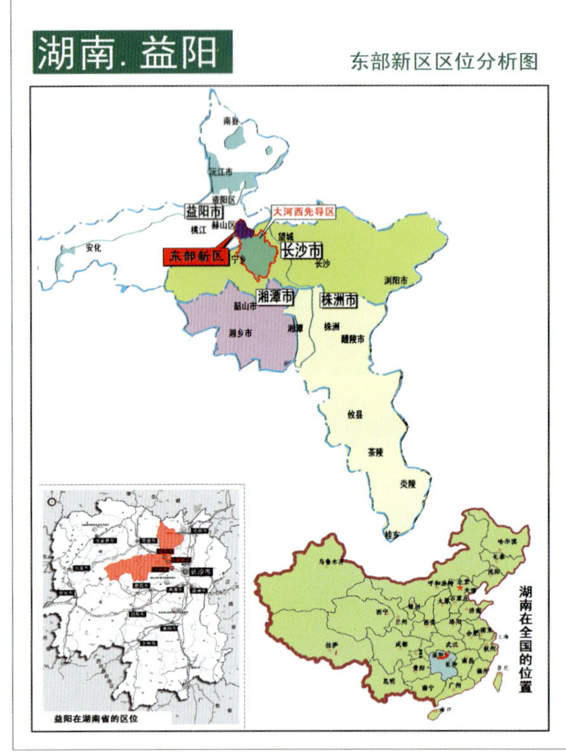

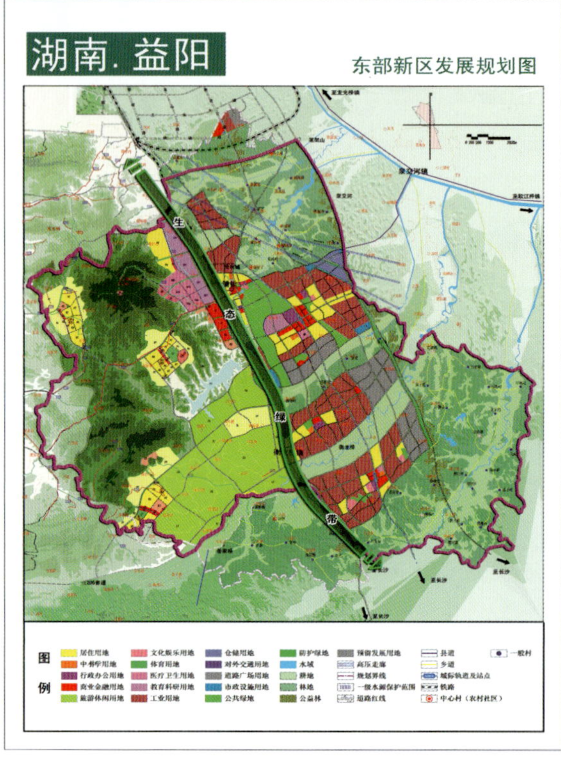

益阳高新区东部新区位于石长铁路以东、长常高速公路以西、益阳绕城高速公路以南、宁乡县界以北地区，规划总面积160平方公里，紧靠省会长沙。作为长益常工业走廊的重要组成部分，益阳高新区东部新区是长株潭城市群国家级“两型社会”建设先导示范区、国家级加工贸易产业梯度转移重点承接地、省级城乡统筹示范区和益阳对接省会长沙经济的桥头堡。

益阳高新区东部新区正式成立于2008年10月份，通过2年多的发展，已累计完成政府直接投资15.45亿元，基础设施日趋完善，招商引资初见成效，开始成为助推益阳经济腾飞的一个新的经济增长点。截止2010年底，共引进工业企业41家，合同引资47.56亿元，实现动工企业17家、投产企业6家，完成企业固定资产投资5.22亿元。

基础设施日趋完善

益阳高新区东部新区现已拉通了“四横”（高新大道、鱼形山路、欧家冲路、迎春路）“四纵”（益宁城际干道、如舟路、圆山路、龙塘路）的道路框架，总道路里程已达23公里。同时政府投资完成了10万平方米的标准化厂房、4万平方米的综合服务区和8万平方米的安置房建设，起步区内水电气、管网、绿化、路灯配套也已基本到位，为入园项目的快速进驻，并尽快实现投产奠定了基础。

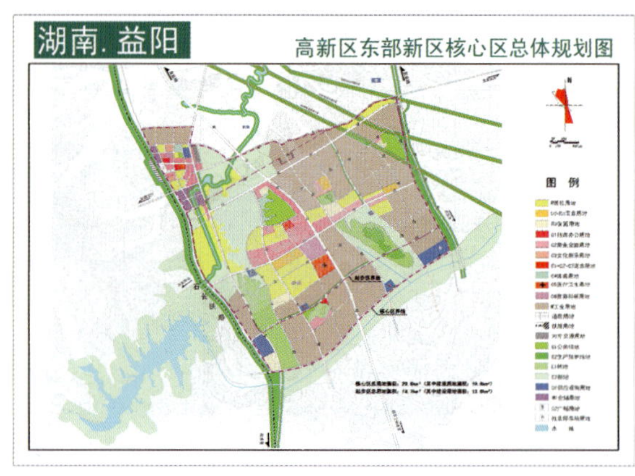

益阳工业园区

招商引资凸显成效

益阳高新区东部新区招商引资坚持以装备制造、电子信息和食品加工三大产业为重点，注重引进龙头企业，打造产业链，培育产业集群。特别是针对长株潭快速壮大的汽车整车产业对零部件的巨大市场需求，益阳高新区东部新区充分利用自身区位优势和益阳市现有汽车零部件企业配套优势，规划了汽车零部件产业园，致力于将其打造成为我省乃至中部地区重要的汽车零部件生产基地。

截止 2010 年底，共已引进工业项目 41 家，三一重工、长天九五等全国知名重型机械制造企业已先后进驻。汽车零部件产业的发展更是来势喜人，汽车零部件产业园共引进了湖南云马华盛汽车科技有限公司、湖南橡塑密封件厂有限公司、湖南长盛盈电子科技有限公司、湖南万力液压工程减速机有限公司、浙江开泰汽配有限公司和湖南金域机械有限公司等企业 27 家，合同引资逾 11 亿元，并于 2010 年 5 月份被湖南省科技厅认定为“湖南益阳汽车零部件特色产业基地”。

湖南.益阳 高新区东部新区核心区产业布局图

益阳 长沙 高端三产业区 新型工业区

东部新区综合服务楼

东部新区标准化厂房区俯瞰图

标准化厂房一角

湖南益晟机械科技有限公司

益阳伟旭运动器材有限公司

益阳伟旭运动器材有限公司生产车间

湖南三一中阳机械有限公司在建厂房

用心打造优质服务平台

益阳高新区东部新区坚持“亲商、富商、安商”的工作理念，建立了服务型的行政管理体系和企业化的运作模式。并于 2010 年专门成立了企业管理服务中心，对投资企业实行“一站式”跟踪服务体系，为投资者全程代办项目报批、建设和生产经营过程中的所有手续；对开工企业积极实行一对一跟踪负责制度，全力做好每个项目从开始建设到投产各个环节的服务协调工作，竭尽全力为投资者提供最佳的建设生产环境。

市、区领导陪同湖南省常务副省长于来山视察东部新区

益阳市市委书记马勇来东部新区现场办公

益阳市市长胡衡华视察新区建设情况

开放合作之平台　招商引资之窗口　——湖南省委副书记：梅克保 题

益阳工业园区

中国湖南益阳长春工业园

省级重点开发园区　国家加工贸易产业梯度转移重点承接地

益阳市长春工业园成立于1996年，2006年经国家发展和改革委员会、国土资源部审批，升格为省级开发区，2008年4月被国家商务部确定为加工贸易梯度转移重点承接地。地处银城益阳中心城区资江北岸繁华市区，坐拥资江一、二、三桥北端的"金三角"地带，北靠绕城环线，南至五一路，西起迎春路，东抵资江二桥，规划总面积13.24平方公里，下辖3个社区、6个资管委，总人口5万余人。

园区交通区位优越。319国道、常长高速、资江航道纵贯其境，洛湛铁路、石长铁路与之毗邻，距益阳火车站仅2.5公里，水陆交通十分便利，业已具备现代的流通网络和优良的产业发展环境。园区整体规划布局合理，现已形成"五纵五横"的道路骨架，城北污水处理厂、电力、给排水、通讯服务等基础设施配套完备。

近年来，园区始终坚持"项目立区、城镇兴区、工业强区、商贸活区"发展思路，充分利用沿海地区加工贸易产业梯度转移有利时机，大力实施项目带动战略，坚持以"更积极的招商政策、更完善的基础设施、更优良的发展环境"吸引来自海内外客商投资兴业，园区产业快速成长。森华林板材、奥士康线路板、瀚鑫机械、恒辉电阻、口味王槟榔等一大批堪称行业翘楚的明星企业纷纷落户园区。目前，园区共有工业企业82家，其中规模工业企业39家，2010年实现工业总产值55.4亿元，上缴税收1.32亿元。园区主要经济指标连续几年来呈现50%以上递增速度，其产业辐射功能和招商引资"洼地"效应逐步凸显，正日益成为全市经济社会实现弯道超车、更好更快发展的重要一极。

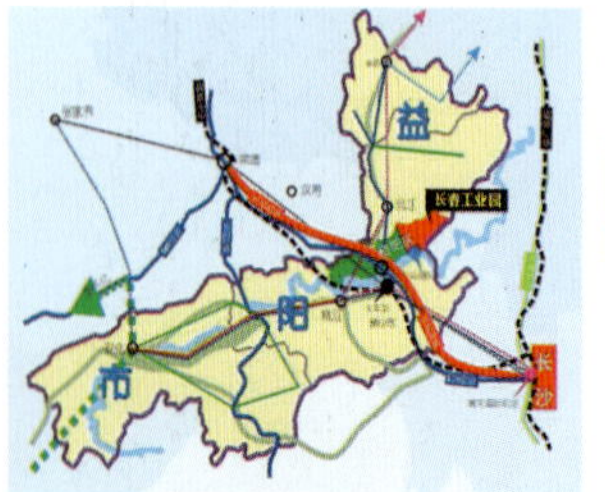

中国湖南益阳长春工业园

地　址：益阳市资阳区长春东路18号

电　话：0737－2220822 3801717(传真)

联系人：谢可赞

益阳工业园区

展示开发区风采，发展开发区成果。——湖南省常务副省长 于来山 题

园区产业布局合理，已形成三大主导产业、两个商业圈、一大“园中园”的布局：

机械制造业：现已入驻宇晶机器、瀚鑫机械、成铭钢构、劲力链轮等企业10余家。瀚鑫机械是中联重科中小结构件核心外协加工单位，是我区发展最快的机械制造业企业；成铭钢构在园区仅用4个月时间建成投产，是省内同行业中经济实力较强，市场占有率较大的专业化钢结构企业之一，具有钢结构及相关附属工程设计、制造资质的单位；宇晶机器是经湖南省科技厅认定的“高新技术企业”，并进入了省机械行业500强。

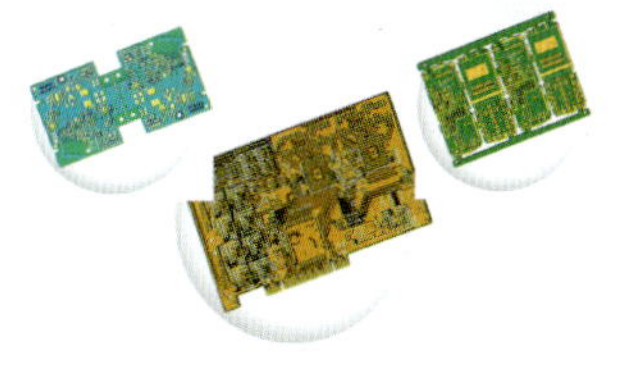

电子产业：现已吸纳奥士康线路板、恒辉电阻、龙建达电阻、凯盛电子、晶益电子、朝阳电子等20余家电子元器件生产企业落户园区。奥士康精密电路（惠州）有限公司是国内同行业中发展速度最快的企业，其开发的精密电路生产项目是我区目前投资规模最大，建设速度最快，科技含量最高，创税最大的项目；恒辉电阻现已完成对龙建达电阻的收购，准备在香港上市，是湖南省科技厅认定的“高新技术企业”，2010年1月26日还被授予2009年湖南著名商标，其产品市场占有率为全球电阻市场的15%。此外，还有投资达8.5亿元的香港上市集团大昌微线和日本知名企业京写电路板等10余家高新技术企业正在恰谈，大昌微线已签订投资框架协议。

开放合作之平台 招商引资之窗口 ——湖南省委副书记：梅克保 题

益阳工业园区

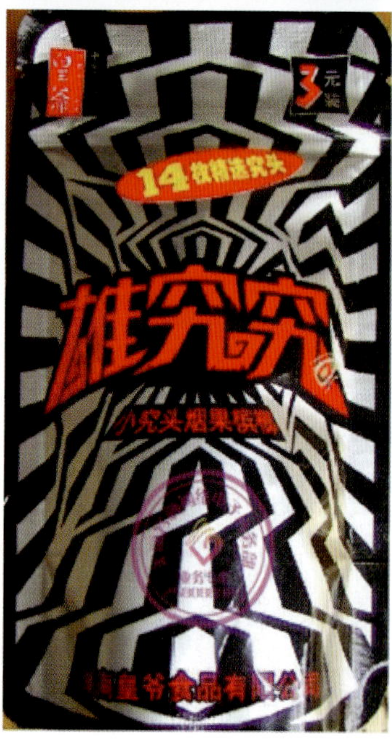

食品加工业：口味王槟榔、皇爷食品、煜田食品、葛辉食品等近10家食品加工企业已在园区形成产业聚集优势。作为本土企业的口味王槟榔拥有超过120亩的生产基地，固定资产过亿元，年创税收过千万，是中国最大的青果槟榔加工基地，产品遍及全国30个省市，青果槟榔销售连续9年排名全国第一。湖南省槟榔行业的知名品牌和龙头企业之一的皇爷食品，投资15000万元，先后收购原锦峰制衣及原双利针织两家企业共120亩土地及厂房，2010年底将完成原双利针织厂房改建，企业年生产总值将达10亿元，税收预计过1000万，为当地创造4000-6000人就业机会。

物流商业圈：

位于益沅一级公路东侧，规划总面积达一千亩，正在打造以红联冷链、农机市场、秀峰水果批发市场为中心的湘北地区规模最大、区位优势最明显的农资交易及配送中心，车辆日流通量可达2000辆次，辐射中南地区，可完全满足园区所有企业物流需求。

长春路商业圈：先后引进了家润多大型超市、御景华庭、精锐国际新城、锦绣佳苑、欣天蓝郡等多个商业项目，是资阳区最具发展潜力的商业圈之一，占有整个资阳区人流物流量30%的份额。日益繁荣的商业中心，为园区提供了重要的商业休闲服务。同时，还拥有工程、广告与市场研究、信息技术服务、出版、银行等多个生产性服务企业，为推动生产向规模经济和更高的效率发展，为推动生产向规模经济和更高的效率发展提供了强有力的支持。

电子信息产业园：规划面积3.5平方公里，可容纳电子信息产业50个。依托原有三类工业用地平台，围绕奥士康精密电路、大昌微线两个国内电子线路板龙头企业，现已吸引10余家电子信息类企业与工业园及相关部门接洽，有意向在园区投资建设生产基地。目前，我园正在积极联系相关部门，办理城市建设用地调整事宜。届时，仅电子信息产业产值就可突破50亿元，创税3亿元以上。

开放合作之平台 招商引资之窗口 ——湖南省委副书记：梅克保 题

益阳工业园区

湖南沅江经济开发区

2010年，沅江经济开发区以科学发展观统揽园区各项工作，积极开展“园区建设年”活动，以转变经济发展方式为主线，以项目建设为中心，大力招商引资，不断壮大主导产业，着力改善园区基础设施条件，积极优化发展环境，园区发展后劲明显增强。全年全区共实现工业总产值88亿元，同比增长95.6%，其中规模工业增加值21.9亿元，同比增长95.5%；完成固定资产投资25.2亿元，其中工业投资23亿元，基础设施投资2.2389亿元;上缴税收1.7亿元，同比增长65.05%。年内蝉联益阳同类园区考核第一名。

中联重科沅江工业园

一、抓项目建设，发展后劲明显增强。

建立“一个项目、一名领导、一套班子、一抓到底”工作机制，狠抓新签约项目开工、在建项目投产、投产项目扩产。全年共有18个新签约项目启动建设，在建项目27个。辣妹子二期等16个新开工项目已经竣工投产，科至博农用机械等11个项目正在加快建设。此外，太阳鸟游艇于9月28日在深交所成功上市，融资达6.4亿元，首开沅江本土企业上市之先河。积极创新招商引资方式，大力推行“1+X”招商、小分队招商、敲门招商及产业招商，全年引进科至博农用机械、华兴年产50万吨日用玻璃等19个项目，合同引资达23亿元。

二、抓资金投入，承载基础不断夯实。

全年全区共投入2.2389亿元，平整项目用地190万方，硬化主干道路7.4万平米，铺设排水管道1.2万平米，铺设人行道板8万平米，拆迁房屋1.8万平米，征地788亩，铺设电力高压线路4000米，安装路灯5000米。

三、抓方式转变，发展质效稳步提升。

一是严把招商引资关口。精心招商选商，坚持“四不招”，即不符合“环评、产业、税收回报率、投资强度”要求的坚决不招，全年共拒绝12个不符合要求的项目入园。二是加大技术改造力度。全年园区完成工业技改投资8.9亿元，同比增长20%。三是鼓励支持企业加大研发投入。全年全区规模企业共投入研发经费3500万元，同比增长15%。四是努力提高土地集约水平。加快项目的清理，对只征不用、土地闲置的项目定期进行清理，将不符合园区发展要求的豪湖水产项目坚决清理出了园区，盘活土地300亩。积极兴建标准化厂房，以园区标准化厂房为招商平台，全年吸纳4家企业入驻。五是积极落实节能减排责任。坚持项目建设“三同时”制度，确保建设项目中防治污染的设施，与主体工程同时设计、

首玉生物科技有限公司

沅江通威

同时施工、同时投产使用。加大工业企业污染物排放的调控力度，全年全区工业企业主要污染物排放总量削减率为 COD93%、SO295%，工业企业主要污染物排放达标率为 100%，圆满完成“十一五”及 2010 年减排目标任务。支持工业企业加强资源节约与综合利用，全区规模工业企业万元 GDP 综合能耗均控制在 0.2 吨标煤 / 万元，规模工业万元增加值能耗降低率为 8%。

四、抓基础工作，体制机制逐步完善。

一是强化了组织领导。建立了由常务副市长任组长的园区建设领导小组，构建了部门联动工作机制，定期召开园区建设工作会议，及时解决园区发展过程中的困难与问题。二是完善了经费保障机制。市财政对园区的投入力度明显加大，2010 年，市财政对园区投入增长 90.29%。构建了独立的融资平台 – 湖南桔城工业项目开发有限公司，融资工作成效明显，向农发行成功申贷 2 亿元。三是优化了发展环境。大力推行工委领导及园区干部联系企业制度，为企业及项目业主提供全天候、全方位的服务。坚决打击园区内强揽工程、强装强卸、干扰企业正常生产秩序的行为，全年抓获违法犯罪行为人员 3 人，劳教 2 人。

十二五期间，沅江经开区力争产值达到 300 亿，税收达 5 亿元。

联系电话：0737–2713999（传真）

飞涛汽车厂景

辣妹子厂区

沅江市明星麻业有限公司

牛潭河工业园整体鸟瞰图

湖南桃江经济开发区于 2006 年经国家发改委〔2006〕8 号文件批准成为省级经济开发区。湖南桃江经济开发区交通十分便捷，北临长石铁路并建有桃花江火车站，南临资江大桥与国家一级公路桃益公路相连，经长常高速直通黄花机场，东依资水，并建有 500 吨水运码头。

湖南桃江经济开发区按照“留山水风光，建生态园区”的建园理念，目前整体规划面积为 12.3 平方公里。园区规划为“一区三园”，即牛潭河工业园、曾家坪工业园和东区工业园。其中牛潭河工业园近期规划面积 4.6 平方公里，重点布局竹木加工、机械制造、加工贸易等产业集群；曾家坪工业园规划面积 2 平方公里，以原桃江稀土金属冶炼厂厂区为基础，通过整合周边的相关建设用地而形成的有色金属循环经济工业园；东区工业园规划面积 5.7 平方公里，重点在“十二五”期间布局

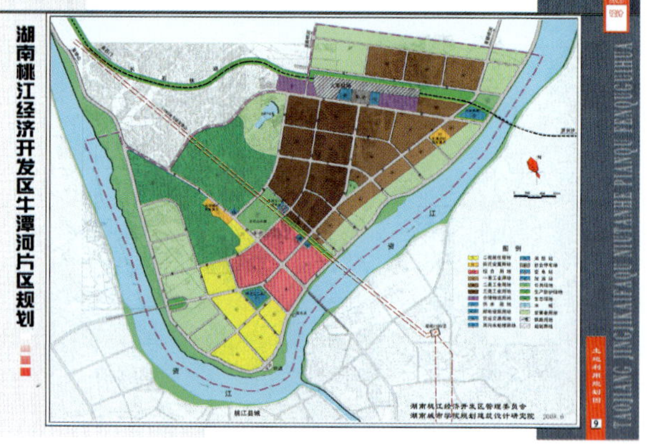

标准化厂房

桃江安达电子有限公司

无污染的现代科技产业、食品加工产业、批发零售行业，着力打造湘中地区重要的现代食品工业加工生产基地和物流中心，加快同益阳中心城区对接步伐。

湖南桃江经济开发区自成立以来，按照“规划先行、整合功能、提升形象、引领发展”的管理思路，集中精力抓招商，一心一意谋发展。突出抓好了基础设施建设和项目建设，努力打造新型工业化园区框架。投入基础设施12亿元，全区引进企业37家，完成投资超20亿元。其中牛潭河工业园于2008年7月开始动工兴建，截至目前，已完成基础设施投入超6亿元，“两纵两横”的道路框架基本形成，完成土地建设开发超过2000亩，进一步完善了水、电、电信等配套设施建设，建成4万平方米标准化厂房并完成了招商。

园区发挥传统产业优势，积极承接加工贸易产业转移，产业特色日益凸显，产业集群逐步形成。目前初步形成了以桃江县湘益木业有限责任公司等企业为龙头的竹木精深加工产业集群；以湖南省桃江县湘中水工机械有限公司、湖南新兴机械制造有限公司、益阳市红星机械设备有限公司等企业为龙头的机械制造产业集群；以湖南益阳皇爷食品有限公司、浩茗茶业等企业为龙头的食品加工产业集群；桃江安达电子有限公司、凤冠电机股份有限公司等企业为龙头的加工贸易产业集群；同时积极开发以华艳国际集团（香港）药业有限公司等企业为龙头的生物医药产业集群。

萌立尔(湖南)家具实业有限公司

“十二五”期间，湖南桃江经济开发区将牢牢抓住难得的发展机遇，科学谋划“十二五”发展大局，加快“一区三园”载体建设，努力调整产业结构，汇聚高端产业，聚集高端人才，提供高端服务。争取到2015年，将桃江经济开发区建设成为“四百”园区，即生产总值达100亿元、招商引资达100亿元，引进企业100家，完成固定资产投资100亿元，全力打造县域经济核心区和新城核心区，建成布局合理、服务配套、环境优越的省级经济开发区。

湖南新兴机械制造有限公司

热情欢迎海内外客商来湖南桃江经济开发区投资兴业！

地　　址：湖南省桃江县桃花江镇谷山路1-3号
邮　　编：413400
网　　址：http://www.tjkfq.com
电子邮箱：thjkfq@126.com
联系电话：0737-8821418
传　　真：0737-8821418
招商热线：0737-8885088

益阳市龙岭工业园

工业新城 城市新区

园区发展概况

益阳市龙岭工业园位于益阳市城区东南，北抵益阳市汽车东站和长张高速公路入口，与308省道相接；东临319国道和长张高速公路；南至益阳市绕城高速和益阳市火车货运站，洛湛铁路、长石铁路在这里交汇；西临益阳市火车客运站和益长城际快速干线，近期规划面积11.09平方公里。

自2000年11月经湖南省人民政府批准成立以来，园区按照“工业新城、城市新区”的战略定位，坚持高起点规划、高标准建设、高效能管理、高质量服务，经过数年的发展，已初具规模。到目前为止，工业园累计引进项目121个、建成投产项目81个。2010年，园区规模工业产值达到83.5亿元，规模工业增加值21.9亿元，实现国地两税合计2.25亿元。

按照“科学规划、分区建设、重点推进、分步实施”的方针，园区形成了以入园项目为细胞，以相对集中的产业为要素，以城市规划用地为载体的“园中园”发展模式。以汉森制药、三和药业为代表的医药工业园，以艾华电子、和天电子为代表的电子工业园，以金浩油中王、七箭啤酒为代表的食品工业园，以华翔变压器、新滨湖动力为代表的机械工业园，以富晖制衣、莎丽袜业为代表的纺织工业园，以裕敬鞋业、威霖鞋业为代表的鞋业新城，以及高档商业综合区、高档商品住宅区所组成的“五园两区一城”发展格局已经形成。

园区向各入园项目提供“六通一平”（水、电、路、气、邮、宽带、场平），园区内已建成“四纵六横”交通主干道网，道路绿化、亮化工程基本完成；配套建设有180万千瓦火力发电厂、供气能力5万

展示开发区风采，发展开发区成果。——湖南省常务副省长 于来山 题

立方米/天的燃气站、日供水能力20万吨的自来水厂，即将建设日处理能力10万吨的污水净化中心。园区已建成20万平方米标准厂房，第三批10万平方米标准厂房也已投入使用。

招商引资优惠政策

1、项目在龙岭工业园内可实行封闭式管理，由我园一个窗口对外，拒绝一切不合理收费。

2、从项目开办年度起，五年内免缴区级行政事业性收费。项目办理注册登记手续，各项有偿服务性收费按不超过物价部门核准的最低收费标准的50%收取。

3、项目可以享受符合国家产业政策的有关税收优惠政策：该项目实现企业所得税"免二减三"优惠，即自项目实现企业所得税之日起二年内龙岭工业园留成部分100%奖励给项目，第三年至第五年龙岭工业园留成部分50%奖励给项目。

4、龙岭工业园承诺对项目实行一站式服务政策：即对入园项目实行一站式办事程序，由园区管委会为项目代办规划、国土、城建、林业、环保、立项、征地拆迁、安置等手续。

5、龙岭工业园对入园项目实行"一事一议"的用地资金支持政策：即对项目实行土地开发成本价供地的同时，园区根据项目规划用地内的投资强度、容积率以及项目投产后三年内的年均税收回报率，采取"一事一议"的办法给予项目一定额度的购地资金支持。

开放合作之平台　招商引资之窗口 ——湖南省委副书记：梅克保 题

湖南大通湖区洞庭食品工业园

特色立园　招商兴园　科技强园

16万亩大通湖水面

湖南大通湖区洞庭食品工业园于2006年10月成立，同年12月通过市级立项，2010年6月经益阳市政府批准由大通湖区工业园更名为湖南大通湖区洞庭食品工业园。

湖南大通湖区洞庭食品工业园位于大通湖区河坝镇中心城区西北侧，规划面积3.45平方公里。园区自成立以来，坚持走"特色立园、招商兴园、科技强园"之路，充分依托本地优势资源，大力扶持发展高科技、高投入、高产出的以食品工业为主的产业；同时适当规划部分商业、居住和区政公用设施形成集生产、居住、综合服务为一体的综合工业园区。

经过五年发展，已逐步形成了以粮、油、棉、肉四大深加工产业为主导的食品工业园。截至2010年底，园区已开发面积3600亩，引进招商项目21个，其中规模企业16家，合同引资达15.1亿元；实现工业产值30.54亿元。投入10.7亿元加强园区基础设施建设，先后修建了大通湖大道、枫杨路、人民路、通富路等园区主干道，建设了220KV变电站、日产3万吨自来水厂、加油站、液化气站等配套设施，形成了园区与城市相互结合，相互补充，相互促进的城园一体化格局。

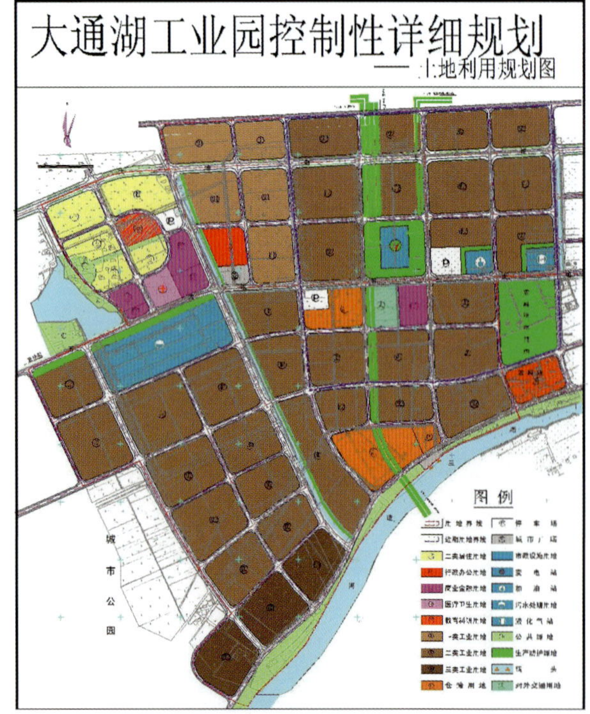

一、园区优势

（一）区位优越：园区以"三线二道一闸"为依托，通过长常高速、石常铁路和洛湛铁路与外界联系便捷，向北通过湘北干道与常德、岳阳相连，向南至茅草街、白沙大桥，通过省道S202线与益阳相通，水路经黄茅洲船闸可通江达海。

（二）资源充沛：大通湖区土地肥沃，水产品、林木、棉麻、旅游、畜禽资源丰富，为食品深加工提供了充足的资源，是全国商品粮基地和工业原料供应地。

（三）成本低廉：湖南大通湖区洞庭食品工业园生产要素成本

序号	项　目	类　别	价　格
1	电　力	工业用电	0.49元/千瓦时
2	自来水（含污水处理费）	工业用水	1.75元/吨
		生活用水	1.6元/吨
3	土　地	新征工业用地	万元/亩左右
4	运　输	铁路；公路	约0.05元/吨.千米 0.6元/吨.千米
5	人力成本	工人	600-1000元/月
		管理人员	1000-1500元/月

二、政策优惠：

（一）财政奖励：1、投资经省以上科技部门认定的高新技术项目、生产加工型工业项目（包括投资我区已改制的企业，发展壮大生产规模的项目），自项目投产后税收强度达到5万元/亩/年以上（含5万元/亩/年），从其所缴纳的税收区级可得部分（扣除应税征税成本，下同）中，连续三年奖励投资者。2、投资现代农业项目和旅游、商贸、仓储、物流等第三产业项目，自项目投产后税收强度达到3万元/亩/年以上（含3万元/亩/年），从其所缴纳的税收区级可得部分中连续三年奖励投资者。3、投资额达5000万元人民币（含5000万元）以上的投资项目，由区管委实行一事一议，

益阳工业园区

展示开发区风采，发展开发区成果。——湖南省常务副省长 于来山 题

大通湖生态公园

给予投资者特别奖励。4、对获得国家技术创新项目、国家中小企业创新基金项目、国家级新产品项目奖励的企业，区财政一次性奖励投资者5万元。获得此类省级奖励的，区财政一次性奖励投资者2万元。同一企业相同类别的以上奖项，以最高级别的一项为准，不重复累计奖励。

（二）规费优惠:1、投资额在5000万元以上（含5000万元）的项目，其规费优惠实行一事一议；2、投资额在500万元以上（含500万元）、5000万元以下的投资项目，在建设和生产经营过程中的各种行政事业性收费，统一按区政务中心公开的收费标准执行。

（三）中介人奖励:中介人引进经确认的项目，项目建成投产后由受益地财政按首次接触原则对招商引资中介人给予奖励：1、中介人引进投资经省以上科技部门认定的高新技术项目、生产加工型工业项目（包括投资我区已改制的企业，发展壮大生产规模的项目）、现代农业项目、旅游和商贸、仓储物流等第三产业项目等四类项目，项目建成投产产生税收后按首次接触原则对招商引资中介人给予奖励，奖励标准为按引进资金投产后形成固定资产（原值）额的0.5%给予一次性奖励，投资或采用BOT、BT等间接投资方式投资的基础设施建设、教育卫生及其他社会公益事业项目，按经审计部门审定项目直接费的1‰给予一次性奖励，最高奖励额30万元。2、对本区经济社会发展有重大影响的重点项目、世界500强企业或中国100强企业落户我区生产经营的，可一事一议，实行个案奖励。

区委区政府办公楼

欢迎海内外有识之士来我区投资兴业

地址:大通湖区工业园

电话/传真:0737-5664648

网址:http://www.datonghu.gov.cn/tzdth/gyyq/

邮政编码:413207

湖南洞庭食品工业园重点产业分布图

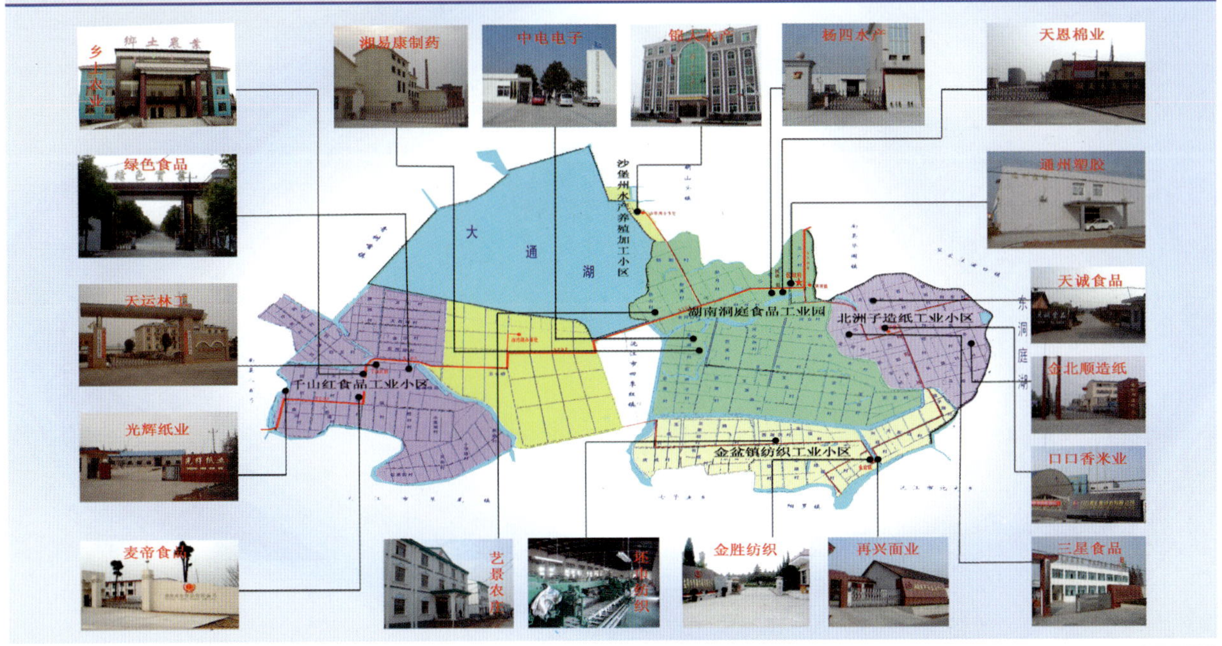

星城高唱“两型”曲 万宝力筑“示范”区

—— 娄底市水府示范片万宝新区

天寒颂梅香，万宝涌春潮。娄底市水府示范片万宝新区，110 平方公里的神奇热土，承载着娄底经济腾飞新的希望与梦想，伴随着“十二五”规划的步伐，于 2011 年 1 月 6 日正式挂牌。

万宝新区是湖南省“两型”社会建设“五区十八片”之一的娄底水府示范片区的核心区和主要承载区。规划范围：北至涟水河，东至娄星区行政边界，南到双峰县洪山殿镇、蛇形山镇和杏子铺镇，西至涟源市水洞底镇，总用地面积约 110 平方公里，其中建设用地面积约 38 平方公里。核心区范围：北至孙水河(包括原娄星经济园区)，南至娄新高速，西至高丰路，东至娄邵铁路既有线。起步区范围：一是以沪昆高铁南站为中心，南到城市二环线，西至娄星南路，北至规划的主干道万兴街，东至潭邵高速娄底连接线，建设用地面积 2 平方公里；二是正在开发建设的原娄星经济园区 2 平方

团结历进、创新务实的万宝新区领导班子。党委书记罗孝贵(中)、管委会主任向乾勇(左二)、管委会副主任杨新康(右二)、杜清辉(左三)、肖新国(左一)正在描绘新区建设蓝图。

2011年1月6日万宝新区正式挂牌。图为娄底市领导为中共娄底市水府示范片万宝新区委员会揭牌。

公里，即湘中大道以南，大石山路以西，洛湛铁路以东，新林街以北的范围。

万宝新区将按“依附主城、组团布局、网络联系、整体保护”的发展规划，形成“一心一区一带两组团”的空间结构：

“一心”：主要依托仙女寨生态公园和水府庙国家级湿地公园，打造新区有山有水、山水相依的生态核心。

“一区”：指城区东南部的茶园镇、双峰的洪山殿镇、蛇形山镇、杏子铺镇区域，主要发展高效生态农业、旅游观光农业，打造农业示范与休闲体验区。

“一带”：是以孙水为依托，加大水体治理保护，建设沿河风光带，打造高品位的商居、休闲旅游、文化走廊。

“两组团”：即万宝组团和百亩组团。其中万宝组团主要依托沪昆高铁娄底站，建设区域性客运、物流中心，发展商贸服务业，形成集高端商居、总部经济、金融服务于一体的枢纽型新城市中心，打造娄底“新客厅”、城市“新名片”。百亩组团主要依托洛湛铁路娄底西站，打造区域性仓储物流基地；以原娄星经济园区为基础，围绕鸿帆铝工业园、红太阳电池新材料科技园、文昌半固态轻合金产业园、红宇高合金耐磨材料园，建设新材料、新能源的科技环保型专业园区，打造娄底经济“新引擎”，生态

2011年1月6日万宝新区正式隆重挂牌。

徐守盛省长（前右三）在娄底市委书记林武（前左三），市委副书记、市长张硕辅（前右二）的陪同下视察万宝新区，听取万宝新区党委书记罗孝贵（前左一）的汇报。

工业“新标杆”。

在新区整体空间结构的基础上，万宝新城“一心、两带、三园、五轴、九区”的空间结构呼之欲出。一心指以沪昆高铁站为依托，在万宝中心地段形成新的商业核心区。两带指环绕东西的孙水河风光带和永昌河风光带。三园指规划范围内保留及规划的三个自然山体公园。五轴指以潭邵高速连接线、娄星南路形成万宝新区前期开发的启动轴；由潭邵高速连接线、娄益衡高速公路、沪昆高铁及城际轻轨、娄星南路等组成对外交通轴；规划片区的五纵四横9条主干道形成主要发展轴；沪昆高铁东西沿线防护绿轴；火车南站广场、尖山寨生态保护区和万宝文化旅游公园形成商业中心景观轴。九区指滨水休闲生态区、山水生态居住房、万宝生态保护区、火车南站综后商务区、三个生态居住区、生态文化综合区、商贸物流区。

万宝新区生态优良。水府庙湿地公园、仙女寨生态公园、孙水、永昌河，水绕山流韵，山映水生光。

万宝新区交通便捷。沪昆高铁，湘黔、安张衡、洛湛铁路，上瑞、娄新、益娄衡、长娄高速公路，株娄、益娄衡城轨，路路纵横，通达省内外；湘中大道、娄星南路、扶青南路等城区道路缀连市区中心。

挂牌庆典仪式上，万宝新区管委会主任向乾勇与北京华汇企业集团鉴订五星级酒店项目合同。

娄底工业园区

娄底市委常委、娄底市常务副市长刘和生主持召开万宝新区规划工作座谈会。

2011年2月26日，娄底市委副书记、市长张硕辅在长沙潇湘华天大酒店就万宝新城控制性详规接受湖南经视台记者采访。

娄底市委、市政府召开专门会议支持万宝新区开发建设工作。

2011年2月26日，万宝新区概念设计与核心区城市设计评审会在长沙潇湘华天大酒店举行，法国夏瓦纳规划公司与新加坡邦城规划设计公司两个特邀公司参与了竞标。

两型先导，示范湘中，万乘之地，物华天宝。万宝新区将以“四化两型”为主线，按照“着眼国际水准，高起点规划，高标准建设”的要求，到2013年，完成起步区4 km^{2}的基础设施建设，基本完成以火车南站为中心2 km^{2}的城市建设；到2015年，全面完成起步区4 km^{2}的城市建设，基本完成核心区内的主要路网建设，初现城市规模；到2020年，基本完成核心区建设，与老城区融为一体，把万宝新区建设成新型城市示范区、两型产业聚集区、城乡统筹样板区、生态文明先导区，成为“活力娄底、魅力娄底、富裕娄底、和谐娄底”的重要展示窗口。

一览众山披锦绣，日照长天浴彩霞。随着湖南省两型社会建设的快速推进，万宝新区必将磅礴而出，成为湘中娄底经济发展和城市建设最耀眼的明珠！

地址：湖南省娄底市大石山路一号　邮编：417000

电话：0738-8116066　8288801（传真）

网址：http://www.wbxq.gov.cn/

http://www.wbxq.org/

2011年2月26日，万宝新城控制性详细规划征求意见座谈会在长沙潇湘华天大酒店举行，张硕辅、刘和生、雷绍业、佘明庭等娄底市领导与诸多著名规划专家学者、企业家参加了会议。

娄底市水府示范片万宝新区

重点招商项目

一、铝板带精深加工

主要利用鸿帆铝业公司生产的热轧铝板带、冷轧铝板带下游精深加工。项目包括：涂层铝板、铝箔、铝塑复合板、易拉罐（盖）、铝合金导线、汽车天窗、铝合金型材等。

总投资20亿元，独资/合资/合作

投资50亿的鸿帆铝工业园项目入驻万宝新区。

二、电源材料深加工

以红太阳公司生产的钴粉、氧化亚钴、四氧化三钴作为原材料，发展下游深加工，产品主要包括镍氢电池、锂电池及汽车动力电池等。

总投资20亿元，独资/合资/合作

三、半固态轻合金深加工

以文昌公司生产的半固态轻合金进行下游深加工，生产半固态轻合金关键零部件产品，如汽车空调压缩机零部件、航空、航天、航海、军工、电子通讯等领域的关键零部件。

总投资20亿元，独资/合资/合作

四、新能源工业园

以清洁、可再生能源为主要发展方向，生产风能、太阳能发电系统。同时大力引进LED节能灯生产、封装与制造、淘汰驱动IC芯片研发生产等项目。

总投资30亿元，独资/合资/合作

投资5亿元的五星级酒店——华顿铂宫度假村项目鸟瞰图。

五、国际生态旅游文化贸易会展中心

依托新区优美的自然风光和人文景观，运用“两型”理念，建设一个涵盖会议酒店、会展中心、文化艺术中心、中老年和青少年活动中心、游乐休闲中心、美食广场等功能于一体的高品质文化体育生态休闲区。

总投资30亿元，独资/合资/合作。

六、汽车贸易城

利用新区独特的交通区位优势，建设一个覆盖湘中地区的汽车贸易城，包括建设30个汽车4S店，一个二手车市场，一个汽配市场，并配套汽车美容、销售培训、上牌、保险、检测等服务功能。

总投资15亿元，独资/合资/合作。

七、金融中心

在起步区内建设一个以银行、保险、证券、期货、信托投资、资产管理、会计师事务所等金融为金融中介机构行业办公为核心功能的金融服务中心。

总投资 10 亿元，独资 / 合资 / 合作。

八、五星级酒店

根据新区的规划和功能布局，区内将建设 2～3 家服务中心城区、辐射长株潭的五星级酒店。

总投资 12 亿元，独资。

九、商品批发城

在沪昆高铁娄底站周边规划建设一个区域性的日用消费品批发市场，包括服装鞋帽、电脑电器、食品烟酒、医药及医疗器械、图书、家具、建材等专业性市场。

总投资 30 亿元，独资 / 合资 / 合作。

十、精品楼盘开发项目

利用新区优美的自然景观和区内便捷的交通区位优势，按照 " 两型 " 理念，建设一个环境优美、功能配套完善、生态协调的高尚住宅区。

总投资 50 亿元，独资 / 合资。

十一高级实验中学项目

利用新区优美的自然景观和区内高铁、高速公路、城际铁路等交通区位优势，引进省内知名中学创办分校，建设一所高水平、高质量的初高级中学。

总投资 2 亿元，独资 / 合资 / 合作。

十二、三甲医院项目

利用新区优美的自然环境和独特的交通区位优势，引进国内著名医院创办分院，达到三甲综合医院标准。

总投资 4 亿元，独资 / 合资 / 合作。

十三、基础设施建设

对新区规划范围内的娄星南路、甘桂南路、扶青南路、高丰路、仙女大道、高铁站场、汽车客运站、公园等主要城市基础设施和相应的管网配套、桥梁、涵洞、隧道等项目，引进战略投资者。

总投资 100 亿元，独资 / 合资 / 合作。

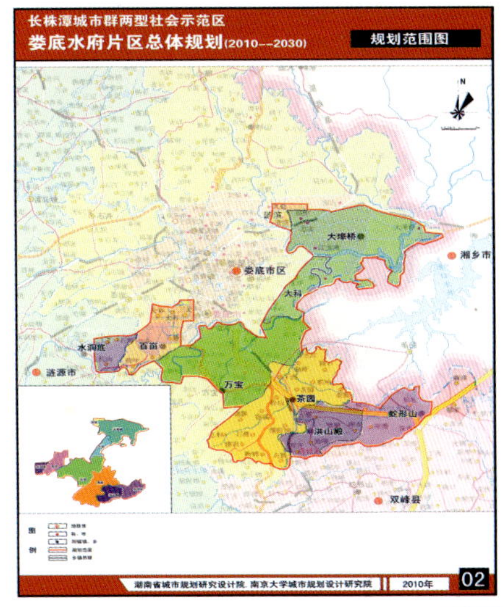

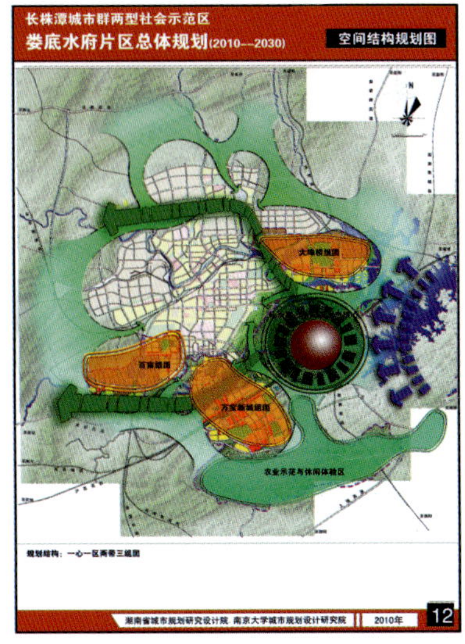

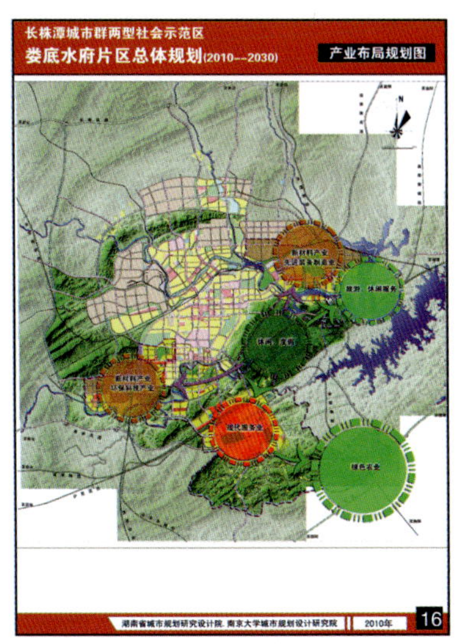

跨越赶超的湖南双峰经济开发区

正在建设中的园区一角

2010年元月，时任湖南省委书记的张春贤来园区访问

湖南双峰经济开发区是一方肩负双峰工业发展使命的热土，更是一方成就希望与梦想的新区。2010年里，湖南双峰经济开发区坚持以项目建设为中心，创新体制机制，创优发展环境，加大招商引资力度，扎实推进新型工业化，打造区域经济发展的“主引擎”、新型工业化的“主阵地”、新型城镇化的“示范区”，争创一流省级开发园区。

2010年双峰工业园区经济发展主要数据

工业总产值：全年完成工业总产值25亿元，同比增长40%；

财政税收：完成利税收1.2元，同比增长50%；

招商引资项目个数：全年招商引资项目15个。其中亿元以上战略项目8个；5000万以上投资项目4个；2000万以上项目3个；

总投资：15个项目协议投资24亿元，当年实际到位资金10亿元；

企业总数：投产企业42家。属于上市公司投资企业3家，省级重点后备上市企业2家；

当年引入当年开工建设的招商引资项目：9个；

新上基础设施项目：13个，全年共计完成投资3400万元；

娄底工业园区

外国友人及客商来访

土地开发面积：全年报批土地943亩，项目建设用地982.5亩。

● 不断壮大的主导产业

通过调结构、转方式，部分园区企业如农友机械、湘源皇视、卓越粮油、定园机械、兴昂鞋业、荣诚制鞋等企业重组抱团，扩资提能，做大做强，成为产业的核心企业，形成新的经济增长点。农机机电产业、制鞋产业、农副产品加工业及电子信息产业初具规模，不锈钢、精细化工等新型材料产业正在形成。

● 不断提升的承载能力

园区坚持“科学规划先导，基础设施先行”，围绕工业项目需要，水、电、路、安置区等基础设施基本完善，承接平台逐步夯实，亮化、绿化、洁化等配套设施也进一步跟进。

● 不断创新的体制机制

坚持解放思想，大胆开拓创新，破解发展瓶颈，对园区的管理体制、运行机制、财政体制进行了理顺。成立了经开新区管理处，县直主要职能部门入驻园区，初步形成了一整套适应园区发展的充满活力的体制机制。

园区制鞋企业员工生产场景

不断优化的发展环境

全力营造一个诚信和谐的社会环境、公平正义的法治环境、安定有序的建设环境、高效廉洁的政务环境、优质周到的服务环境。以园区特有的“小气候”,加速园区发展的大环境。

2010年是湖南双峰经济开发区“十一五”社会与经济发展收官之年,为“十二五”发展奠定了良好基础。到“十二五”期末,双峰工业园区建成面积6平方公里,工业用地比重达到60%以上;入园企业达到100家,工业总产值达到100亿元以上,规模工业总产值90亿元,税收2亿元以上,培育形成5亿元产值的企业2家以上,亿元产值的企20家以上。

湖南双峰经济开发区管理委员会
联系电话 0738-6881699

卓越粮油新上线的精制大米生产加工线

农友集团新上的农机生产线

创业大厦效果图

展示开发区风采，发展开发区成果。——湖南省常务副省长 于来山 题

蓬勃发展的湖南冷水江经济开发区

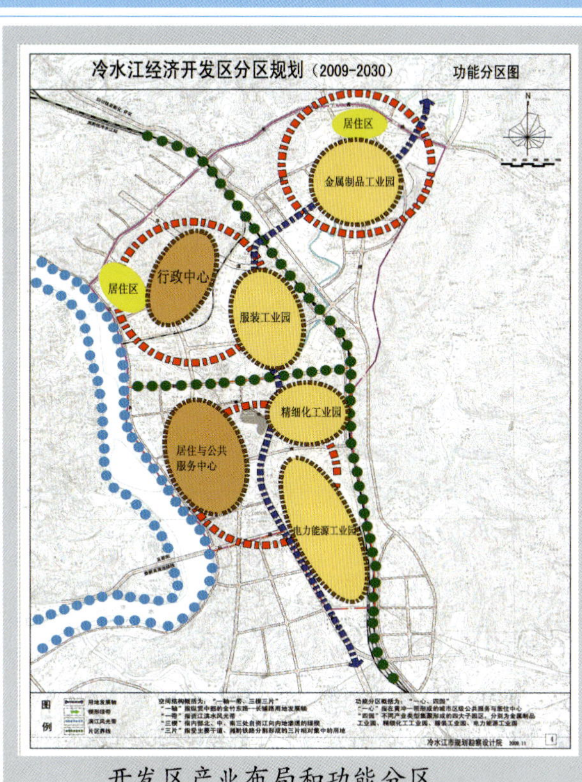

开发区产业布局和功能分区

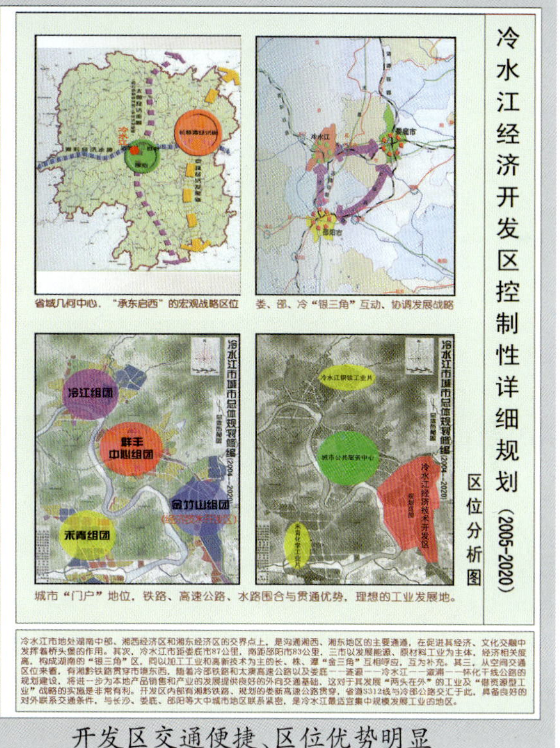

开发区交通便捷、区位优势明显

湖南冷水江经济开发区于2006年1月26日经国家发改委审核批准成立，位于冷水江市东郊沙塘湾街道办事处境内，规划面积9.66平方公里，是冷水江市贯彻落实湖南"一化三基"战略、实施"一转三化"的前沿阵地和主战场。目前，开发区已完成固定资产投资80亿元，引进项目25个，引资突破100亿元，2010年园区实现工业总产值162亿元，上缴税金总额5.5亿元。

科学的产业定位

根据冷水江市特有的资源优势和技术优势，发展机械制造、精细化工、能源深加工等产业；立足新型工业化，发展新材料、新能源等高新技术产业；充分利用我市及周边县市人力资源，发展轻纺、服装产业等。根据产业定位，开发区规划为"一心四园"。"一心"即公共服务与居住中心，"四园"即金属制品产业园、服饰产业园、精细化工产业园、电力能源产业园。我们相应把金属制品、服饰、精细化工、电力能源确立为开发区的4个主导产业。

富足的矿产资源

冷水江市是湖南省重要的能源与原材料生产基地，有"世界锑都"、"江南煤海"、"有色金属之乡"的美誉，境内的冷钢集团、闪星锑业、金富源碱

省人大副主任蔡力峰来开发区指导工作

娄底市委书记林武、冷水江市市委书记刘小龙调研开发区发展工作

开发区党委书记康一在世博会上签约

业、湖南宜化、金竹山煤矿等企业，盛产各行业生产所需的各种材料。

便捷的区位交通

开发区距城区约8公里，湘黔铁路横越园区，沪昆高铁坪上站距开发区2公里，区内还有8条厂矿铁路专用线，铁路运输十分方便；省道S312线穿区而过，娄新高速公路金竹山互通距开发区仅1公里，距长沙黄花国际机场2小时车程，公路交通十分便利。

完备的基础设施

开发区境内有装机容量180万千瓦的大唐华银金竹山电厂，有220万伏和110万伏变电站各1座，供电保障率达100%；市中心水厂和禾青水厂主水管都铺设到了开发区，开发区自来水供水率达100%；区内4条主干道基本拉通；光纤通讯、移动、联通网络畅通。

丰富的人力资源

冷水江境内国有大中型企业密布，工程技术人员与熟练工人较多；有冷水江高级技校、冷水江中等职业技术学校等2所全国重点职业教育学校，还有资江化校、冶金技校、冷钢技校等3所专业技术学校，每年能为企业培养大量各类专业技术人才；加上农村剩余劳动力多，形成了层次结构齐备的人力资源格局。

宽松的发展环境

开发区下设街道办事处，实现了“区政合一”，各类矛盾调处及时到位；对入园项目，我们实行投资项目代理制，审批一条龙服务和重大项目协调服务机制，为项目入园提供全程服务。实施限时办结制度，属市级审批权限的7日内办结，属娄底市级审批权限的，10日内办结，属省级审批权限的，20日内办结；项目入园后，我们实行项目跟踪服务制度；工业用地以成本价供应，对投资规模大，对区域经济有较大拉动作用的战略性项目实行一事一议，甚至可以由政府完全垫资，土地综合成本远低于沿海地区和省内发达地区。

“您的需求就是我们的一切，您的发展就是我们的心愿”！蓬勃发展的湖南冷水江经济开发区真诚敞开大门，欢迎各界友人，企事业单位、国内外客商前来投资，共谋发展，共创辉煌！

开发区办公大楼

国内最大的硅化工企业
三A化工集团

中南地区最大的服饰生产企业
湖南金鹰服饰集团

金鹰服饰生产的木纤维系列产品

产能亚洲第二中国第一的天宝紧固件制造有限公司

天宝公司生产的各类紧固件整装待发

地　　址：湖南省冷水江市沙塘湾街道办事处
电　　话：0738-5553999(传真)
招商热线：0738-5553666
网　　址：WWW.LSJKFQ.COM.CN
邮　　箱：LSJKFQ@163.COM

娄底工业园区

展示开发区风采，发展开发区成果。——湖南省常务副省长 于来山 题

湖南涟源经济开发区

全新的发展理念　优惠的政策　宽松的环境　优质的服务

湖南涟源经济开发区党委书记　肖明贤

湖南涟源经济开发区管委会主任　张建中

湖南涟源经济开发区是1992年9月经省人民政府批准成立，2006年1月经国家发改委审查确定为保留的省级开发区。开发区位于城区东侧，核心区规划面积6.1平方公里。

交通条件

涟源经济开发区位于涟源城区东郊，境内交通便捷，四通八达。距离娄底市区30分钟车程；距长沙市区80分钟车程；有娄涟高等级公路与二广高速互通穿腹而过，长韶娄高速位于北面，娄新高速、湘黔铁路、沪昆高铁毗邻南边，涟水河绕区而过，区位优势得天独厚。

基础设施

2010年，在长1300米，宽60米的涟源大道建成通车后，我区又投资1亿元，同时开工建设四条主次道路，初步形成了“三纵四横”的交通网络，另外，我区相继建成了22万伏变电站1座，11万伏变电站1座，日供水4万吨自来水厂一个，日处理污水5万吨的污水处理厂一个。

产业特色

目前，开发区已形成机械制造、新材料、轻工三大主导产业，配套发展农产品深加工、仓储、运输、房地产、金融等产业。区内娄底市中源新材料有限公司2010年产值达到9.5亿元，税收7350万元，2008年其启动的新产业园项目第一期工程2010年底建成投产，2011年初将启动第二期工程，全部建成后，年产值将达40亿元以上，年税收将达2亿元以上。远扬煤机2010年总产值达到2.33亿元，工业增加值达到7000万元，其所生产的产品不仅遍销全国，还远销出口到东南亚越南等国。创安防爆电器有限公司、海湖矿灯有限公司等煤机企业生产形势良好，创安防爆与越方企业签订了99台防爆起动器的销售合同，实现了涟源煤机企业直接与国外企业签订销售合同零的突破，标志着涟源煤机产品开始走向国际市场。开发区现有规模企业20家，2010年底实现产值46亿元，完成税收9750万元。

我们将以全新的发展理念、优惠的政策，宽松的环境，优质的服务，以新型工业化和新型城市化为目标，积极承接发达地区产业转移，抢抓机遇，奋力拼搏，在“十二五”期间昂首迈入全省省级经济开发区第一方阵，实现涟源经开区的跨越式发展。

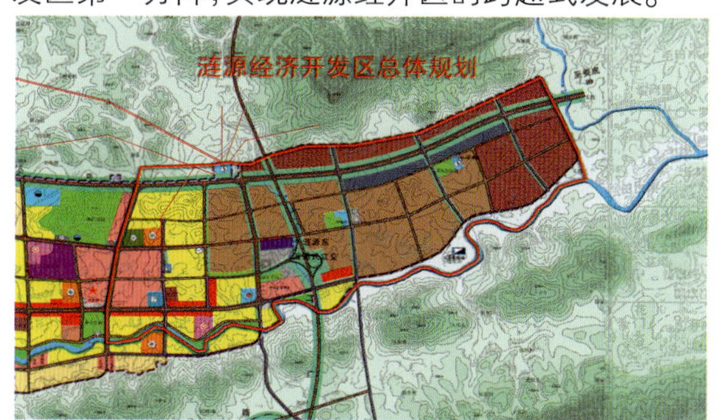

电话：0738-4451969　传真：0738-4451996
网址：http://jkq.lianyuan.gov.cn

开放合作之平台 招商引资之窗口 ——湖南省委副书记:梅克保 题

娄底工业园区

湖南新化经济开发区

建设中的梅苑工业园一区

湖南新化经济开发区原名"新化县梅苑经济开发区",是1992年经省人民政府批准成立的省级开发区。2006年1月,经国家发改委、国土资源部审查后确定为保留的省级开发区。地处新化县城资江东岸,下辖1个办事处,总面积32平方公里,总人口5万。

开发区地理位置优越,交通便捷。建区以来,开发区已投入近7亿元用于水、电、路、讯等基础设施及学校、市场、医院、车站等生活配套设施建设,投资环境日臻完善,城市规模达到10平方公里,品位不断提升。新化县委、人大、政府、政协等重要机关迁入开发区办公后,这里成为了全县新的政治、经济、文化中心。

2005年6月,开发区的工作重点由城建开发转移到工业园的建设。工业园位于新化经济开发区北部,原第一期规划面积10平方公里,分一、二、三区,现已建成1.2平方公里的工业一区。目前,已签约入园项目32个,合同引资13.5亿元。2009年,开发区工业园完成工业产值6.09亿元,工业增加值2.32亿元,实现利税1.02余亿元。

园区电子陶瓷车间一角

2009年,县委、政府根据我县交通格局新的变化以及资源分布,将我县产业园区规划布局调整为"一区五园"。一区即新化经济开发区,五园即梅苑、城西、向红、西河、琅塘工业园。五个工业园规划面积共计24平方公里,主导产业分别为新技术产业及农产品深加工;电子陶瓷及办公耗材产业;新材料工业;建材、家具产业;冶金工业。开发区对"一区五园"实行统一管理。

前进食品车间一角

我们将以全新的发展理念,优惠的政策,宽松的环境,优质高效的服务,把新化经济开发区建设成为高效能、高科技、高水平的现代生态工业园。到2015年,园区固定资产投资达50亿以上,入园企业突破200家,工业总产值超过100亿,年税收突破5亿元,力争进入全省工业园区前10强。

地址:新化经济开发区梅苑南路世纪大楼3栋2楼
电话:0738-3233003 联系人:张先生
传真:0738-3233002 0738-3233003

邵阳工业园区

展示开发区风采，发挥开发区成果。——湖南省常务副省长 于来山 题

开发区三面环水，地势较为平缓，江岸绵延数十公里，生态环境优雅，二广高速公路及其连接线、320国道市区过境线、207国道市区过境线、217省道市区过境线均从区内经过，区位优势十分明显。

湖南邵阳经济开发区

湖南邵阳经济开发区位于邵阳市城区之北，1996年经省人民政府批复成立，原名邵阳市民营经济开发试验区。总规划面积25.4平方公里，由商贸居住区、新型工业区、物流仓储区、生态休闲区四大功能区组成。

湖南邵阳经济开发区规划图
(2006-2020年)

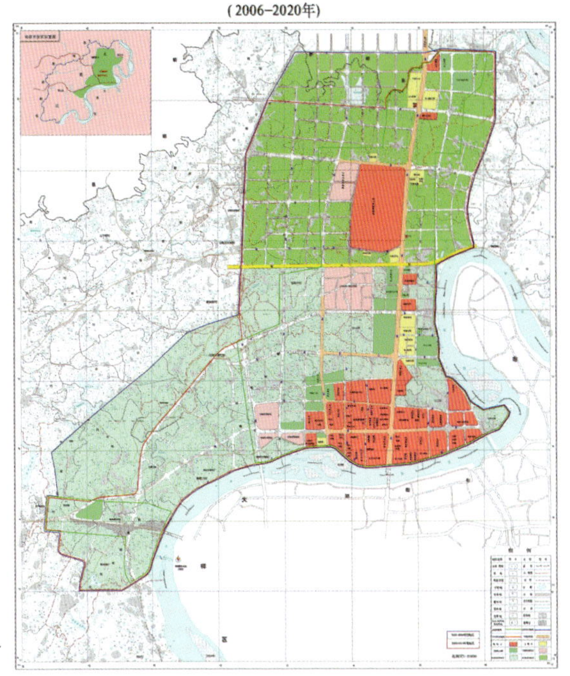

开发区三面环水，地势较为平缓，江岸绵延数十公里，生态环境优雅，二广高速公路及其连接线、320国道市区过境线、207国道市区过境线、217省道市区过境线均从区内经过，区位优势十分明显。

作为邵阳市区唯一的省级开发区，享有相关市级经济管理权限，并出台了一系列投资优惠政策。同时与北塔区实行政区合一管理机制，对一切投资客商和建设项目进行“零距离”、“保姆式”服务。目前，开发区掀起了新一轮投资开发建设热潮。湘窖二期--生态酿酒园、李文食品十万吨果蔬精深加工及颗粒橙饮料汁生产项目、湘中辐照食品消毒中心、华力纺织新生产基地等优势产业项目落户工业园区，形成了食品、纺织、建材、轻工业四大特色产业。

经过邵阳开发人10余年的艰辛打拼，昔日的郊区农村变成了投资热土、创业家园、活力新区、滨江之城，建成面积9平方公里，成为了邵阳市“四化两型”社会建设的示范区。2010年，全年完成固定资产投资10亿元，实现技工贸总收入39亿元，工业增加值10.4亿元，创利税2.1亿元。

地　　址：邵阳市魏源路
招商热线：0739-5677999　5620578

湖南信多利新材料有限公司

湖南信多利新材料有限公司成立于2004年，注册资本1000万元人民币，坐落于邵阳经济开发区。主要从事稀土发光材料（高性能灯用稀土荧光粉、PDP用荧光粉、LED用荧光粉及特种荧光粉）的研发、生产和销售，目前已形成年产荧光粉700吨的规模。

现有员工48人，其中博士、硕士3人，大学本科以上学历8名，直接从事研究开发的科技人员12人。为进一步提升公司的竞争力，公司与中南大学成立联合研发中心。湖南信多利新材料有限公司主要从事稀土发光材料的研发、生产。稀土发光材料主要用于环保高效节能灯，LED器件、PDP显示器件和液晶背光源等行业，其推广应用符合我国对稀土行业的调结构转方式的基本方针，也符合当今环保、节能、低碳的世界主题，是一个非常有前景的行业。凭借湖南稀土资源丰富的优势和湖南稀土行业千亿产业发展规划，作为稀土深加工之一的企业——湖南信多利新材料公司必将得到强劲的发展。

邵阳市百锐工具有限公司

邵阳市百锐工具有限公司创建于2002年4月，2010年2月搬迁至邵阳经济开发区，注册资本500万元，员工260人，法人代表粟强。公司集研发、生产、销售于一体，主要生产经营钳类工具。公司于2004年4月在广州注册了“广州百锐工具有限公司”，2005年8月在上海注册了“上海景程工具有限公司”，这两家公司主要从事品牌的推广和销售。公司注册了“百锐”、“鲨龙”、“盛世”、“美洲虎”等系列商标。公司先后荣获了“邵阳市出口创汇大户”、“纳税先进单位”、“质量管理先进单位”等多项荣誉和表彰。

公司秉承“百折不挠、锐意进取”的创业精神。追求股东、客户、员工利益和社会价值的最大化，立足百锐百年发展规划，立志打造中国五金工具行业的领航企业。

湖南李文食品有限公司

湖南李文食品有限公司创办于1996年，是湖南省果蔬加工出口大型民营企业之一，有7家独资、控股企业。2010年末，公司总资产36030万元，资产负债率42%。银行信用等级AA+级。生产旺季共有员工3570人，产品通过国际、国内绿色食品认证，达到出口国际标准，直销欧美等国际市场。公司与美国可口可乐公司达成合作意向，为其提供原料，于2010年8月新上“年产3万吨橙汁胞生产线”项目。到“十二五”末公司将形成10万吨果蔬产品加工规模。公司被评为邵阳市目前唯一的农业产业化国家重点龙头企业、全国农产品加工业示范企业、全国新农村建设百强示范企业。

湖南省恭兵食品有限公司

湖南省恭兵食品有限公司创办于1999年，现为湖南省豆制品加工行业中规模最大、设备先进、销售网络完善的省级农产品加工龙头企业。公司注册资本为3200万元，占地13万平方米，建筑面积3.6万平方米，2008年底总资产达9758万元。

公司生产的"恭兵"牌麻辣休闲食品、猪血丸子、武冈铜鹅系列产品，获得了湖南省名优特农副产品博览会银奖、湖南省第四届（国际）农博会金奖、湖南省名牌产品、湖南省首届（国际）绿色食品博览会"畅销优质农产品金奖"，湖南省著名商标证，同时还通过绿色食品认证。

公司正在投资1.5亿元进行二期扩建工程建设，将打造成为300万居里的湘中核辐照中心、食品开发与研究和全现代化储存、保鲜的物流园，建成后可实现8.2亿元销售收入。

董事长：王恭兵

联系电话：0739-5671688　传真：0739-5671988

通讯地址：湖南邵阳经济开发区魏源路

网址：http://www.gbsp.net

邮箱：gbsp@gbsp.net

湖南湘窖酒业有限公司

湖南湘窖酒业有限公司是湖南金六福酒业有限公司（华泽集团）成功收购邵阳市酒厂后重新组建的新企业。

原邵阳市酒厂是湖南省酿酒行业重点大型骨干企业，始建于1957年。历经50年的经营发展，湘窖酒业在不断创新中超越，已连续多年被评为湖南省经济效益百强企业、湖南省酿酒行业重点大型骨干企业和中国制造业500强。

2004年10月至2007年9月，华泽集团投资7亿元在江北工业园区历经3年时间建立起一座新型、现代化的集园林、生态、环保和工业旅游为一体，年酿优质酒能力1万吨，储酒能力3万吨，包装生产能力5万吨的绿色酒厂。它汇集了国内多项酿酒高科技术，是邵阳市现代工业化改革的一座里程碑。

迄今，公司已有江北工业园、樟树垅和昭陵西路三个厂区。产品分为湘窖、开口笑、邵阳和营养开口笑等四大系列。

为促进湘窖酒业的发展，华泽集团董事会决定启动湘窖酒业"陈酒战略"，拟建湘窖二期工程，继续在邵阳扩大湘窖酒业的生产规模。二期工程征地900亩，追加投资12亿元，项目建成后，年酿酒能力5万吨，麻坛酒库储存能力5万吨，年包装成品酒5万吨。二期工程还将进一步完善工业旅游配套服务功能，世博"湖南馆"于2010年11月落户在湖南湘窖酒业有限公司，预计在2011年5月1日前向公众重新开放，全面打造全国生态酿酒工业旅游观光胜地；一座占地千亩的现代化绿色酒城将在资水之滨巍然崛起，湘窖酒业有限公司将以崭新的姿态迎接八方宾客。

湖南邵东经济开发区

以提质扩容为基础，以招商引资为手段，以项目建设为载体，以产业转移为重心，务实开拓，克难攻坚，推进了开发区持续快速发展。

我区被确定为全省承接产业转移示范园区

2010年1月，我区升格为正处级省级开发区。一年来，在县委、县政府的正确领导下，管委会新一届班子带领干部职工抓住开发区升格的良好机遇，围绕县委、县政府"实现县域经济跻身全省十强奋发赶超"的总体要求，以提质扩容为基础，以招商引资为手段，以项目建设为载体，以产业转移为重心，务实开拓，克难攻坚，推进了开发区持续快速发展。4月，我区被确定为全省承接产业转移示范园区。

【体制改革】在深入调研、科学论证的基础上，县委、县政府出台了《关于加快邵东经济开发区建设和发展的若干意见》（邵发[2010]2号）、《关于授予邵东经济开发区部分县级经济管理权限的通知》（邵政发 [2010]34号）、《关于邵东经济开发区使用系列"2号公章"的通知》（邵政发[2010]35号）等系列文件，进一步理顺了园区管理体制，优化了园区发展环境，为我区持续快速发展提供了有力的政策保障。

省委常委、统战部长李薇薇（左三）在邵阳市委书记童名谦（左一）等陪同下考察永吉纸品公司

【基础设施】投资近5亿元全面启动了园区路网建设，长4.6公里的昭阳大道延伸段及昭阳大道改造工作全面竣工通车，兴和大道等主要道路建设稳步推进，园区路网框架初步形成。围绕"创建省级卫生县城"中心，投资1.32亿元完成了园区道路人行道板改造、绿化、水电等设施的更新和完善。华电星苑、东方巴黎、天骄豪庭、水印绿洲等重点房产项目全面启动，昭阳公园建设稳步推进。园区的生态建设和循环经济发展初显成效，投资1.8亿元兴建的日处理污水8万吨的县城污水处理厂和投资7790万元新建了无害化垃圾处理场相继投入使用。

中国皮革协会考察邵东皮具产业发展

【产业布局】准确定位园区的发展方向和产业布局，提出了"力争五年内跻身全省省级园区'十强'"的奋斗目标。以湖塘工业园区和兴隆工业园区为中心，重点建设以宾王扑克为龙头的印刷包装基地、以精华农产品为龙头的农产品加工基地、以皮具工贸园为龙头的皮具箱包生产基地、以东

玉柴动力区域合作伙伴湖南盛风农机股份有限公司奠基仪式

亿电器为龙头的打火机零配件生产基地、以盛风农机为龙头的机械制造基地，围绕火车新站、邦盛凤凰城打造现代商业服务区和物流中心。正在建设中的生态产业园区占地面积20平方公里，其中7平方公里为承接产业转移示范园区，产业布局突出新能源、新材料、生物制药等。

【招商引资】确立了围绕园区招商、招大引强、创新招商方式的战略思想，取得了良好的招商成效。全年园区实现招商引资到位资金83230万元，其中工业项目招商引资到位资金43960万元。今年新引进投资超5000万的规模以上入园工业企业10家，投资金额167000万元。全国500强企业广西玉柴动力、全国驰名商标浙江宾王牌业相继落户园区。

【项目建设】2009年引进的9家规模以上入园工业项目全部顺利开工或投产：宾王牌业一期工程完成三通一平，建设标准化厂房3栋、综合楼和宿舍楼各1栋，面积近20000平米，主体工程完成60%。亿利金属新建标准化厂房3栋、综合楼1栋，全部建成投产；新引进机械设备68台。永吉纸品新购地70亩扩建，已完成土地征用、拆迁安置

邵东县亿利金属制品有限责任公司办公楼

工作，三通一平工作正在稳步推进。东海五金新购地12亩，完成了简易车间建设，投资700亿元引进生产设备。经海塑料、星星数码、双雄气体、焦锑化工等项目都相继动工建设。

【承接转移】做大做强传统产业，加快承接产业转移，突出发展加工贸易，产业集聚效应日渐凸显。立足皮具箱包传统产业优势，制定了皮具行业发展五年规划，积极申报和着力打造“中国皮具之都”。6月，中国皮革协会专程来邵考察，对邵东皮具行业的发展给予了充分肯定。重点发展打火机外贸加工，积极推进打火机产业升级和资源整合，成功组建了打火机行业巨头——湖南东亿电器股份有限公司。1-12月，我区企业累计实现加工贸易进出口总额5065万美元，同比增长43%；其中打火机实现出口4800万美元，占全县进出口贸易总额的94.77%。

宾王牌业新建的标准化厂房

【园区工业】1-12月，园区全部工业企业完成销售收入55.077亿元、实现规模工业增加值16.975亿元、完成固定资产投资总额为8.250亿元、规模工业上交税金5053.4万元、实现出口总额为5065万美元，同比分别增长41%、45%、39%、21%、52%，居邵阳之首、全省前列。

“十二五”期间，我区将立足“高标准、高速度、高效益”，积极承接产业梯度转移，大力实施“北上西进东拓”开发建设战略，着力打造城市形象展示区、工业经济活力区、科技创新源动区、城乡一体先行区。到2015年，实现区内新增工业产值50亿元，财政收入5亿元；到2020年，基本建成15平方公里的生态新城，实现新增工业产值150亿元，财政收入15亿元。

地　　址：湖南省邵东县永兴路电信大楼
邮　　编：422800
招商电话：0739-2622646　2715145
网　　址：www.sdjjkf.com

开放合作之平台　招商引资之窗口　——湖南省委副书记：梅克保 题

邵阳工业园区

湖南武冈经济开发区

经济强区　财政富区　城市新区

湖南武冈经济开发区成立于1992年9月，1994年被定为省级经济开发区，规划面积10平方公里。2004年，按照湖南省湘西地区开发规划要求，在经济开发区内重点兴建工业园，规划面积5平方公里，首期开发2.5平方公里。

武冈经济开发区以城北大炮台地段为中心，主要建成武强、铜宝、陶侃、电台、东升、庆丰、城壕、普岭、春园、新东为主的"四纵六横"10条主干道路，新城区面积较开发前拓大了3.5倍；完成了大炮台商贸区、庆丰路商贸区、步行街商贸区、新建材城的开发，形成了工业品、林产品、农产品等专业批发市场，商贸辐射周边地区，已成为武冈"经济强区、财政富区、城市新区"。

武冈工业园西起武冈康宁路，东至安乐桥，北接邵怀高速路竹城连接线，南抵南山寨及老工业基地，横跨资水，s219、洞新高速东互通连接线与s220相交而过，布局合理，交通便捷，环境优美。园区以新型工业化为主导，立足本地资源，依托高科技发展电子元器件和生物制药业；依托"华鹏"、"亚太"、"福元"等著名品牌做强特色食品业；依托本地矿产、林业资源做大做强新型建材业，通过构建支柱产业，形成产业规模。现有入园项目31个，其中投资上亿元项目4个；已建成投产企业12家。2010年固定资产投入8.6248亿元；其中基础设施及其配套设施建设投入1.58亿元。新入园项目9个，完成工业总产值17.9841亿元。园区产业集聚效应越来越明显。

武冈工业园的未来发展，将以更宽松的投资环境，更完善的配套服务，更坚实的产业支撑，积极承接沿海产业转移，抢抓机遇，奋起直追，争取十二·五期间实现武冈工业园区跨越式发展。

我们也将以更加优质高效的服务，热忱欢迎海内外各界人士前来投资创业，共创辉煌！

地　址：武冈市玉龙路51号
（财产保险公司三楼）
联系电话：0739-4292268

三纵五横道路平面鸟瞰图

邵阳工业园区

展示开发区风采，发展开发区成果。——湖南省常务副省长 于来山 题

武冈市华鹏食品有限公司

该公司以生产、销售武冈传统卤菜熟食制品为主，是湖南省最大卤制品、豆制品生产基地，是湘西开发重点建设项目，也是湖南省、邵阳市农业产业化龙头企业，已率先通过"QS"食品安全认证和ISO9001：2000国际质量管理体系认证。

该公司致力于实施品牌战略，拥有"华鹏"和"乡里妹"等湖南省著名商标；生产出"世界最大豆腐干"，主要产品荣获湖南省第三、四、五、六、七、八、九届农博会金奖，被中国质量万里行工作指导委员会授予"质量、服务双满意单位"称号。现产品供不应求，畅销国内外。2009年完成产值1.2亿元，安排就业800余人。目前，公司正进行二期项目扩建，届时将形成1万吨铜鹅及肉制品加工能力，预计年产值可达2.9亿元。

湖南省云峰水泥有限公司

该公司是邵阳市第一家新型干法水泥生产企业，拥有一条年产20万吨的机立窑生产线和一条年产120万吨的新型干法水泥生产线，产品质量稳定，被评为"湖南省消费者信得过产品"。先后荣获"湖南省资源综合利用单位"、"湖南省民营科技企业"、"湖南省重点项目建设单位"称号。现固定资产近3亿元，年产值达3亿元，利税上亿元。

该公司正在开发二期配套工程，总投资达8亿元，配套建设4个符合国家产业政策、循环经济发展要求的新型科技环保项目，届时年产值将达16亿元，利税6亿元以上，新增就业3000人，成为武冈市龙头企业、邵阳市新型工业化示范企业。

湖南雄杰食品包装有限公司

该公司占地40余亩，于2007年底建成投产。现拥有湖南省最先进的10色电脑高速凹印机和PE吹膜以及编织袋彩印复膜生产线，专业生产各种塑料软包装和包装设计印刷，是湖南省印刷经营许可企业、邵阳市重合同守信用单位；取得国家食品包装安全QS认证、国家商品条码印刷资格认证、ISO9001国际质量管理体系认证。2009年完成工业总产值4000万元。

武冈市永锐电子科技有限公司

该公司成立于2007年9月，占地面积42亩。采用当前国内最先进的生产工艺与设备，专业生产适用于电力、消防、工程、工厂、矿区、家庭等各种安装之用的电线电缆，及各类电器、火车、汽车、工程车等专用内部连接线束。电线电缆和电子连接线生产全过程均实行IQC、PQC、IPQC、OQC、QE品质控制，已通过国家CCC强制认证，同时取得德国、美国、加拿大等国际认证。产品除供应本省三一重工、中联重科、远大空调等主要客户外，产品全部销往沿海地区。目前，正在扩建光纤通讯电缆生产项目。

三亿电子元件生产线项目

该公司占地10亩，投资3000万元，于2007年建成投产。主要产品为信息网络集成电路元件——电子陷波器、扼流线圈、微型电子变压器等系列产品，年产电子元件5000万只，国内拥有固定用户并出口国外。产品一直畅销，2009年完成产值3300万元，上缴税金320万元。

力创先进 永争优秀

湖南洞口经济开发区

湖南洞口经济开发区原名洞口高沙经济开发区，原址高沙镇，2004年3月在洞口县城建设新区，是全省清理整顿后保留的省级开发区之一。新区规划总面积16平方公里，首期开发面积3平方公里，由湖南大学设计研究院高起点规划设计。已累计完成投资8.1亿元。区内道路纵横交错、四通八达，上瑞高速公路和1805省道贯穿其中，交通便捷，区位独特。

2010年，洞口经济开发区注重外树形象和内强素质并举，一手抓外联招商，一手抓内引清理。在外联方面，坚持由“招商引资”到“招商选资”的指导思想，牢牢把握国家产业政策和经济发展走势，充分利用网络、报刊、电台等媒体，创新观念，强化措施，主动出击，开展了多层次、多形式的招商活动。截止2010年10月底共引入资金2.7亿元，引进招商项目4个。羊丝坳农贸综合市场建设全面启动，绿景二期楼盘成功发售。物流中心项目挂牌招商成功，项目总投资逾4亿元，并创下了1.42亿元的土地价款；湖南鑫兴达精工工业有限公司顺利落户园区，拉开了高科技企业入园生产的序幕。在内引方面，依法开展土地市场治理整顿工作。深入开展自查自纠，就我区建区以来土地征用、出让等各方面的问题进行了彻底整改。对金丰农产品、英雄农产品，天成医药等一些长期占地而又不能开工生产的项目，依法采取

展示开发区风采，发展开发区成果。——湖南省常务副省长 于来山 题

清理整顿措施，为一些大项目、高科技项目腾出空间。以“重点建设项目百日竞赛活动”为载体，推进嘉鼎木业等7个项目集中开工。佳和木业依法竞得荣昌木业资产；兴雄鞋业合同租赁金丰农产品闲置厂房；威亚牧业对英雄农产品进行整体收购；嘉鼎公司重组恢复施工建设。到目前，我区通过腾笼换鸟的方式共盘活区内闲置土地200余亩，共有13个工业项目开工，16个项目交工。完成工业性投资5.23亿元，同比增长5.6%，园区正呈现一派欣欣向荣的火热景象。

地址：湖南洞口经济开发区沿江路
电　　话：0739-7226383
传真：0739-7230719
电子邮箱：dkjj7226383@163.com

开放合作之平台　招商引资之窗口 ——湖南省委副书记：梅克保 题

湖南新邵经济开发区

地址：新邵县酿溪镇临江社区临江路 1 号　招商电话：0739-3601318　3680232

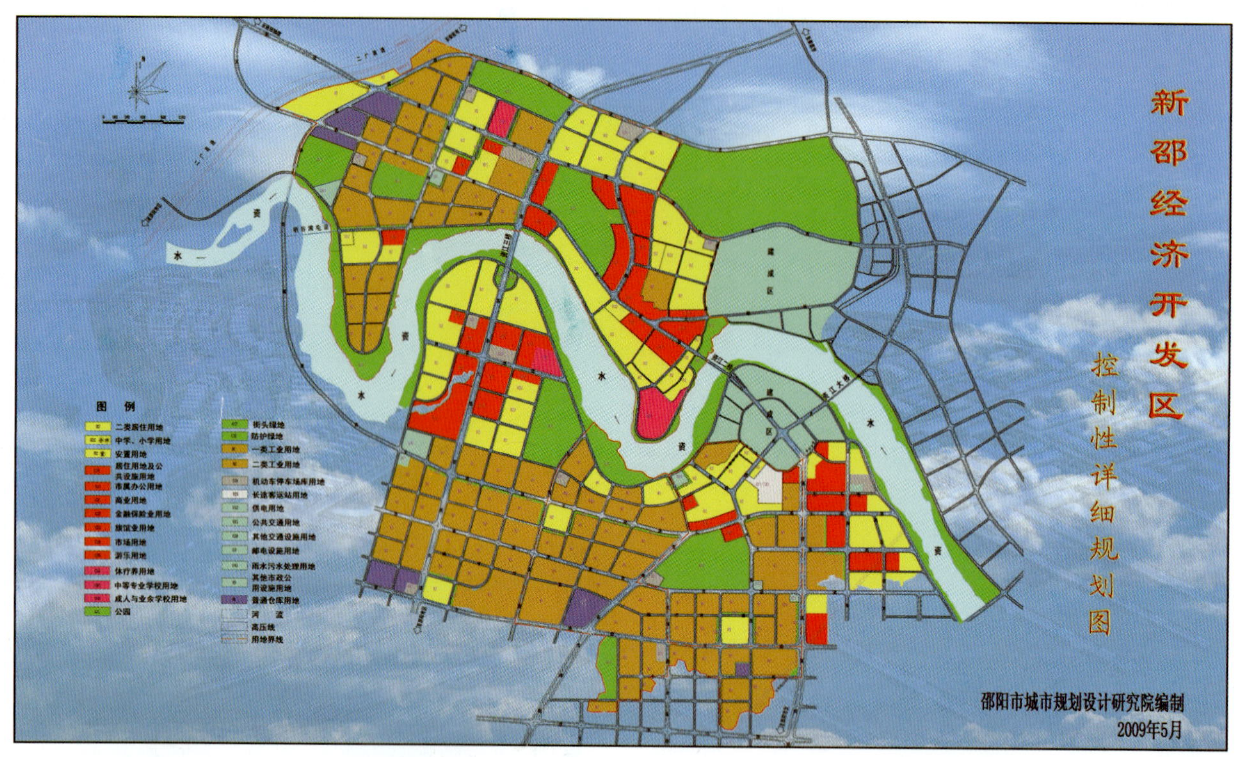

湖南新邵经济开发区创建于 1992 年 7 月，2006 年经国家发改委审定备案，湖南省人民政府批准为省级综合开发区，并由原来的“湖南省新邵私营经济试验区”更名为“湖南新邵经济开发区”。开发区地处邵阳、冷水江、娄底三市腹地，东西北三面资水环抱，南及西南与邵阳市区接壤，原规划面积 5.4 平方公里，2006 年规划修编扩大到 9.6 平方公里，规范控制范围为 8 村 3 社区，人口近 6 万人。目前已向省人民政府及相关部门申请，拟扩规至 14.86 平方公里。

新邵经济开发区自成立以来，累计投资 8 亿元用于基础设施建设。共修建了 36 条主支干道，总长 22 公里。主次干道都与 207、320 国道和 S217 省道连接，形成了以蔡锷路为主轴、大陈路、江南路、正东路、财兴路、七秀路、滨江路、大应路纵横交错的道路网络，拉开了开发区的发展框架。特别是随着县内潭邵、邵怀、邵衡、安邵、娄新等高速公路的陆续建成，还有即将开工建设的沪昆高铁，使开发区的区位优势日益凸现，上高速、坐火车仅需十几分钟；区内主干道蔡锷路不仅是连接新邵县与邵阳市的经济走廊，更是新邵县城融城的先导工程；实现了给排水、道路、电、燃气、通信、有线电视、信息宽带等“八通一平”；区内还有省级

规模工业企业——湖南奇力工具有限公司

高科技企业——邵阳市佑华净水材料有限公司

规模工业企业－湖南李文食品包装公司

示范性中学、30层的五星级大酒店、金融、商居小区、污水处理厂等配套生活设施，功能齐全。经过多年的建设，开发区建成区达5.4平方公里，已发展成为新邵县域经济的增长极，城镇建设的亮点，招商引资的窗口，新型工业化的主阵地，邵阳市的后花园。

在不断完善基础设施建设的同时，新邵经济开发区注重软环境的打造，全力为投资者创造良好的投资环境。随着基础设施的日益完善，发展环境的日益优化，各类企业纷至沓来。开发区共引进各类工商企业达182家，其中规模以上工业企业28家，高新技术产品企业7家，省级农业产业化龙头企业2家，产值过亿元的企业3家，初步形成了板材加工、彩色液晶、轻纺、生物制药、现代造纸等工业体系，集聚了广信造纸、湘林置业、宏运纺织、佑华净水、李文彩印、大成科技等一批有影响力的规模企业，共安置劳动力就业7800人。2010年，开发区实现工业总产值25亿元、规模工业增加值7.85亿元，入库税收7056.8万元。

新邵经济开发区将以科学发展观为指导，以开发区扩规为契机，围绕“产业特色明显，城市功能完备，发展环境优越，经济社会协调发展”的目标，不断解放思想，大胆改革创新，立足开发区发展现状，积极探索有效破解当前制约开发区发展的资金、征迁等难题，实现开发区又好又快发展的新思路、新措施。通过高起点规划，高质量建设，高规格管理好扩规区，将开发区建设成为环境优美生态，经济持续繁荣，社会文明和谐的科学发展先导区。

规模工业企业－邵阳市宏运纺织有限公司

宏运纺织有限公司生产场景

区内龙头企业－湖南广信工业纸板股份有限公司

开放合作之平台 招商引资之窗口 ——湖南省委副书记：梅克保 题

邵阳工业园区

强化产业支撑

——开发建设中的邵阳市宝庆科技工业园

改造后的红旗河(规划图)

宝庆科技工业园是邵阳市唯一的市本级工业园区,2006年开始规划建设。建设宝庆科技工业园是实现"双百"山水园林城市战略目标的重大举措之一。园区位于市区东南部,以产业走廊——邵阳大道为中心轴,生态走廊红旗河蜿蜒其间,园区规划面积24平方公里,与佘湖新城、双龙紫薇产业园共同组成37平方公里的宝庆工业新城。园区以财神路为界,以西7平方公里为商住配套区;以东17平方公里为产业园区,重点发展先进机械制造、电子信息、生物医药等主导产业。2009年完成工业总产值45.7亿元,实现税收1.6亿元。

园区管委会大楼

招商热线:0739-5486048 传真:0739-5486080 网址:www.sygyy.com 邮编:422000

邵阳工业园区

建设工业新城

——开发建设中的邵阳市宝庆科技工业园

三一汽车邵阳产业园(规划图)

按照“交通拓城、产业融城、文化秀城”的总体要求和“新园区、新城区、新社区”建设理念，着重抓好规划设计、招商引资、项目建设、环境优化等工作，已完成固定资产投资15.6亿元，其中基础设施投入8.8亿元。

拉通路网夯实基础

竣工通车道路17公里，在建26公里，“三横七纵”道路骨架初见雏形。

建设平台招商引资

产业孵化器、综合工业小区两大创业平台已经投入使用，中小企业纷至沓来。

产业集聚强化支撑

入园企业有三一汽车邵阳产业园、唐人神集团、恒远水电、湘胖食品、飞力格科技等26家，为宝庆工业新城提供了强大支撑。

综合配套提升功能

汽贸城、物流中心、五星级酒店、京都世纪城以及市行政中心、总工会、中心医院、军分区等搬迁工程，文化中心建设、红旗河整治工程全面展开。

队伍建设促服务

园区注重引进、培训人才，不断提高队伍素质，提升服务水平。一方新区活力无限，一座新城呼之欲出。

夜幕下的邵阳大道

建设中的汽车贸易城

招商热线:0739-5486048 传真:0739-5486080 网址:www.sygyy.com 邮编:422000

园区概况

隆回县工业经济开发区成立于2005年4月，位于隆回县县城——桃洪镇境内，处于上瑞高速公路隆回段两个连接线之间，紧邻320国道。规划控制区域面积10平方公里，近期开发建设面积4.5平方公里，总投资150亿元，其中入园企业投入120亿元，园区基础建设投入30亿元，区内实现水、电、路、气、下水道、电视网络、通讯等七通一平，建成后入园企业达150家，年创税收10亿元以上。由"一园一区"组成，"一园"即城东南工业主园区，"一区"即城南食品工业区。城东南工业主园区以建材、造纸、新能源、生物制药和劳动密集型产业为主；城南食品工业区立足隆回的富硒资源，以金银花、百合、"三辣"等绿色农副产品精深加工为主。

省委副书记梅克保视察湖南湘丰特种纸业公司

园区已建成3平方公里，总投资18.5亿元，其中入园企业投资14.7亿元，园区基础设施建设投入3.8亿元。已招商入园企业36家，其中：投资过亿元的有6家，投资过5000万元的有9家；已投产的企业26家，入园在建项目10个。其中：城南工业园已建成1平方公里，水、电、路、气、有线电视、通讯管网等"七通一平"基础设施建设及功能配套已全部到位；城东南主园区已开发2平方公里，区内道路已全部贯通，110千伏变电站已投入使用，自来水、通信管网、网络、有线电视已入园，投资1.18亿元的集中污水处理厂投入使用，园内灯化、绿化一期工程配套完工。

主要入园企业

湘丰纸业投资2.8亿元的年产8000吨高档卷烟纸生产线，南方水泥投资3.7亿元的年产200万吨干法水泥生产线和余热发电项目，武汉凯迪集团投资3亿元的4×12MW生物质能发电项目，"三辣"食品投资6000万元的"三辣"罐头生产线，湘丽食品投资5800万元的金银花饮料生产线，江苏泽林酒业有限公司投资7169万元的富硒猕猴桃果酒饮料项目，湖南和诚精细化工有限公司投资5500万元、群丰化工投资5000万元的医药中间体生产项目、邵阳凯宥鞋业投资5000万元的鞋业生产加工基地，焕兴置业投资1500万元的1.8万平方米标准化厂房，福鸿工

展示开发区风采，发展开发区成果。——湖南省常务副省长 于来山 题

省政协主席胡彪视察隆回工业园区

市委常委、统战部长王长忠(左一)在县委副书记、县长周卫臣(左二)，县委常委、统战部长黄仕军(左三)、副县级干部、县工业经济开发区管委会主任张晚清(左四)等陪同下参观兴昂鞋业

艺制品厂投资2000万元的二期标准化厂房，万源生物投资8310万元的刺葡萄油提取项目和入驻标准化厂房的电子、灯饰类企业。2010年以来，招商形势更是喜人，全球十大制鞋企业之一的兴昂国际投资2500万美金兴建鞋业生产加工基地，年产各类女鞋500万双，用工规模达8000人；位列中国企业500强第135位、中国民营企业500强第5位、中国肉食品行业第1位的江苏雨润集团投资4.4亿元建年产200万头生猪加工生产线；宝庆农产品公司与香港长合食品有限公司共同投资1.02亿元建设龙牙百合、玉竹和饼干系列产品加工项目等等。至此，外企、上市公司、中国500强等实力雄厚、带动力强、发展前景好的大企业入驻隆回。目前，湘丰特投资7.5亿元年产15万吨白卡纸项目、投资1.5亿元年产20000吨BOPP薄膜项目，深圳艾迪芙文化用品有限公司投资8亿元年产15万吨书写纸项目等正在洽谈中。

招商引资政策

用地优惠政策

1. 工业经济开发区内投资兴办工业企业须以招、拍、挂方式取得土地使用权，土地出让价格不得低于9万元/亩。

2.工业经济开发区为入园项目通路、通电、给水、排水到地块边缘；通讯、宽带网络、有线电视由相关管线单位负责落实。

3.签订正式合同、交清全部土地价款后，方可领取土地使用证。取得土地使用权的投资者，在经得园区同意和不改变土地用途的前提下，可依法转让、出租用于相关工业项目。

邵阳市政协副主席伍邵华(右一)在县委常委陈立君(左一)，副县级干部、县工业园管委会主任张晚清(左二)的陪同下视察福鸿工艺制品有限公司

4. 进入工业经济开发区项目自签订正式招商合同之日起，必须按合同有关约定开工并完成投资额，否则，依法收回其土地使用权，另行出让；地上建筑物等限期自行处置。

财政奖励政策

1.进入工业经济开发区的项目在缴纳土地出让契税后一个月内,县人民政府奖励该项目所缴纳土地出让契税的县级留成部分的70%用于该项目建设。

2. 符合进入工业经济开发区条件的工业项目并取得土地使用权的投资者，按已审批规划建设且完成30%以上的投资额时，县人民政府按实际供地每亩补贴该项目的厂房及配套设施建设资金2.5万元。为鼓励投资商开发建设标准化厂房用于

南方水泥年产 200 万吨熟料及余热发电项目厂区

出租，工业经济开发区按建筑面积每月 1.5 元每平方米补贴投资商，补贴期限 3 年，补贴资金从工业发展基金中解决。

3.当年开工建设并投产的项目，从投产日起，五年内按购地面积计算，累计实交生产性税金县级留成部分(指生产经营税收，不含代扣代缴和出口退税，以下同)达到或超过土地出让金总额的，按购地价款 100%奖励（奖励金额需扣除政府已补贴的厂房及配套设施建设资金 2.5 万元/亩）；累计实交税金县级留成部分提前达到土地出让金总额的，五年内剩余时间所缴税金按县级留成部分 50%奖励。

4.重奖依法纳税大户。在及时足额交纳税收的前提下凡年纳税(不含稽查纳税、抵扣税和退税)500 万元的，县人民政府当年奖励企业负责人 25 万元；年纳税超过 500 万元的，每递增 500 万元则奖励金额递增 25 万元；最高奖励金额不超过 200 万元。

5. 鼓励在隆回产生生产性税收企业争创知名品牌。凡工业经济开发区入园企业在隆回被认定为中国驰名商标，一次性奖励 30 万元；经省级或省以上认定的高新技术企业、买断中国驰名商标和国际知名品牌来隆回生产的企业，投产时一次性奖励 20 万元；被认定为湖南省著名商标、中国免检产品称号，一次性奖励 10 万元。

园区企业老板共谋园区发展大计

配套服务

我县是国家扶贫开发工作重点县，比较实施西部大开发政策县，湘西开发重点项目县和革命老区县，县委、县政府用足用活扶贫开发优惠政策，积极为投资者争取政策支持。近年来，各级各部门着力转变政府职能，提高行政效能，从前期服务转为全过程跟踪服务，从主动上门服务转为全方位代理制服务，全县各职能部门在政务中心设立窗口，实行一条龙服务，一个窗口对外。入园企业和政府签订招商协议后，一切手续交给园区，实行全程代办和跟踪服务。

隆回是全省依法治县示范县、全省文明县城和文明乡镇。在“搜狐中国.2008 城市盛典”上，隆回县获评“最佳投资环境城市”，2010 年隆回县工业经济开发区被全国高科技产业品牌推进经济专业委员会授予“中国最具发展竞争力品牌工业园区”。

自然环境

1、隆回是世界罕见的富硒区，辖区内全境富硒，是中国“三大硒都”之一，经南京土壤研究所测定，其土壤富硒含量比被誉为富硒之都的湖北恩施还要高，硒平均含量是世界的 25 倍，全国的 30 倍。硒是人体必需的微量元素，被称为“人体卫士”

兴昂鞋业生产现场

湖南湘丰特种纸业年产8000吨特种纸生产线

和“肝脏的保护神”。近年来，开发的富硒农产品在全国产生了广泛影响。随着人们生活水平的提高，人们对身体健康的关注度也不断增强，打造富硒农产品市场广阔。

2、隆回地处衡邵盆地向雪峰山过渡地带，地势自东南向西北呈阶梯式抬升，最高海拔1780米，最低海拔为230米，境内属亚热带季风性气候，一年四季分明，年平均气温17℃。独特的地理地貌，造就了优质的农产品和特色鲜明的农业产业。隆回盛产辣椒、生姜、大蒜，曾被周恩来总理誉为“宝庆三辣”，金银花、龙牙百合、苡米、玉竹俗称“隆回四宝”，其中金银花、龙牙百合获国家原产地域保护，金银花列入2005年版国家药典。隆回县是全国第六大中药材生产基地，中药材种植面积32万亩，其中，金银花18万亩，年产干花1.2万吨，占全国金银花总产量的50%以上，被国家林业局命名为“中国金银花之乡”。

隆回县工业园区一角

3、隆回劳动力资源充足。隆回是湘西南下岗职工和农民工培训免费培训基地，全县现有外出务工人员25万人，从高层管理人员到各类技工、普工一应俱全，劳动力工价比沿海地区相对低廉。富硒农产品加工、矿产资源开发、水能开发和兴办劳动密集型企业，在隆回具有独特优势。

隆回县工业园区一角

开放合作之平台　招商引资之窗口　——湖南省委副书记：梅克保 题

邵阳工业园区

绥宁工业经济开发区

SUI NING GONG YE JING JI KAI FA QU

园区职工文体活动

县委常委、工委书记蒋日新

管委会主任李永兴

二期园区用地

一期园区

绥宁工业经济开发区于2004年3月筹建，是市级重点工业园区、省"十一五"重点规划发展的开发区，总体规划面积2.5平方公里，按照"一区四园"发展模式，内设四个特色产业园区：一是大寨林产化工产业园：主要搞好技术改造、产业升级和扩产提能；二是袁家团楠竹产业园：着力抓好作为接续替代产业的楠竹精深加工；三是关峡新能源产业园：建设生物质能源发电、风电系列项目；四是瓦屋绿色食品产业园：以野生食品、绿色食品加工为主，促进生态农业产业化建设。现大寨林产化工产业园和袁家团楠竹产业园开发建设已全面完成，道路、水电、通讯等基础设施完善，一座现代化的生态工业新城已初具规模，有全球集装箱制造巨头 -- 中集集团、全省林业产业化龙头企业 -- 佰龙公司、拥有自营出口权的楠竹综合加工企业 -- 银山公司等17家实力雄厚的规模企业入园竣工投产。2010年完成固定资产投资34099万元，实现工业企业总产值235820万元、规模工业增加值70690万元，税收5100万元，安排就业人员4978人。随着包茂、沪昆、安防三条高速的拉通和武冈机场的修建，园区发展的交通"瓶颈"将彻底突破、区位条件将彻底改观，园区承载产业转移的能力和实现快速发展的条件进一步加强。到2015年，入园企业达40家以上，面积由2.5平方公里扩展到5平方公里，届时园区综合配套能力将大幅提升，为入园企业提供良好条件，为八方客商提供发展机遇。绥宁工业经济开发区，一方蕴含无限生机、实现财富梦想的热土，前程似锦，商机无限，真诚欢迎县内外客商、各方有识之士到此考察观光、投资兴业！

电话 0739--7606588 7606988
网址：http//kaifaqu.hnsn.gov.cu
电子邮箱：snjkq7606588@163.com

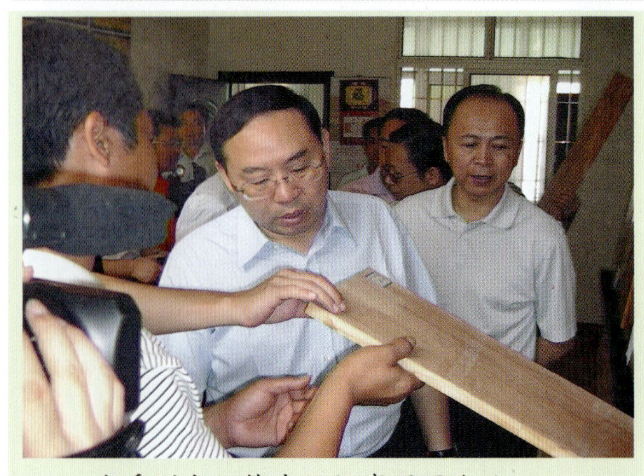

省委副书记梅克保视察园区企业

邵阳工业园区

邵阳佰龙竹木有限责任公司

佰龙竹木系首家入园企业，于2005年3月注册成立，是一家“企业+基地+农户”的林工一体化中型企业，占地76.5亩，其中厂房面积30000多平方米，总投资3500万元，主要经营竹木加工、农林产品开发销售及营林绿化，年总产值5000万，创税350万元。公司已建立了完善的现代化企业管理架构，下设综合部、采购部、财务部、营销部、生产部、安保部等六个部门，在全县非公企业中率先成立了党支部、武装部和工会，现有管理人员43人，员工450人，其中技术人员16人，生产工人400人(其中下岗再就业职工200余名)。主要生产设备从德国和台湾引进，拥有国际领先的加工生产线和UV漆涂装线。现有竹木地板系列产品生产线2条，环保细木工板系列产品生产线2条，松木模板生产线1条，出口竹筷生产线6条，竹木复合板生产线1条。主要产品有：竹地板、木地板、集成材、细木工板、竹筷、机制碳、杉木油等。产品通过了ISO9001-2000质量管理体系认证和ISO14001环保管理体系认证，并注册了“佰龙”品牌。公司已获得产品自营进出口权，产品主要出口欧美日韩，在业界享有较高的声誉，相继被评为“湖南省林业产业化龙头企业”、“邵阳市明星企业”、“邵阳市双联工作先进单位”和“绿洲光彩之星”。董事长谭佰进系市人大代表、市工商联副会长。

绥宁县丰源竹木实业有限公司

绥宁县丰源竹木实业有限公司是一家专业生产体育滑翔板系列产品的邵阳市农业产业化龙头企业。公司占地面积58亩，投资3000万元，2005年11月签约入园，2006年5月投产。公司除充分利用本地的竹木资源、积极开发竹木复合滑板外，还采取两头在外经营模式，进口俄罗斯、加拿大枫原木，产品远销欧美日韩。产品通过了ISO9001-2000质量管理体系认证和ISO14001环保管理体系认证，注册了“弘力”商标，具有自主知识产权，系奥尔玛重要合作伙伴。年产值3000万元，年创税收280万元。董事长王虹力是市工商联常委、县人大常委。

湖南中集竹木业发展有限公司

湖南中集公司是由全球规模最大的集装箱制造企业——中国国际海运集装箱(集团)股份有限公司投资兴建的，是我县引进的战略合作伙伴和首家上市公司(中集集团股票代码:000039)。主要从事集装箱地板生产、竹木资源的综合开发利用及原材料生产基地的抚育经营。

湖南中集总投资为人民币5000万元，年产品规模为15万平方全竹车厢地板、70万平方集装箱竹木复合地板。产品主要销往日本和美国。项目分3期建设——第一期：主体厂房与全竹地板项目于2009年12月动工，2010年7月建成试产，2011年达到年产15万平方米规模。第二期：竹木复合集装箱地板计划于2011年建成试产，达到年产1万立方(35万平方)生产规模。第三期：扩大竹木复合集装箱地板生产线，于2012年达到年产2万立方(70万平方)生产规模。

湖南中集的产品属于出口外销配套产品，是中集集团环保材料的替代研发成果，目前在竹木开发方面中集已申报专利37项，授权专利21项，项目工艺成熟，市场稳定。预计年产值达到1.2亿元，纳税650万元，就业人员将超过1500人，同时带动周边地区相关产业的良性发展。

湖南银山竹业有限公司

湖南银山竹业有限公司是园区新引进的楠竹系列产品综合加工企业，年加工楠竹100万根以上，主要生产竹筷、竹节保健碳、竹机制碳、竹纤维、竹醋液、竹胶板等楠竹系列产品。公司有自营出口权，产品出口日美、东南亚。总投资5000万元，占地35亩，2010年4月开工建设，2010年9月投产。预计年产值5000万元，税收300万元，安排就业500人。

邵阳县工业园区

政策优惠 功能完善 环境优越

鑫光灯具有限公司一角

邵阳县工业园区成立于2006年3月，总规划面积10平方公里。第一期开发面积3.2平方公里，辖火车站工业园和桂竹山、永塘工业小区，区位优势明显，交通十分便利，园区内水、电、路、通讯等基础设施完备。

邵阳县工业园区自成立以来，按照创建“省级工业园”的总体目标，加快工业园区水、电、路、讯等基础设施建设步伐，不断提高对入园企业的服务水平，不断加大招商引资力度，推进了工业园区快速发展。工业园区现有入园规模企业36家，其中火车站工业园15家，永塘工业小区6家，桂竹山工业小区15家。2009年，工业园区完成固定资产投入72300万元，其中基础设施固定资产投入9800万元，完成企业发展投入62500万元，新增入园工业企业8个。合同引进资金18亿元，全年完成工业总产值187600万元，完成规模企业工业增加值65660万元。

湖南三力达化工设备有限公司一角

入园企业发展迅速，生产规模不断扩大。园区企业三力达化工有限公司建筑面积3500平方米的生产综合楼建设全面竣工，已正式投入生产运行；裕达隆纺织线业有限公司厂房扩建以及设备安装全面完成。年内引进入园的8个项目中，湖南长江粮油发展有限公司粮油加工生产项目总投资1.5亿元，占地160亩，已到位资金6000万元；湖南鑫光灯具有限公司投资的节能灯具生产项目，总投资8000万元，占地35亩，已到位资金5000万元，年内完成了厂房建设的土石方工程和厂房建筑基础工程；汽车安全技术检测中心项目总投资3000万元，占地20亩，已到位资金2200万元，现正在进行机械设备安装。

裕达隆纺织线业有限公司生产车间

邵阳县工业园区管委会将以优质的服务，科学的管理，扎实的工作，努力把工业园区建设成为政策优惠、功能完善、环境优越的投资洼地，成为我县承接沿海经济发展地区产业转移的黄金宝地。

中国崀山铿锵申遗路

2009年2月25日，省委书记、省人大常委会主任张春贤考察崀山辣椒峰后与邵阳市委书记童名谦(左二)，市委副书记、市长郭光文(右二)，新宁县委书记陈优秀(右一)，县委副书记、县长李小坚(左一)合影。

2009年9月3日，省委副书记、省长周强，在市县领导的陪同下考察崀山北大门。

2006年，为积极探索新宁的可持续发展，我们以敢为人先的精神，率先倡议全国丹霞地貌景区捆绑申遗，得到国家住房和城乡建设部的大力支持，在湖南省建设厅的牵头下，联合六省丹霞景区申遗，从而开启了波澜壮阔的崀山申遗历程。四年来，我们在省委、省政府和市委、市政府的坚强领导下，在国家部委以及省建设厅等相关部门的大力支持下，在国内外专家的精心指导下，强力推进崀山申遗进程。一是邀请国际国内专家深入考察论证崀山的遗产价值，认定崀山是丹霞地貌的模式地。二是按照世界遗产操作指南和规划要求，大力开展景区环境综合整治，景区环境质量全面改观。三是加强保护管理设施建设，高标准新建了四个中心(管理中心、监测中心、游客中心、展示中心)和景区基础设施，一跃成为具有国际水准的风景名胜区。在极不平凡的申遗历程中，我们始终做到不放弃、不懈怠，与时间赛跑，与极限竞争，与困难挑战，采取“5+2”、“白+黑”的工作模式，高质量完成36个申遗建设项目，实现了“零事故”、“零上访”、“零投诉”，崀山在中国丹霞申

2009年7月13日，省委常委、常务副省长于来山(左四)考察崀山，在八角寨顶为“崀山申世遗”加油。

2009年9月12日，副省长韩永文(左四)，省建设厅副厅长王智光(右四)，处长何小兵(右三)，市委副书记、市长郭光文(左三)在县领导陪同下考察八角寨。

2009年4月18日，县委书记陈优秀（左二）与县长李小坚（右一）带领科考队员一行冒雨寻找最佳科考线。

2010年8月2日，“中国丹霞·崀山列入《世界遗产名录》湖南省人民政府新闻发布会在长沙通程国际大酒店召开。

遗中起到了旗帜和标杆作用，被住房和城乡建设部誉为“崀山速度”。在挫折和困难面前，我们咬定青山不放松，攻坚克难，突出重围，一举摘取世界自然遗产桂冠，凝聚了“尊重科学、敢为人先、坚韧不拔、众志成城”的“申遗精神”，这一精神成为新宁人民奋发图强的强大力量。

崀山成功列入世界自然遗产，既是国际至尊品牌，更是一种重大的责任。我们将严格遵循《世界遗产公约》，把严格保护作为第一要务，广泛开展遗产知识的宣传教育，提高人民群众的保护意识，进一步完善管理体制，加强管理队伍建设，加大监督和执法力度，在全社会形成热爱崀山、保护崀山的浓厚氛围。

崀山是人类的宝贵资源和国际旅游的顶级品牌，我们将在严格保护的前提下，科学利用好遗产资源。一是努力争取把崀山作为世界地质地理学家研究红层地貌和丹霞地貌的重要基地和科普基地，提升崀山遗产资源的科学价值。二是要进一步完善崀山旅游的基础设施，构建便捷通畅的立体交通网络，高标准规划、高起点建设、高水平管理旅游城市，为游客提供良好的旅游服务条件。三是要发挥旅游产业的带动功能和综合效应。着力提高崀山旅游的软实力，积极构建湖南旅游“北有张家界、南有崀山”的新格局，大力建设中国旅游强县，最终把崀山打造成为世界旅游目的地，为建设湖南旅游强省做出积极贡献。

2006年7月23日，“第十届全国丹霞地貌旅游学术开发研讨会”在甘肃张掖召开，崀山在此次大会上率先倡议中国丹霞地貌捆绑申遗。

2008年4月23日，中国丹霞地貌崀山申报世界自然遗产万人誓师大会在景区何家湾召开。

2009年7月12日，北大门建设工地，晚上施工场景。

2010年8月2日上午，从巴西传来崀山申遗成功的消息，全县干部群众组织游行队伍，在县城主要路段宣传游行。

崀山六绝 ——将军石

崀山六绝 ——辣椒峰

仙人下棋

夷江冬韵

湘西自治州工业园区

展示开发区风采，发展开发区成果。——湖南省常务副省长 于来山 题

撑起湘西新型工业化的蓝天

——崛起中的湖南吉凤经济开发区(湘西广州工业园)

湘西广州工业园产业中心奠基仪式

开发区隆重举行湘西广州工业园创业研发中心落成典礼

一、湖南吉凤经济开发区(湘西广州工业园)简介

湖南吉凤经济开发区(湘西广州工业园)位于吉首市与凤凰县交界处，行政区划面积18.85平方公里，核心区规划面积7.12平方公里。园区下辖湾溪、牯牛坪、木林坪、捧捧坳、双河等5个村和龙凤社区，总人口数为15000人。为加快承接沿海产业转移，在广东省委、省政府和湖南省委、省政府的大力支持下，与广州市政府商定合作开发建设湘西广州工业园。2009年1月，湖南省政府和广州市政府、广州市政府和湘西州政府在广州市分别签订了《湘穗经济社会发展合作协议》、《开发建设湘西广州工业园合作协议》，正式成立湘西广州工业园。2009年5月，在粤湘两省经贸合作项目签约活动中，湖南省、广州市领导共同为湘西广州工业园授牌。园区建立以来，在州委、州政府的正确领导下，抢抓发展机遇，发挥本地优势，强化招商引资，加快产业建设，工业园取得了较好成绩。截至2010年底，园区累计完成固定资产投资18.5亿元，其中基础设施投资7.5亿元，产业项目投资7.5亿元；累计引进工业项目27个，到位资金7.3亿元。2010年，园区实现工业总产值12.3亿元，同比增长136%，工业增加值4亿元，同比增长139%，财政总收入9600万元，同比增长70%。以丰达、凌云等企业为代表的7家矿产品深加工和新材料产业已初具规模；以宏成制药、奥瑞克等4家企业为代表的生物产业发展加快；以天源建材、兄弟玻璃等3家企业为代表的环保建材产业效益提速；以马尔斯、唯新电子等6家企业为代表的电子信息产业开工建设；以开泰服饰、富龙鞋业等4家企业为代表的轻工服装产业加速集聚。目前，在谈的华润雪花啤酒、东顺纸业、五星级酒店、爱达铝型材等一批大项目也将在2011年一一落地。如今，园区正逐步成为湘西州招商引资、研发创新和承接产业转移的重要平台。

二、湘西推进新型工业化六大优势

一是政策优势。引进产业项目既可享受国家西部大开发政策，也可享受湖南省湘西地区开发政策，还可享受中部优惠政策、少数民族优惠政策支持。二是交通区位优势。位于湘鄂渝黔"四省通衢"之处，是国家规划中的十八条高速公路中枢之一，"十二五"末全州高速公路通车里程将达600公里，所有县市区可15分钟内上高速。周边分别有1小时车程的铜仁·凤凰机场、2小时车程的张家界和常德机场。三是资源优势。具有丰富的自然资源，生物资源、矿产资源、农副产品资源优势明显，已发现的985种药用植物中有19种是国家级名贵药材，63个矿种中有4种矿产储量居湖南之首，有"锰都"、"钒海"之称。四是市场优势。是我国中部深入西南腹地的中心通道和重要门户，既是东部的西部，又是西部的东部，符合企业市场布局需要，符合特定商品生产的空间布局运输半径条件要求，产品可直接面向中部和西南市场，辐射四省市32个县市，1700多万人口。五是综合成本优势。相对于沿海地区来说具有明显比较优势的地价、水价、电价、房价和税赋，如国家允许湘西执行基准地价的70%供应给产业工业项目，企业所得税为15%等。六是人力资源优势。现有吉首大学、湘西民族职业技术学院等10多所大中专院校，可为企业提供技术、管理人才和熟练技工培训，周边100万左右劳务大军能满足企业普通用工需要。多种优势的叠加决定了湘西州走"环境友好、资源节约、可持续发展"的新型工业化之路完全可行。

三、"十二五"时期展望

"十二五"时期，园区将坚持"以产业建设为主题，招商引资强力拉动、改革创新科学驱动、优化环境高效带动"的发展思路，突出产业建设、城市建设、社会建设和党的建设，统筹城乡发展，统筹经济社会发展，推动开发区跨越发展。力争到2012年，累计引进项目投资20亿元以上，年工业总产值30亿元，财政总收入3亿元以上。到"十二五"末，累计招商引资40亿元以上，企业50家以上，年工业总产值100亿元以上，年工业增加值30亿元以上，财政总收入4亿元以上，人口规模5万人，建设成为全州新型工业化的引领区，全州城乡一体化的实验区，新型城镇化的示范区，创先争优的先锋区，形成现代工业文明的州府城市新区。

崛起中的湖南吉凤经济开发区(湘西广州工业园)必将撑起湘西新型工业化的蓝天！

丰达合金公司研发中心

春天生物公司生物研发中心实验室

开放合作之平台 招商引资之窗口 ——湖南省委副书记：梅克保 题

湘西自治州工业园区

湖南吉首经济开发区

乾州新区全貌

“开发乾州新区，再造一个吉首”是吉首市应对国家西部开发，加快城市发展的重大战略决策，也是湘西自治州实施西部开发的重要平台。2000年3月28日，经济开发区正式破土动工。十年来，在上级党委政府的正确领导下，在各级各部门的大力支持下，吉首经济开发区建设初具规模。

一、开发区概况

2001年3月19日，经省人民政府批准成立了吉首市乾州经济开发区（湘政办函〔2001〕37号），2006年2月，吉首市乾州经济开发区更名为湖南吉首经济开发区。

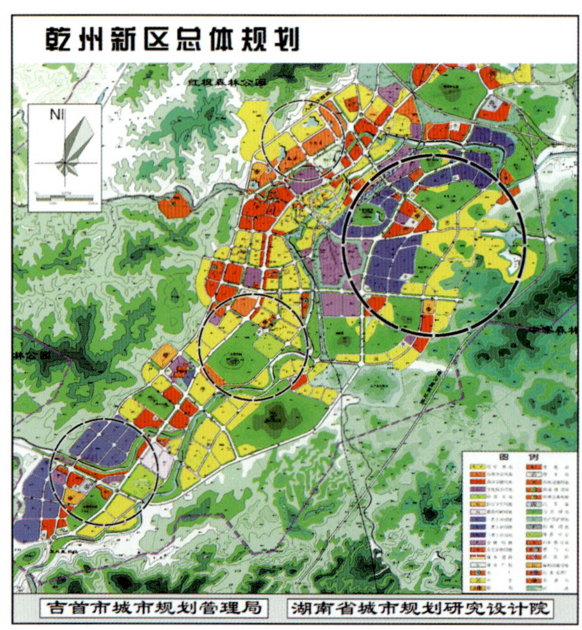

吉首经济开发区位于吉首市南端乾州境内，规划面积20平方公里。209国道穿城而过，横贯南北，南距贵州铜仁凤凰机场80公里，北距张家界荷花机场150公里。枝柳铁路贯穿全境，常吉高速公路、吉怀高速公路在开发区交汇，交通便利快捷。

吉首经济开发区功能定位是以行政办公、商贸金融、文化娱乐、生活居住、绿色产品加工和旅游业六大功能为主导，集其它相关配套功能于一体的多功能、多中心、复合型的生态、园林城市，城市建筑的风格基调为民族特色与现代色彩相互交融。开发区规划强调“以人为本”，按功能划分为四个区，即行政中心区、南区、东区和古城区；城市道路系统规划为“六纵十五横”，呈网状格局，并形成环路，主次干道总长47公里，路宽为26米至42米。

经过十年的开发建设，城市基础设施日趋完善，吉首经济开发区累计完成投资45亿元，其中：基础设施投资18亿元，入园企业投入11亿元，州市直机关迁建、房地产投入16亿元。人民路、世纪大道、建新路、燕子路、朝阳路、乾城大道、水厂路等27.2公里城市主次干道建成通车，

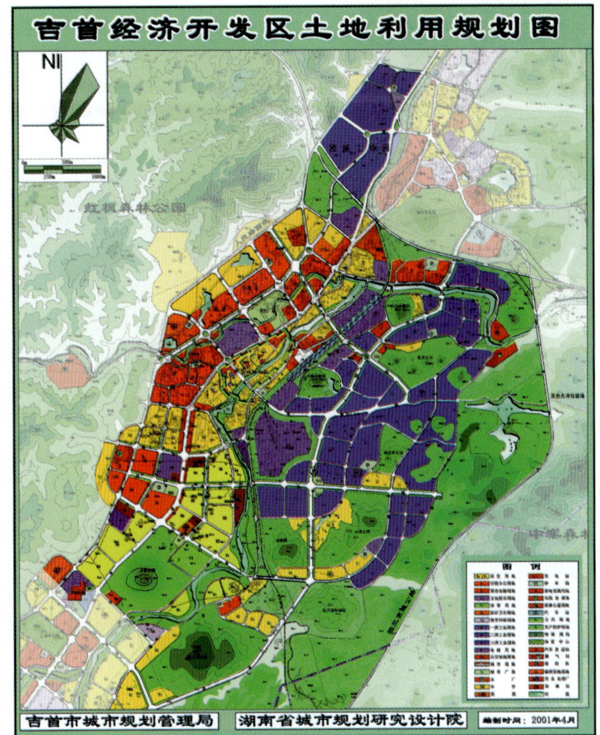

园区骨干道路网基本拉通，城市污水、垃圾处理工程建成使用，铺设排污、供水、电力、通讯等管网83千米。

土地不断升值，房地产市场日趋火爆。随着城市道路建设铺开和各项目的争相进入，开发区道路两厢土地不断升值，区内房地产市场日趋火爆。目前，共有60余家房地产企业在开发区内投资创业。

坚持工业兴区，突出新型工业化建设。十年来，吉首经济开发区先后建成了雅溪工业园和吉庄工业园两大工业园区，并实施了园区主导产业定位：吉庄工业园重点发展生物制药、矿产品精深加工和仓储业；雅溪工业园重点发展绿色食品和生物制药等高新技术产业。目前入园企业达34个，项目投资总额达25亿元。其中雅溪工业园在建的项目有鹤盛原烟公司技改扩建工程、湘泉制药公司新药项目、老爹公司猕猴桃深加工等8个项目；吉庄工业园在建的项目有华立制药公司青蒿素扩建、溶江锰业公司锰产品深加工、大力建材公司水泥粉磨加工及综合利用项目、金凤凰科技公司叉尾鮰等26个项目。现园区的产业项目实施顺利，截止2010年累计完成投资7.5亿元。雅溪工业园7户企业实现生产总值3亿元，利税6000万元，吉庄工业园11户企业实现生产总值4.5亿元，利税9000万元。预计工业园区34个产业项目全部建成投产后，可实现工业总产值30亿元以上，利税总额6亿元以上。

二、吉首经济开发区主要成效及经验做法

建园以来，截止到2010年末累计实现技工贸总收入55.85亿元，年均增长10.5%；累计实现工业增加值24.27亿元，年均增长12.51%；开发区企业累计实现利润4.85亿元，年均增长11.65%；开发区企业累计上交税金4.15亿元，年均增长25.65%；开发区企业就业总人数8000人，其中工业就业人数3800人。经过十年的开发建设，吉首经济开发区取得了显著成效，我们的具体做法是：

（一）突出规划引导，搭建园区发展平台。

一是科学编制园区发展规划。园区建设规划先行，市委、市政府和园区管委会高度重视园区规划工作，有机地把城市建设和园区建设相结合。我市委托湖南城市规划设计研究院完成了乾州新区中心区、乾州南区、乾州东区的控制性详规和乾州古城区保护规划，夯实了园区发展基础。同时，根据承载未来20年左右50个亿经济总量的需要，结合园区“十二五”规划，重点对园区产业发展规划进行调整。二是切实加强项目前期工作。园区建设涉及基础设施、产业建设、社会发展和房地产开发等方面，基础设施建设是搭建

吉首市政大楼

人文休闲的市民广场

园区发展平台的关键。我们委托长沙交通学院设计研究所和湖南华罡设计院承担开发区的路桥施工设计，夯实了园区项目建设基础。三是建立完善湘西地区开发项目储备库。结合吉首经济开发区"十二五"规划编制和新一轮湘西地区开发，储备开发了70个事关园区经济社会发展大局的产业开发、基础设施和社会发展项目，充实完善了湘西地区开发项目储备库，对项目实行逐年推进、动态管理、滚动开发。

（二）突出项目建设，加快园区发展速度。

一是切实加强项目管理、督查和协调服务。建立完善了入园项目目标管理、定期督查、协调服务和考核工作机制，对入园项目建设任务实行目标管理，实行了领导联系项目建设工作制度，把责任落实到市级领导、主管部门和业主单位，形成了党政领导挂帅、相关部门配合、业主单位落实的项目管理责任体系。实行项目建设定期督查和考核制度，坚持每月一次综合调度，每半年一次情况通报，年终由市政府组织对项目建设情况进行目标管理考核，有力地促进了项目建设。二是加快园区基础设施建设。市城市综合开发有限责任公司作为全市投融资平台，专门负责吉首经济开发区道路、环保等基础设施建设和筹资，并在全市范围选调工程技术人员，负责园区道路和环保基础设施工程监管。目前，园区基础设施实施情况良好，道路工程基本建成通车，污水、垃圾处理工程建成使用。

（三）突出招商引资，破解园区发展瓶颈。

一是加大项目招商力度。园区管委会积极参加省内外招商活动，做好项目招商前期准备工作，加强与客商的沟通衔接，加大项目推介力度，创新招商方式，实现了园区招商引资新突破。建园以来，园区管委会在"杭洽会"、"珠洽会"、"中博会"等省内外招商活动中共签约项目12个，积极引进战略投资者，招商引资已成为园区融资的主渠道。二是积极争取上级支持。紧紧抓住国家西部大开发和省湘西地区开发的历史机遇，积极争取国家和省里的投入。建园以来，园区争取国家和省投资近3.5亿元，主要用于产业开发、基础设施建设、生态建设和社会事业项目建设。三是努力扩大信贷投入。建园以来，我市积极向商业银行推介和汇报园区项目，搭建银企合作平台，组织召开银企洽谈会，共落实园区项目贷款15.5亿元，其中市城市综合开发有限责任公司到位贷款6.15亿元。四是着力盘活土地资产。园区管委会会同市国土部门严格管理园区土地一级市场，对园区土地实行集约供地，努力实现土地资源利益最大化，以地生财，盘活土地资源，三年实现土地收益4.5亿元，为园区建设筹集资金。

乾州古城福佳堂

公务园小区

(四)突出政策引导，优化经济发展环境。

一是制定产业发展扶持政策。我市出台了《关于进一步加快工业化进程的若干规定》、"过亿超千"重点工业企业实行"保存量让增量"政策、纳税返奖政策等。市财政每年安排100万元-300万元专项资金用于扶持有技改项目的"过亿超千"重点工业企业进行新产品开发和技术改造贴息；对

湖南湘泉制药有限公司

财政增收贡献大的工业企业，优先保证电力等紧缺生产要素的供应；对年度销售收入过亿、实际纳税500万元以上的市属工业企业，按照实际纳税额1%奖励给企业。二是突出环境治理。成立了吉首市优化经济发展环境工作领导小组和办公室，设立了投诉中心，制定出台《吉首市优化经济发展环境的若干规定》等政策，对湘西地区开发重点项目实行一站式审批、一票制收费和全程式代理，督促相关职能部门将国家、省、州、市制定的优惠政策落实到位；加大综合整治力度，及时解决项目建设中出现的阻工、揽工和敲诈勒索等不法行为，为项目建设和企业发展创造良好环境。

三、展望未来

随着开发建设步伐的不断加快，吉首经济开发区将通过5-10年的努力，使开发区实现三个跨越：城市人口达到15万以上，总面积达20平方公里以上；到2015年，经济总量达50亿元，人均GDP达到3万元，财政总收入达到3亿元，经济总量占全市85%以上；由环境欠佳的城市向生态园林城市跨越，真正实现"城在森林中，人在花园里"，城市园林化、建筑艺术化的目标。

招商地址：湖南省吉首市政大楼B栋附楼
电　话：0743-8514358
网　址：http://www.jskfq.com/

泸溪县武溪工业园

武溪工业园位于湘西州南大门 -- 泸溪县武溪镇境内，规划总面积 7.33 平方公里，以峒河为界分为南北两区，其中南区 4.2 平方公里、北区 3.13 平方公里，现开发建成区总面积达 6.01 平方面公里；常吉高速公路和 319 国道横穿而过，沿沅江而下经洞庭可通江达海，交通便利；电力供应充足，现有 110KV 和 220KV 变电站 4 座；园区内建立了公共渣场等环保基础设施，建立了产、学、研基地；同时，泸溪境内矿产资源丰富，铝、磷等多种矿产资源居全省前列，为园区资源深加工型企业的发展提供了广阔的空间。

入园企业—众鑫化工有限公司

武溪工业园的发展目标是：到 2015 年，将工业园建设成基础设施配套完善、功能配套齐全的全省最大铝、磷优势资源转化深加工基地和中南地区最大的有色金属材料深加工基地，实现工业总产值 100 亿元、税收 8 亿元。

入园企业—晓园生物有限公司

2010 年入园企业—3000 吨铝颜料主厂房

入园企业—20 万吨不锈钢项目主厂房一角

建园以来，武溪工业园先后完成了工业园总体规划和控制性详细规划、环境影响评价和可研报告的编修，并均已得到省相关部门和专家评审通过；完成了 3080 亩工业用地的土地储备工作；制定了招商引资优惠政策；实现了"一站式审批"，企业办事可不出园区；搭建了工业园融资平台，市场融资已全面展开。

展示开发区风采，发展开发区成果。——湖南省常务副省长 于来山 题

2010年新入园企业—正在建设中的40万吨不锈钢厂区

2010年入园企业－20万吨酸洗项目已完成三通一平

目前，工业园已累计完成基础设施投资2亿元，修通了4条4300米的园区互通道路，完成了长3500米宽20米的滨江大道建设；纵向第二、第三已完成硬化施工；第五大道已拉通；滨江大道东端与深水码头接线工程硬化基本完成；第六大道正在建设，北区220千伏变电站已完成规划设计。建园以来，通过招商引资，武溪工业园共新增企业24家，特别是从"长三角"引进了不锈钢产业，使武溪工业园在承接沿海产来转移方面抢占了先机。目前，武溪工业园引进的5个重大项目进展较快：10万吨锰合金项目已建成投产；20万吨不锈钢项目钢构主厂房已建成，正在安装调试生产设备；40万吨不锈钢项目主厂房建设基本完成；3000吨金属颜料项目、20万吨酸洗项目正在进行主厂房施工。即将入园建设项目有2个，即中日合资旅游休闲品项目、35万吨不锈钢中薄板项目。由于武溪工业园在承接沿海产业转移方面成效明显，2010年4月，武溪工业园被省政府认定为"承接产业转移特色基地"。

园区主干道—长3500米宽20米的滨江大道

截至2010年末，园区共有企业53家，拥有固定资产26.4亿元，主要产品有铝、磷、锰、锌、□柑加工、生物制药和金属材料等7大集群近30个品种，2010年南北两区完成工业总产值56.7亿元，税收1.83亿元。武溪工业园已成为湘西地区具有一定规模、产业关联度高、辐射带动能力强的经济技术高地和新型工业化平台，成为一方投资兴业的沃土。

武溪工业园的主要招商方向为：铝、磷系列加工、不锈钢等新金属材料深加工和农副产品加工等污染低、技术含量高的优势产业。

正在施工的深水码头接线工程

地址：湖南省泸溪县武溪镇金天路18号
联系人：王必好 13037419461
向光武 13037405699
电话及传真：0743-4225388

开放合作之平台　招商引资之窗口　——湖南省委副书记：梅克保　题

湖南张家界经济开发区

众所周知，张家界拥有丰富的旅游资源，是湖南省在全世界最具知名度之地。在国家西部大开发和中部崛起战略深入实施、泛珠三角区域合作日益紧密的历史潮流下，作为张家界市唯一省级开发区，地处中心城市发展的重要板块，必然蕴藏着无比巨大的商机。我们将与各位有志之士一起，展翅迎接美好的明天！

1 张家界经济开发区概况

1、张家界经济开发区：

位于国内外知名的旅游胜地 —— 张家界市城区东南部，始建于 1992 年 6 月，管理范围 12.7 平方公里，系张家界市唯一一家省级经济开发区。开发区由市人民政府主办，永定区人民政府协办，实行"张家界经济开发区"和"张家界科技工业园"两位一体管理模式。

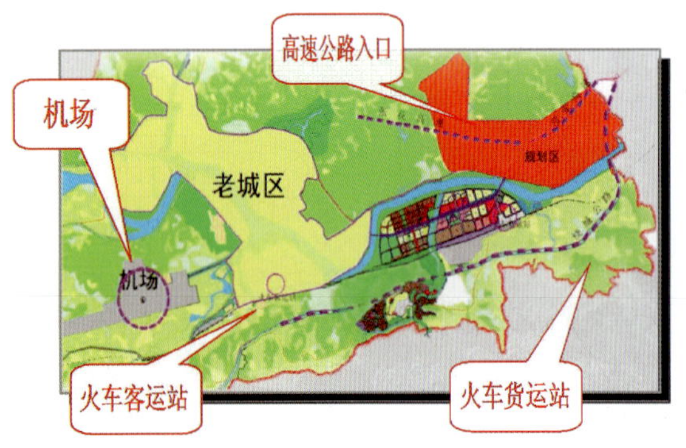

2、开发区地理位置：

地处市区东部门户位置，张家界至长沙、张家界至重庆高速公路贯穿全境，火车货运站和高速公路入口紧靠园区，西距机场仅 10 分钟车程，交通运输十分便捷。

3、开发区产业定位：

开发区定位于发展成为国家重要旅游商品研发及生产、湖南省重点高新生物医药、矿产品精深加工、新能源利用及临港经济的生态工业新城；国家休闲安养、文化创意、旅游度假的城市新区。

省重点高新生物医药
重要旅游商品研发及生产
新能源利用及临港经济
矿产品精深加工
休闲安养、文化创意

张家界经济开发区 C 区职工公寓

张家界经济开发区 C 区道路 —— 建新路

4、开发区基础设施：

开发区基础设施不断完善，2008-2010 年固定资产投资近 8 亿元，初步形成园区交通路网，水、电、通讯等设施到位，防洪堤工程正在建设之中，植物提取中试平台投入使用，为园区企业服务的创业中心高效运转。

展示开发区风采，发展开发区成果。——湖南省常务副省长 于来山 题

2 张家界经济开发区总体规划

开发区总用地规模为12.7平方公里。规划采取组团发展模式，分为A、B、C三区。A区规划正在编制，定位为集科技文化展示、办公为一体的工业园商务中心，规划用地面积1平方公里。张家界经济开发区B区位于神奇的风景名胜--天门山脚下，拥有绝美的风光、绝佳的生态环境，力争打造成中部地区的"健康休闲示范区"，B区概念性规划已经完成，原规划面积约3平方公里，调整后规划用地面积将扩大到12平方公里。C区控制性详细规划已经完成，规划为开发区工业生产和物流配套区域，规划用地面积8.7平方公里。

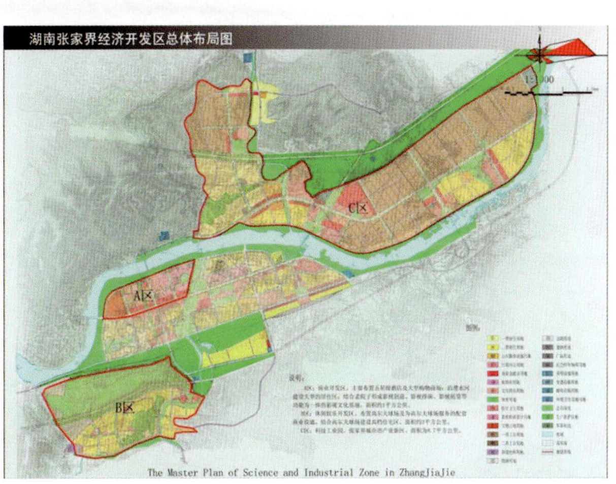

3 张家界经济开发区产业篇

1、张家界经济开发区产业服务平台

张家界经济开发区产业服务平台是为园区企业提供全方位服务的机构，目前共拥有标准化厂房(一、二期)近60000平方米，中试平台1000平方米，职工公寓34500平方米，职工食堂1000平方米。

张家界经济开发区C区产业服务平台--创业中心

2、园区部分企业形象

张家界奥威科技有限公司

张家界奥威科技有限公司是张家界市唯一由湖南省科技厅认定的高新技术医药化工企业。公司以湘西北山区丰富的林产资源 -- 五倍子为原料，生产五倍子没食子酸及其系列产品，是国内规模最大的五倍子深加工企业。2001 年 3 月获得外贸进出口权，2002 年 8 月通过 IS09001:2000 国际质量体系认证。已成为张家界市医药化工和农业产业化龙头企业。

张家界远大住宅工业有限公司

“为中国人造世界级的住宅”-- 远大住宅工业公司是国内第一家以“住宅工业”行业类别核准成立的新型住宅制造工业企业，集住宅工业化科研、设计、生产、销售、服务于一体，创造了一套完全区别于欧美、日本的工业化住宅体系。核心部件和材料、新型家居技术、整体浴室、双能源中央空调等均为国内首创，生产制造的成品住宅不仅性能优越、性价比高而且舒适环保，代表了可持续住宅建设行业的发展方向。

张家界鑫彤飞碳酸钙有限公司

张家界鑫彤飞碳酸钙开发有限公司是一家专业从事重质碳酸钙产品研发、生产和销售的企业。公司投资 2 亿元，从国内外引进了先进的加工设备，进行年产 30 万吨碳酸钙深加工项目建设，成为全国最大的方解石深加工企业。公司产品广泛应用于造纸、塑料、油墨、涂料、化工、建材、陶瓷、日化、食品、医药、饲料等行业，具有广阔的发展前景。公司正在积极吸引以碳酸钙为原材料的企业入驻，配套建设碳酸钙产业园。

张家界市怡华绿色食品有限责任公司

张家界市怡华绿色食品有限责任公司成立于 2002 年 12 月，是一家集食用菌种研究、培植和推广以及果蔬贮藏为一体的综合性企业，拥有突出贡献专家 3 人，专业技术人员 20 人。2007 年被授予市级农业产业化龙头企业。公司以促进农业增效、农民增收、农业产业结构调整为目标，可有效调节平抑张家界市水果蔬菜市场，降低农用化学品的使用量，促进生态农业发展，引导张家界市及周边地区的果蔬产品由单纯追求数量向追求质量与效益发展，实现农民增产增收，具有良好的社会和经济效益。

张家界经济开发区优惠政策篇

开发区不仅能享受国家“西部开发”、“中部崛起”优惠政策和少数民族优惠政策，还享受基础设施建设纳入湘西地区开发规划，对贷款给予全额贴息的优惠政策。

用地：入区企业可按首期支付不少于20%的土地价款后逐年缴纳剩余土地价款，先行用地，交完办证。

税收：国家鼓励类入区企业，减按15%的税率征收企业所得税。企业自生产经营之日第一年至第二年免征企业所得税，第三年至第五年减半征收企业所得税。

财政：符合湘西开发产业项目和张家界市重点培植产业集群龙头项目进行技术改造的，予以不低于2年的贷款贴息。

其他：产品处于国际领先、填补国内空白的高科技、高附加值的项目和国内500强、国家重点企业投资的项目、重大项目，经市人民政府研究同意后，优惠政策实行“一事一议”；其他奖励政策均参照《张家界市加速推进新型工业化奖励办法》规定执行。

5 张家界经济开发区地址和电话

地址：湖南省张家界市永定区西溪坪办事处彭家巷	网址：http://kfq.zjj.gov.cn/
管委会办公室	0744-8590666(传真)
招商合作局	0744-8590688
产业发展局	0744-8591679
财政局	0744-8591662
张家界市规划管理局开发区分局	0744-8591669
张家界市国土资源局开发区分局	0744-8591670
张家界市环境保护局开发区分局	0744-8591671
张家界市住房和城乡建设局开发区分局	0744-8591672
张家界市人力资源和社会保障局开发区分局	0744-8591675
张家界市公安局开发区执勤室	18797492702
张家界市人民防空办公室驻开发区办	0744-8590665

开发区多媒体展示厅

2010年开发区首场招聘会

这里，有"特区"的管理体制，"保姆"式的服务理念。这里，开发建设风生水起，绿色经济独领风骚。这里，飞扬着创业激情，浇铸着一个个与日争辉的经典。

快速崛起的湖南怀化工业园区

巍巍雪峰横亘南北，浩浩沅水绵延东西。

在湖南西部，贵阳－重庆－宜昌－长沙－柳州－贵阳这一半径400公里的环形空间中心，一座快速崛起的现代化园区倍受瞩目。她，以新型工业演绎现代文明的辉煌，拨动了怀化经济社会发展的磅礴走向。她，就是年轻的省级工业园－湖南怀化工业园区。

这是一个新兴疾速奔驰的园区，独特的区位与四通八达的交通优势，使这片雄心勃勃的热土与世界近在咫尺。她，位于怀化市"一体两翼"战略规划的核心位置。傍园而过的舞水通江达海，湘黔、焦柳、渝怀三条铁路成"大"字形交汇，上瑞、包茂高速公路，沪昆高铁贯穿全境。距园区30公里的芷江机场，可直飞长沙、广州、北京、上海、昆明等中心城市。

怀化工业园区

展示开发区风采，发展开发区成果。——湖南省常务副省长 于来山 题

8月31日，首届"湖南十大最具投资价值产业园区"以及"投资湖南十大杰出贡献人物"评选结果在长沙隆重揭晓！怀化工业园区凭借其完善的软硬件设施、创新的开发体制、先进的绿色经济发展理念、高效的服务团队等优势，在众多工业园区中脱颖而出，荣膺"湖南十大最具投资价值产业园区"

这里，有"特区"的管理体制，"保姆"式的服务理念。

怀化市委、市政府着力把怀化工业园区打造成怀化经济发展的"特区"。按照"委托授权，备案监督"的原则，市政府把市级有关职能部门的项目审批管理权限下放给工业园区管委会。实行"一级财政，一级金库"的财政体制；实行"封闭式"管理，除公安追逃、消防救火等特殊紧急情况外，任何部门未经市委、市政府的批准，不得擅自进入工业园区检查；实行"零收费"制度。

怀化工业园区牢记"投资者是上帝"、"企业是衣食父母"的理念，为投资者提供尽善尽美的"无缝式"服务。不管是建设中的问题，还是生活上的要求，都会尽职尽责，全力帮助。园区管委会对入园企业郑重承诺：企业投资项目所需的各种证照，由园区投资服务中心全程代办；与村组及农民关系的协调由协调指挥部全部负责，千方百计降低企业社会管理成本。

怀化工业园区坚持和谐共建，谱写了强工富民

的动人篇章。"亲情拆迁"，巧解"天下第一难事"，架起了园区干部与征迁群众的连心桥。"新生活、新社区、新城镇"的大胆构想与实施，让征迁群众在园区住上了洋楼，成为了"城里人"和"上班族"。"股田制"的大力推广，生活补助的逐步提高，使征迁群众享受到园区开发建设带来的更多实惠。

这里，开发建设风生水起，绿色经济独领风骚。

市委、市政府全面实施"科技引领，交通先行，兴工活商，富民强市"发展战略，为工业的大发展提供了条件和平台。

栽好梧桐树，引来凤凰栖。已具天时、地利、人和的怀化工业园区，让一批批国内外知名企业纷至沓来，抢占商机。

4月28日，怀化(新加坡)生态工业园奠基典礼暨重大项目签约活动在怀化工业园区隆重举行。

奠基典礼仪式上，签约了10个重点项目，合同引资92.42亿元。它们分别是：总投资30亿元的北大未名(怀化)生物科技园项目；总投资18.93亿元的35万吨高档液态包装项目；总投资20亿元的浙商新材料、新能源产业园项目；总投资1.5亿元的年产10万吨节能环保型醇基汽油、化合柴油项目；总投资1.1亿元的太阳能电池板及LED照明灯具生产项目；总投资额为1.69亿元的太阳能热水器及真空集热管生产项目；总投资额为1.2亿元年产5万吨钢构建设项目；总投资15亿元的西南国际工业品商贸物流中心项目；后勤军品物资购销项目；总投资3亿元的东方生态湿地公园项目。

4月18日，中德合资镁合金新材料应用项目奠基。

镁合金新材料研发制造怀化基地项目总投资约4.25亿元，规划分四期进行：一期建成年产2000吨生产线及相关配套设施，投资约1.2亿元，生产线建成投产后，可实现年销售收入1.58亿元，利税6800万元；二期建成年产1万吨生产线及相关配套设施，投资约2.5亿元，销售收入可达6.8亿元，利税近3亿元；三期建设国家级镁合金材料研发实验中心；四期建设合金材料职业技术学院。

中国太平洋建设集团来了。她以BT模式斥资5亿元承建首期所有基础设施，在湖南开创了开发区基础设施由战略投资者整体承建的先河。目前，工业广场，财富路、发展路、时代路、希望路、金光大道、滨江大道6条主干道，污水处理厂，3万平米员工公寓，"和安家园"1008套安置房投入使用。集商务会所、购物、娱乐休闲为一体的"和安商业广场"正式运营。垃圾处理场已开工建设。农业发展银行、农业银行、中国银行在园区设立了分支机构。教育、医疗、卫生、邮政等社会配套服务逐步完善。

泰格林纸集团来了。她在园区投资43.5亿元，建设40万吨漂白硫酸盐制浆项目。项目于2008年9月竣工投产，率先在全国提出并实施林纸一体化，掀起了一场波澜壮阔的"绿色革命"。制浆厂不用外电，不烧煤，一切资源都为内部循环利用；浆厂排放的废水，COD、BOD和SS指标达到当今同行业世界先进水平，甚至可以养鱼！

杭州娃哈哈、北京汇源、台湾康师傅、海联食

怀化工业园区

展示开发区风采，发展开发区成果。——湖南省常务副省长 于来山 题

2011年1月11日，华洋有色冶金环保产业园暨铜资源循环利用产业项目在怀化举行签约仪式。该项目是一个高科技含量、高附加值、高利税、低能耗、低污染的环保生态型项目，也是怀化工业园区一个具有创新性、融合性、集聚性和可持续性特征的重点招商引资项目。项目总投资35亿元，分期在园区建成40万吨废旧金属拆解、30万吨阴极铜生产、10万吨铜材精深加工及与其配套的铜资源交易、物流等项目。投产后可实现产值200亿元，年销售收入170亿元，年利税30亿元。

品、小丫丫食品、金珠米业等一大批以农产品加工为主的绿色食品企业的入园，加速了怀化农业产业化进程，使怀化400多万农民在农业结构调整中受益。园区先后获批为“全省第一批循环经济试点园区”、“全国农产品加工创业基地”、“全国农产品加工业示范基地”。

园区产业链条已拉长和扩张。依托骏泰浆纸，引进了35万吨液体包装、10万吨生活用纸、塔尔油、汪洋印刷包装等下游项目，拉长了林纸产业链条。围绕食品产业，着手了10万吨油茶深加工、20万吨啤酒生产线等项目引进，加速了食品企业的集聚。林纸、食品类企业全部投产后，分别可形成100亿、50亿的产业规模。

新材料、新能源、生物医药、装备制造等战略性新兴产业也在园区科学布局。德国驶多飞集团与深圳宝惠丰电子有限公司强强合作，在园区建成1万吨以上镁合金材料应用零配件制造中心和一流的综合性研发实验中心。

此外，湘鹤电缆，景达服饰已投产。中国化工集团5万吨特种纤维，北大未名(怀化)生物科技园，年产10万吨节能环保型醇基汽油、化合柴油，年产10万套太阳能LED灯具，年产10万台太阳能热水器，年产5万吨钢构等项目相继签约、开工建设。

目前，园区累计合同引资227亿元，引进项目38个，开工投产16个；2010年可完成技工贸收入45亿元，财政收入2.5亿元；三年后，可实现技工贸收入200亿，财政收入6亿元。

这里，飞扬着创业激情，浇铸着一个个与日争辉的经典。

2009年1月8日，怀化工业园区与新加坡财团达成了投资35亿元，合作开发二期27平方公里怀化(新加坡)生态工业园的协议。利用新加坡的规划理念和管理经验，借鉴苏州工业园区的发展模式，争取在十年内将其建设成以生物医药、装备制造、新能源和新材料为主导的物流便捷、设施

怀化工业园区骏泰浆纸厂浆板车间

怀化工业园区娃哈哈冰红茶饮料生产线

北京汇源怀化公司

湖南湘鹤集团

完善的示范性工业新城。

2010 年 4 月 28 日，以“山水生态城，科技产业园”为蓝图的怀化(新加坡)生态工业园正式开工。她的建设，给园区带来了先进的管理经验，广域的融资平台，迸发出巨大的张力，实现了漂亮跃升。开工当天，签约 10 个重点项目，合同引资 92.42 亿元。其中，北大未名(怀化)生物科技园项目是北大未名生物工程集团立足怀化丰富的生物医药资源，整合以北京大学潘爱华博士、美国耶鲁大学邓兴旺博士为代表，在世界生物科技界领军人物的力量，投资 30 亿元，建设世界一流水平的生物医药、生物农业、生物能源、生物服务产业基地。

2009 年 6 月 3 日，怀化工业园区被国际民间合作组织列为国际生态工业园示范基地。该项目作为国际民间合作组织在中国的第一个生态工业园示范基地，她的成功合作，为怀化打开了一扇参与国际多边合作交流的窗口。

2010 年 8 月，怀化工业园区脱颖而出，荣膺“湖南十大最具投资价值产业园区”。组委会专家给予园区高度评价：想得更远，做得更好，怀化工业园区无疑是已中西部地区吸引外来投资的前沿阵地，湘西地区举足轻重的工业园区。

大干新三年，再创新辉煌。市委、市政府将新三年确定为“工业年”，再次擂响了工业发展的铿锵战鼓。

宏图令人鼓舞，机遇催人奋进。坚韧不拔的工业园人将不辱使命，勇往直前，迈向新的征程，实现新的跨越。

如果，您想采摘一片绿叶，在这里，也许您将获得一座茂密的森林；如果，您想采撷一朵浪花，在这里，也许您将获得一片浩瀚的大海。

景达服饰生产车间

湖南海联食品有限责任公司

地　　址：湖南怀化工业园区
网　　址：www.hhgyy.gov.cn
投资热线：0745-2837233

湖南怀化工业园区对外招商项目表

序号	项目名称	项目建设内容	总投资（万元）	项目前期工作情况	项目合作方式
1	生物医药产业园区项目	引进生物医药研制及生产的产业和企业。	180000	正在进行可行性研究。	独资、合资合作
2	10 万吨油茶深加工项目	配合怀化油茶品种改良和基地建设，新建年产 10 万吨油茶精深加工生产项目。	56000	怀化市政府已开始油茶基地建设，正在进行项目可行性报告论证工作。	独资、合资合作
3	20 万吨啤酒生产项目	利用怀化独特的区位和交通路网优势，建设年产 20 万吨啤酒生产项目。	47000	正在进行可行性报告论证工作。	独资、合资合作
4	工业配套物流中心	新建园区配套物流、仓储中心。	16500	正在进行可行性报告论证工作。	独资、合资合作
5	氢燃料电池项目	新建年产 200 万千瓦时氢燃料电池项目。	60000	正在进行项目可行性研究。	独资、合资、合作
6	高端装备制造项目	新建年产 800 套风力发电机及变频器、变压器生产线。	40000	正在进行项目可行性研究。	独资、合资合作
7	休闲食品生产项目	新建年产 2 万吨休闲食品生产线项目。	18000	已初步确定项目选址，正在进行项目可行性论证工作。	独资、合资合作
8	生物蛋白医用材料及疫苗生产项目	新建年产 200 万片生物蛋白医用材料及 1000 万支疫苗项目。	12000	正在进行项目可行性研究。	独资、合资合作
9	高档印刷包装项目	以怀化丰富的林木资源及林纸产业为依托，新建高档印刷包装生产线项目。	9000	正在进行可行性报告论证工作。	独资、合资合作
10	高分子微孔滤膜生产项目	新建年产 5 万平方米微孔滤膜生产线项目，填补中西部地区市场空白。	9000	正在进行项目可行性研究。	独资、合资合作
11	中药材加工提取	新建中药材加工提取生产线项目。	8500	怀化市政府已开始 100 万亩中药材（GAP）基地建设。	独资、合资合作
12	茶多酚开发项目	新建年产 500 吨茶多酚生产线项目。	6000	正在进行可行性报告论证工作。	独资、合资合作
项目联系单位：湖南怀化工业园区　项目联系人：杨勇　联系电话 0745-2835830					

一、基本情况

中方县工业园坐落在中方县泸阳镇，前身为中方县泸阳工业小区，工业基础坚实，选址紧邻怀化市区，交通区位优势明显。自 2009 年 8 月园区管理体制改革以来，园区建设与发展取得显著成效。经济实力不断增强，园区工业总产值由 2008 年的 14.78 亿元增加到 2009 年的 16.5 亿元，工业增加值由 2008 年的 4.94 亿元增加到 5.3 亿元，创税由 2008 年的 7000 万元增加到 8500 万元。2010 年 1-11 月，园区新引进工业生产项目 12 个，基础设施建设项目 1 个，合同引进资金 12 亿元，园区实现工业总产值 19.76 亿元，同比增长 48.7%，占全县工业总产值的 67.6%，实现工业增加值 6.24 亿元，同比增长 30.87%，占全县工业增加值的 62.46%，完成固定资产投资 3.63 亿元，超额完成全年投资目标 2 个百分点。管理体制基本理顺，目前已正式组建园区党工委和管委会，形成了相对独立的行政管理体系，并已获得部分县级管理权限，为园区发展提供了有力的组织保障。县委、县政府出台的《关于中方县工业园管理体制改革的决定》等政策文件，为加快推进工业园建设提供了有力政策支持。基础设施逐渐完善，建有园区道路两条、专用通讯基站三座，10 千伏高压供电专线一条、日供水 3000 吨自来水厂一座，有中学两所、小学三所，医院一所。园区服务中心大楼、4000 平方米标准厂房、10000 平方米企业职工配套住房正在加快建设，园区主干道的绿化亮化工程已经启动。优势产业初步形成，现有各类工业企业 47 家，其中规模以上工业企业 22 家，占全县规模以上工业企业总数的 63%。初步形成了以金大地材料、小康瓷业为龙头的建筑材料，以九源锰业、华建工贸为龙头的冶金化工，以亚信电子、湘起机械为龙头的机械电子，以五溪米业、喜湘聚食品、欧劲果业为龙头的食品加工等四大主导产业。发展前景来势喜人，着眼于创建省级工业园区，县政府委托湖南大学规划设计院高起点修编园区总体规划，对园区规划控制范围、功能布局、产业结构、道路规划、给排水规划等作了科学调整和优化，将园区控制区面积由 3 平方公里扩大到 15.83 平方公里；规划了家具生产基地、金大地工业城、工业物流园、绿色食品加工基地、中小企业创业基地、加工贸易园和泸阳商贸服务中心七个功能板块；主导产业调整为新型建材、机械电子、食品加工和仓储物流业。园区总体规划（修编）已于 2010 年 3 月 25 日在县三届人大常委会第十九次会议上审议通过。2011 年 2 月 18 日，园区环评通过省环境保护厅评审。

二、“十二五”园区发展思路

市委、市政府站在加快怀化发展的战略高度，提出“十二五”时期把中方县工业园打造成全市四个百亿园区之一，这对于加快中方新型工业化进程、抢占工业发展高地、促进县域经济发展壮大，具有十分重大的意义。

1、发展定位。按照新型工业化的要求，坚持工业化与信息化相结合，坚持优化产业结构与优化空间布局相结合，坚持园区建设与城镇建设相结合，坚持开放合作与内生发展相结合，全面增强自主创新能力，加速推进产业转型升级，着力把园区建设成为优势产业集聚区、城乡统筹先导区、生态环保示范区、体制创新试验区。

建设优势产业集聚区，就是以新型建材、机械电子、食品加工和仓储物流为主导，培育壮大龙头企业，发展优势产业集群，力争用 5 年时间打造上下游产业联动、关联产业互动的市域优势产业区。

中方县工业园总体规划（2009-2030）

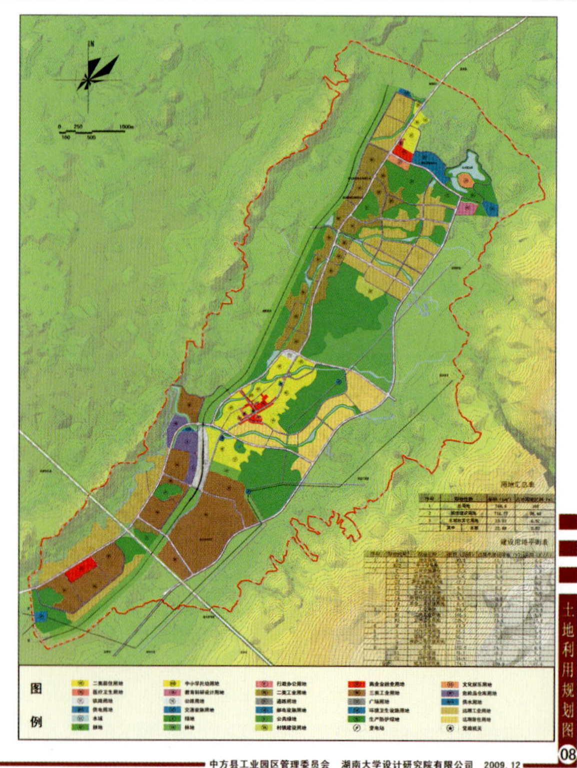

怀化工业园区

建设城乡统筹先导区，就是强化园区带动、产业带动、小城镇带动和政策推动，促进工业化和城镇化良性互动，实现城乡优势互补、经济社会一体化发展，努力建设产业体系完善、基础设施配套、人居环境优良、社会治安良好、社会保障健全的城镇新区。

建设生态环保示范区，就是按照清洁生产要求和循环经济理念及工业生态学原理，建设生态工业发达、生态环境优良、生态文化浓郁的现代化新型工业园区，让生产、生活、生态共荣共生、人与自然和谐共处。

建设体制创新试验区，就是积极探索园区发展新路径，在管理模式、招商引资、城镇建设、土地配置、社会管理等体制机制方面先行先试，力争在重点领域、关键环节取得突破，为园区持续快速发展提供强劲动力。

2、总体目标。通过规划引导、基础建设、转型升级、改革创新等举措，着力将中方县工业园建设成为加快推进转方式、调结构的强大引擎，促进技术进步和增强自主创新能力的重要载体，园区企业参与国内外竞争的服务平台，抢占全省、全市产业发展制高点的前沿阵地，经济社会和谐发展的省级工业园区。力争到"十二五"期末，经济实力迅速提升。园区完成生产总值120亿元，力争达到150亿元，其中工业总产值100亿元，力争达到120亿元，工业增加值30亿元，力争达到35亿元，主要经济指标年均增幅达到35%以上。完成财税收入总额15亿元以上。发展后劲明显增强。投融资渠道不断拓宽，技术改造投入逐年加大，组织实施一批投资规模大、产业关联度高、带动作用强、市场前景广的大项目、好项目。园区新增开发面积4平方公里，累计增加城市人口30000人，提供就业岗位23000个左右。发展方式逐步转变。到2015年，万元工业增加值能耗下降10%以上，二氧化硫排放量、化学需氧量削减达到上级规定的目标要求，工业固体废弃物综合利用率达到70%左右，节能减排主要指标达到市里目标要求，接近国家规定标准，建成一批符合循环经济要求，实现节约、清洁、安全发展的示范企业。自主创新能力明显增强，工业研发经费支出占销售收入比重和高新技术产品增加值占工业增加值比重力争接近当年全省平均水平；新建省级技术研发中心1家以上，园区企业开发新技术100项以上，创国家驰名商标、省级著名商标和名优产品20个以上。管理水平不断提高。园区发展实现从政府主导向市场主导转变，招商主体由以政府为主向以社会为主转变，开发建设从由政府管理向社会经营转变。园区管理信息化、社会化水平不断提高，逐步建立电子政务、电子商务、项目招商、劳动力培训、产品展销等综合网络平台，企业通网率达100%，建立网站达100%。

3、产业布局。园区以南、北组团、泸阳商贸服务中心和花桥建陶小区为载体，大力发展七大经济板块，构建适应科学发展要求的产业格局。

南组团：充分利用该组团交通区位优势，重点发展建材、家具和仓储物流等特色产业；着力建好金大地工业城、工业物流园、家具生产基地三大产业板块。到2015年，南组团开发面积1.5平方公里，金大地工业城实现年产值40亿元，工业物流园实现年产值10亿元，家具生产基地实现年产值10亿元。

北组团：积极承接沿海地区产业转移，大力发展机械电子、食品加工、服装及其他劳动密集型产业。着力建好绿色食品加工基地、中小企业创业基地和加工贸易区。到2015年，北组团开发面积达到2平方公里，实现年产值40亿元。其中绿色食品加工基地实现年产值20亿元，中小企业创业基地实现年产值10亿元，加工贸易区实现年产值10亿元。

泸阳商贸服务中心：统筹园区和泸阳小城镇建设，逐步完善基础设施配套，加快发展商贸、金融、休闲娱乐等第三产业。到2015年，泸阳商贸服务中心实现年产值5亿元，新增开发面积0.2平方公里。

花桥建陶小区：规范和引导现有企业进行技改升级，提质增效，利用陶土资源优势，引进具有先进技术的陶瓷企业，把花桥建陶小区打造成"西部瓦都"。到2015年，花桥建陶小区新增开发面积0.3平方公里，年产值达20亿元。

三、主要工作措施。

一是强化规划管理。科学编制园区规划，实现园区控制性详细规划全覆盖，严格按照规划组织园区的开发和建设。

二是加强基础设施建设。大力加强交通、供电、供水、排污、通讯、金融、标准厂房、绿化亮化和安置区等基础设施建设，进一步完善园区功能配套。

三是打造优势特色产业。立足现有基础，发展壮大新型建材、机械电子、食品加工和仓储物流园区四大主导产业，倾力扶持一批核心旗舰企业，提高产业集群化程度。打造中西部地区建材生产基地，建设中西部机械电子生产加工基地，围绕湖南省高速铁路、汽车制造、机械装备等建设项目和中西部地区重点发展产业引进机械配件生产企业，承接沿海加工贸易企业，大力建设绿色食品生产基地，依托泸阳火车站，大力培育仓储物流企业，推动中石油仓储项目开工建设。

四是提升自主创新能力。加强技术研发中心、实验室建设，加强产学研合作，促进原始创新，强化集成创新，推进引进消化吸收再创新，提升自主创新能力。

五是大力推进节能减排。严格落实节能减排各项政策要求，大力发展循环经济，加快推进企业清洁生产。六是强化保障措施。主要是通过加强组织领导、保障土地供应、强化金融支持、狠抓招商引资和项目建设、优化发展环境，促进园区持续快速健康发展。

联系方式：0745-2666666
0745-2666668

开放合作之平台　招商引资之窗口　——湖南省委副书记：梅克保 题

怀化工业园区

新晃侗族自治县前锋工业园

前沿阵地　工业重地　投资宝地

新晃侗族自治县前锋工业园位于湖南西部、湘黔边界、夜郎故地、舞水河畔，地处新晃县鱼市镇，距县城10公里，总规划面积9.07平方公里，园区规划矿产化工、机械制造、新材料新能源三大产业。

独特的区位优势。

园区东、北面紧靠舞水河，南邻湘黔铁路、沪昆高速公路、320国道三条交通主干线；西抵玉铜高等级公路和即将修建的松从高速公路。距湖南芷江机场、贵州铜仁机场分别只要1个小时左右的车程；离长沙、贵阳分别需要5小

时任湖南省省长、现任省委书记周强来前锋工业园指导工作

湖南省委副书记梅克保视察园区

时和 3 小时车程，沪昆高铁通车后分别只要 2 小时和 1 小时车程；到新晃酒店塘、玉屏大龙货运站分别只要 10 分钟车程。

丰富的资源优势。

供电条件优越，工业用电价格比较优势显著，新建 220KV 园区变电站，有贵州铜仁、凯里，湖南怀化和本县小水电四路电网支持；紧邻"煤都"贵州，运输成本低廉；紧靠贵州大龙省级经济开发区，可对接实行循环经济开发；全县有近 6 万青壮年劳动力常年在外务工，还可集聚、吸纳周边地区劳动力就业。

优越的环境优势。

园区内山形地貌水系生态原始，多为丘陵和小平地，环境承载能力强，居住人口稀少，没有集聚村落，有利于整体规划布局和工程建设。

便捷的基础设施。

园区 4.5 公里主干道已拉通，已实现道路、供电、供水、排污、通讯和平地"五通一平"，规划两个仓储物流服务区，一个综合服务区，融居住、商贸金融、贸易咨询、文化休闲娱乐、教育、医疗卫生等于一体。

园区党委、管委会以科学发展观为指导，积极打造"对接西部开发的前沿阵地、加快经济发展的工业重地、吸引客商发财的投资宝地"，实现合同引资 22 亿元，引进战略投资者上市公司武汉凯迪控股集团投资 4 亿元建设生物质发电项目。现有远大机械铸造、顺发铁合金、合创新材料、长江铜业、红星化工、鲁湘钡业、新中化工、安圣电池，小肥牛食品、老蔡食品、嘉信食品等 28 家规模工业企业。

湖南省政协主席胡彪视察园区

新晃侗族自治县前锋工业园管理委员会

主要负责人：姚明泽（管委会主任）

招商联系人：姚继（副主任）

地址：湖南新晃侗族自治县鱼市镇

招商热线：0745-6521868

传真：0745-6521868

邮箱：xhqianfeng@163.com

开放合作之平台　招商引资之窗口　——湖南省委副书记：梅克保 题

怀化工业园区

湖南(沅陵)新能源新材料产业园区

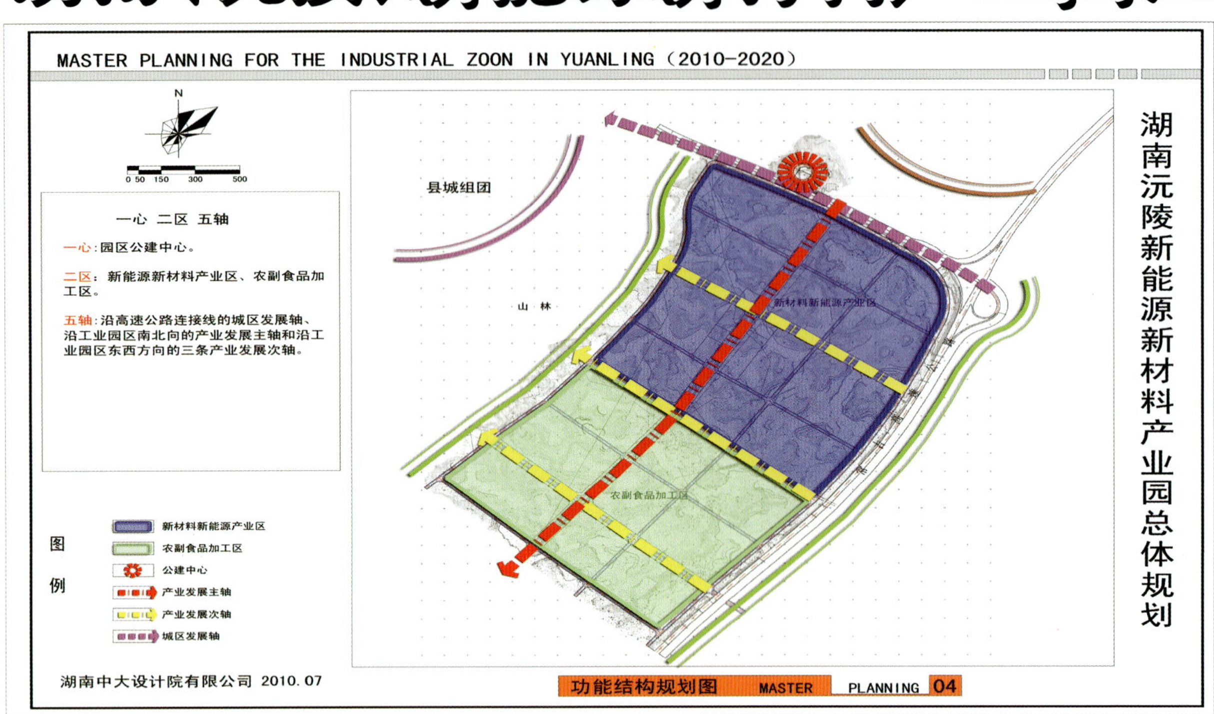

湖南(沅陵)新能源新材料产业园位于杭瑞高速公路沅陵县城连接线周围，总体规划面积11平方公里，首期规划建设面积3平方公里，重点发展新能源新材料产业和农副产品加业。园区区位优越，交通便捷。2009年正式启动园区建设，已累计完成基础设施建设投资近3亿元，园区功能配套基本完善。园区投资政策优惠，管理服务周到，已入园项目6个，总投资达20亿元。

2010年8月10日槽式太阳能热发电产业项目正式在湖南(沅陵)新能源新材料产业园举行奠基仪式。

【招商平台基本形成】

已累计完成基础设施建设投资近3亿元，水、电、路、气、通讯等"五通一平"基本建成，相关配套设施基本完善，园区承载功能显现。

【招商引资来势喜人】

湖南中金盛唐新能源科技有限公司国内第一家槽式太阳能热发电产业化、沅陵辰州磁电高科有限公司年产1200吨软磁铁氧体、鸿海光电产业园LED系列产品生产研发、无极灯生产、毛织服装产业园、茶业产业链建设等项目已正式入园。

【园区政策优惠】

园区出台了鼓励和保护投资优惠政策，对入园项目在用地、税费、服务等方面给予全力保障和支持，对重大工业项目采取"一事一议、一企一策"的办法给予特殊优惠。

单位全称：湖南(沅陵)新能源新材料产业园管委会
地　　址：沅陵县沅陵镇辰州中街118号
招商电话(传真)：0745-4222520
网　　址：http://www.ylgyy.gov.cn

永州工业园区

展示开发区风采，发展开发区成果。——湖南省常务副省长 于来山 题

永州市凤凰园经济开发区

YONGZHOUSHI FENGHUANGYUAN JINGJI KAIFAQU

永州市凤凰园经济开发区位于永州市中心城区西北部，是永州市推进新型工业化的主阵地和承接沿海产业转移的核心区，始建于1988年，1990年经省人民政府批准为省级重点开发区。开发区已建成面积22平方公里，其中商贸区8平方公里，工业区14平方公里。开发区下辖4个工业园和1个现代商贸物流园，即长丰工业园、凤凰工业园、电子信息产业园、光伏工业园和正在规划建设的现代商贸物流园，“一区五园”的格局已成雏形。

2010年，在市委、市政府的正确领导下，凤凰园开发区深入贯彻落实科学发展观，紧紧围绕“项目兴园、产业强区”的发展战略和“抓项目、强基础、兴产业、增实力、促发展”的工作思路，加大力度，强化举措，狠抓落实，工业发展、招商引资、项目建设、融资筹资取得了明显成效。全年完成技工贸总收入81亿元，同比增长28.6%；完成工业总产值78亿元，同比增长30%；上交税金5.3亿元，同比增长18%；完成固定资产投资10亿元，同比增长92.3%；实际利用外资1800万美元，同比增长9.4%；内联引资5.4亿元，同比增长47.5%；完成进出口总额4844万美元，同比增长46.1%；建成标准厂房12.9万平方米。

永州凤凰电子信息产业园

“十二五”期间，凤凰园经济开发区将以科学发展观为指导，以申报建设国家级经济技术开发区为总揽，按照“工业新城、城市新区”的扩园理念，围绕“扩园50平方公里，打造千亿园区”的目标，坚持“工业立区、项目兴区、产业强区”的发展战略，高起点、大手笔、大思路、大投入、大成效建设园区，以抓大项目、建大园区、兴大产业、促大发展、出大成效为主线，加大承接产业转移力度，加大招商引资力度，加大园区开发建设力度，努力把凤凰园经济开发区创建为改革创新的示范区、承接对接的新高地、新型工业化的主战场、经济发展的增长极、新型城市化建设的样板区，争取晋升为国家级经济技术开发区。

苏州专题会上项目签约

地址：湖南省永州市凤凰园经济开发区凤凰路招商大厦
联系电话：0746-8223430 8456507
邮箱：fhygwh@163.com
网址：http://fhy.yzcity.com

湖南零陵恒远发电设备有限公司

Hunan Lingling Hengyuan Generating Equipment Co.,Ltd.

湖南零陵恒远发电设备有限公司是湖南省水电设备制造的龙头企业，也是湖南省大件加工能力最强的企业之一。公司位于湖南省永州市冷水滩区长丰工业园，占地面积19.5万平方米，其中建筑面积11.14万平方米，总资产3.9亿元，员工总数480人，其中专业技术人员182人。公司始建于1951年，前身为零陵水电设备厂，从二十世纪六十年代开始生产水轮发电机组，已有五十多年的历史。1972年，公司被机械工业部确定为生产水轮发电机组的专业厂家，1988年又被机械工业部确定为全国生产大中型水力发电设备的十大专业厂家之一。2004年12月由国有企业改制为一家民营企业。2010年，完成产值2.6亿元，上缴利税1000多万元，出口创汇1000万美元。

公司主要产品有：轴流式、混流式、冲击式、贯流式水轮发电机组、柴油发电机及其配套设备。水轮机有30个系列290个品种，发电机有32个系列293个品种，配套设备有各种永磁机、液压机、球阀、蝴蝶阀、可控硅励磁装置等，并与调速器、油压装置、漏油装置、蝴蝶阀、球阀、控制柜等配套出厂。公司注册了“恒远牌”商标，产品通过了ISO9001质量管理体系认证。产品主要出口到美国、法国、加拿大、伊朗、印度尼西亚、吉尔吉斯斯坦、菲律宾、越南等十多个国家与地区。

“十二五”期间是我国水电设备行业发展的又一个重要时期，作为湖南省水电设备制造的龙头企业，公司以“小水电龙头、大水电龙尾”为发展目标，争取在国内水电设备制造行业中占有重要一席。公司将以技术改造为契机，通过增添或引进关键设备，解决大件加工的“瓶颈”，扩大新产品的生产规模，将企业进一步做大做强、提高企业的综合竞争力。2010年，公司提出建设“年产100万千瓦及抽水蓄能发电机组技术改造项目”，项目总投资8.2亿元。项目分两期建设，项目完成后将新增产值60亿元，新增利税3.3亿元。

地址：湖南省永州市冷水滩区蔡市路1号
办公室电话：0746-8453009
传　　真：0746-8453013
邮箱：hengyuantz@126.com
网址：www.llhyfd.com
法人代表：郭远军
总经理：罗凤伟

展示开发区风采，发展开发区成果。——湖南省常务副省长 于来山 题

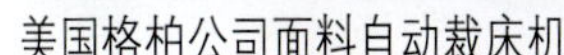

美国格柏公司面料自动裁床机

总装车间

缝制车间

意大利康隆公司海绵发泡线

湖南长丰汽车沙发有限责任公司

HUNAN CHANGFENG AUTOMOBILE SOFA CO .LTD.

董事长：王绍康

总经理：陈桂军

湖南长丰汽车沙发有限责任公司成立于1997年10月，坐落在永州市冷水滩区，下设长沙、滁州、广州三个分公司，注册资本4615万元，总资产2.24亿元，占地面积2万多平方米，建筑面积1.38万平方米，拥有员工440余人，其中各类专业技术人员50多人，各种先进设备400多台套，具备单班生产50000台/套汽车座椅的生产能力。2010年公司实现工业总产值2.12亿元，利税总额1236万元。自创建以来，公司先后荣获“国家高新技术企业”、“湖南省最佳效益企业”、“湖南省守信用企业”、“湖南省质量管理奖”、“湖南省国有企业四好领导班子先进集体”、“湖南省和谐劳动关系企业”、“湖南省质量信用A级企业”、“湖南省省属监管企业文明标兵单位”等各项荣誉二十余项，总经理陈桂军被授予“湖南省劳动模范”、“湖南省优秀青年企业家”等荣誉称号。

公司秉承长丰集团“创新发展，追求卓越”的理念，坚持“立足国内，面向国际，以座为主，涵盖零配，做精做强”的发展战略，勇于机制创新、技术创新、管理创新、产品创新，致力于为汽车制造商提供安全、优质、舒适的汽车座椅及其他零部件，为人们的旅行生活提供更舒适的环境。公司引进吸收国际先进的管理理念与管理方式，构建起以TPS、ERP、绩效管理、质量环境管理体系为主导的“3+1”基础管理体系。建立健全了以国家级实验室为基础的质量与研发平台，为公司的产品走向国际化提供了质量与技术的保障，既保证了每次交付高品质、顾客高满意度的产品，又展示了公司经济效益与社会效益的充分结合。

公司主导产品包括广汽长丰、扬子皮卡、北汽“福田”、吉利汽车、南海福迪、众泰汽车等系列汽车座椅、天窗及门锁等零部件。面对风起云涌的市场竞争环境，“十二五”期间，公司将坚持以“座椅为主、涵盖零配、多元发展、优化结构”为发展方向，积极参与国际经济竞争与合作，不断提高产品质量和科技含量，实现年产汽车座椅40万台套，工业总产值10亿元/年以上，力争建成产、销、研一体化，具有国际一流水平的综合性汽车零部件企业。

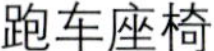

跑车座椅

电动汽车座椅

地址：湖南省永州市冷水滩区张家铺1号

电话：0746-8456019-3308

传真：0746-8457679

湖南湘农山香油脂香料有限责任公司

HUNAN XIANG NONG SHAN XIANG YOU ZHI XIANG LIAO YOU XIAN ZE REN GONG SI

湘农山香油脂香料
小产品大文章
好品牌大市场
周伯华
八月一日

湖南湘农山香油脂香料有限责任公司创建于2003年，位于永州市凤凰园经济开发区，是由湖南湘农农资集团有限公司控股并与永州市供销社资产经营公司共同发起组建的。公司现有总股本金2400万元，总资产6191万元，现为中国香料香精化妆品工业协会成员，中国商会、贸促会理事单位，拥有自营进出口权和“山香牌”注册商标。是湖南省农业产业化龙头企业、中华全国供销合作总社全国重点龙头企业、湖南省林业产业龙头企业、全国经济林产业化龙头企业。公司主导产品柠檬醛获湖南省科技博览会金奖，湖南省第二届林产品博览会金奖，“湖南名牌产品”称号。公司质量管理体系已通过国家ISO9001-2000质量认证。是“中国山苍子油”国家质量与生产标准的参与制定者，是“中国永州山苍子油”地理标志保护产品的实施单位。公司内部设有专门的研发机构，并与国内10多所重点院校和科研机构有着广泛的科技合作与交流。公司的主导产品为柠檬醛、山苍子油系列产品，近年来又开发生产大蒜油、生姜油、缬草油、芳樟油、紫苏油、香茅油等三大系列20多个产品，年加工各类香料油1500吨，年产值过亿元，是国内最大的山苍子油生产加工基地和集散中心，产品主要销往美国、日本及西欧市场。

2010年公司生产加工各类香料油928吨，实现商品销售收入10868万元，自营出口创汇600万美金。2011年公司计划实现生产总值15000万元，商品销售额13000万元。“十二五”期间，公司面临巨大发展机遇，公司计划将股本扩大到5000万元，总资产扩大到9000万元，主要抓好公司三大主业，一是稳步扩大传统香料油经营项目。新开发杉木油、柚皮油、紫苏油、樟油等四个系列品种，“十二五”期间内使公司香料油年加工能力达2000吨以上，年产值达5亿元。二是全力抓好生物柴油新上项目。近期内实现生物柴油项目一期顺利完工，努力开拓生物柴油及生物有机肥市场，力争在2013年动工建设生物柴油项目二期工程。三是建设10万亩生物能源林基地。以光皮树、山苍子树为主要树种，建设高产稳产原料林基地，增加农民增收脱贫的新渠道。

地址：永州市凤凰园经济开发区林荫大道
电话：0746-8227058　传真：0746-8227056

永州市鑫盈建材有限公司

Yongzhou Sunny Material Co., Ltd.

永州市鑫盈建材有限公司成立于2003年，位于湖南省永州市凤凰园经济开发区，南邻广州，西邻桂林，交通便利，环境优越。

公司总投资3000余万元，占地面积达33000平米，现拥有员工200余人，其中各类高级专业技术及管理人员达八十余人。公司拥有国内外先进的专业生产铝塑复合板流水线2条，铝质瓦楞复合板生产线1条。年产铝塑板200万平方米，铝质瓦楞复合板100万平方米。

在不断的技术创新过程中，大力推进品牌建设，我们的企业全面通过了ISO9001-2008国际质量体系认证，其产品被中国轻产品质量保障中心认定为"中国建筑装修首选环保优质产品"、"全国铝塑板产品质量公证十佳品牌"，公司被中国建筑材料协会认定为"2005-2006年度国家建材AAA级质量服务信用单位"，银行信贷诚信单位。

地址：湖南省永州市凤凰园经济开发区林荫大道
电话：0746-8227278　8227258
传真：0746-8227238　邮编：425000
邮箱：yzsunco@126.com
sunco88@yahoo.com
网址：http://www.xinyingjc.com

Company Profile

Yongzhou Sunny Material Co., Ltd. founded in 2003, specialize in manufacturing and exporting Aluminum-Plastic Composite Panel (ACP) which coated with PVDF or PE with different size.

It is located in Fenghuangyuan Economic and Developing Park, Yongzhou City, Hunan Province China. It covers an area of 30,000 square meters. It has more than 200 employees; among them more than 80 are senior technical workers and management people. It has a total output of 2 million square meters aluminum composite panel and 1 million square meters aluminum Corrugated composite panel per year.

In the process of technology innovating. We pay attention to promote the brand constructing. The company has passed the ISO9001-2000 international quality system certificate, and the SUNCO brand rated as one of the national best ten brand.

We warmly welcome clients from abroad and home.

Address: Linyin Road, Fenghuanyuan Economic and Developing Park, YongZhou City, Hunan Province, China.

Tel: +86 746 8227278　8227258
Fax: +86 746 8227238
E-mail: yzsunco@126.com
sunco88@yahoo.com
Post code: 425000
Website: http://www.xinyingjc.com

开放合作之平台 招商引资之窗口 ——湖南省委副书记: 梅克保 题

永州工业园区

湖南奔腾投资控股集团

湖南奔腾投资控股集团经省工商局批准成立，是一家跨地域、跨行业发展的民营文化企业集团，下设湖南永州奔腾彩印公司、永州奔腾文化传播公司、永州奔腾旺代印刷有限公司、永州奔腾传媒广告公司、永州市湘南出口包装公司、北京佳顺印务公司、北京金色海燕文化发展公司、深圳大富文化传播公司共8家子公司。集团总资产达到4.6亿元，员工总数1720人，主要从事印刷、图书发行、传媒广告、文化传播、出口包装等。

湖南省新闻出版局副局长侯建授予奔腾集团“湖南印刷产业出口示范基地”牌

奔腾集团的母公司湖南永州奔腾彩印有限公司被评为"全国诚信印刷企业"和"湖南省小巨人企业"。集团董事长王中燕荣获了国家新闻出版总署和中国印刷协会联合评定的"新中国60周年百名杰出贡献印刷企业家"等多项荣誉。公司注册资金4200万元，拥有出版物、包装装潢品、商业印刷和纸板生产设备100台套，是湖南省印刷龙头企业中唯一具有综合印刷能力的企业，产品通过了ISO9001:2000质量体系认证并获得了国家出入境许可，具有自营进出口权。2008年公司与世界印刷界知名企业凸版艺彩香港公司展开合作，主要引进国际领先、填补我省空白的立体弹跳书生产线，共同生产世界领先的创新出版物 -- 立体弹跳书，用于开拓国际图书市场。

2010年，集团实现总产值4.1亿元，利税4600万元。集团母公司永州奔腾彩印有限公司全年总产值达1.5亿元，实现利税1129万元。立体弹跳书出口创汇200万美元。瓦楞纸板产销量达5500万平方米，在永州的市场占有率超过80%。

2011年，公司项目建设计划投入1.5亿元，完成二期工程用地基础设施建设，新建厂房4.7万平方米，新建立体弹跳书生产线、瓦楞纸生产线、木质包装生产线、包装装潢生产线各1条。

永州市市长龚武生来奔腾集团指导工作

奔腾集团立体弹跳书产品展示

奔腾集团木质包装产品展示

地址：永州市凤凰园经济开发区银象路
电话：0746-8224029　　传真：0746-8224888

永州工业园区

展示开发区风采，发挥开发区成果。——湖南省常务副省长 于来山 题

湖南祁阳工业园区

县域经济新引擎　新型工业增长极

沿海产业承接地　山水生态新城区

▲ 外商考察园区制鞋产业。

湖南祁阳工业园区创建于 1996 年 5 月，原名祁阳黎家坪乡镇工业开发区，系湖南省人民政府批准成立并经国家发改委审核公告的省级开发区。曾获“全国乡镇企业示范区”、“湖南省星火技术密集区”等称号。

园区内黎家坪建材产业园、浯溪冶化工业园、白水科技工业园基本建成。2008 年 5 月启动开发建设 25 平方公里的新区，以发展机械电子、食品医药、轻纺服饰产业为主。目前，共有工业企业 198 个，其中规模以上企业 56 个，年产值过亿元的企业 9 个。园区基本形成“一区四园”格局。

经济效益大幅提升

2010 年来，随着国际金融危机逐渐远去，冲击余波慢慢平息，园区进一步强化对企业的帮扶、指导和服务，突出了帮大扶强，帮小扶优，全力帮助企业运作恢复正常。1–12 月，园区共完成工业产值 52.5 亿元，其中规模企业完成工业产值 43.2 亿元，工业增加值 13.5 亿元，上交税金 1.05 亿元，同比增长 32%、33%、13.6%、20%。全年完成固定资产投入 6.3 亿元，新增就业 4000 人以上。

招商引资来势看好

全年园区签约项目 16 个，签约资金达 12 亿元，其中 4 个大项目分别是：总投资 8000 万美元，年产 1800 万双 NIKE 运动鞋的凯盛鞋业项目；总投资 1000 万美元，年产 2400 万双 EVA 射出中底的成信鞋材项目；总投资 4.2 亿元，年产 10 亿瓶

▲省级创业示范基地祁阳中小企业创业园

大输液和营养液的康源药业项目；总投资6000万元，年产7000吨PVDC药用包装材料的五洲药包项目。随着凯盛鞋业的落户，带动了一批制鞋及配套企业入驻加盟和考察洽谈，制鞋产业已成为园区招商引资的主导产业。

工程建设速度加快

启动实施了主干道浯溪南路县职业中专至湘江桥头段和灯塔路从白竹路至滨江路段建设，两个路段分别于10月底和11月中旬硬化完成。浯溪南路延伸段已往南延伸并形成路基400米。安装主干道路灯274盏，铺设下水道1万余米。次干道长流路和真卿路8月开工建设，目前长流路、白竹路已部分硬化，真卿路路基已形成。新开工建设元结路、长元路、白竹路、水亦香路、渡香路、望洲路六条次干道。截至12月底，新区"十纵八横"路网共开工建设五纵四横，硬化道路长度达8.6公里。此外，开工建设标准厂房23栋(其中单层钢结构厂房14栋，多层厂房9栋)及食堂、综合楼、宿舍、商住楼等配套设施，已建成标准厂房17栋(其中单层钢结构厂房14栋，多层厂房3栋)，食堂及综合楼主体全面竣工，目前正作外墙装修，8栋宿舍(廉租房)主体已经完成，浯溪南路2栋商住楼主体工程完工。

征地拆迁成效显著

目前新区征地涉及5个村51个村民小组，园

▲企业员工宿舍楼

▲建设中的金桥建材大市场

区继续实行征地工作组包村责任制。各征地工作组克服各种困难和压力，完成了灯塔6组，浯溪5组，长流1、2、3组的征地任务，征地面积达1300亩，及时保证了工程和项目建设尤其是凯盛鞋业用地需要。拆迁工作组一手抓拆迁，一手抓安置，共新拆迁房屋并安置30余户。通过进一步完善安置区的水、电、路等设施配套，元结路、长流路和白竹路三个安置区已初具规模，同时规划建设了香洲路安置区，园区拆迁安置工作平稳推进。

湖南祁阳工业园区联系方式

地　址：湖南省祁阳灯塔东路1号
邮　编：426100
主要负责人：
陈运祥(园区开发建设指挥部常务副指挥长)
刘晓春(园区党工委书记)
段观阳(园区管委会主任)
招商引资联系人：桂三元(园区管委会副主任)
电　话：0746-3211789 3270338 3270339
网　址：www.qdz.gov.cn
电子邮箱：qdz@vip.163.com

祁阳工业园区生物医药产业 喜添双丁

2010年3月31日，康源药业、五洲药包项目与祁阳工业园区举行投资签约仪式，标志康源药业塑瓶大输液项目和五洲药包PVDC药用包装材料项目入园，园区生物医药产业“双喜临门”。

康源药业塑瓶大输液项目由湖南康源药业有限公司投资建设，总投资4.2亿元，计划用5年时间建成16条塑瓶大输液生产线，年产塑瓶大输液10亿瓶。该项目共分三期建设，其中一期投资1.5亿元，计划7月份开工建设，达产后预计年产值2亿元，年税金1200万元。五洲药包PVDC药用包装材料项目由湖南新五洲药包有限公司投资建设，总投资6000万元，年产PVDC药用包装材料7000吨，计划今年4月份动工建设，达产后年产值2亿元以上，年税金1000万元。业内人士称，这两个项目符合国家产业政策，符合园区产业定位，符合环保要求，投资规模大，科技含量高，财税效益好，安置就业多，发展潜力大，前景广阔，有利于优化我县工业结构，促进生物医药产业集群发展。

开放合作之平台 招商引资之窗口 ——湖南省委副书记：梅克保 题

永州工业园区

鞋业巨匠耐克跨进祁阳

▲ 6月1日，湖南凯盛鞋业年产1500万双耐克运动鞋项目在祁阳工业园区举行隆重的开工奠基仪式。

2010年5月17日上午，在永州市委书记黄天锡、副市长朱映红和祁阳县张常明、吴巨培、黄春华、段湘南、刘志均等领导的见证下，广硕鞋业有限公司总裁、香港亚荣鞋业有限公司总经理张荣梧先生与祁阳工业园区管委会主任刘晓春在湖南凯盛鞋业耐克运动鞋生产线项目投资合同上签名盖章。标志着全球鞋业巨匠耐克跨进祁阳，落户祁阳工业园区。

广硕公司是美国NIKE(耐克)公司全球五大战略伙伴之一，也是美国NIKE(耐克)公司在我国内地的第一家签约工厂。祁阳县以乡招商、以诚招商、以情招商，几经磋商，3月5日与张荣梧先生签订了投资意向协议。3月10日，美国NIKE(耐克)公司批准广硕公司投资祁阳工业园区的请求。

该项目计划投资8000万美元，注册3000万美元，用地578亩，定于今年6月1日开工建设，首期工程年底可望竣工投产。项目建成后，可安排就业岗位15000个，预计年产运动鞋1800万双，年产值20亿元，年缴税金1.2亿元。

业内人士表示，湖南凯盛鞋业堪称祁阳县迄今为止的注册资金最多、财税贡献最大、产业链拉动作用最强的外商投资项目。

▲ 凯盛鞋业在祁阳中小企业创业园实行过渡性生产

永州工业园区

做示开发区风采，发展开发区成果。——湖南省常务副省长 于来山 题

湖南零陵工业园区

敞开胸怀笑迎四海客 打造平台诚邀天下商

党工委书记：蒋映群

管委会主任：柏文生

湖南零陵工业园区位于历史文化名城永州市零陵区，是经省政府批准设立的省级工业园，总规划面积33.08平方千米，辖萍洲工业区、河西工业区和珠山工业区，被评为“湖南最具投资潜力园区”。工业园区的区位十分优越，交通十分便捷，处于“珠三角”产业向内地转移和东盟自贸区辐射湖南的要冲节点上，承接产业转移和对接东盟具有“桥头堡”优势，近年来众多投资商看好园区的发展潜力，纷纷到园区考察和投资置业，园区开发建设取得了新的成效。

二〇一〇年，工业园区突出“拓园、配套、招商”三大重点，大力度、高效率启动、完成了12个园区配套工程项目，新开发园区面积1平方千米；招大引强取得突破，新加坡荣华控股公司、国内最大民营企业上海复星集团、省内知名企业唐人神集团、湖北宏信集团等一批上市公司、投资集团和知名企业抢滩园区，在园区或投资或兴建工厂，全年新签约落户规模以上企业12家，一批标志性企业和新兴产业即将形成。与此同时，园区政务服务环境日趋优化，办事效率大大提高，有两家投资过亿元企业实现当年签约当年建成投产。

今后五年，园区将以实施“十二五”规划为契机，着力“大投入、大扩园、强配套、广聚商、优服务”，全力做好承接产业转移和对接东盟两篇文章，规划新建自来水厂、污水处理厂、输变电工程、物流交易市场和路网等配套工程。到十二五末，规划建成园区面积达到10平方千米，将萍洲工业区打造成政务服务和商贸、物流、居住新区，将河西工业区打造成承接产业转移和对接东盟的特区，将珠山工业区打造成产值过百亿的锰冶炼产业集群区。

河西工业新区

新建的标准厂房

福源木业实现当年签约当年投产

新加坡荣华控股公司投资兴建的大型锰冶炼企业

唐人神集团投资兴建的永州湘大公司

开放合作之平台 招商引资之窗口 ——湖南省委副书记：梅克保 题

湖南东安经济开发区

热忱欢迎一切有识之士前来投资兴业，共谋发展！

湖南东安经济开发区是1996年5月经湖南省人民政府批准成立的省级开发区。管委会内设办公室、产业发展局、招商合作局、企业服务局四个机构，现有工作人员47人。它位于湖南的西南端，临近广西桂林，区内地势平坦，交通便捷。1997年，东安经济开发区设立白牙市工业园，该园位于东安县城东北侧，207国道穿区而过，距衡昆高速、二广高速、洛湛铁路约25公里，至永州机场48公里，区位优势明显。今明两年，工业园计划扩规面积达到10平方公里，控规面积达18平方公里。按照用地分类和县城总体规划要求，工业园分为三大功能区，即农副产品加工区、电子机械工业区、商贸居住综合区。

近年来，县委、县政府十分重视工业园的建设，先后投入资金近5亿元，拉通了5平方公里范围内“三纵三横”主干道路基，完成了各主干道道路硬化、排水排污、绿化亮化和供水、供电、通讯等配套工程建设，并在园区内兴建了一座110KV变电站。县委、县政府为

永州工业园区

湖南东安经济开发区

热忱欢迎一切有识之士前来投资兴业，共谋发展！

企业入园出台了《东安县承接产业转移优惠政策十六条》等一系列优惠政策，对工业园采取“无费区”、“封闭式”管理，“一站式”服务。目前白牙市工业园内已有永州一东生物技术有限公司、永州创辉实业有限公司、东安华林环保科技有限公司、舜皇米业有限责任公司、毅荃服饰有限公司、汤氏竹业有限公司、华达塑料包装有限公司、东安吉祥食品有限公司、东安苗苑木业有限公司等36家企业正式落户。园区已基本形成了以农副产品加工、电子、针纺、冶金、机械制造和高新技术为主导的产业格局。

湖南东安经济开发区热忱欢迎一切有识之士前来投资兴业，共谋发展！

招商电话：0746 4231667　　电子邮箱：kaifaqu96@sina.com

湖南江华经济技术开发区

江华人民欢迎您

江华经济技术开发区于2009年12月经县委研究决定组建，由省级开发区－江华工业园区与城西新区合并而成。经开区内设办公室(财务科)、招商合作局、工程建设局、产业事务局、经营发展部五个部门，下辖城建投、城西、金牛、金虎、城北五个公司。规划面积30平方公里，分为工业、商业、社会事业配套、中小企业创业基地四个功能区。

经开区区位优势明显，交通十分便捷。207国道、洛湛铁路横穿南北，铁路客、货站处于中心位置；即将通车的永贺、厦蓉高速紧邻县城，出入口均距县城均不足10公里。

经开区设施配套逐步齐全，投资环境良好。按照科学规划，合理布局和高起点、高标准要求，筹集8亿元资金加快了基础设施建设。目前已拉开"三横三纵"道路骨架，开发面积近8平方公里。三横即金牛大道、江华大道、工业大道，三纵即中山大道(207国道县城段改造路段)、火炬路、开发大道。已建成金牛大道、江华大道、工业大道、火炬路、石前大道和环园南路，中山大道、开发大道正在建设中。经开区配套功能不断完善，正在进行水、电、路、讯和给排水等"六通一平"基础设施建设，并引进和建设学校、医院、商场、汽车站、住宅小区等一批配套基础设施。

经开区视项目为生命，招商引资成果不断扩大。按照资源招商与产业转移相结合、政府招商与市场化专业化招商相结合、优化经济环境与责任制招商相结合的方法，大力招商引资，积极打造珠三角产业转移园、中小企业创业基地、瑶文化产业创意园等专业特色园区。目前，经开区共引进项目48个，其中签订工业项目合同协议共32家，合同引进外资23.5亿元，产值过亿元的工业项目有9个。海螺水泥、兴华稀土、协成科技、创晨电子、双龙纸业、同丰食品、胜力电子、鹰弘皮具、同泰制药、恒森木业、天翔制衣等企业已正式落户经开区，方便鱼肉粉丝、卓业打火机、九龙井酒业等22个项目已签订协议准备入园。特别是海螺水泥、兴华稀土、协成科技、帝森食品等龙头项目的正式入园，使经开区正在形成稀土新材料、建材造纸、食品药品、电子信息、制衣等五大支柱产业。

经开区敢于先行先试，不断健全制度，提高效率。按照县委、县政府关于支持工业园区先行先试若干暂行规定，并对经开区实行封闭式管理，对项目审批、工商登记、工程建设、职工招聘等实行一条龙服务，由管委会在规定的工作日内代办完毕。

展望未来，信心百倍。经开区将按照县委、县政府"三年打基础、五年上规模、十年新崛起"的总体要求，强力推进基础设施建设和招商引资工作，为江华县域经济迅速"扩张总量，赶超发展"，早日实现富民强县目标作出重要贡献。要通过三年时间，完善水电路讯管网配套，每年落户投资5000万元以上的企业10家以上，产业集群初具雏形，产值达20亿元以上；到第五年，实现总产值100亿元以上，税收5亿元以上，形成以稀土为核心的新材料产业集群、以风电及设备制造为核心的新能源产业集群、以方便鱼肉粉丝为核心的环保食品药品产业集群；通过十年的努力，以全县1%的面积，创造全县80%的产值的发展目标，达到形成30平方公里15万人口的规模，届时经开区将成为江华承载产业转移的制造加工基地，资源开发利用的高新技术研发基地，重要的旅游、文化、教育和会展产业化基地，成为江华体制创新的先导区、先进制造业的先行区、对外开放的示范区、江华经济发展的核心区。

江华大道

联系电话：0746-2320868
传真号码：0746-2320869
邮　　箱：hnjhgyyq@163.com
网　　址：http/ www.jheda.cn

湖南核心企业重点推荐

展示开发区风采，发展开发区成果。——湖南省常务副省长 于来山 题

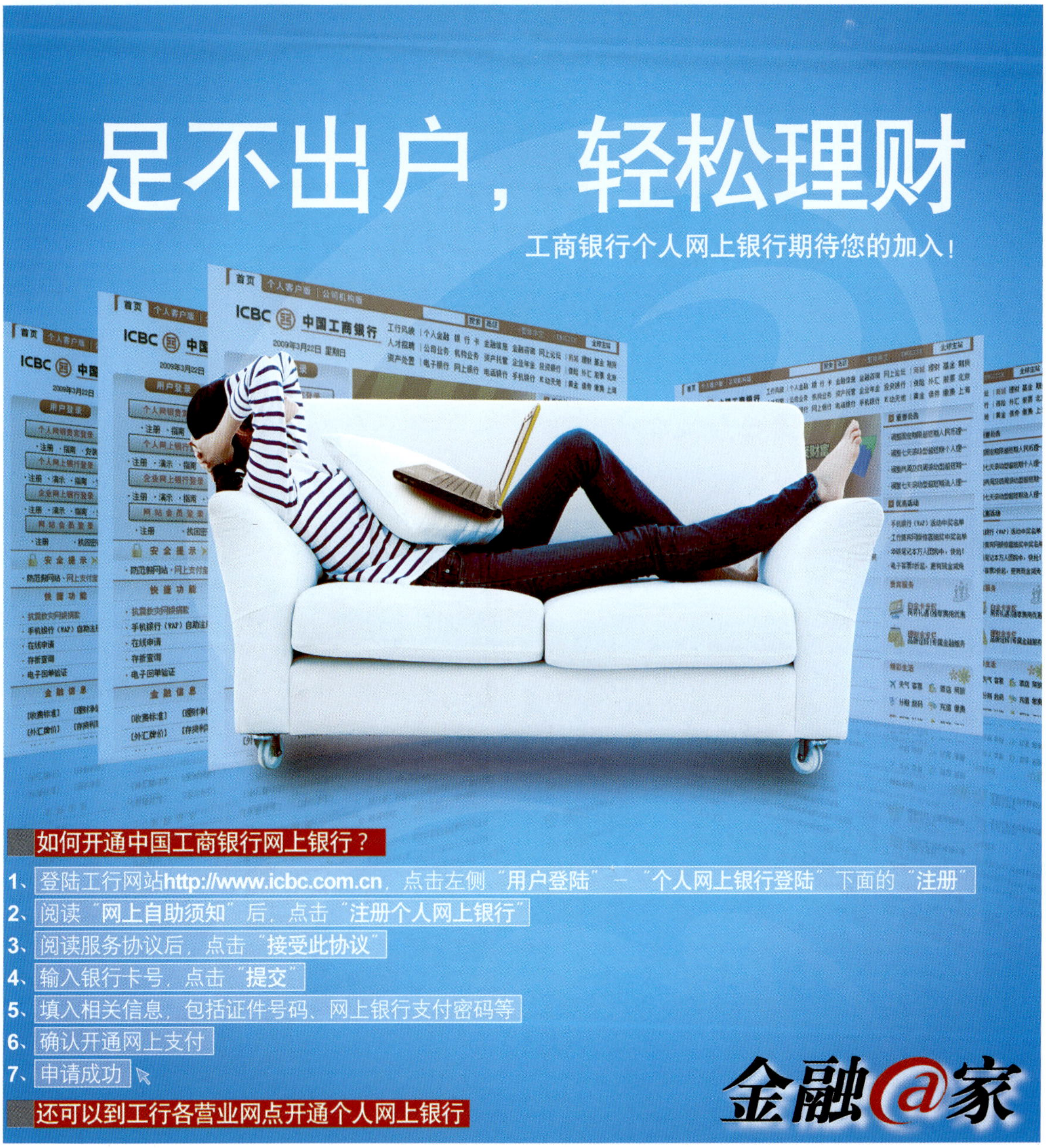

足不出户、轻松理财，中国工商银行为您提供7×24小时全方位金融服务：

投资理财：◎基金 ◎黄金 ◎证券 ◎外汇 ◎理财产品

转账汇款：◎工行汇款 ◎跨行汇款 ◎跨境汇款 ◎牡丹卡人民币还款 ◎牡丹卡购汇还款

缴费支付：◎代缴电话费 ◎手机费 ◎有线电视收视费 ◎网上购物 ◎网上订报

工行信使：◎余额变动提醒 ◎最新财经咨讯

账户管理：◎账户查询 ◎资金自动归集 ◎托管账户 ◎定期存款 ◎通知存款 ◎自助挂失

外汇业务：◎小额购汇 ◎外汇交易

贷款业务：◎还贷计划查询 ◎网上还贷 ◎提前还款申请

安全服务：◎U盾 ◎口令卡 ◎小e安全检测 ◎VISA/Master购物验证

ICBC

中国工商银行

您身边的银行 可信赖的银行

电话银行Tel:95588
网址Website:www.icbc.com.cn

湖南核心企业重点推荐

展示开发区风采，发展开发区成果。——湖南省常务副省长 于来山 题

ZOOMLION
中联重科

费服务热线:800-878-6112 400-887-6677 www.zoomlion.com

中联重工科技发展股份有限公司 工程起重机分公司 电话：0086-731-85667230 85311766 传真：008

博世汽车部件（长沙）有限公司

Bosch Automotive Products (Changsha) Co., Ltd

博世汽车部件（长沙）有限公司是德国博世集团在中国成立的实体之一，位于国家级长沙经济技术开发区，主要致力于开发中国汽车市场。

汽车电子驱动和起动机/发电机是我们主要的业务领域，主要产品包括汽车稳定系统和刹车防抱死系统用的马达、发电机冷却风扇、举窗电机、座椅电机、蒸发风机、雨刮电机、雨刮系统、雨刮片、启动停止系统、起动机和发电机等。我们着重于为中国汽车市场研发、生产和提供有竞争力的产品。

Bosch Automotive Products (Changsha) Co., Ltd is one of Bosch entities settled in National level Economic & Technical Development Zone, Changsha, Hunan, China with mission to develop the automotive market of the region.

Our main business is electrical drives and starter motors & generators, including products of ABS & ESP motors, engine cooling fans, window lift drives, seat adjusted drives, blower motors, wiper systems, start/stop systems, starters and alternators. We are aiming to develop, produce and offer our competitive products for automotive market in China.

公司地址：湖南省长沙市星沙漓湘中路26号　　邮编：410100
电　　话：(0731)82929471　　传真：(0731)82929028

湖南核心企业重点推荐　展示开发区风采，发展开发区成果。——湖南省常务副省长 于来山 题

博世汽车部件（长沙）有限公司

Bosch Automotive Products (Changsha) Co., Ltd

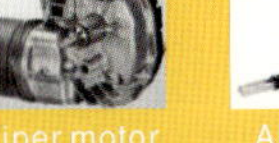

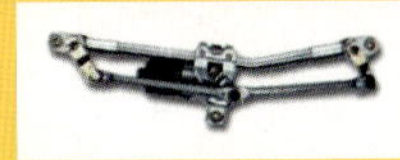

Wiper motor 刮水电机　ABS motor ABS马达　Window lift motor 举窗电机　Wiper blade 雨刮片　Wiper system 雨刮系统　Engine cooling 发动机冷却马达　Engine cooling system 发电机冷却系统

Blower motor 鼓风电机　AC component/DPO 空调组件/马达　Sunroof motor 天窗电机　Seat drives 座椅电机　Alternator 发电机　Starter 起动机　CV starter 商用车起动机

附：博世集团和博世中国简介

关于博世中国

博世集团于1909年在中国开设了第一家贸易办事处，1926年在上海创建首家汽车售后服务车间。时至今日，集团的所有业务部门均已落户中国：汽车技术、工业技术、消费品和建筑智能化技术。博世在中国目前经营着47家公司，并在上海设有博世（中国）投资有限公司。2009年博世在华合并销售额达274亿人民币。约21,200多名中国员工全心全意为中国的顾客提供最先进的技术以及最可靠的服务，以改善人们的生活质量。

Bosch founded its first trading office in China as early as 1909. In 1926, the first car service workshop opened in Shanghai. Today, all Bosch business sectors are present in China: Automotive Technology, Industrial Technology and Consumer Goods and Building Technology. The company operates 47 legal entities in China and has a holding company in Shanghai. Consolidated sales in China reached 27.4 billion CNY in 2009. Some 21,200 Bosch associates in all legal entities and facilities are committed to bringing to Chinese customers the latest technology as well as the most reliable services to help improve their quality of life.

关于博世集团

博世集团是世界领先的技术及服务供应商。在汽车技术、工业技术、消费品和建筑智能化技术领域，博世集团约275,000名员工在2009财政年度创造了约382亿欧元的销售业绩。集团包括罗伯特－博世公司（Robert Bosch GmbH）及其遍布60多个国家的300多家分公司和区域性公司。如果将其销售和服务伙伴计算在内，博世的业务遍及约150个国家。这一全球性的研发、制造和销售网络为其进一步发展奠定了基础。博世每年在研发方面的投入超过35亿欧元，在世界范围内申请约3,800项专利。通过其产品和服务，博世为人们提供创新有益的解决方案，从而提高他们的生活质量。

公司是由罗伯特·博世（1861–1942）于1886年在斯图加特创立，当时名为“精密机械和电气工程车间”。博世集团独特的所有权形式保证了其财政独立和企业发展的自主性，使集团能够进行长期战略规划和前瞻性投资以确保其未来发展。慈善性质的罗伯特·博世基金会拥有罗伯特博世集团92%的股权，集团的多数投票权由罗伯特博世工业信托公司负责。该信托公司也行使企业所有权职能。其余股份则分属博世家族和罗伯特－博世有限公司。

The Bosch Group is a leading global supplier of technology and services. In the areas of automotive and industrial technology, consumer goods, and building technology, some 275,000 associates generated sales of 38.2 billion euros in fiscal 2009. The Bosch Group comprises Robert Bosch GmbH and its more than 300 subsidiaries and regional companies in over 60 countries. If its sales and service partners are included, then Bosch is represented in roughly 150 countries. This worldwide development, manufacturing, and sales network is the foundation for growth. Each year, Bosch spends more than 3.5 billion euros for research and development, and applies for some 3,800 patents worldwide. With all its products and services, Bosch enhances the quality of life by providing solutions which are both innovative and beneficial.

The company was set up in Stuttgart in 1886 by Robert Bosch (18611942) as "Workshop for Precision Mechanics and Electrical Engineering."The special ownership structure of Robert Bosch GmbH guarantees the entrepreneurial freedom of the Bosch Group, making it possible for the company to plan over the long term and to undertake significant up-front investments in the safeguarding of its future. Ninety-two percent of the share capital of Robert Bosch GmbH is held by Robert Bosch Stiftung GmbH, a charitable foundation. The majority of voting rights are held by Robert Bosch Industrietreuhand KG, an industrial trust. The entrepreneurial ownership functions are carried out by the trust. The remaining shares are held by the Bosch family and by Robert Bosch GmbH.

有关博世集团的更多信息，请访问：www.bosch.com.cn
Additional information can be accessed at www.bosch.com.cn.

公司地址：湖南省长沙市星沙漓湘中路26号　　邮编：410100
电　　话：（0731）82929471　　传真：（0731）82929028

开放合作之平台　招商引资之窗口　——湖南省委副书记：梅克保 题

湖南核心企业重点推荐

正虹——中国猪饲料第一品牌

湖南省省委书记周强(右)视察正虹，正虹集团总裁陈栋(左)向周书记汇报正虹生猪产业化进展情况。

湖南正虹科技发展股份有限公司，是一家以生产销售饲料产品为主营业务的农业产业化国家重点龙头企业集团。公司位于洞庭湖畔的鱼米之乡——湖南省岳阳市屈原管理区境内。

公司是中国饲料行业中第一家上市企业（被誉为"中国饲料第一股"）。目前，在全国16个省市区拥有33家全资、控股、参股企业和42条微机控制生产线，主要生产正虹牌猪鸡鸭鱼牛羊六大系列120多个品种的饲料产品，年生产能力达200万吨。公司拥有总资产18亿元，净资产12亿元，支配资产总额达50亿元，综合实力在全国饲料企业中位居前列。

"正虹"商标是中国饲料企业第一个"驰名商标"。"正虹饲料"——中国名牌产品。"正虹饲料"作为中国猪饲料的第一品牌，继1991年荣获全国饲料行业唯一银质奖章后，先后荣获国际、国内11项金奖和26项省部级以上的荣誉和奖励。公司在全国猪高蛋白浓缩饲料科研生产中居领头羊地位。

公司致力于以饲料为龙头的农业产业化建设。除进行饲料生产和销售外，还从事优良种猪繁殖、畜禽养殖、肉食品加工、兽药研发与生产以及进出口贸易等业务。

公司拥有国内饲料行业一流的科研机构、实验基地和技术人才，各类科研技术人员和具有大学本科以上学历的员工占公司全员的60%，设有人事部批准建立的"博士后科研工作站"和拥有"国家认定的企业技术中心"。公司实施"壮大主体产业，拓展相关产业，开发高新技术产业"的发展思路，驱动人才和科技两个轮子，朝着集约化、产业化、高科技化的方向前进。

地址：长沙市五一大道235号湘域中央一栋30楼
电话：0731-84599888
传真：0731-84599999
网址：www.chinazhjt.com.cn
E-mail：zcb@chinazhjt.com.cn
邮编：410011

正虹集团年产四十万吨饲料生产基地——营田分公司

湖南核心企业重点推荐

展示开发区风采，发展开发区成果。——湖南省常务副省长 于来山 题

建筑节能 湖南名牌

◆ 公司简介

"湖南雄鹰建筑节能新材料有限公司"原名"湖南雄鹰新科技建材有限公司"。为适应更准确的行业定位，更有利于公司的行业竞争力和创新，公司于2009年年底正式更名为"湖南雄鹰建筑节能新材料有限公司"。公司系专业从事建筑节能外墙保温系统材料和新型建筑隔热节能涂料的研发、生产、销售、施工于一体的高新技术企业。公司隶属于湖南新猎鹰集团，与集团公司下辖的湖南涉外经济学院、猎鹰房产、猎鹰建筑、猎鹰驾校、汉子保健等子公司均为集团的支柱企业。

公司拥有一批在建材领域经验丰富的企业管理人员、专业技术人员和技术优良的专业施工队伍。先进的生产设备(保温系统材料和涂料自动生产线)，科学成熟的生产工艺，完善的实验检测体系，从根本上保证了产品的先进性和最终质量的稳定性。公司已通过ISO9001：2000管理体系认证和ISO14001：2004环境管理体系认证，是湖南省建筑节能协会副理事长单位、长沙市建筑节能协会副会长单位和长沙市能源综合利用协会副理事长单位，被湖南省科技主管部门评为高新技术企业，并荣获湖南名牌产品的称号。

公司为积极响应国家对建筑节能的要求，合理有效地利用资源，以达到降本节能的目标，会同国家有关高科技单位共同研发的新型建筑节能产品有：胶粉聚苯颗粒外保温系统、EPS膨胀聚苯板外保温系统、XPS挤塑聚苯板外保温系统、外墙内保温系统、空心微珠无机保温材料系统、玻化微珠防火保温砂浆、微晶无机保温砂浆、节能保温涂料、内外墙环保涂料、柔性耐水腻子等。

公司以"环保节能的时代责任；真诚守信的经营理念；精益求精的工作作风"开拓创新，不断进取。以高品质的产品、完善的技术支持、优良的售后服务，专注每一个细节，精心打造一流品牌，全力与广大用户携手为提升城市建筑品位、创造美好生活而努力。

雄鹰新材公司总经理：陈飞龙

◆ 公司系列产品

建筑节能保温材料系统

玻化中空微珠保温砂浆材料系统、空心微珠无机保温砂浆系统、微晶无机保温砂浆、胶粉聚苯颗粒墙体保温系统、膨胀聚苯板薄抹灰外墙保温系统、挤塑薄抹灰外墙保温系统

外墙涂料产品系列

隔热节能涂料、氟碳漆系列、高级外墙漆、中级外墙漆、浮雕外墙漆、封固底漆、弹性滚花外墙漆、天然真石漆、弹性平涂外墙漆、质感涂料

内墙环保涂料系列

弹性环保内墙漆、高级环保内墙漆、豪华环保内墙漆

地坪漆系列

普通环氧地坪涂装系统、环氧砂浆地坪涂装系统、环氧自流平地坪涂装系统、环氧防静电地坪涂装系统、非金属、金属耐磨骨料地坪涂装系统、工业漆、工程机械漆系列

湖南雄鹰建筑节能新材料有限公司
HUNAN XIONGYING BUILD ENERGY CONSERVATION NEW MATERIALS CO.,LTD
地 址：长沙市雨花区湖南环保科技产业园振华路97号
电 话：0731－85210158 85210558
财富热线：13548611666
传 真：0731－85215578 邮 编：410001
http://www.xyjcl68.com.cn
E－mail:xyjcl68@sohu.com

◆ 公司荣誉

口口香米业股份有限公司

在十一届人大代表第二次会议上，省委副书记、省长周强与口口香米业董事长樊富强合影。

口口香米业地处资源丰富的洞庭湖腹地、湖南粮食主产区—益阳市大通湖区北洲子镇。2004年8月，通过整体收购四家国有企业组建而成。公司注册资金5588万元，总资产3亿元，下辖三家分公司，公司占地面积200亩，年加工大米能力30万吨，有效储备仓容15万吨。主要经营项目为发展现代绿色农业、粮食储备、加工、销售、物流配送、农资商业、宾馆服务业及副产品深度加工等。“好米源自洞庭湖”。口口香系列产品全部产自洞庭湖区，稻米晶莹饱满、绿色清香，经现代工艺加工而成，不含任何添加剂，已全部通过绿色食品认证。产品分高端形象产品系、中坚主销产品系、标准保障产品系，拥有泰湘口口香、金饭碗、稻花湘等几十个高中低档系列单品。口口香商标已获“湖南著名商标”，品牌评估价值5380万元。口口香米业已入选、被全国粮食协会评为全国粮油加工50强企业、AAA级信用企业、全国诚信粮油企业，全国服务新农村建设百佳乡镇民营企业，被纳入“湖南湘米工程”重点项目建设单位，列为上市重点后备企业。公司销售网络已延伸到广东、广西、福建、上海、云南、贵州等地，成功进驻了沃尔玛、新一佳、易初莲花、步步高、中北仓储等十多家国内外

湖南核心企业重点推荐

展示开发区风采，发展开发区成果。——湖南省常务副省长 于来山 题

徐守盛省长向樊富强董事长祝贺口口香米业获得全省粮食加工先进企业

口口香米业股份有限公司董事长：樊富强

著名的连锁商超，产品市场占有率、品牌知名度、物流配送均居行业领先，口口香米业已成为了华中地区最大的粮食生产销售基地之一。

口口香米业以"富民兴农"为己任，采用"公司＋农资经销商＋种植协会＋大户＋农户"的产业化经营模式，发展300万亩水稻基地，建立了生态稻、富硒米核心生产基地，带动环洞庭湖30多万农户增产增收，并成功导入ISO9001：2008质量管理体系认证、HACCP食品安全管理体系认证、ISO14001环境体系认证、OHSAS18001职业健康安全体系认证，建立了产品"从田间到餐桌"的产业链。公司依托自身的产业优势，以科技创品牌，成功注册了120多个商标、并拥有40多个专利（其中实用新形专利12个、发明创新专利4个），被评为省著名商标，省市两级知识产权试点企业。

"只要敢想敢做肯学习，平凡的人同样可以做出不平凡的事，富强同志和全省广大团员青年同志们努力吧！"。这是2007年，原省委书记、省人大常委会主任张春贤为公司董事长樊富强的创业事迹做出的重要批示。2010年4月，湖南省委书记、省长周强亲临口口香米业视察，并深情寄语樊富强："富强同志的企业发展迅速，前景光明，蓝图宏伟，希望你的企业如同你的名字一样越来越繁荣富强。"在两任书记的鼓励下，口口香米业不断加强自身建设，依托规模经营与现代化管理，引进战略投资，做大做强企业，计划在2013年将公司推进资本市场，打造中国粮食加工民营企业第一股，规划建设口口香米业百亿元食品产业与环洞庭湖二百万吨大米加工基地，做大做强"湘米"品牌，打造中国名牌，中国驰名商标。

客服热线：0737-5622888
传真：0737-5620998
业务QQ：569053607
电子邮箱：hnkkx@163.com
网址：www.coocosun.cn
地址：益阳市大通湖区北洲子镇十字街
邮编：413214

湘煤洁净煤股份有限公司

XIANG MEI CLEAN COAL STOCK LIMITED COMPANY

湘煤洁净煤股份有限公司（简称“洁煤股份”），是由湖南省人民政府2008年第12次常务会议决定，由湖南省煤业集团有限公司（控股70%，集团下属的省内最大的主焦煤生产企业湘潭矿业集团有限公司参股30%收购原株洗集团的优质资产，于2009年9月在国家工商行政管理总局登记设立的股份制有限公司。

公司注册资本9000万元，固定资产原值38000万元。公司拥有年入洗原煤240万吨、动力配煤100万吨、水煤浆10万吨的生产能力。按照湖南省“十一五”发展规划，公司已列为长株潭地区两型社会发展的洁净能源基地，湖南省电煤储备基地。

公司处于株洲市城市中心位置，占地面积600余亩，铁路站场有20股道计19.6公里，铁路专用线和两台自备内燃机车，年运输吞吐能力800万吨，有联络行走线与京广、浙赣、湘黔三大主干线以及株北枢纽站相通，可接发、编组整列重载列车。

公司坚持“以人为本、科技先导、战略引航”的企业理念，秉承“严细、求实、拼搏、创新”的企业精神和“人才荟萃、湖南十强、百年湘煤”的企业愿景，把“一切为了效益，一切为了员工，一切为了发展”作为企业宗旨，励精图治，开拓进取，以市场为导向，以效益为中心，坚持质量第一、用户至上的经营理念，同全国各行各业的社会同仁精诚合作，以产品、资源、技术、资产、资金为纽带，积极与上下游企业建立战略伙伴关系，同时公司着力推进技术改造和产业升级，加快短、中、长期发展战略实施步伐，到2011年实现产销量100万吨，销售收入达到8亿元；到2015年实现产销量300万吨、销售收入达到30亿元，致力于把洁煤股份打造成江南地区最具竞争力的洁净煤供应基地、最大规模的煤炭物流和最具影响力的煤炭储备基地。

湖南核心企业重点推荐

展示开发区风采，发展开发区成果。——湖南省常务副省长 于来山 题

苏仙 Suxian 郴州邦尔泰苏仙油脂有限公司

有机茶油营养专家

郴州邦尔泰苏仙油脂有限公司是于2003年由原国有企业改制而成的一家独立法人资格的民营企业。地处素有“湘南油茶之乡”美誉之称的郴州苏仙区境内，公司承继原企业二十八年油茶生产经验，依托科技进步，励精图治，以提升我国油茶产品地位为己任，努力探索油茶产业化的发展和油茶精深加工产品的研发。成立了省内唯一一家专业的油茶籽精深加工研发中心，研发创造了，拥有自主知识产权的“油茶籽物理低温冷榨技术”（获国家发明专利）。自建1万亩的“双高”油茶示范林基地，拥有41万亩经国家有机食品认证的油茶林基地。目前有年处理1.2万吨油茶籽冷榨机榨生产线，年处理3万吨茶饼浸出油生产线，年出品9千吨精炼油生产线和1.5万吨营养油生产线。产品通过国际产品质量管理体系ISO9000认证和食品安全认证。2008年以来陆续研制开发的油茶精深加工工艺及产品：“山茶护肤精油”、“茶皂素洗发露及生产工艺”、“茶粕多抗有机肥制备方法”获得国家发明专利；“山茶油软胶囊”及“茶皂素足浴粉”已经通过国家发明专利审查。成为集科研、基地、生产（加工）为一体的现代化油茶生产企业。是湖南省农业产业化省级龙头企业、林业产业化省级龙头企业、湖南省高新技术企业、省人民政府“131”工程承担企业、国家级油茶标准化示范基地单位。

公司2005年评为国家农业部“全国乡镇企业科技工作先进单位”，2006年获国家农业部“全国诚信守法乡镇企业”称号，2007年评为“湖南农业产业化食用油加工五强企业”、“湖南省民营企业质量信得过单位”，2008年评为省“农村建设领头企业”，2009年获“湖南省营养保健食品诚信单位”等荣誉。主要生产有机茶油、纯山茶籽油、山茶油软胶囊、护肤山茶精油、茶皂素洗发香波、茶皂素粉、出口茶粕、有机肥料等八大类30多个规格油茶产品。公司“苏仙”商标获湖南省著名商标称号，“苏仙牌”山茶油为湖南名牌产品。

经湖南省发展与发革委员会立项备案，总投资1.98亿元的《“双高”油茶种植与油茶籽高效增值全价利用产业化工程》，被苏仙区政府列为2008年至2010年科技富民强县专项行动计划（国家科技部支撑）。在该项目第一期扩改建工程顺利完成后。公司及时审时度势，紧抓发展油茶产业的黄金时期，在巩固已有成就的基础上，规划《油茶产业链“2510”一体化工程项目》，已由湖南省发展和改革委员会批准备案，一个投资20个亿、植造50万亩高产油茶林、产出100个亿的高起点规划、高质量建设、高效益发展和高水平管理的宏大油茶产业项目已扬帆起航。

成功伴随着艰辛、进步凝聚着汗水。郴州邦尔泰苏仙油脂有限公司将以执着的精神、坚定的信念，抱定“诚信、务实、科技、创新”的信念，坚持科技兴业、优质兴业，为实现“打造中国油茶产业航母，铸就世界油茶领袖品牌”的宏伟目标而继续努力奋斗。

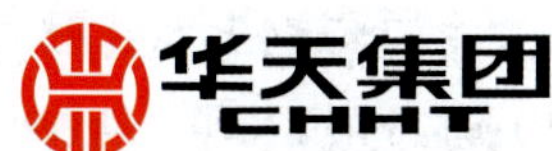

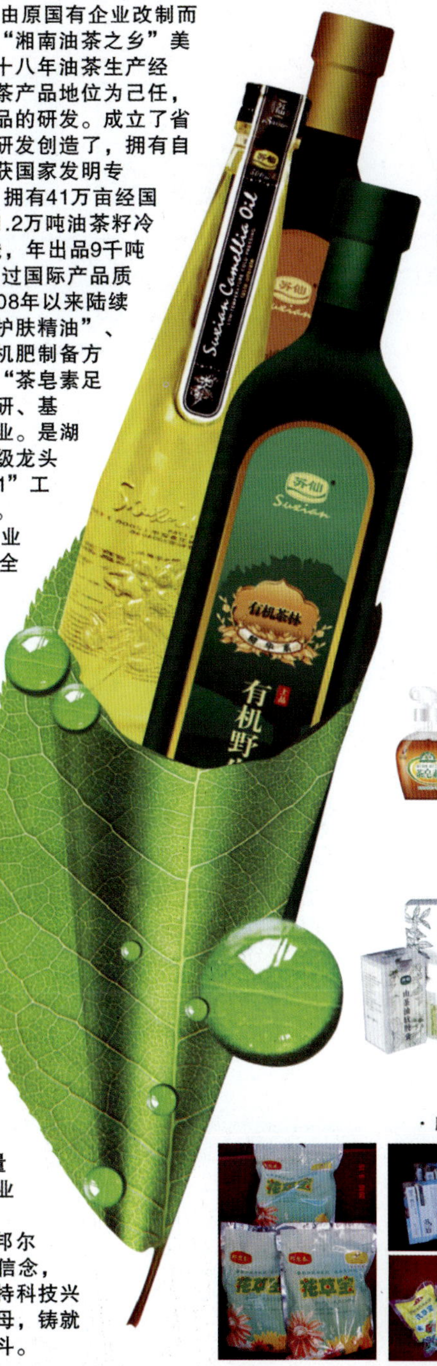

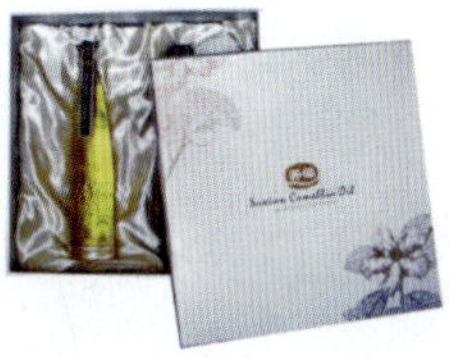

·有机冷榨茶油礼盒系列

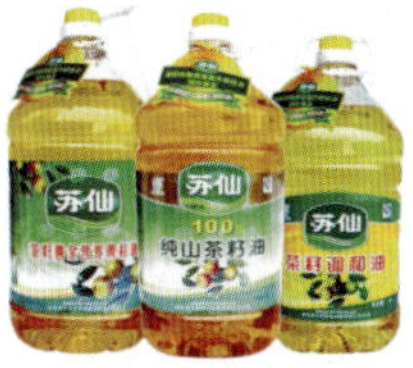

·食用油系列

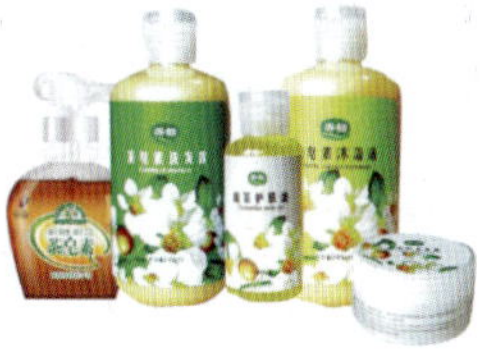

·日化产品系列

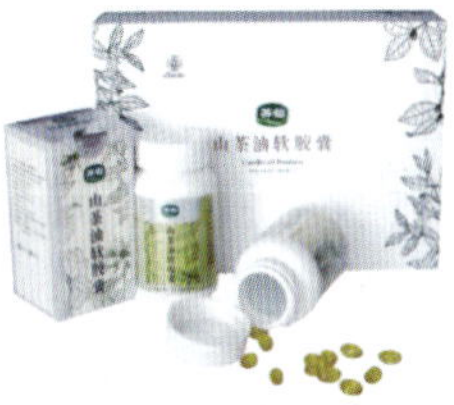

·医用保健品

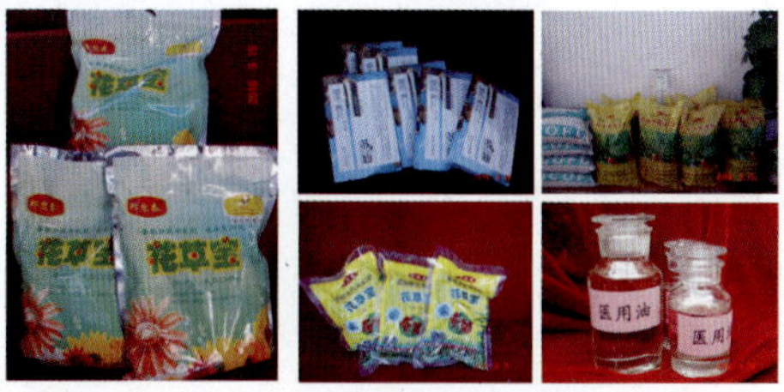

公司地址：郴州市苏仙区栖凤渡镇　**电话：0735-2532819　2532678**

公司网址：www.suxianyouzhi.com　**传真：0735-2532679**

开放合作之平台　招商引资之窗口　——湖南省委副书记：梅克保 题

湖南核心企业重点推荐

湖南省白沙溪茶厂有限责任公司

湖南省白沙溪茶厂有限责任公司地处雪峰山脉东北端，资水河畔，清代两江总督陶澍陵园对岸，安化茶马古道之起点，是一家集茶叶生产、收购、加工、科研、销售、茶文化传播于一体的股份制企业。

公司创建于1939年，历年来为国家民委确定的边销茶定点生产企业，享有“黑茶发祥地、湖南紧压茶摇篮”之美誉，曾创造了中国紧压茶史上的数个第一，即第一片黑砖茶、第一片茯砖茶、第一片花砖茶（花卷茶）。

公司于2007年改制后，传承与发展黑茶文化，自主创新，投资2000余万元进行设备与技术改造，现有两条国内处于领先地位的清洁化黑茶生产线、立体化砖茶成型车间、茶叶净化分选车间，年具生产能力1万吨以上。

公司现已成为益阳市龙头企业、湖南高新科技企业、湖南省知识产权优势企业、湖南省工业旅游示范点、国家2A景区、全国茶叶行业百强企业。“白沙溪”黑茶产品，“千两茶”、“精品黑砖条装茶”、“天茯茶”、“5301芽尖茶”分别荣获2006年、2007年、2008年、2009年中国国际茶业博览会金奖，“白沙溪”黑茶于2009年被国家确定为“中国黑茶标志性品牌”。“白沙溪”黑茶于2010年入选中国世博十大名茶，进入世博会联合国馆，成为湖南馆唯一特许礼品茶，成为“一个地球、一个联合国、一杯中国茶”的典型代表。

公司产品畅销于新疆、内蒙、甘肃、陕西、青海、宁夏、广东、广西、北京、湖南等省和自治区，部分产品远销日本、韩国、德国、蒙古、俄罗斯、东南亚等国家或地区，以及台湾、香港特区。

企业精神：团结 务实 诚信 创新

企业使命：资源成就责任 能力成就实力

企业信念：努力必有收获

企业追求：事业体现价值

经营理念：精诚携手 共赢天下

地址（Add）：湖南省安化县小淹镇白沙社区

电话（Tel）：0737-7621177　7621002

传真（Fax）：0737-7621177

邮编（P.C.）：413515

http//：www.bsxtea.com

E-mail：baishaxitea@163.com